hegau

Zeitschrift für
Geschichte, Volkskunde und Naturgeschichte
des Gebietes
zwischen
Rhein, Donau und Bodensee

Themenband
»Kriege, Krisen, Friedenszeiten im Hegau«

Jahrbuch 71/2014
Hegau-Geschichtsverein e.V., Singen/Hohentwiel

Autorinnen und Autoren

Manfred Bosch, Konstanz, Schriftsteller
Thomas Bitterli-Waldvogel, Basel, Archäologe und Bauforscher
Helmut Fidler, Konstanz, Historiker
Dietmar Geistmann (†), Singen (Hohentwiel)
Dr. Franz Götz, Singen (Hohentwiel), Kreisarchivar i.R.
Dr. Jürgen Hald, Konstanz und Singen (Hohentwiel), Kreisarchäologe
Dr. Franz Hofmann, Konstanz, Historiker, Kunsthistoriker
Dr. Roland Kessinger, Weinheim (Bergstraße), Chemiker und Regionalhistoriker
Dr. Jürgen Klöckler, Konstanz, Leiter des Stadtarchivs
Adrian Knoepfli, Zürich, Historiker und Wirtschaftsjournalist
Wolfgang Kramer, Konstanz und Engen, Kreisarchivar
Hans-Dieter Kuhn, Konstanz, Dipl. Finanzwirt
Dr. Michael Losse, Marburg und Singen (Hohentwiel), Kunsthistoriker, Burgenforscher
Dr. Martin Lunitz, Radolfzell, VDK-Geschäftsführer und Historiker
Karl Müller, Hilzingen, Dipl. Wirtschaftsingenieur
Emil Mundhaas, Konstanz-Staad, Ingenieur
Gernot Peikert, Hilzingen, Studiendirektor a.D.
Alexander Röhm, Konstanz, Historiker
Reiner Ruft, Rielasingen-Worblingen, Studiendirektor a.D.
Dr. Peter Scheck, Schaffhausen, Leiter des Stadtarchivs
Dr. Elisabeth Stephan, Konstanz, Osteologin
Tobias Teyke, Mittelbiberach, Archivar
Wolfgang Teyke, Meßkirch, Zimmerer

Impressum

Schriftleitung: Wolfgang Kramer, Kreisarchiv Konstanz, Postfach 10 12 38, 78412 Konstanz, Telefon: (07531) 800-1901, Fax: (07531) 800-1902, in Zusammenarbeit mit dem Redaktions- und Programmausschuss des Hegau-Geschichtsvereins. Redaktionelle Mitarbeit: Dr. Franz Hofmann. Korrektorat: Sibylle Probst-Lunitz M.A.

Die Zeitschrift HEGAU erscheint jährlich. Sie kann über den Buchhandel oder bei der Geschäftsstelle des Hegau-Geschichtsvereins zum Preis von € 27,80 bezogen werden.
Mitglieder des Hegau-Geschichtsvereins erhalten den Jahresband gegen Entrichtung des Jahresbeitrags.

Erscheint als Buchhandelsausgabe bei MarkOrPlan Agentur & Verlag; MarkOrPlan Hegau-Bodensee, Bahnhofstraße 43, 78224 Singen (Hohentwiel); MarkOrPlan Bonn, Schmittgasser Kirchweg 54, 53123 Bonn; E-Mail: Info@MarkOrPlan.de, Telefon (07731) 977150, Telefax (0 77 31) 977151

Geschäftsstelle des Hegau-Geschichtsvereins: Rathaus, Hohgarten 2, 78224 Singen (Hohentwiel), Telefon: (07731) 85-239, Fax: (07731) 85-882244
info@hegau-geschichtsverein.de, www.hegau-geschichtsverein.de

Mitgliedsbeiträge Deutschland: Körperschaftliche Mitglieder mindestens 50,00 €; Familien 35,00 €; Einzelmitglieder 25,00 €; Schüler und Studenten 10,00 €; *Schweiz:* Körperschaftliche Mitglieder mindestens 75,00 CHF; Familien 55,00 CHF; Einzelmitglieder 40,00 CHF; Schüler und Studenten 15,00 CHF

Bankverbindungen: Sparkasse Singen-Radolfzell (BLZ 69250035), Konto-Nr. 3008075; Schaffhauser Kantonalbank, Konto-Nr. 582.463-0101

Satz: Setzerei Schumacher, Radolfzell
Umschlaggestaltung: Christine Winkelmann, München
Druck: werk zwei Print + Medien Konstanz GmbH

ISSN 0438-9034
ISBN 978-3-933356-79-6

Die Herausgabe wurde vom Regierungspräsidium Freiburg gefördert.

Baden-Württemberg
REGIERUNGSPRÄSIDIUM FREIBURG

Inhalt

Das Dorf Wangen und der Krieg

Von Helmut Fidler, Konstanz

Das Dorf Wangen am Fuße des Schienerberges, auf der südlichen Uferseite der Halbinsel Höri gelegen, gibt es bereits seit etwa 1400–1600 Jahren. Sein Name geht auf die althochdeutsche Silbe »wang« zurück, was Feld, Wiese oder Hang bedeutet. Der Dorfbach hat hier einen flachen Hügel in den See hineingeschoben, der schon bald nach der alemannischen Landnahme besiedelt worden sein dürfte. Ob die hier landsuchenden Alemannen an den kriegerischen Auseinandersetzungen mit den Römern beteiligt waren? Es wäre die Gründung des ersten Hofes bzw. des Dorfes dann womöglich auf einen Krieg zurückzuführen.

Im Mittelalter blieb das Dorf vom Krieg verschont, obwohl es an einer der wichtigen Handelsstraßen lag, der alten Salzstraße aus dem Halleschen durch den Bodenseeraum nach Basel. Neben dem Wasserweg war nur die Straße auf dem südlichen Seeufer stark frequentiert. Vielleicht hatten die im 10. Jahrhundert im Bodenseeraum wütenden Ungarn das Dorf bedroht, überliefert ist das nicht. Wangen gehörte zur Grundausstattung des um 800 gegründeten Klosters Schienen und gelangte mit diesem hundert Jahre später in den Besitz des Klosters Reichenau. Der Abt setzte Verwalter ein, die ihren Sitz auf der Burg Marbach oberhalb des Dorfes nahmen. 1368 überfiel der Reichenauer Abt Eberhard von Brandis von der Burg aus Konstanzer Kaufmannsschiffe, welche den Untersee passierten.[1] Knapp ein Jahr später setzten die Konstanzer zum Gegenschlag an und eroberten die Burg. 18 Schiffe und 400 Bewaffnete waren von den Konstanzern aufgeboten worden, denen 9 »junge, gerade Knechte« gegenübergestanden hatten. Der Chronist vermerkt auch, dass die Burg samt Nebengebäuden, Torkel und Stallungen in Brand gesetzt wurden. Das Dorf aber war von der Fehde der adeligen Herren nicht betroffen, die Bauern werden dort aber in Sorge gewesen sein ob des Handels ihrer Herren.

So auch 60 Jahre später, als die Burg längst in der Hand des Konstanzer Patriziers Jakob von Ulm war. Dieser hatte die Stadt Konstanz im Streit verlassen, wie andere führende Geschlechter auch. Während letztere in Schaffhausen um Schutz und Aufnahme in das Bürgerrecht nachgesucht hatten, glaubte Jakob sich und sei-

1 So berichtet Christoph Schulthais in seiner Constanzer Bisthumschronik: »Anno 1368 an unser frowen tag ze mitten Augsten da fur das Marktschiff von Constanz und wolt gen Schaffhausen zu Markt, do hettend die von Brandis ein Hüt gehabt under Nüwenburg in der nacht, und als do sy das marktschiff horten, da furend die von Brandis zu inen, und erstachend acht arm knecht und wundeten etlich gar übel und ließend sy in dem schiff all für tod ligen.«

ne Söhne auf der Burg Marbach in Sicherheit. Doch die Konstanzer Bürger zogen auf der thurgauischen Seite das Seeufer entlang bis Mammern, setzten nach Wangen über und eroberten die Burg. Jakob von Ulm und sein zwölfjähriger Sohn wurden gefangen genommen, die Burg geplündert und beschädigt. Erst nachdem König Sigismund eingegriffen und eine Entschädigung festgesetzt hatte, konnte Jakob von Ulm auf seine Burg Marbach zurückkehren.[2]

Besitzungen im Dorf hatten auch die Herren von Schienen, durch die 1441 das Dorf in den oberschwäbischen Städtekrieg hineingezogen wurde. 1439 war in Oberschwaben eine Lokalfehde ausgebrochen, in deren Folge von der Burg Hohenhewen aus Memminger und Kemptener Kaufleute überfallen worden waren. Während der schwäbische Städtebund dem Hegauer Adel mit Gegenmaßnahmen drohte, verabredete sich der damals 30-jährige Ritter Werner von Schienen mit seinen Freunden Hans von Rechberg und den Grafen Eberhard und Heinrich von Lupfen zu einer Art »Gesellschaft zur planmäßigen Ausführung von Raubzügen.«[3] 1441 gelang ihnen von Stiegen aus ein gewaltiger Coup, der zum Auslöser des Schwäbischen Städtekriegs wurde. Der Überlieferung zufolge mussten die Bauern der Umgebung mit ihren Zugtieren beim Abtransport der Beute helfen. In der Folge wurde die Schrotzburg zerstört, und auch in Wangen wurden Besitzungen derer von Schienen in Brand gesteckt.[4]

Die Bauern im Dorf waren an diesen Fehden allenfalls indirekt beteiligt. Die kämpferischen Aktionen blieben dem Adel und den von ihm verpflichteten Söldnern vorbehalten. Wer wiederum von den Bauern oder deren Söhnen in den Kampf ziehen wollte, konnte sich für den Kriegsdienst anwerben lassen. »Reis laufen« wurde dieser Kriegsdienst genannt. »Reisige« waren Soldaten, die mit einem Hauptmann »reisten«, »reisen« bedeutete soviel wie in den Krieg ziehen. Zum Kriegsdienst verpflichtet werden konnten auch die hörigen Bauern, wenn ihr Herr »reisen« wollte.[5] Die Herren von Ulm, die seit 1409 Herren von Wangen waren, beteiligten sich nicht an Kriegszügen, wohl aber warb ihr Vetter Ludwig von Ulm in der Region Reisläufer an. Kriegsdienst war zum Geschäft geworden: Landesherren ließen sich das Recht zum Anwerben von Söldnern bezahlen. Die Söldner erhielten vorab ein Handgeld, und ihr neuer Hauptmann verkaufte sein Aufgebot an fremde Herren, die Krieg führen wollten. Die Stadt Konstanz, wo Ludwig von Ulm zunächst seinen Wohnsitz gehabt hatte, duldete solche Kriegsherren nicht in ihrer Stadt. Ludwig von Ulm muss-

2 Wolff, Sandra: Die »Konstanzer Chronik« Gebhart Dachers. »By des Byschoffs zyten volgiengen disz nachgeschriben ding vnd sachen« – Codex Sangallensis 646: Edition und Kommentar. Ostfildern 2008, S. 481–505

3 Brückner, Anne, und Vögele, Jörg: Aus der Geschichte des Ortsteiles Schienen. In: Berner, Herbert (Hg.): Öhningen 1988. Hegau-Bibliothek Band 63. Öhningen 1988, S. 122–143, hier S. 131

4 Ebenda, S. 132

5 Vgl.: »Und wenn ein herr ze Kiburg reisen will, so sol jm der, so den selben hof jnn hat, einen bereiten man schiken«, Vogteiurbar der Herrschaft Kyburg, zwischen 1429 und 1442; Weibel, Thomas: Sammlung Schweizerischer Rechtsquellen, I. Abteilung: Die Rechtsquellen des Kantons Zürich. Neue Folge. 2. Teil. Rechte der Landschaft. 1. Bd. Das Neuamt. Aarau 1996, S. 7

Wangen auf Postkarte um 1930 (Archiv Fidler)

te die Stadt verlassen, solange er das Kriegshandwerk ausübte. Da seine Frau die Burg Salenstein in die Ehe eingebracht hatte, ließ er sich dort nieder und ist in der Kirche von Ermatingen begraben.[6]

Dieses Reislaufen war höchst umstritten. Die neuen Söldner erhielten oftmals »ein Handgeld, was allein schon die sozialen Gefüge ganzer Landstriche in Unordnung bringen konnte. Denn wer plötzlich zu relativem Reichtum kommt, kann in den wenigsten Fällen sinnvoll damit umgehen. Außerdem war auch die Verderbung der Sitten durch Rückkehrer zu beklagen, die überdies oft an ansteckenden Krankheiten litten und auch psychisch meist schwer geschädigt, jedenfalls selten wirklich wiedereingliederungsfähig waren.«[7] Beeinflusst von Zwingli verbot u.a. die Zürcher Regierung 1522 das Reislaufen und verzichtete auch auf Soldbündnisse. Die Kriminalisierung des Reislaufens belegt, dass weiterhin Söldner für Kriege angeworben wurden und diese damit auch stattfanden.

Während des Bauernkriegs (1525) schlossen sich zwar auch Wangener Bauern den Aufständischen an, doch blieb das Dorf selbst von kriegerischen Ereignissen verschont. Allerdings wurden der Gemeinde hohe Strafgelder auferlegt.[8] Noch fand der Krieg außerhalb des Dorfes statt, so die Türkenkriege Ende des 16. Jahrhunderts.

6 Fidler, Helmut: Zur Geschichte der Adelsfamilie von Ulm. In: HEGAU 70, 2013, S. 113–138, S. 125

7 Brandenberger, Ulrich: Weiacher Geschichte(n). Streiflichter aus der Vergangenheit unseres Dorfes. 2003 Separatdruck.

8 End, Gotthard: Die Burgen der Höri und ihre Besitzer. Schaffhausen 1940, S. 87

Adel und Städte hatten die Finanzmittel und Soldaten zu stellen. Zwei Söhne des Marbacher Schlossherren Hans Caspar von Ulm ließen 1596 ihr Leben fern der Heimat in den Türkenkriegen.[9]

Erst der 30-jährige Krieg machte das Dorf zum Kriegsschauplatz. Zunächst waren es kaiserliche Truppen des Generals von Mansfeld, die Land und Leute bedrückten. Das Kirchenbuch von Wangen vermerkt dazu im Jahr 1628: »In diesem Jar sind die Soldaten im land gewesen und haben die Gemeind allhie über die 3000 R[?] geraubt.« Wann genau die Hamilton'schen Reiter Schloss Marbach und das Dorf Wangen plünderten, ist nicht bekannt. Geschütze, wie sie vor dem Obertor von Radolfzell aufgebaut worden waren, werden die Wangener Bauern nicht zu Gesicht bekommen haben. Ihre Vorräte wurden geplündert, während der Adel sich in die sicher geglaubte Stadt Radolfzell zurückzog oder in den benachbarten Thurgau floh.[10] In den Kirchenbüchern verzeichnet sind die in diesen Jahren an der Pest Verstorbenen, durch den Krieg scheint es aber keine Opfer unter der Bevölkerung gegeben zu haben. Die Wangener Bauern zählten nicht zu den kriegsführenden Parteien, sie waren lediglich deren »Hilfsquellen«.

Eine solche »Hilfsquelle« waren die Wangener Bauern auch während der napoleonischen Kriege. 25 000 im August 1799 durchziehende Russen wollten versorgt werden, ebenso rund 50 000 französische und ebensoviele österreichische Soldaten. Im eisigkalten Winter 1799/1800 mussten auch Wangener Bürger mit der Axt eine Rinne in den zugefrorenen Untersee schlagen, damit die Versorgungsschiffe des Militärs passieren konnten. Krieg blieb eine Ausnahmesituation, eine Belastung, der man sich nicht entziehen konnte. Nur wenige hatten die Chance, vom Krieg zu profitieren, wie etwa die in der Region tätigen jüdischen Heereslieferanten.

Im 19. Jahrhundert veränderte sich die Beziehung des Dorfes zum Krieg. Im Rahmen der Befreiungskriege hatte Preußen in den Jahren 1813/14 die allgemeine Wehrpflicht eingeführt. Hatten Soldaten bis dahin einen wenig angesehen Stand in der Gesellschaft, wurde der Militärdienst nun als Ehrendienst angesehen und die Armee zur »Schule der Nation«. Das von Napoleon zum Großherzogtum erhobene Baden hatte in den napoleonischen Kriegen mehr als 31 000 Mann zu stellen. Von den 6700 Soldaten, die 1812 gegen Russland ziehen mussten, kehrten nur 400 zurück. An der Völkerschlacht bei Leipzig beteiligte sich Baden noch auf der Seite Napoleons, danach wechselte der Großherzog die Seite und verkündete die allgemeine Wehrpflicht. In den Krieg gegen Frankreich zogen im Jahr 1814 rund 16 000 badische Soldaten. Wie viele von ihnen aus Wangen stammten, lässt sich nicht ermitteln.

Für die Teilnehmer an den Befreiungskriegen wurden ab 1813 aus dem Metall eroberter Geschütze »Kriegsdenkmünzen«[11] hergestellt. Dies waren keine Orden,

9 Vgl. Martin, Jörg: Erbacher Urkunden. Regesten zur Geschichte der Herrschaft Erbach und zu den Urkunden im Schlossarchiv Erbach. Documenta suevica, Bd. 20

10 So harrten während der Kriegszeiten zwei Söhne des Reichsvizekanzlers Hans Ludwig von Ulm im Kloster Feldbach aus.

11 So die Bezeichnung in Meyers Konversationslexikon

die Münzen dienten als Erinnerungsstücke sowie als Nachweis: »Ich war dabei.« Für die Teilnehmer an den Kämpfen von 1848/49 gab es die Hohenzollernmedaille, in den 1860er Jahren erhielten Kriegsteilnehmer Erinnerungskreuze (Düppelkreuz, Alsenkreuz u.a.). Eine neue Erinnerungskultur war entstanden, die von staatstreuen Bürgern gepflegt wurde. Zu diesem neuen Verständnis von Bürgertum zählte auch der Kriegsdienst. Nicht jeder junge Bürger stellte sich bereitwillig für den Kampf im Dienste des Vaterlandes zur Verfügung. Insbesondere nach den Revolutionswirren 1848/49 entzogen sich auch Wangener Bauernsöhne der Wehrpflicht und wurden öffentlich gesucht.

Als Teil des Deutschen Bundes hatte Baden Truppenkontingente im Bedarfsfall zur Verfügung zu stellen, und so zogen auch aus Wangen Soldaten in den deutsch-französischen Krieg von 1870. Nach dem Sieg bei Sedan und der Gründung des deutschen Kaiserreichs hatte die öffentliche Begeisterung für den Krieg mit der Gründung eines Militärvereins auch das Dorf Wangen erreicht. Schon 1839 hatten preußische Soldaten erstmals einen Kriegerverein gegründet. Nach den Kriegen von 1864 und 1866 hatte diese neue Art von Vereinen in Preußen großen Zulauf erhalten. Aber erst der deutsch-französische Krieg von 1870/71 führte zu einer reichsweiten Kriegervereinsbewegung, ohne dass es allerdings gelang, diesen Vereinen eine reichsweite Organisationsstruktur zu geben. Die Erinnerung an den Krieg blieb der Erinnerungskultur auf der lokalen Ebene vorbehalten. Hauptzweck dieser Vereine galt der Pflege der militärischen Kameradschaft sowie durch Vorträge und festliche Versammlungen die Liebe und Treue zu Kaiser und Reich zu wecken und zu bekunden.

Der Sieg über die Franzosen wurde zum Symbol einer neuen Einheit und er schuf mit der Gründung des Deutschen Reiches ein neues »Vaterland«. Bei den Feiern mögen sie auch in Wangen »Lieb Vaterland, magst ruhig sein« gesungen haben. Mit Vaterland hatte man seit dem 11. Jahrhundert die Herkunftsregion bezeichnet, Vaterland war ebenso wie Heimat ein ordnungspolitischer Begriff gewesen und diente der Zuordnung einer Person zu dem Ort, der im Fall von Mittellosigkeit für den Unterhalt zuständig war. Bereits während der Befreiungskriege hatte Ernst Moritz Arndt 1813 den Traum vom »deutschen Vaterland« beschworen, dass alle deutschsprachigen Gebiete umfassen sollte. Nicht mehr die Herkunft, sondern die gemeinsame Sprache wurde zum entscheidenden Merkmal. Der Sieg über Frankreich hatte die verschiedenen Volksgruppen, die damals noch überwiegend ihre Dialekte sprachen, zu einem neuen Vaterland geeint, aus Badenern wurden Deutsche, jedoch nur im übertragenen ideellen Sinn, wie die bis heute gepflegte Abgrenzung zu den »Schwaben« bzw. Württembergern zeigt. Im Krieg jedoch waren alle gleich, ob Badener, Württemberger, Bayer, ob Jude, Katholik oder Protestant, »Ich kenne nur Deutsche!« verkündete Kaiser Wilhelm II. in seiner Thronrede vom 8. August 1914. Die idealistische Aufwertung der beiden Begriffe Vaterland und Heimat setzte im 19. Jahrhundert zu einer Zeit ein, als der Wegzug aus der Heimat bereits im vollen Gange war. Nun diente Heimat nicht mehr als Ortszuweisung, sondern Heimat und Vaterland verschmolzen zu einer neuen Einheit: Vaterland war nun das 1871 gegründete Deutsche Reich, dem sich auch die Wangener Bürger zugehörig fühlten.

Ihre »Liebe und Treue« zum »neuen« deutschen Vaterland und damit zu »Kaiser und Reich« bekundeten in Wangen die ehemaligen Kriegsteilnehmer spätestens 1873 mit der Gründung eines Militärvereins.[12] Vereinsmitglied konnten zunächst nur Kriegsteilnehmer werden, dies allerdings ohne Unterschied des sozialen Standes und der Religion. Für wenige Jahre schien es, als wenn mit der Begeisterung über den Sieg bei Sedan alle ansonsten trennenden Unterschiede beseitigt worden wären. Mit den Jahren sah sich der Verein mit der Notwendigkeit konfrontiert, sich auch für Nichtkriegsteilnehmer zu öffnen, er wäre sonst mangels Mitgliedern eingegangen. Von besonderer Bedeutung wurde der Militärverein für die jüdischen Bürger von Wangen, konnten sie doch hier ihre nationale Einstellung unter Beweis stellen. So war mit Isaac Wilhelm Picard einer der wohlhabendsten Juden im Dorf Gründungsmitglied und langjähriger Schriftführer dieses Vereins.

Eine Erinnerungstafel für die Teilnehmer des Kriegs 1870/71 hat es wohl in Wangen, anders als im benachbarten Worblingen, nicht gegeben. Der Krieg hielt auf andere Art Einzug im Dorf, erst in Form des Kriegervereins, ab 1900 begann dann die Vorbereitung auf den neuen Krieg. Jährlich erarbeitete das deutsche Heer einen Mobilmachungsplan, der auch das Dorf Wangen mit einbezog. Nicht nur die jungen Männer wurden in einem einjährigen Drill auf den Ernstfall vorbereitet, auch die in Wangen vorhandenen Pferde und Fuhrwerke wurden gemustert und in Listen erfasst. Im »Verzeichnis der in Wangen vorhandenen Pferde (Vorführungsliste) Musterungsjahr 1901« sind 16 Pferde aufgeführt, welche mit einer Ausnahme allerdings »dauernd kriegsunbrauchbar« waren.[13] Nur drei Pferde waren jünger als zehn Jahre, sieben hatten ein Alter von 15 und mehr Jahren erreicht. 16 Dorfbewohner besaßen einen kriegstauglichen Wagen. Die Musterungsliste für das Kriegsjahr 1914 enthielt dann immerhin drei als Zugpferde taugliche Tiere, die jedoch nicht zum Einsatz kamen, da sie auf dem Hof Langenmoos benötigt wurden. In Vorbereitung für einen kommenden Krieg waren Regelungen für die Brieftaubenzüchter erlassen worden, da deren Tauben zur Nachrichtenübermittlung genutzt werden konnten.[14]

Jährlich wurde im Reich mit etwa 300 000 Reservisten die Mobilmachung geübt. Im November eines jeden Jahres wurden die Fristen neu festgelegt, binnen denen die Reservisten in den Kasernen zu sein hatten. Für das Jahr 1914 sah der Plan vor, dass binnen zwei Tagen elf Kavalleriedivisionen und binnen sechs Tagen 25 Armeekorps aufgestellt zu sein hatten. Einen Tag später hatten weitere 13 Reservekorps bereitzustehen sowie am achten Tag 28 Landwehrbrigaden. Innerhalb einer weiteren Woche standen sechs mobile Ersatzdivisionen und der Landsturm bereit. Auf die Mobilmachung vorbereitet wurden die Reservisten durch öffentliche Erklärungen zur drohenden Kriegsgefahr. Was in der Presse als Kriegsbegeisterung und freiwillige Meldung zum Krieg geschildert wurde, folgte einem durchgeplanten und gut organisierten Ablauf.

12 Gemeindearchiv (GA) Wangen

13 GA Wangen, Akte Militär (ungeordneter Bestand)

14 Ebenda

Dies statt besonderer Anzeige.

Todes-Anzeige.

Nach Gottes unerforschlichem Ratschlusse ist unser innigstgeliebter Sohn und Bruder

Alois Schnur

Musketier im Inf.-Reg. 112 im Alter von 23 Jahren infolge schwerer Verwundung am 25. August, im Festungs-Lazarett Straßburg nach schwerem Leiden nun am 2. Dez. wohlversehen mit den hl. Sterbesakramenten verschieden.

Wangen, den 4. Dezember 1914.

Die tieftrauernden Hinterbliebenen:

Familie Max Schnur

Die Beerdigung findet Sonntag den 6. Dez. vorm. 9 Uhr statt.

Todesanzeige für Alois Schnur in der »Freien Stimme« Radolfzell, 1914, Nr. 284

Grabmal von Alois Schnur auf dem Wangener Friedhof (Foto: Verfasser)

Als um 18 Uhr am Abend des 1. August in Berlin die Mobilmachung bekanntgemacht wurde, brachen am anderen Morgen auch von Wangen aus die Reservisten auf, um ihre Kasernen zu erreichen. Unter ihnen war Alois Schnur, der noch im selben Jahr im Sarg in das Dorf zurückkehrte, eine Gunst, die den später Gefallenen nicht mehr gewährt wurde. Sein Grab ist auf dem Wangener Friedhof erhalten. Aufzeichnungen von ihm selbst sind nicht bekannt, wohl aber ein Bericht seines Regimentskameraden Dominik Richert: »Im schnellsten Tempo ging es zurück. […] Unsere Verwundeten blieben fast alle liegen. […] Mich umsehend sah ich meinen guten Stubenkameraden Schnur, Landwirtssohn aus Wangen am Bodensee, auf einem Zelt liegen […] Die Sanitäter ließen ihn liegen und liefen davon.« Richert schleppte mit drei Kameraden den Verwundeten ins Lazarett, »[…] wir trugen Schnur hinein. Gott, wie sah es in diesem Haus aus! Blut, Ächzen, Stöhnen, Beten! Meinem Kameraden gute Besserung wünschend, verließ ich dieses Haus des Elends.«[15] Alois Schnurs Bein musste amputiert werden, er verstarb zwei Monate später an Wundfieber und Blutvergiftung. Richert hatte sich ein Rest Menschlichkeit bewahrt und weigerte sich insbesondere, trotz Befehls verwundete Franzosen zu töten.

15 Richert, Dominik: Beste Gelegenheit zum Sterben. Meine Erlebnisse im Kriege 1914–1918. Hg. von Angelika Tramitz und Bernd Ulrich. München 1989, S. 40

Wie anders hatte der Viehhändlerssohn Nathan Wolf[16] die ersten Monate des Kriegs erlebt! Von München aus, wo er in Medizin promoviert hatte, war er sofort zur Kaserne in Neuenburg-Müllheim aufgebrochen. Dort sorgte sich der junge Sanitätsoffizier zuerst um die Vervollständigung seiner Uniform, ihm fehlte noch der Säbel. Er frühstückte »mit unserem General, der mich gleich frug, ob ich gut operieren könne, damit er sich in Ruhe halbtot schiessen lassen könne!« (5. August 1914).[17] Drei Tage später wurde er erstmals mit der Realität des Kriegs konfrontiert: »Ich operiere ununterbrochen, seit heute Nacht 3, ganz entsetzliche Schüsse; [...] Wir haben gestern eine schwere Niederlage bei Mühlhausen erlitten, allerdings 15 000 Deutsche gegen 60 000 Franzosen. Ich amputiere in einem fort aber ich bin kaputt [...] ausser mir ist kein Militärarzt da.«

Doch erst der Einsatz bei einer Patrouille verschaffte ihm das rechte Kriegserlebnis: Getrennt von seinen Kameraden fand der schon Totgeglaubte ins Lager zurück: »Jetzt erst spürt man, dass man im Krieg ist.«[18] Der Krieg war zum Erlebnis geworden, die Auszeichnung mit dem Eisernen Kreuz krönte dieses Abenteuer: »[...] ich bin froh, dass ich es mit dem Bewusstsein tragen kann, es verdient zu haben.« (10. Januar 1915)[19] und: »Der Krieg ist furchtbar und schön.«(19. Februar 1915). Krieg war für ihn zugleich Abenteuer und vaterländische Pflicht, enden konnte und durfte der Krieg nur mit einem deutschen Sieg.[20] Als Nathan Wolf drei Jahre später auf Fronturlaub nach Wangen kam, reagierte er auf die Kriegsmüdigkeit im Dorf mit Unverständnis.

Die Begeisterung für den Krieg war in Wangen wie andernorts groß gewesen. Am Tag nach der Mobilmachung hatte der Gemeinderat dem Roten Kreuz 250 M aus der Gemeindekasse bewilligt für die Anschaffung von Hemden.[21] Für den Versand von »Liebesgaben« und »Weihnachtsgeschenken für die von hier eingerückten Mannschaften« gewährte der Gemeinderat weitere 200 M – Pakete, über die sich auch Nathan Wolf freute. Die Briefe und Tagebuchnotizen, die von der Front nach Hause geschickt wurden, bewirkten im Dorf eine Veränderung in der Einstellung zum Krieg. Die Soldaten im Feld schickten nicht nur den Krieg verharmlosende Feldpostkarten nach Hause, wie sie damals zu Tausenden von Verlagen produziert wurden, sondern berichteten in Briefen und Tagebuchnotizen über ihre Erlebnisse und Empfindungen.

16 Nathan Wolf berichtet in seinem Kriegstagebuch von einem Treffen mit Alois Schnur. Wolf, Nathan, Tagebuch part 1 (1914–1917), Leo Baeck Archive New York. Auszüge aus den Tagebüchern Bd. 1 und 3 hat Anne Overlack unter dem Titel: »Ich will als ein ganzer Mann und wahrhaft Deutscher zurückkehren, mit reinem Gewissen« 2014 im Eigenverlag herausgegeben, Reihe Hegau-Bibliothek, Band 162.

17 Ebenda, in der Auswahl von A. Overlack ist diese Textstelle nicht enthalten.

18 Ebenda, in der Auswahl von A. Overlack nicht enthalten.

19 Ebenda, Overlack a. a. O. 2014, S. 56

20 Sein Neffe Leo Picard bezeichnete in seiner Autobiografie Nathan Wolfs Einstellung als »super-deutschnational«.

21 Die folgenden Angaben sind, wenn nicht anders angegeben, den Wangener Gemeinderatsprotokollen 1910–1925 im GA Wangen entnommen.

Schloss Marbach um 1900. Das Schloss wurde im 19. Jahrhundert in ein Sanatorium umgewandelt und im Ersten Weltkrieg als Lazarett genutzt. (Archiv Fidler)

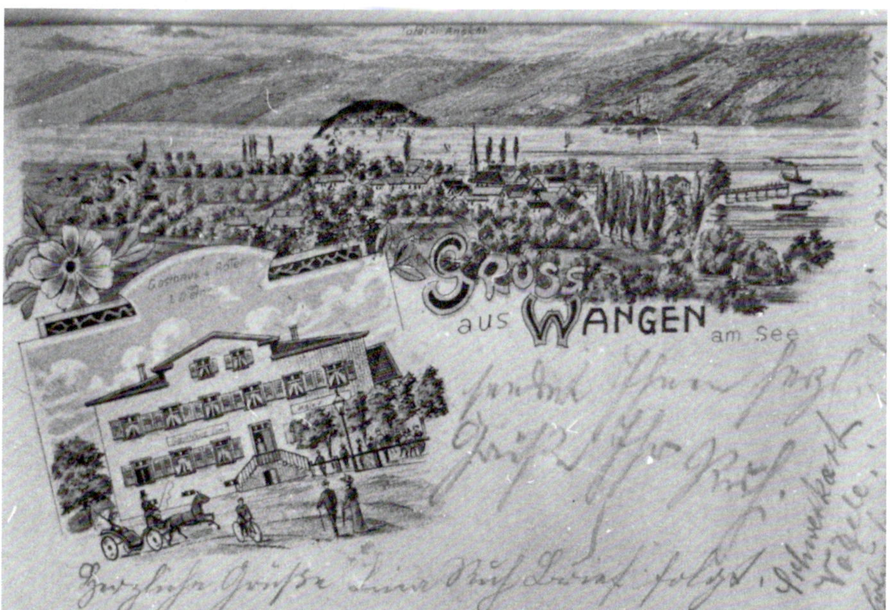

Postkarte des Gasthof Adler in Wangen auf einer Postkarte, um 1900. Im »Adler« wurden 1916 Grenzschutztruppen einquartiert, ebenso in das Wangener Hotel Frieden. (Privatbesitz)

Als im Herbst 1914 der erste Kriegsteilnehmer im Sarg zurückkehrte, begann der Jubel der Ernüchterung zu weichen. Die Folgen des Kriegs waren im Dorf zu spüren. Es fehlte an Arbeitskräften, fast jede Familie hatte einen Verwandten im Feld, der vielleicht nicht zurückkommen würde. Die Verschärfung der Grenzbestimmungen in den Vorkriegsjahren hatte bereits den Handel mit der benachbarten Schweiz einbrechen lassen. Immer öfter hatte sich der Gemeinderat nun mit der Versorgungslage zu befassen, Getreide-, Mehl-, Zucker- und Kartoffelvorräte mussten regelmäßig erfasst und gemeldet werden. Das Jahr 1916 begann mit einem »Feldzug« gegen die Mäuseplage sowie mit der Sammlung von Kupfer, Messing und Eisenmetall. Das Sanatorium auf Schloss Marbach, einst für den wohlhabenden Adel und das Bürgertum errichtet, war noch 1914 in ein Lazarett umgewandelt worden.

Während in der Bevölkerung die Begeisterung für den Krieg nachließ, beteiligte sich der Rat 1916 mit 40000 M an der 4. Kriegsanleihe, dafür musste ein Teil des Gemeindewaldes gefällt werden. Der Winter 1916/17 wurde auch in Wangen ein Hungerwinter, wenngleich hier die Versorgung besser war als in den Städten der Region. Die Schweinezucht, welche seit den 1870er Jahren enorm zugenommen und zum Wohlstand des Dorfes beigetragen hatte, war zusammengebrochen. Geschlachtet wurde kaum noch, wie aus einer Anweisung für die Fleischbeschauer im Amtsbezirk Konstanz nach Kriegsende hervorgeht. Sie mussten damals zur Nachschulung, da sie teils seit Jahren keine Fleischbeschau mehr hatten abhalten können.[22] Im Juli 1916 wurden Grenzschutztruppen im Dorf stationiert. Untergebracht waren sie in den beiden Hotels Adler und Frieden, der Rat musste zur Finanzierung der Kosten ein Darlehen von 10000 M aufnehmen. An den Kostensteigerungen für Zehrgeld und Löhne zeigt sich eine weitere Folge des Kriegs, die schleichende Geldentwertung: Binnen zwei Jahren verdoppelten sich die Kosten.

Nachdem am 11. November 1918 der Waffenstillstand von Compiègne unterzeichnet worden war, brauchte der Wangener Gemeinderat eine Woche, bis er reagierte. Am 17. November beschloss er, »zur Aufrechterhaltung der Ruhe und Ordnung besonders in gegenwärtiger Zeit« eine Bürgerwehr zu gründen. Ebenso traf er Vorsorge »für etwaige Einquartierung heimkehrender Soldaten« und ließ eine Bestandaufnahme möglicher Quartiere erstellen. Es waren doch die Söhne des Dorfes gewesen, die in den Krieg gezogen waren. Nun musste erst einmal Platz geschaffen werden, um sie wieder aufnehmen zu können. Noch schwieriger war es, ihnen eine Lebensgrundlage bieten zu können. Das Dorf konnte seine Kinder kaum noch ernähren, zwischen 1910 und 1925 sank die Einwohnerzahl von 628 auf 540 Einwohner, wobei die männliche Bevölkerung überproportional um 48 Personen zurückgegangen war.[23]

Berücksichtigt man die Zahl der geborenen Kinder, so verlor das Dorf etwa 16 % seiner Einwohner, davon ein Drittel durch den Krieg, die anderen durch Wegzug.

22 KA Konstanz AA 3/4 Wangen Veterinärwesen

23 Badisches Statistisches Landesamt. Die endgültigen Ergebnisse der Volkzählung vom 16. Juni 1925, GA Wangen

Unter ihnen war auch Emil Hangarter, der sich dem Dienst an der Waffe entzogen hatte und im Juli 1915 in die neutrale Schweiz desertiert war. Sein Antrag auf Wiedereinbürgerung wurde 1920 abgelehnt.[24] Für Emil Hangarter war die benachbarte Schweiz ebenso wie für zahlreiche Literaten, Kriegsverweigerer und Pazifisten Zufluchtsort gewesen, andere wiederum, die schon vor Ausbruch des Kriegs aus dem Deutschen Reich weggezogen waren und ihr Vaterland längst aufgegeben hatten, waren mit Kriegsbeginn aus der benachbarten Schweiz zurückgekehrt und hatten sich freiwillig für den Dienst an der Waffe gemeldet.[25]

Ein 1937 begonnenes Gedenkbuch macht deutlich, welche Auswirkungen der Krieg auf die männliche (und damit indirekt auch die weibliche) Dorfbevölkerung hatte. Das Buch verzeichnet 131 Kriegsteilnehmer, 34 von ihnen waren im Krieg gefallen oder vermisst. Über weitere sieben Soldaten lagen keine Informationen vor, sie waren vermutlich tot. 29 Kriegsteilnehmer waren verletzt zurückkehrt, wovon zehn in den 1920er Jahren verstarben. Somit waren insgesamt 51 verstorben, das waren 39 %. 1910 hatte es 296 männliche Dorfbewohner gegeben, demnach waren 44 % in den Krieg gezogen, 17 % waren gefallen, die übrigen waren mehr oder weniger traumatisiert zurückgekehrt.[26] Berücksichtigt man wiederum die Zahl der Kinder sowie der Alten, so war fast jeder Mann im wehrfähigen Alter aus dem Dorf in den Krieg gezogen, zurück waren die Frauen geblieben, die in diesen Jahren Landwirtschaft, Handwerk und Geschäft weiterzuführen hatten.

»Beten, arbeiten, Selbsterkenntnis und Gotterkenntnis, Nüchternheit, Liebe – das lehrt die Frauen der Krieg«, so umriss der Thurgauische Frauenverein die Aufgabe der Frau in den Kriegsjahren.[27] Die Liebe der Frau, so meinte die Meersburgerin Harriet Straub im Bodenseejahrbuch 1916, vermag sogar den an der Grausamkeit des Kriegs psychisch zerbrochenen Mann wieder einsatzfähig zu machen. Soweit die Frau aber die anstehenden Aufgaben der Männer, welche ja eingerückt waren, übernehmen wollte, brauchte es Kontrolle: »In Anbetracht, dass der Besitzer, welcher sonst das Geschäft führte, schon längere Zeit sich im Auslande (Krieg) befindet, die Frau somit Geschäft und Haushalt (6 Kinder) allein zu besorgen hat, wäre es wünschenswert, wenn durch die Gesundheitskommission von Zeit zu Zeit eine Nachinspektion in diesem Geschäft vorgenommen werden müsste.«[28]

Nur langsam wurde bewusst, welche Folgen die lange Kriegsdauer haben würde: »Es wird eigentlich jede Ehe nach dem Kriege entweder durch den Tod gelöst sein oder mindestens neu begonnen werden müssen. [...] Wir haben jetzt eine Jugend, der man den Mangel väterlicher Zucht bedenklich anmerkt. [...] Da alle Ehen, die kinderfähig sind, Kriegsehen sind, fehlen jedem Vater wichtige Entwicklungszeiten

24 GA Wangen Ausbürgerungen (Ordnung 1950)

25 Unter ihnen war auch der 1895 in Winterthur geborene Bernhard Hangarter, dessen Eltern aus Wangen stammten.

26 GA Wangen Neue Ordnung 127

27 Zitiert nach Bürgi, Michael (Hg): Kreuzlingen: Kinder, Konsum, Karrieren 1874–2000. Weinfelden 2001, S. 18

28 Kreuzlingen Protokoll der Gesundheitskommission 10.8.1915. Stadtarchiv Kreuzlingen ohne Signatur

der Seinen, und alle Kriegskinder, also alle unreifen deutschen Kinder, haben die wichtigsten Erlebnisse vaterlos machen müssen. Die Ehen beruhen auf Gewöhnung, der unbarmherzige Weltkrieg schuf Entwöhnung vom Wichtigsten, Entzückendsten, Heiligen. [...] Aber wenn er nun plötzlich heimkehrt mit den rauhen Sitten des Kriegs, der Rücksichtslosigkeit des Entwöhnten und der Enttäuschung über die so gänzlich andere, noch dazu um Jahre gealterte Gattin? [...] Ich zittere für euch, ihr teuren Kriegseheleute, wenn das Gespenst eines neuen Alltags euch umschleichen wird.«[29]

Die durch die Abwesenheit der Männer veränderte Rolle der Frauen während der Kriegs- und Nachkriegszeit ließ sich wohl nicht ganz zurückdrehen, fand jedoch keinen Eingang in die Erinnerung des Dorfes: Es gibt keine Hinweise im Gemeindearchiv, aber auch keine Überlieferungen und Anekdoten in den Geschichten des Dorfes. Im Keller des Rathauses steht noch ein historischer Rollstuhl, ob er einem der Kriegskrüppel gedient hatte? Wer nach der Rückkehr nicht durchhalten konnte, landete in der Heil- und Pflegeanstalt Reichenau und schrieb in sein Tagebuch: »In einiger Zeit werde ich wohl meinen Vorrat an Lebenswillen verbraucht haben.«[30]

1918 war der Krieg nicht nur zu Ende, sondern verloren. Wie sollte man bzw. frau damit umgehen? Knapp fünfzig Jahre zuvor, nach dem Sieg bei Sedan und der Gründung des Deutschen Reiches, hatten die Dorfbewohner ihre Kriegsteilnehmer noch als Helden gefeiert, die für Kaiser und Vaterland bereit gewesen waren zu sterben. Nun aber war der Krieg verloren und aus dem Kaiserreich eine Republik geworden, doch wofür waren die Gefallenen gestorben? Die Trauer und das Gedenken an die Toten wurden zum bestimmenden Thema der nachfolgenden Jahre. Am 17. November 1918 gewährte der Gemeinderat dem Militärverein erstmals einen Zuschuss von 20 M für den Gräberschmuck gefallener Soldaten. Während des Kriegs blieb der Grabschmuck den Angehörigen überlassen, jetzt wurde die Erinnerung an die gefallenen Soldaten eine öffentliche Aufgabe. Noch heute genießen Gräber gefallener Soldaten Bestandsschutz auf öffentlichen Friedhöfen.

Zwei Jahre nach Kriegsende folgte eine erste Sammlung für eine Gedenktafel. In Öhningen bauten zurückgekehrte Kriegsteilnehmer eine Friedenskapelle oberhalb des Dorfes an der alten Landstraße nach Schienen. In Wangen kam es zum Streit zwischen Bezirksamt und Gemeinde über die Aufstellung eines Denkmals, wobei der Gemeinderat die Verzögerungen durch das Bezirksamt nicht länger hinnehmen wollte. Im Oktober 1925 ließ der Gemeinderat das Ehrenmal ohne Baugenehmigung auf dem Kiesplatz gegenüber dem Rathaus aufstellen.[31] Zum Volkstrauertag[32] im März 1927 hielt nun der Pfarrer eine Gedenkrede, und (der später zur NSDAP übergetre-

29 Lhotzky, Heinrich, Kriegsgetraut. In: Bodenseebuch 1918, S. 39–42

30 Eintrag eines Patienten der Heil- und Pflegeanstalt Konstanz, zitiert nach Südkurier Nr. 93 vom 23.4.2014

31 »Wenn das Ehrenmal nach vollständiger Fertigstellung den Erwartungen nicht entsprechen sollte, so trifft die Schuld daran lediglich den Gemeinderat, der vor Erteilung der Baugenehmigung und der damit verbundenen sachverständigen Beratung das Denkmal erstellen ließ.« GA Wangen Neue Ordnung 129

32 Er wurde am 28.2.1926 erstmals begangen. Er diente dem Ehrengedenken an die im Krieg gefallenen Väter, Brüder und Söhne und sollte festlich, wenn auch ohne viel Reden und Gesänge gefeiert werden.

tene) Bürgermeister Denz legte zusammen mit Dr. Nathan Wolf als ranghöchstem Kriegsteilnehmer einen Kranz am Denkmal nieder.[33]

Nach Kriegsende war Nathan Wolf nach Wangen zurückgekehrt und hatte sich hier als Dorfarzt niedergelassen. Er musste mit ansehen, wie nach 1933 die Erinnerung an die Gefallenen sich in ihr Gegenteil verkehrte. Hitler führte 1935 die Wehrpflicht wieder ein, wovon als erste ausgerechnet die Kinder des Jahrgangs 1914 betroffen waren. Etwa 1937 wurden die Namen der jüdischen Kriegsteilnehmer aus dem Stein des Denkmals herausgemeißelt, während sie fast zeitgleich in das von der Gemeinde angelegte Gedenkbuch für die Gefallenen des Ersten Weltkriegs aufgenommen wurden und noch nach ihren letzten Ruhestätten geforscht wurde.[34] Die Hitlerjugend zog singend durch das Dorf, ließ in ihren Liedern das Blut vom Messer spritzen und übte mit Holzgewehren die Erstürmung der Burgen im Hegau.[35]

Kriegsheimkehrerkapelle, erbaut 1927, am Waldrand oberhalb von Öhningen (Foto: Franz Hofmann)

25 Jahre nach Ausbruch des Ersten Weltkriegs zogen 1939 wieder Wangener Männer in den Krieg. Radio und Wochenschau zeigten in bewegten Bildern das Geschehen an der Front, die Zeitungen berichteten über Frontverläufe, der Postverkehr wurde kontrolliert. Wer nicht an den Sieg und den Sinn des Kriegs glaubte, durfte seine Meinung nicht äußern, es hätte ein Strafverfahren oder schlimmer noch KZ-Haft nach sich ziehen können. Wieder war die Grenze abgeriegelt, das Befahren des Sees für Unberechtigte verboten, Boote mussten unter Verschluss gehalten werden. Immerhin war das Eislaufvergnügen auf einem Uferstreifen von 40 Meter Breite erlaubt. Am Ende wurde das Dorf selbst zum Kriegsschauplatz, als im April 1945 französische Soldaten Wangen besetzten. Kämpfe hat es im Dorf nicht gegeben, doch das, was nach der Besetzung kam, kann nicht als Frieden bezeichnet werden: Der

33 Freie Stimme Radolfzell vom 17.3.1927, S. 4

34 Der Volksbund Deutsche Kriegsgräberfürsorge e.V. beantwortete im Juni 1937 mehrere Anfragen aus Wangen, darunter auch Anfragen zu Gräbern jüdischer Soldaten. GA Wangen Neue Ordnung 186. Nach Ende des Zweiten Weltkriegs wurden die Namen jüdischer Kriegsteilnehmer wieder sichtbar gemacht, ergänzt um zwei bisher als vermisst geltende Namen. Ursprünglich waren nur 34 Namen in das Denkmal eingraviert.

35 Interview mit der Zeitzeugin K. S, Archiv Fidler

erste Befehl des französischen Kommandanten drohte im Falle einer Misshandlung eines französischen Soldaten mit der Erschießung von zwanzig Geiseln. In einem Fall soll es, so die Erinnerung eines Zeitzeugen, in der Besatzungszeit zur Erschießung eines Bürgers gekommen sein. Die Bürger hatten Foto- und Radioapparate[36] abzuliefern, ebenso Boote und u.a. Bettwäsche, Geschirr, Löffel, ja sogar Likörgläser und Kinderbetten für die Ausstattung der Kommandantur im Schloss Marbach und der Soldatenunterkünfte.

Noch im Mai 1945 wies der französische Kommandant Flüchtlinge aus der Grenzregion aus, die in den letzten Kriegswochen auf die Höri geflohen waren. Etwa 510 Einwohner zählte das Dorf noch, 87 Evakuierte hatte es aufgenommen, hinzu kamen 369 Flüchtlinge. 200 von ihnen mussten Wangen verlassen und wurden der Gemeinde Aach zur Aufnahme zugewiesen. Für die Evakuierung der überwiegend Frauen und Kinder durften Fahrzeuge eingesetzt werden, denn der Kommandant wollte »auf keinen Fall [...] Frauen und Kinder zu Fuss auf den Landstrassen hinziehen sehen«.[37]

Die Aufnahme von Vertriebenen sollte die schwierigste Aufgabe der Nachkriegszeit werden und eine Veränderung der Bevölkerungsstruktur nachsichziehen. 1949 lebten noch etwa 120 aus dem Osten zugezogene Personen im Dorf, die nicht wieder zurück konnten. Die Aufnahme sei problematisch, vermerkte das Bürgermeisteramt, da bei den Bauern immer nur ein Raum beheizbar und nur eine Küche vorhanden war; auch fehlte es an abschließbaren Räumen. Die statistische Aufschlüsselung zeigt, dass nun 125 Protestanten ins fast ausschließlich katholische Dorf aufgenommen werden mussten.[38] Das Dorf hatte sein Selbstverständnis neu zu definieren, wer gehörte ab wann zum Dorf, wer blieb Zugezogener?

In den ersten Wochen nach Kriegsende galt eine Ausgangssperre von abends acht bis morgens um sieben Uhr. Die Gemeinde Wangen hatte nicht nur für die Versorgung von weiteren im Dorf gebliebenen Flüchtlingen aufzukommen, sondern zusammen mit Öhningen und Horn für 60 Mann der Besatzungstruppen. In den Sommermonaten wurden französische Kinder zur Erholung in den Hotels und Pensionen einquartiert, für die ebenfalls gesorgt werden musste. Die Rückführung von 20 in Wangen beschäftigt gewesenen Zwangsarbeitern organisierte die Militärkommandantur. Empfohlen wurde der Besuch eines öffentlichen Vortrages eines Öhninger Bürgers, der über seine jahrelange Haft in einem Konzentrationslager berichtete.

Nach Ende des Ersten Weltkriegs hatte das Dorf rasch zur Normalität zurückgefunden. Die Soldaten waren binnen weniger Wochen und Monate nach Wangen

36 »Nach Abgabe von 22 Rundfunkgeräten war es nicht durchführbar, weitere ordnungsgemäß angemeldete Apparate zu beschlagnahmen. Die Apparate der politisch Belasteten sind bereits abgeliefert und die noch restlich vorhandenen Geräte abzunehmen, würde auf einem Dorfe, das fern von Kino, Theater und Konzerten liegt eine sehr schwere Härte bedeuten.« Schreiben der Gemeinde Wangen an das Bureau du Logement Governement Militaire vom 15.2.1947, GA Wangen Neue Ordnung 61

37 Dienstliche Aktennotiz vom 19.5.1945, GA Wangen Neue Ordnung 63. Die folgenden Informationen aus GA Wangen Neue Ordnung 60–64

38 GA Wangen Auskunftsbogen vom 12.1.1949

Denkmal für die Toten des Ersten Weltkriegs in Wangen, 1925 errichtet (Foto: Verfasser)

zurückgekehrt. Das Hotel Frieden, welches auch in den Kriegsjahren noch gut besucht gewesen war, hatte 1919 sein bestes Jahr und wieder mehr Übernachtungsgäste als vor dem Krieg gehabt. Nach Ende des Zweiten Weltkriegs sollte es dagegen Jahre dauern, bis die Kriegsgefangenen zurückkehren konnten und bis Anfang der 1950er Jahre die ersten Touristen wieder das Dorf besuchten. Der Krieg hatte das Dorf verändert, die ländliche, idyllische Lage war geblieben, aber im Innern brodelte es. Welche Erinnerung an das Geschehene sollte tradiert werden? In den Akten des Dorfarchivs sind zahlreiche Ortsgerichtsverfahren aktenkundig, die sich mit dem Verhalten Einzelner während der Nazizeit beschäftigen. Wer war dagegen oder wofür gewesen, und was durfte jetzt nach Kriegsende noch darüber geäußert werden?

Die Entnazifizierung war ein formaler Akt, der aber die persönliche Ebene nicht betraf. Als 1948 die Besatzungsmacht die Wahl eines Gemeinderates wegen fehlender Entnazifizierung untersagte, wählte das Dorf wenige Monate später und nach nun erfolgter Gründung der Bundesrepublik den damals abgelehnten ehemaligen Ortsbauernführer mit überwältigender Mehrheit zum neuen Bürgermeister. Symptomatisch für den Umgang mit der Erinnerung ist eine Anekdote über den Besuch des aus Wangen gebürtigen, 1940 nach Amerika geflohenen jüdischen Schriftstellers Jacob Picard. Als er 1959 das Dorf besuchte, traf er eine schweigende Bevölkerung. Aber da sei doch etwas gewesen, über das man reden müsse, warum redet keiner darüber, fragte er seine Wirtsfrau. Sie wusste ihm keine Antwort.[39] Die Erinnerung an die Toten der Weltkriege übernahm der 1952 eingeführte Volkstrauertag, der in bewusster Abgrenzung zur Tradition des von den Nationalsozialisten zum »Heldengedenktag« umfunktionierten Volkstrauertages der Weimarer Republik an das Ende des Kirchenjahres verlegt wurde. Noch heute erinnert das Dorf an diesem Tag an die Opfer der Gewaltherrschaft und die Toten zweier Weltkriege und mahnt zu Verständigung und Frieden.

»Nie wieder Krieg!« hatte der Widerstandsblock Höri gefordert, der nach Kriegsende am Wiederaufbau mitarbeitete. Die neu gegründete Bundesrepublik Deutschland verankerte das Recht auf Kriegsdienstverweigerung im Grundgesetz, nicht aber das Verbot, eine Armee aufzustellen. Nach Ende des Ersten Weltkriegs hatte es 17 Jahre gedauert, bis erneut Wangener Bürger zu den Waffen gerufen worden waren. Diesmal dauerte es nur 12 Jahre: 1956 wurde die Wehrpflicht wieder eingeführt, am 1. April 1957 wurden die ersten jungen Männern zum Militärdienst eingezogenen. Heute ist die Wehrpflicht wieder abgeschafft und auch der Krieg findet weitab von Wangen statt, doch wie ist das mit dem Frieden, wenn dank der neuen medialen Techniken die Bilder der Kriegs-schau-plätze (was für ein Wort!) beinah jeden Abend mit der Tagesschau im Wohnzimmer zu sehen sind?

39 Mündliche Information an den Verfasser

Schwandorf, Boll, Waldsberg – Drei Burgen im nordöstlichen Hegau

Von Tobias und Wolfgang Teyke, Mittelbiberach und Meßkirch

Der auf der Donauseite der Wasserscheide gelegenen Hegauburgen hat sich die jüngere Burgenforschung wenig angenommen. Während den in diesem Raum einflussreichen Adelsgeschlechtern der Ritter von Schwandorf und Herren von Heudorf bereits detaillierte Untersuchungen gewidmet wurden, waren die Burganlagen selbst bisher noch kaum Gegenstand ausführlicher Darstellungen. Die einschlägige Literatur darüber ist meist schon über 100 Jahre alt. In diesem Beitrag sollen drei ehemalige, im nordöstlichen Hegau gelegene Burgen erstmals detailliert beschrieben werden, die an der Krumbach oder ihrem Zufluss, dem Wettbach liegen.

1. Die Felsenburg in Oberschwandorf

Am südlichen Ortsende von Oberschwandorf finden sich unweit der Pfarrkirche St. Ulrich auf einem in der Talniederung befindlichen steilen, aber niedrigen Kalksteinfelsen sehr spärliche Baureste, die als Überrest einer mittelalterlichen Burg anzusehen sind.[1] Dafür spricht nicht nur der von 1260 bis Anfang des 15. Jahrhunderts belegte Ortsadel der Ritter von Schwandorf, sondern auch die ausdrückliche Nennung der Burg bei ihrem Verkauf 1460. Da die gleiche Burg 1482 beim abermaligen Verkauf als »Turm« bezeichnet wird, dürfte sie eine kleine Turmburg von nur geringen Ausmaßen gewesen sein. Somit kann sie auf der gerade ca. 150 Quadratmeter großen Oberfläche des Felsens durchaus Platz gehabt haben. Außerdem haben wir am Hang und am Fuß des Felsklotzes vor kurzem mehrere mittelalterliche Keramikscherben aufgelesen, die den Felsabhang herunter gerutscht sein dürften und somit eine Nutzung des Felsens im Mittelalter belegen.

Geschichte

1131 hielt sich der Beuroner Chorherr Heinrich von Schwandorf in Lüttich am Hof König Lothars III. auf, der eine Urkunde für das Kloster Beuron ausstellen ließ. Von einer sich nach Schwandorf nennenden Adelsfamilie ist sonst im 12. Jahrhundert nichts bekannt. Eberhard Dobler vermutet, dass der Chorherr Heinrich aus der

1 Über die Burg heißt es: »Nach mündlicher Überlieferung soll sie auf dem Kalkfelsen am Eingang zu Oberschwandorf gestanden haben. Dieser Bereich wird noch heute ›die Burg‹ genannt.« Stritzel, Hans-Georg: Ortssippenbuch Schwandorf Kreis Stockach. Badische Ortssippenbücher Bd. 143. Neuhausen ob Eck 2010, S. 27

Familie der Herren von Mahlspüren stammte, die sich später nach Friedingen nannte.[2] Ein Seitenzweig der Herren von Friedingen waren im 13. Jahrhundert die Truchsessen von Krähen, von denen wiederum die ab 1260 mit Konrad und Heinrich genannten niederadligen Ritter von Schwandorf abstammen dürften.[3] Ihr Wappenbild zeigte eine rote Spitze im silbernen Schild. Angehörige dieses Geschlechts waren Ministerialen des Bischofs von Konstanz und des Klosters Reichenau. Die Familie war verzweigt und besaß mehrere Sitze in der Region, so in Hecheln, Reute bei Meßkirch und in der Stadt Meßkirch selbst. Nach Heinrich Heidegger dürfte die Burg frühestens am Anfang des 13. Jahrhunderts, also in der Zeit der Truchsessen von Krähen errichtet worden sein.[4]

Diese Auffassung wird durch die Auswertung der von uns aufgelesenen Keramikstücke durch Heiko Wagner gestützt: »Eine schräg ausgestellte, trichterförmige Randscherbe ist außen abgedreht und oben horizontal abgestrichen. Formale Parallelen finden sich in Christoph Bizers[5] Mittlerer Albware, jedoch ist die Zusammensetzung ganz anders und enthält keine Kalkmagerung. Die Randscherbe ist brauntonig und gehört noch zur nachgedrehten Ware; die Oberfläche ist geglättet, jedoch nicht poliert und enthält feinen Glimmer. Sie dürfte ins frühe bis mittlere 13. Jahrhundert. gehören, etwa 1200–1250. Eine kleine dünne Wandscherbe (außen braungrau, innen dunkelgrau, Kern hellgrau) ist ebenfalls geglättet und enthält auch feinen Glimmer. Es ist dieselbe Zeitstellung zu vermuten. Vier weitere Wandscherben unterschiedlicher Brennfarbe sind sandig gemagert und gehören schon zur Drehscheibenware. Ihre Zeitstellung dürfte in die 2. Hälfte des 13. Jahrhunderts oder vielleicht schon ins 14. Jahrhundert gehören. Für genaue Aussagen, wie lange die Burg bestand, ist langfristig ein größeres Fundspektrum mit weiteren Randscherben notwendig. Eine Gründung der Burg im frühen 13. Jahrhundert erscheint denkbar, muss jedoch weiter abgesichert werden.«[6]

Nach einer allerdings nicht belegten Notiz soll 1406 der »Turm« in Schwandorf durch den Grafen Eberhard von Nellenburg an Hans von Schwandorf zu Meßkirch übergeben worden sein.[7] Dieser Hans von Schwandorf, der auch Herr zu Reute war, dürfte nach Heidegger der letzte Besitzer der Burg aus dem Geschlecht der Schwandorfer gewesen sein.[8] »Das Fehlen größerer Mengen an Drehscheibenware und an glasierter Keramik dürfte jedenfalls auf eine eher frühe Auflassung der Burg hindeu-

2 Dobler, Eberhard: Die Reichenauer Truchsessen von Krähen und Schwandorf. In: Heidegger, Heinrich: Beiträge zur Geschichte von Schwandorf. Hegau-Bibliothek Bd. 23. Singen 1972, S. 39–47

3 Zur Familie der Ritter von Schwandorf vgl. Heidegger, Heinrich: Die Herren von Schwandorf. In: Heidegger, a. a. O, 1972, S. 1–38

4 Ebenda, S. 20

5 Bizer, Christoph: Oberflächenfunde von Burgen der Schwäbischen Alb. Ein Beitrag zur Keramik- und Burgenforschung. Forschungen und Berichte der Archäologie des Mittelalters in Baden-Württemberg Bd. 26. Stuttgart 2006, S. 37–38

6 Freundliche Mitteilung von Dr. Heiko Wagner an Tobias Teyke, 21. Januar 2014

7 Heidegger, a. a. O. 1972, S. 26

8 Ebenda, S. 32

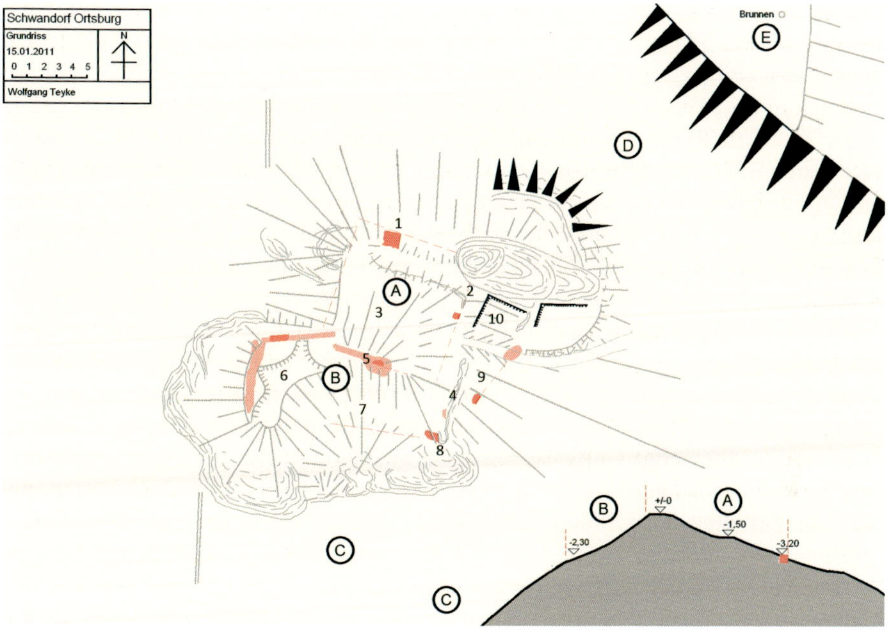

Grundriss der Burgstelle in Oberschwandorf (Aufnahme: Wolfgang Teyke)

ten. Die Nennung eines Turms von 1406 (?) wäre der allerspätest mögliche Termin für die Aufgabe der Burg; vielleicht war der Turm – sofern sich die Nennung auf unsere Burg bezieht – schon gar nicht mehr bewohnt und nur noch wegen der an ihm hängenden Rechte interessant.«[9] Für eine noch frühere Auflassung der Burg spricht auch, dass sich bereits seit 1288 Ritter von Schwandorf in Meßkirch finden; diese scheinen also schon früh nach Meßkirch übergesiedelt zu sein.[10] 1460 finden wir Heinrich von Tengen, den Sohn des Grafen Johann I. von Tengen-Nellenburg, im Besitz der Burg Schwandorf, der sie in diesem Jahr an Sygmund von Stein verkaufte.[11] Trotz dieses Verkaufs, der ohne Wissen von Heinrichs Bruder, des Grafen Johann II. von Tengen-Nellenburg geschah, dürfte die Burg 1464 beim Tod Heinrichs an Johann II. übergegangen sein, denn 1478 übergab der Letztere »das Schlössle zu Swaindorff«, das ihm von Heinrich von Tengen überkommen war, seinem Sohn, dem Priester Hans.[12] Dieser Hans verzichtete 1482 gegen eine jährliche Rente von 50 fl zugunsten seines Dienstherrn Herzog Sigismund von Österreich auf die Burg.[13] Heidegger vermutet bereits nach dem Tod des letzten Schwandorfers Hans von

9 Freundliche Mitteilung von Dr. Heiko Wagner an Tobias Teyke, 21. Januar 2014
10 Fürstenbergisches Urkundenbuch (FUB) Bd. 5, Tübingen 1885, S. 206, Nr. 240.1
11 Heidegger, a. a. O. 1972, S. 33
12 Ebenda, S. 33
13 Ebenda, S. 34

Schwandorf im 15. Jahrhundert den beginnenden Zerfall der Burg, die um 1600 nach Unterlagen des Schwandorfer Pfarrarchivs als Ruine bezeichnet wird.[14] 1791 wird sie als »das zerfallene Schloß Madach« bezeichnet.[15]

Baubeschreibung

Der Burgfels ist in nordöstlicher Richtung vom anschließenden Bergrücken durch eine rund sechs Meter tiefe, grabenartige Senke getrennt (D). Vielleicht handelt es sich bei der Senke um einen früheren Burggraben. Auf allen Seiten tritt der nackte Fels stellenweise hervor; am höchsten ragen die Felswände im Südwesten mit rund 4 ½ Metern über dem Boden auf. Auf der entgegengesetzten Seite fällt der Fels gegen Osten verhältnismäßig flach ab bis zu der erwähnten Senke. Im Norden schließt nur wenige Meter vom Felsfuß entfernt die moderne Bebauung der Ortschaft an. Das Gelände ist dort deutlich sichtbar aufgefüllt. Aber auch im Süden scheint das Gelände neuzeitlich überformt zu sein: Dort erstreckt sich eine flache, ca. 11 mal 35 Meter große, ehemalige Gartenterrasse (C), die keine Befestigungsspuren aufweist. Auf der von der Burg durch die Grabensenke getrennten Hochfläche befindet sich noch ein Brunnen (E). Ob dies vielleicht der Standort des ehemaligen Wirtschaftshofs der Burg war?

Auf der Oberfläche des Burgfelsens lassen sich zwei Bereiche unterscheiden: Zunächst ein tiefer gelegenes Areal im Norden (A), das in nördlicher Richtung hin abfällt und in einer kleinen Terrasse endet (1), die durch einen kleinen Felsabsatz von einem weiter südlich anschließenden Bereich getrennt ist. Gegen Osten wird dieses Gelände durch einen Felskopf mit einer schmalen, vielleicht natürlichen Pforte abgeschlossen (2). Mitten auf der Terrasse findet sich ein Kernmauerwerksblock, der den Mauerverlauf nicht erkennen lässt. Diese Stelle erweckt den Eindruck, dass hier der Fels nach dem Niedergang der Burg als Steinbruch verwendet und so neuzeitlich überformt wurde. Der Bereich, der südlich angrenzend etwa einen guten Meter höher liegt (3), weist keinerlei Mauerreste auf. Auch dort findet sich eine schmale, terrassierte Fläche, bevor das Gelände nach Süden abermals ansteigt und nach Osten hin bis zu einer wenig markanten Felsstufe (4) abfällt. Die bedeutendsten Mauerreste finden sich dagegen im höchsten Bereich der Anlage (B). Ein ca. 5 ½ Meter langer, von Ost nach West ausgerichteter Schuttwall (5) erhebt sich etwa 1,30 Meter über der eben erwähnten Terrasse. Auf dem Kamm des Walles findet sich ein Steinquader, der einzige auf der Burgstelle. Gegen Westen schließt ein winziges, etwa dreieckiges Plateau (6) mit den Seitenlängen fünf mal fünf mal acht Meter an den Schuttwall an, die höchste Stelle des Felsens. Auch dort finden sich noch deutliche Mauerreste: Vor allem ist hier ein ca. 4,80 Meter langer, bis zu 1 Meter hoher Futtermauerwerksrest zu nennen, der das Plateau gegen Norden abschließt. Am westlichen Plateaurand befindet sich ebenfalls Mauerschutt. Auf dem gegenüberliegenden, durch eine trichterförmige Senke (7) vom kleinen Plateau getrennten Felsvorsprung

14 Ebenda, S. 35

15 Lexikon für Schwaben, zitiert nach Heidegger, a. a. O. 1972, S. 35

Turmburg Oberschwandorf (Rekonstruktion von Wolfgang Teyke)

(8) trifft man auf weitere, allerdings sehr geringe Mauerspuren, wohl Überreste einer die Burg im Süden abschließenden Mauer. Ausgehend von dem Felsvorsprung, dem südöstlichsten Punkt der Burg, erstreckt sich in nördlicher Richtung die schon erwähnte Felsstufe (4), auf der noch Mauerschutt festzustellen ist. Unterhalb dieser Felsstufe finden wir ebenfalls Mauerspuren (9), die vielleicht vom ehemaligen Zugangsweg zur Burg herrühren. Etwa auf halber Höhe an diesem Hang, unmittelbar unterhalb der Felspforte (2) ist eine kleine Fläche aus dem Fels herausgehauen (10). Im Gegensatz zu Hans-Wilhelm Heine, der in Schwandorf »keine Baureste mehr« bemerkte,[16] ist festzuhalten, dass sich durchaus, wenn auch sehr geringe und bei dichtem Bewuchs kaum erkennbare Mauerreste finden lassen.

Rekonstruktion

In dem 1964 zwischen Ober- und Unterschwandorf errichteten Schulhaus findet sich im Treppenhaus der erste bildliche Rekonstruktionsversuch der Schwandorfer Burg. Auf der höchsten Stelle (B) erhebt sich dort ein schmaler Turm; die trichterförmige Senke davor wird von einem Burghof eingenommen. Das Hauptgebäude ist ein schmaler Palas (Bereich A). Schließlich befindet sich im Norden ein kleiner Zwinger (Bereich A). Dieser Rekonstruktionsversuch steht mit den vorhandenen Bauresten durchaus in Einklang. Da die Burg in zeitgenössischen Quellen aber verschiedentlich als »Turm« bezeichnet wird, ist als Hauptgebäude ein Wohnturm anzunehmen; das Türmchen über der höchsten Stelle erscheint aber zu klein, um die gesamte Anlage als »Turm« charakterisieren zu können. Der Wohnturm könnte vielmehr auf der gesamten Fläche des nördlichen Bereichs (A) gestanden haben und so eine Grundfläche von ca. neun mal neun Meter gehabt haben. Dies ist zwar die natürlich schwächste Stelle der Burg, da dort der Fels die geringste Höhe aufweist;

16 Heine, Hans Wilhelm: Studien zu Wehranlagen zwischen junger Donau und westlichem Bodensee (Forschungen und Berichte der Archäologie des Mittelalters in Baden-Württemberg Bd. 5. Stuttgart 1978, S. 85

gerade deswegen aber war dieser Bereich fortifikatorisch besonders zu sichern, etwa durch einen Wohn- und Wehrturm. Der Schuttwall mit dem Quader dürfte die Außenmauer dieses Turmes gewesen sein. Über die Bebauung des höchsten Bereichs (B) kann nur spekuliert werden; denkbar ist durchaus ein weiterer kleiner Turm auf dem Plateau sowie ein kleiner Burghof, wie auf dem Bild in der Schule. Vielleicht befand sich hier auch das Burgtor; der von uns angenommene Zugangsweg scheint dorthin zu führen.

2. Das Wasserschloss in Boll

Das heutige Gasthaus Schwanen in Boll ist der Überrest eines vermutlich im 16. Jahrhundert entstandenen Wasserschlosses der Herren von Heudorf. Mit seinen drei Geschossen ragt das Gebäude noch immer über die umliegende Bebauung hinaus; der Schlosscharakter indes ist bereits im frühen 19. Jahrhundert verloren gegangen, nachdem es in private Hände gelangt und hauptsächlich landwirtschaftlich genutzt worden war. Diese neuzeitliche Überformung und mehr noch das Fehlen von aussagekräftigem historischen Bild- und Planmaterial machen eine Rekonstruktion der Anlage besonders schwierig. Im Folgenden sollen, soweit es möglich ist, Anhaltspunkte gesammelt werden, mit denen man auch von dieser kaum wieder zu erkennenden Anlage eine Vorstellung gewinnen kann.

Geschichte

Ein Adelssitz, beziehungsweise eine Burg in Boll bestand schon im Mittelalter.[17] Ortsadel von Boll ist durch Albert von Bolle in den Jahren 1241 bis 1254 und die Brüder Heinrich und Albert von Bolle als Patronatsherren der Kirche in Boll im Jahr 1261 belegt. Der erstgenannte Albert von Boll erscheint 1241 und 1253 als Kanoniker in Konstanz und 1243 als Kanoniker auf der Reichenau. Albert wird 1241 als »advocatus«, Vogt, bezeichnet, was darauf hinweist, dass er Boll als Lehen innehatte. Als letzter bekannter Vertreter dieses Geschlechts wird 1266 »Bertoldus advocatus de Bolle« genannt.[18] 1363 hatte Johann von Heudorf seinen Sitz in Boll, als er die Reichenauer Lehen des Heinz von Heudorf empfing.[19] Von da an blieben die Herren von Heudorf im Besitz des Ortes, der als Bestandteil der Herrschaft Hewen von den Grafen von Lupfen zu Lehen ging. Die Grafen von Lupfen-Stühlingen behaupteten das Eigentum an dem Lehen auch nach einem Streit mit Werner von Zimmern 1471 bis 1479.[20] Conrad von Heudorf empfing 1412 vom Grafen von Lupfen den Halbteil der »Vesti« und des Dorfes Boll mit dem Kirchensatz zu Lehen. Damit wird die Burg erstmals ausdrücklich erwähnt. In der Folgezeit finden wir Boll im Besitz von Angehörigen der Waldsberger Linie des Geschlechtes, die im 16. Jahr-

17 Jakob, A.: Die Herrschaft Boll im Madach. Ein Beitrag zur Geschichte der Herrenhöfe und der Eigenkirchen. In: SVGB 42, 1913, S. 31–37

18 Ebenda, S. 36

19 Kindler von Knobloch, Julius, und Stotzingen, Othmar Freiherr von: Oberbadisches Geschlechterbuch, Bd. 1. Heidelberg 1898, S. 51

20 Barack, Karl August (Hg.): Die Zimmersche Chronik, Bd. 1. Tübingen 1881, S. 403

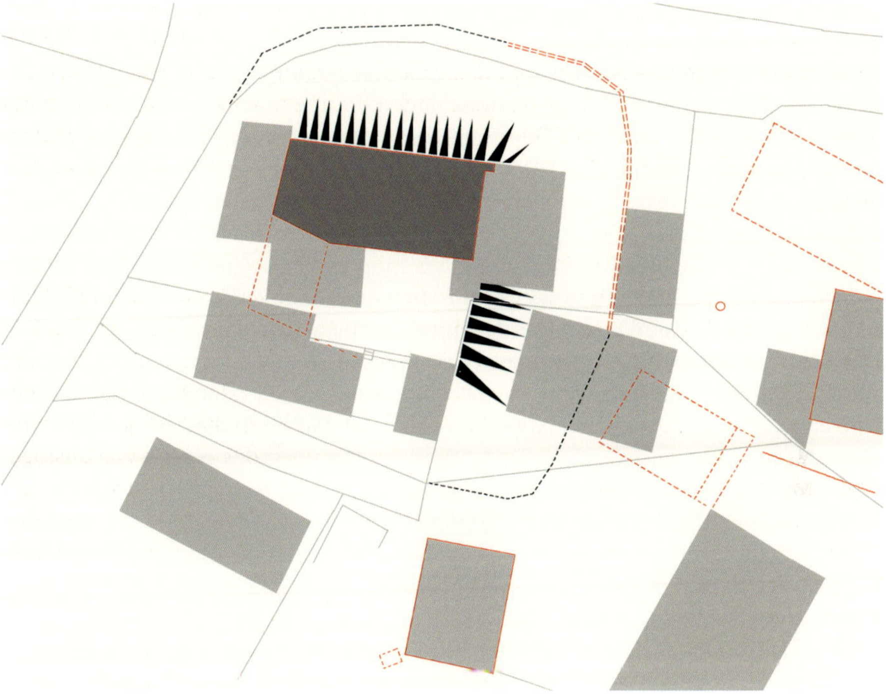

Grundriss des ehemaligen Schlosses Boll (Aufnahme: Wolfgang Teyke)

hundert mit Eitelbilgeri von Heudorf ausstarb.[21] Damals fiel Boll wieder an die Grafen Eitelfriedrich und Heinrich von Lupfen zurück, die es 1564 nach Auseinandersetzungen mit dem Erben der Herrschaft Waldsberg, Berthold vom Stein, nicht an diesen, sondern an Christoph Friedrich von Heudorf (gest. 1601), dem Stifter der Tiroler Linie der Heudorfer, verliehen. Dabei wurde dem Lehensnehmer auferlegt, »innerhalb 6 Jahre nach der Belehnung das Haus Boll ›notwendiglich‹ zu bauen und zu bessern und fürder unabgängig zu erhalten, damit einer vom Adel samt seinem Hausgesinde daselbst wohnen könne.«[22]

Wahrscheinlich entstand damals das Schloss auf der Grundlage der älteren Burg in seiner endgültigen Gestalt. Kraus nahm aufgrund stilistischer Parallelen für Boll den gleichen Baumeister wie für den Glockenturm auf Schloss Heiligenberg und den Kirchturm der Kirche Unserer Lieben Frau in Meßkirch an, die beide in der zweiten Hälfte des 16. Jahrhunderts entstanden.[23] Das Schloss diente als Nebenresidenz der

21 Kindler von Knobloch/Stotzingen, a. a. O. 1898, S. 56–57

22 Baumann, Franz Ludwig, und Tumbült, Georg (Bearb.): Mitteilungen aus dem Fürstlich Fürstenbergischen Archiv, Bd. 2, Quellen zur Geschichte des Fürstlichen Hauses Fürstenberg und seines ehedem reichsunmittelbaren Gebietes 1560–1617. Tübingen 1902, S. 73 (Nr. 122, 1564 März 13)

23 Kraus, Franz Xaver: Die Kunstdenkmäler des Kreises Konstanz. Die Kunstdenkmäler des Großherzogthums Baden Bd. 1. Freiburg (Breisgau) 1887, S. 383

Tiroler Linie der Herren von Heudorf, bis deren Letzter, Franz von Heudorf zu Boll und Ursäna (Ossana), 1693 seinen ritterschaftlichen Ort Boll an den Grafen Froben Ferdinand von Fürstenberg verkaufte.[24] Die Herrschaft Fürstenberg hatte schließlich keine Verwendung mehr für das Schloss und verkaufte es 1781 an den Müller Dominicus Gauggel für 420 fl. Die Gemeinde, die daran interessiert war, die Fronpflichten für das Schloss abzulösen, hatte vergeblich 460 fl für das Gebäude geboten. Die mit dem Schloss verbundenen Gemeindedienste blieben der Herrschaft auch nach dem Verkauf erhalten.[25] Der neue Besitzer Müller richtete das Schlossgebäude wohl schon bald für seine Bedürfnisse her und veränderte den Bestand stark. Als das frühere Schloss 1836 durch Matthä Ehrle an Michael Hafner verkauft wurde, befanden sich bereits Scheuer und Stallung unter einem Dach mit dem damaligen Wohnhaus.[26] Das Schloss war ein fürstenbergisches Erblehen, Michael Hafner erlangte 1842 die Allodifizierung. Sein Nachfolger Xaver Hafner (gest. 1868) richtete darin die Gastwirtschaft zum Schwanen ein. Als solche dient das Gebäude nach mancherlei Veränderungen noch heute.[27]

Baubeschreibung

Das Gasthaus Schwanen liegt im sogenannten Mitteldorf nördlich der Pfarrkirche St. Silvester in der Talniederung unweit des Krumbachs. Dieser einzige bauliche Überrest des Schlosses, ein dreistöckiger Kastenbau, misst ohne die Anbauten aus jüngerer Zeit 23 mal 12 Meter. Während die Osthälfte für Wohnung und Gaststättenbetrieb dient, wird die Westhälfte von der ehemaligen Scheuer und Stallung eingenommen. Vom ursprünglichen Bestand stammen noch drei Außenmauern; lediglich die östliche Giebelwand wurde 1936 von Grund auf erneuert. Der Dachstuhl ist nicht mehr ursprünglich, denn bei der grundlegenden Erneuerung des Ökonomieteils 1948 erhielt auch dieser einen neuen Dachstuhl. Dabei wurde der bisherige Walmabschluss des Daches im Westen durch einen Giebel ersetzt.

Anders als heute dürfte sich der Hauseingang im ursprünglichen Zustand nicht im Norden gegen die jetzige Straße, sondern direkt gegenüber zum damaligen Schlosshof hin befunden haben. Auch das Innere des Wohnteils ist gegenüber älteren Zeiten wesentlich verändert worden. Noch auf einem Plan aus dem Jahr 1906 ist dort eine zweiläufige Treppe mit Zwischenpodest eingezeichnet. Ursprünglich dürfte nur noch ein tonnengewölbter Kellerraum sein.

24 Ausführlich zu dieser Linie: Krezdorn, Siegfried: Die Herren von Heudorf in Boll. In: HEGAU 27/28, 1970/71, S. 444–448

25 Fürstlich Fürstenbergisches Archiv Donaueschingen (FFA) OA 21 Cist. A Lat. 1 Vol. III Fasc. I (Schlossverkauf 1781)

26 Gemeindearchiv Boll Grundbuch (C IV 1), Eintrag vom 30. Mai 1836

27 Zur weiteren Geschichte des Gasthauses Schwanen vgl. Maier, Kurt-Erich, und Schäfer, Johann: Sauldorf. Geschichte der Gemeinde Sauldorf und ihrer Ortsteile Bietingen, Boll, Krumbach, Rast, Sauldorf und Wasser, mit besonderer Berücksichtigung des 18. bis 19. Jahrhunderts, hg. von der Gemeindeverwaltung Sauldorf. Sauldorf 1984, S. 190

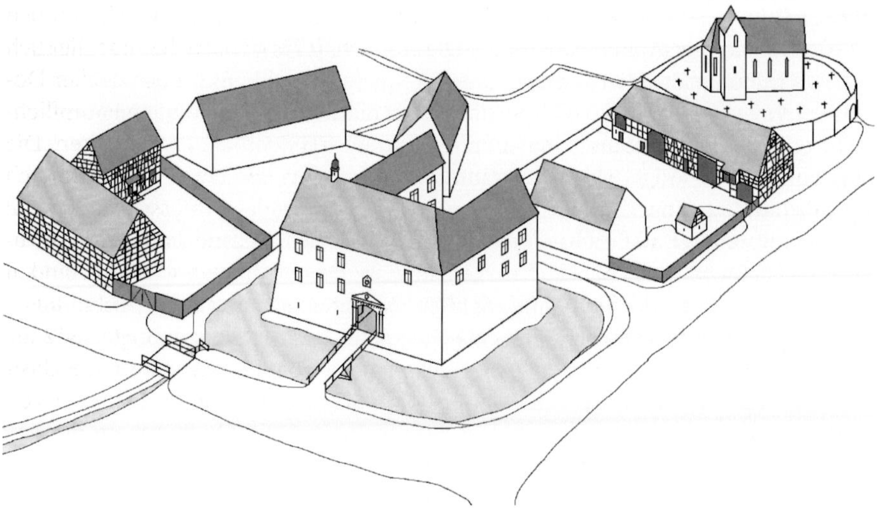

Schloss Boll um 1600 (Rekonstruktion von Wolfgang Teyke)

In der Trennmauer zwischen Wohn- und Ökonomieteil finden sich im Erdgeschoss gegen die ehemalige Scheuer drei stichbogengewölbte Nischen, die durch Gesimse miteinander verbunden sind. Der Verlauf eines darüber liegenden, durchlaufenden Gesimses ist noch ablesbar. In den Kämpferzonen zwischen den Nischen waren über den verbindenden Gesimsen runde Medaillons angebracht, von denen sich noch Spuren finden. Diese arkadenartig gestaltete Wand hatte ursprünglich ein Pendant auf der gegenüberliegenden Seite und gehörte zu einer Tordurchfahrt. Kraus, der 1887 die eine dieser »Arkadenwände« beschrieb, sah damals noch »an der Hauptfacade das grosse, stichbogenförmige Thor, welches von Pilastern, Architrav, Consolenfries, Gesimse und Spitzgiebel umrahmt ist«.[28] Wenig später verschwanden diese Renaissance-Elemente; bereits auf einer Photographie von 1907[29] ist an der Stelle dieses ehemaligen Hauptportals nur noch ein schlichtes Scheuertor zu sehen. Gegenüber befindet sich noch zum ehemaligen Schlosshof hin ein vermauertes stichbogenförmiges Tor ohne zusätzliche gestalterische Details. Darüber weisen geringe Reste des Verputzes auf das ehemals vorhandene Tonnengewölbe dieser Durchfahrt. Die Renaissance-Elemente in der ehemaligen Durchfahrt gaben Anlass zu der Vermutung, dass der Zimmerische Hofbaumeister Jörg Schwarzenberger am Bau beteiligt gewesen war.[30] Im Unterschied zu den Bauten, an denen Schwarzenberger nach-

28 Kraus, a. a. O. 1887, S. 383

29 Sauldorf im Wandel der Zeit mit seinen Ortsteilen Bietingen, Boll, Krumbach, Rast und Wasser (Bildband). Horb (Neckar) 1995, S. 14

30 Kraus, a. a. O. 1887, S. 383; Heim, Armin: Die Liebfrauenkirche in Meßkirch. Von der Leprosenkapelle zur altkatholischen Pfarrkirche. Meßkirch 2013, S. 20

weislich tätig war, fanden in Boll jedoch Stichbögen und keine Rundbögen Verwendung.

Am Verputz der Außenmauern des Ökonomieteils lassen sich ebenfalls Abdrücke von früheren Zwischenwänden ablesen. Im zweiten Obergeschoss sind mehrere Fensternischen vermauert. Gegen Südwest ist die ursprüngliche Außenmauer nicht mehr erhalten. Hier schloss, wie auf älteren Plänen ersichtlich, in südlicher Richtung ein weiterer Flügel, das sogenannte »Schlössle« an, das etwa in der Mitte des 20. Jahrhunderts abgerissen wurde. Die äußeren Gebäudemauern zeigen, soweit steinsichtig, reines Kalkbruchsteinmauerwerk ohne Ziegelsteineinschlüsse, während die »Arkadenwand« aus Backsteinen gemauert ist. Das Gasthaus Schwanen und das ehemalige, heute wieder überbaute »Schlössle« begrenzten zwei Seiten des früheren Schlosshofs (heute als Garten hinter dem Haus genutzt). Insgesamt dürfte das Schloss mit beiden Flügeln und Innenhof eine Fläche von ca. 23 mal 20 Metern umfasst haben. Ob sich noch ein dritter oder vierter Flügel anschloss, kann nur vermutet werden. Das ehemalige Schlossgelände ist allseitig geringfügig überhöht, am meisten nach Norden. Nach Osten schloss der herrschaftliche Bauhof an. Dort befand sich wohl auch die herrschaftliche Zehntscheuer.

Rekonstruktion

Alte Ansichten des Dorfs und Schlosses sind nicht bekannt. Der älteste Dorfplan aus dem 18. Jahrhundert zeigt lediglich schematisch das Mitteldorf mit Kirche, Schloss, Oberer und Unterer Mühle.[31] Das Schloss selbst ist dort als Rechteck mit umlaufendem ovalen Wassergraben dargestellt. Das Schloss ist im Boller Urbar von 1759 nicht aufgeführt, so dass keine aussagekräftige Beschreibung vorliegt.[32] Lediglich beim Schlossverkauf an den Müllermeister Gauggel 1781 werden einzelne Details genannt.[33] Gegenstand des Verkaufs war das »Schloßgebäude benebst dem zugehörigen Graben«. Der herrschaftliche Bauhof und die Scheuer blieben dabei ausdrücklich ausgenommen. Es wurde erwähnt, dass »um dasiges Schlößle ein Graben, der mit Gras bewachsen ist, befindlich ist.« Auch wird ausgesagt, »daß die Haubtmauer an oberwehnten Schlößl auf einer Seithen so schadhaft seye, daß selber ohnumganglich seitlich geholfen« werden müsse. Erwähnenswert dürften die genauen Maße des Grabens sein: »von oberen Egg des Schlößlins gegen denen herrschaftlichen Scheuren und Ställen die Breite von 40 Schue, von dem unter Eck 36, die Länge aber von 131, vom obern Egg gegen die Gaß 40, in der Länge 132, vom untern Egg gegen Pfhilipp Muffler die Breithe von 44 Schue, vom anderen Egg die Breithe aber 34, die Länge hingegen: 147, dann gegen den herrsch. Bauhof die Länge von 183.«

Die Seitenlängen dieses unregelmäßigen Grabenvierecks betrugen also 131, 132, 147 und 183 Schuh, das entspricht etwa 40, 40, 45 und 56 Meter. Die Abstände zwi-

31 Lageplan der Orte Boll und Krumbach im Fürstlich Fürstenbergischen Archiv Donaueschingen (FFA)

32 Gemeindearchiv Boll C II 1

33 FFA OA 21 Cist. A Lat. 1 Vol. III Fasc. I

schen dem äußeren Grabenrand und dem Schlossbau betrugen zwischen 10 und 12 Meter.[34] Diese Maße legen die Vermutung nahe, dass es sich bei dem Schlossgrundriss um ein Trapez handelte.

Aus dem Jahr 1853 datiert ein Lageplan der an Maier verpachteten herrschaftlichen Gebäude östlich des Schlosses.[35] Das Schloss selbst ist dort nicht zu sehen, lediglich seine Grundstücksgrenze scheint angedeutet. Dort ist der zum ehemaligen Schloss gehörende Garten bezeichnet. Auf der Uraufnahme von 1876 findet man das Gasthaus Schwanen noch mit dem »Schlössle«-Anbau.[36] Der »Schlössle«-Flügel ist dabei im stumpfen Winkel zum Gasthaus angebaut, was die oben geäußerte Vermutung eines ursprünglich trapezförmigen Grundrisses der Anlage bestätigt.

Aufgrund des schlechten Erhaltungszustandes und der ungünstigen Quellenlage kann die Rekonstruktion nur eine sehr freie sein. Wolfgang Teyke wählte eine Darstellung als dreiflügeliger Baukomplex, mit intaktem Wassergraben und benachbartem Bauhof, so wie das Schloss im 16. und 17. Jahrhundert vorstellbar ist. Die Rekonstruktion eines noch früheren Zustandes wäre völlig fiktiv, da lediglich die Umrisse angenommen werden können. Denkbar wäre ein zentraler Turm, wie es bei vielen Niederungsburgen der weiteren Umgebung der Fall ist.

3. Die Burg Waldsberg bei Krumbach

Die Burg, später Schloss Waldsberg genannt, ist die einzige Burgruine im Untersuchungsgebiet, von der sich noch umfangreichere Mauern erhalten haben. Die Reste dieser Talrandburg liegen auf einem steilen Felsvorsprung über dem Krumbachtal südwestlich des Dorfs Krumbach.

Geschichte

Die Burg wird erstmals im Jahr 1300 bei ihrem Ankauf durch den Konstanzer Bischof Heinrich II. von Klingenberg erwähnt.[37] Dieser Bischof betrieb ganz konsequent den Ausbau der weltlichen Herrschaft des Hochstifts, wozu er alle erhältlichen Objekte, mit denen Hoheitsrechte verbunden waren, wie Städte, Burgen und Vogteien, kaufte.[38] Der Bischof hatte damals alle Konstanzer Zölle um 75 Mark Silber an Ulrich von Wünnenberg verpfändet und überdies 40 Mark Silber von den Brüdern Heinrich und Albrecht von Heudorf empfangen, um mit diesem Geld die

34 Ein Schuh nach Heiligenberger Maß 30,368 Zentimeter, nach dem gebräuchlichen Nürnberger Maß 30,397 Zentimeter.

35 FFA Dom. Admin. Häuserstand Vol. II Fasc. I

36 Vermessungsamt für den Landkreis Sigmaringen

37 Cartellieri, Alexander (Bearb.): Regesta Episcoporum Constantiensium. Regesten zur Geschichte der Bischöfe von Constanz von Bubulcus bis Thomas Berlower 517–1496, hg. von der Badischen Historischen Kommission, Bd. 2 (1293–1383), Innsbruck 1905, S. 35 (1300 Juli 21), nachfolgend abgekürzt REC.

38 Feger, Otto: Geschichte des Bodenseeraums, Bd. 2. Lindau und Konstanz 1958, S. 278

Burg ihrem damaligen Eigentümer, Burkhart von Waldsberg, abzukaufen.[39] Das namengebende Geschlecht von Waldsberg wird außer bei diesem Verkauf nur noch zwei weitere Male genannt: 1318 ist »der von Waldsperg« Zeuge in einer Urkunde des Grafen Heinrich von Fürstenberg für das Kloster Friedenweiler;[40] 1324 leistet »Chuonrat von Waldsperch« Währschaft bei einem Gütertausch.[41] Die Auswertung der von uns im Hangschutt der Burg aufgelesenen Keramikstücke, »darunter zwei bis drei Wandscherben der nachgedrehten Ware, eine Randscherbe ähnlich einem Lippenrand und mehrere Fragmente von engen Becherkacheln weisen insgesamt auf eine Gründung der Burg um oder vor der Mitte des 13. Jahrhunderts. hin; damit ist die Burg sicher zwei Generationen vor ihrer Ersterwähnung [...] vorhanden«.[42] Mit dieser Datierung korrespondieren auch die auf der Burg verbauten Buckelquader (s.u.). Als Bauherren kommen damit die von 1167 bis 1324 belegten Herren von Krumbach in Frage, aus denen gegen Ende des 13. Jahrhunderts die wohl edelfreien Herren von Waldsberg hervorgegangen sein dürften.[43]

Nach dem Übergang an den Bischof von Konstanz folgten eine Reihe von Verpfändungen, bei denen sich der Bischof jeweils die Wiedereinlösung und das Öffnungsrecht vorbehielt. Bischof Heinrich II. übergab 1303 mit Zustimmung des Dompropsts zunächst die Burghut an die Brüder Heinrich und Albert von Heudorf, bis ihnen die geleisteten 40 Mark Silber zurückgezahlt seien.[44] 1328 gab Ritter Johann Heinrich von Heudorf, Bürger zu Überlingen, die Burghut zu lösen.[45] Damals erwarb Johann der Swaeninger aus dem Geschlecht der Ritter von Schwandorf die Burg Waldsberg mit Zubehör um die Pfandsumme von 150 Mark Silber. Er hatte mit 35 Mark Silber die Burg »der si vswendig und înwendik notdúrftig ist vnd bedarf« zu verbauen.[46] 1341 folgte Truchsess Berthold III. von Rohrdorf als Pfandinhaber der Burg mit Leuten und Gütern, abermals für die Pfandsumme von 150 Mark.[47] Den Pfandschatz zu Waldsberg vermachte er 1344 seiner Tochter Anna für den Fall, dass sie ihn überleben würde.[48] Doch später, vor 1351, verpfändete Berthold die Feste an den Ritter Ortolf von Heudorf und dessen Bruder Heinrich weiter.[49] Seit dieser Zeit

39 REC Bd. 2, S. 48 (1303 März 1); Riezler, Sigmund (Bearb.): Fürstenbergisches Urkundenbuch (FUB) Bd. 5, Tübingen 1885, S. 265 (Nr. 294)

40 FUB Bd. 2, Tübingen 1877, S. 60 (Nr. 92, 1318 März 9)

41 Weech, Friedrich von (Hg.): Codex diplomaticus Salemitanus. Urkundenbuch der Cistercienserabtei Salem, Bd. 3. Karlsruhe 1895, Nr. 295 (1324 März 7)

42 Freundliche Mitteilung von Dr. Heiko Wagner an Tobias Teyke, 21. Januar 2014

43 Die Behauptung bei Maier/Schäfer, a. a. O. 1984, S. 195, Krumbach wäre im Jahre 993 als »Sitz eines Gaugrafen« erwähnt, ist falsch. Diese Ansicht äußerte erstmals Kraus, a. a. O. 1887, S. 389, der die Ersterwähnung fälschlicherweise sogar ins 9. Jahrhundert verlegte. Eine Übersetzung der Ersterwähnungsurkunde von Krumbach ist abgedruckt bei Bühler, Karl, und Spöttl, K. D.: 1000 Jahre Krumbach, 1993, S. 6

44 REC Bd. 2, S. 48 (1303 März 1); FUB Bd. 5 S. 265 (Nr. 294)

45 Kindler von Knobloch/Stotzingen, a. a. O. 1898, S. 51; REC Bd. 2 S. 133 (1328 Mai 16)

46 FUB Bd. 5, S. 265f (Nr. 294.1)

47 REC Bd. 2, S. 183 (1341 Januar 20); FUB Bd. 5, S. 266 (Nr. 294.2)

48 FUB Bd. 5, S. 424 (Nr. 478, 1344 September 30)

49 REC Bd. 2 S. 264 (1356 Februar 17)

verblieb das Geschlecht der Heudorfer bis Mitte des 16. Jahrhunderts unverbrüchlich im Besitz von Burg und Herrschaft Waldsberg. Seit 1356 war Bilgri von Heudorf im Pfandbesitz der Burg Waldsberg, von dem stärkere bauliche Eingriffe in die Burg belegt sind. 1374 wurden ihm von Bischof Heinrich von Konstanz 100 fl, die er an der Burg verbaut hatte, »darumb das die selb vesti von vnbuwlosi wegen nit zergieng vnd verwüst wurde«, der Pfandsumme zugeschlagen, nebst weiteren 100 fl, die Bilgri dem Bischof für einen Boten nach Avignon geliehen hatte.[50] 1390 erhielt ein Bilgri von Heudorf von Bischof Burkart von Konstanz abermals einen Betrag in Höhe von 100 Pfund Heller zu seiner Pfandschaft zugeschlagen, da er »ain gemureten zwingolf gemachet vnd ain guoten gräben«.[51] Für weitere Bauten an der Feste wurde Bilgri 1414 die Pfandsumme um 400 fl erhöht.[52] Bei dem 1390 und 1414 genannten Bilgri könnte es sich um Bilgri den Jüngeren von Heudorf, nach Kindler von Knobloch vermutlich einen Enkel des vorgenannten Bilgri, handeln, vielleicht aber auch um eine weitere Person, denn der Name Bilgri war Leitname des Geschlechts.[53] Ab dem beginnenden 15. Jahrhundet bildeten die Herren von Heudorf eine eigene Zweiglinie »von Heudorf zu Waldsberg« aus, deren bedeutendster Vertreter der Ritter Bilgeri (junior) von Heudorf (gest. 1476) war, der durch seine Fehden gegen Schaffhausen bekannt wurde.[54] 1427 erhielt Hermann von Heudorf zu Waldsberg vom Konstanzer Domkapitel wegen Bauten an der Feste wieder 400 Pfund Heller auf seine Pfandschaft und versprach dafür, auch in den nächsten drei Jahren einen Erker auf die äußere Mauer der Feste zu bauen, »in der hoehi, witt und groessi vnd in aller der wiß, als vor zwen dá stand«.[55] Im 15. Jahrhundert wurde Waldsberg zur Ganerbenburg, denn 1479 verkaufte Ortolf von Heudorf zu Waldsberg seinem Vetter Caspar von Heudorf zu Boll »das alte Schloß Waltsperg« zur Hälfte und erhielt dafür die Burg Boll. Im Verkauf inbegriffen waren auch der große Baumgarten und Krautgarten zur Hälfte, ein Drittel des Weihers und die Hälfte der Mühle am Weiher. 1480 ordnete Ortolf von Heudorf in der großen Stube im Schloss Waldsberg seine Hinterlassenschaft an: Damals besaß er noch einen Teil des Schlosses Waldsberg, der zuvor seinem Bruder Albrecht gehört hatte.[56] 1481 schloss Ortolf (gest. vor 1483) mit seinen Vettern Kaspar und Ortolf den Jüngeren einen Burgfrieden über Schloss Waldsberg. Dabei wurde bestimmt, dass kein Erbe in dieses Schloss vor Beschwörung des Burgfriedens gelassen werden dürfe.[57] Die 1479 an Kaspar verkauf-

50 FUB Bd. 6, Tübingen 1891, (Nr. 61, 1374 März 29); REC Bd. 2, S. 401 (1374 März 29)

51 FUB Bd. 6, S. 114 (Nr. 61.1, 1390 Dezember 5)

52 FUB Bd. 6, S. 114 (Nr. 61.1a).

53 Kindler von Knobloch/Stotzingen, a. a. O. 1898, S. 56–57

54 Erwerth, Hans-Jürgen: Ritter Bilgeri von Heudorf. Ein Beitrag zur wirtschaftlichen Lage und sozialen Stellung des Adels im westlichen Bodenseeraum. Hegau-Bibliothek Bd. 77. Singen 1992

55 FUB Bd. 6, S. 114 Nr. 61.1a (1427 Januar 25)

56 FUB Bd. 7, Tübingen 1889, S. 127f (Nr. 70.1, 1480 November 30)

57 FUB Bd. 7, S. 129 (Nr. 70.3–4, 1481 November 8, 1481 Dezember 1)

te Hälfte der Burg gelangte auf erblichem Weg an seinen Neffen Ortolf den Jüngeren, der sie 1483 seinem Vetter Bilgeri von Reischach zu Stoffeln überließ.[58]

1488 wurde Schloss Waldsberg zwischen Ortolf dem Jüngeren und Bilgeri von Reischach geteilt:[59] Beide Parteien sollten das alte Schloss Waldsberg »an thach, zúnnen vnd muren gemayn tecken, muren, erschyfferen vnd bestechen, ouch die dry thail sóllen gemayn thor, thúren vnd bruggen vnd die weg nauch anzal buwen vnd helfen machen, vnd daß sóllichs bescheh, in ainem monat ain thayl den andern zu mannen haben«. Demnach war Waldsberg damals gedrittelt. 1502 verkaufte Bilgeri von Reischach sein damals besessenes Drittel am Schloss Waldsberg an Ortolf zurück.[60] In der Krumbacher Pfarrkirche hängt ein Votivbild der Familie dieses Ortolf von Heudorf und seiner Gemahlin Agnes von Hoheneck mit ihren 18 Kindern von 1520.[61] 1534 verzichtete Balthus von Heudorf auf seinen Halbteil an den Schlössern Waldsberg und Boll und den Dörfern Krumbach, Boll, Bietingen, Mainwangen und Gallmansweil zu Gunsten seines Bruders Eitelbilgeri von Heudorf, der damit den gesamten Besitz an sich brachte.[62] 1562 verlangte der Bischof von Konstanz die Einlösung der Pfandschaft. Obwohl Eitelbilgeri sich des Pfandverhältnisses nicht bewusst war, besuchte er, nachdem er sich mit seinen Verwandten beratschlagt hatte, Konstanz, wo ihm der Bischof die über hundertjährigen Pfandverschreibungen zeigen konnte. Eitelbilgeri war besorgt, dass der Bischof womöglich auch das Dorf Krumbach in die Pfandschaft hineinziehen wolle. Der Ausgang der Sache ist nicht bekannt.[63] Eitelbilgeri starb als letzter Vertreter der Waldsberger Linie der Herren von Heudorf spätestens 1564 ohne männliche Nachkommen.[64] Über seine Tochter Barbara, die in erster Ehe mit Berthold vom Stein von Klingenstein verheiratet war, gelangte das Erbe an die Herren von Stein. Nach Ausbildung der Reichsritterschaft im 16. Jahrhundert gehörte die Herrschaft Waldsberg mit den Orten Krumbach (mit Außenhöfen), Bietingen und Gallmansweil dem Ritterkanton Hegau im Schwäbischen Ritterkreis an.

58 FUB Bd. 7, S. 129 (Nr. 70.5, 1483 Mai 22)

59 FUB Bd. 7, S. 129–130 (Nr. 70.6, 1488 Februar 5)

60 FUB Bd. 7, S. 130 (Nr. 70.7, 1502 Februar 23)

61 Hahn, Falko: Die Stiftertafel des Ritters Ortolf von Heudorf zu Waldsberg in der Pfarrkirche Krumbach, 2011

62 Baumann, Franz Ludwig, und Tumbült, Georg (Bearb.): Mitteilungen aus dem Fürstlich Fürstenbergischen Archiv, Bd. 1, Quellen zur Geschichte des Fürstlichen Hauses Fürstenberg und seines ehedem reichsunmittelbaren Gebietes 1510–59. Tübingen 1894, S. 221 (Nr. 309, 1534 Juni 1)

63 Baumann/Tumbült, a. a. O. Bd. 2, 1902, S. 51 (Nr. 79, 1562 Juli). Damit stehen die Angaben in dem Werk »Das Land Baden-Württemberg. Amtliche Beschreibung nach Kreisen und Gemeinden«, Bd. 7, Stuttgart 1978, S. 825, im Widerspruch: »Von denen [den Herren von Heudorf] ging zwischen 1557 und 1561 Waldsberg an die Familie v. Stein zu Klingenstein über, die sich 1561 gegen den Versuch der Auslösung der Burg durch den Bischof erfolgreich wehrte.«

64 In der Literatur wird das Sterbedatum Eitelbilgeris verschieden angegeben (1558 und 1568). Da er 1562 noch lebte, andererseits aber das Lehen Boll vor 1564 heimgefallen war (siehe oben), muss er tatsächlich zwischen 1562 und 1564 verstorben sein.

Schloss Waldsberg, Ausschnitt aus einem Ölgemälde von Martin Menrad, 1684 (Privatbesitz)

Berthold vom Stein von Klingenstein ist 1559 als Tochtermann Eitelbilgeris von Heudorf und 1564 als Inhaber des Schlosses Waldsberg genannt.[65] Er starb vor 1581; damals wurde er Berthold vom Stein »zu Waldsberg« genannt.[66] Zur selben Zeit nannte sich auch Barbaras zweiter Ehemann Hans Werner von Wangen »zu Geroldseck am Wasichen und Waldsberg«.[67] Als dieser im selben Jahr zum Landvogt der Landgrafschaft Baar bestellt wurde und Wohnung auf Schloss Wartenberg nahm, ließ Graf Heinrich zu Fürstenberg seinen Hausrat und sein Bettgewand aus Waldsberg auf Schloss Wartenberg führen.[68] Die Söhne des Berthold vom Stein und der Barbara von Heudorf hießen Hans und Eitelbilgeri vom Stein zu Waldsberg; über sie bestand 1581 eine Vormundschaft.[69] Damals trat Barbara die Herrschaft Waldsberg an ihre Söhne ab.[70] Am 11. September 1590 hielt Eitelbilgeri in Stetten am kal-

65 Baumann/Tumbült, a. a. O. Bd. 1, 1894, S. 601 (Nr. 913, 1559 April 4); Dies. S. 72 (Nr. 122, 1564 März 13)
66 Baumann/Tumbült, a. a. O. Bd. 2, 1902, S. 376 (Nr. 513, 1581 Juli 12)
67 Ebenda
68 Baumann/Tumbült, a. a. O. Bd. 2, 1902, S. 381 (Nr. 515, 1581 August 1)
69 Ebenda, S. 376 (Nr. 513, 1581 Juli 12)
70 Ebenda, S. 378 (Nr. 513.1, 1581 Mai 3)

ten Markt Hochzeit mit Emerentiana von Hausen.[71] 1594 ist Eitelbilgeri vom Stein zu Waldsberg als Niedergerichtsherr zu Gallmansweil genannt.[72] Sein gemeinsamer Sohn mit Emerentia von Hausen war Berthold vom Stein zu Klingenstein, Herr zu Krumbach und Waldsberg und Direktor der Ritterschaft vom St.-Georgen-Schild im Hegau, Allgäu und Bodensee.[73] Als mit dessen Onkel Joachim von Hausen 1648 der Letzte dieses Geschlechtes starb, erbte Berthold auch dessen überschuldete Herrschaft Hausen-Stetten. Er musste aber schon 1650 vor dem Hofgericht in Rottweil Konkursantrag stellen und die Herrschaft Hausen-Stetten wurde unter Sequester gestellt. »Berthold vom Stain starb nur wenige Jahre später im November 1655. Auch er hinterließ keine männlichen Erben.«[74] Die nächsten Erben, die Späth zu Zwiefalten und Schenken von Stauffenberg, verkauften 1656 Burg und Herrschaft Waldsberg an die Grafen Franz Christoph und Froben Maria von Fürstenberg-Meßkirch um den Preis von 35 095 fl.

Mit diesem Verkauf hatte das Schloss als Herrschaftssitz endgültig ausgedient. 1658 bewohnte noch der Rittmeister Christoph von Schwerdt das »Reuterhaus« beim Tor des Schlosses, welches selbst nach dem Übergang an Fürstenberg jeweils auf zwölf Jahre an Beständer verpachtet war.[75] Zunächst bewohnten die Pächter die Kernanlage. In deren Hangschutt haben wir Keramikscherben mit Malhorndekor aufgelesen, die aus dem 18. Jahrhundert stammen.[76] Als die Kernanlage im Verlauf des 18. Jahrhunderts abging, zog die Pächterfamilie in ein Wohnhaus im Bereich der Vorburg, wohl das ehemalige »Reuterhaus«. Neben der Bewirtschaftung des Schlossguts dürften die Gebäude für die Aufnahme von feudalherrlichen Naturalabgaben gedient haben. Nachdem mit den zunehmenden Auswirkungen der Ablösung von Feudalabgaben im Verlauf des 19. Jahrhunderts die Scheuern immer mehr entbehrlich wurden, erfolgte 1843/44 trotz Eingaben des damaligen Pächters Müller durch Fürstenberg der Verkauf sämtlicher herrschaftlicher Gebäude auf Abbruch.[77] Seitdem ist Schloss Waldsberg eine Wüstung. Das Burggelände blieb bis heute in fürstenbergischem Besitz.

71 Urban, Wolfgang: Geschichte von Stetten a.k.M. und seinen Ortsteilen von den Anfängen bis zum Ende des 18. Jahrhunderts. In: Jeuck, Erika und Schaffer, Wolfgang (Hg.): 1200 Jahre Stetten am kalten Markt 799–1999. Ulm 1999, S. 13–132, hier: S. 80. Bei dieser Hochzeit waren rund 800 Personen zu bewirten, darunter 112 adelige Gäste.

72 Baumann/Tumbült, a. a. O. Bd. 2, 1902, S. 652 (Nr. 868, 1594 September 16)

73 Urban, a. a. O. 1999, S. 97 und 101

74 Ebenda, S. 101

75 1664 war Johann Fischer »Baumeister«; 1666 wurde das Schlossgut an Hans Haas von Rötenbach verpachtet, dessen Sohn Thoma Haas war 1669 Schlosspächter. 1681 erhielt »Bauknecht« Peter Knittel einen Bestallungsbrief; 1682 ist Hans Wider als »gewester Schlossknecht« zu Meßkirch genannt. Ab 1707 war Georg Schnizler Pächter, 1714 dessen Witwe. 1727 war Anthoni Seifried Beständer, 1764 trat sein Sohn Fidelis Seifried die Nachfolge an. Zur Zeit des Fidelis Seifried fand 1778 die Reparation der großen herrschaftlichen Scheuer statt. Nach seinem Tod 1790 trat dessen Schwiegersohn Johann Georg Müller die Nachfolge an. Letzter Pächter war dessen Sohn Georg Müller (bis 1844).

76 Freundliche Mitteilung von Dr. Heiko Wagner an Tobias Teyke, 28. November 2013

77 FFA Kasten II Fach 5 Vol. 1 Fasc. 1 Domänenadministration Häuserstand 1843–1846

Am 29. Dezember 1848 erging ein Erlass der Standesherrschaft Fürstenberg hinsichtlich der Anschaffung von Beschotterungsmaterial, wonach »die Schloßruine in Krumbach nicht abgetragen werden« dürfe. Dennoch wurden 1853 durch Matthä Schwarz und Mathias Hunkeler Steine »von der höchsten Mauer des Schlosses« abgebrochen, in einem vierspännigen Wagen abtransportiert und als Straßenmaterial auf den Weg geführt. Da dieser Steinraub durch den Krumbacher Waldhüter angezeigt und vom Badischen Bezirksamt Meßkirch geahndet worden war, unterblieben in der Folgezeit weitere Zerstörungen der Burgruine. Ausdrücklich wies das Bezirksamt Meßkirch auf die Pflicht hin, »die aus grauer Vorzeit an uns übergegangenen Ruinen etc. zu sichern und zu erhalten«.[78] Die behördlichen Vorschriften zum Schutz der Ruine konnten indes den natürlichen Zerfall nicht aufhalten. Nach 1900 wurden wiederholt Anregungen zur baulichen Sicherung gemacht. 1906 lehnte die Fürstenbergische Verwaltung Erhaltungsmaßnahmen ab, da »die dazu nötigen Maßregeln die Ruine so verunstalten würden, daß sie ihren Reiz verlieren würde«.[79] Die von der Rentkammer vorgeschlagene Anbringung von Ruhebänken wurde vom Schwäbischen Albverein und der Gemeinde abgelehnt. Ein weiterer Anlauf des Bietinger Pfarrers Ebner 1912 zur Ausbesserung der Burgruine blieb ebenfalls erfolglos.[80] Dafür unternahm es Ebner, nähere geschichtliche Aufschlüsse über die Burg zu ermitteln und zu veröffentlichen, nachdem damals nichts mehr darüber bekannt war.

Baubeschreibung

Kraus fertigte als Erster einen Grundriss der Ruine, auf dem allerdings nur die Baureste selbst zu sehen sind, ohne dass ihre Lage im Gelände ersichtlich wäre.[81] Auf der Grundlage dieses Plans erstellte Hans-Wilhelm Heine 1978 einen Lageplan der Burg Waldsberg, der aber die Lage der Ruine hinsichtlich der Hangkante falsch wiedergibt.[82] Ein exakter Grundriss, der nicht nur die Kernanlage maßstabsgerecht darstellt, sondern auch die Gebäude der Vorburg berücksichtigt, wird hier erstmals vorgelegt.

Heute nähern wir uns der Burgruine von der von Krumbach nach Boll führenden Straße aus über die vor der Burg liegenden Hochfläche. Der einst vom Krumbacher Unterdorf heraufführende Weg, ausgehend vom sogenannten »Schlossbauernhof«, existiert heute nicht mehr. Vor der eigentlichen Burg befand sich der bis 1844 bestehende Wirtschaftshof, heute als Festplatz genutzt (B). Diese Fläche, die keine erkennbaren Bauspuren mehr zeigt, wird im Norden durch eine steile, zum Teil felsige Halde begrenzt. Die am oberen Haldenrand befindliche kleine Terrasse ist durch Auffüllungen der vergangenen Jahre gestört. Im Osten wird das Areal des

78 FFA Kasten I Fach 21 Vol. 1 Fasc. 1

79 Ebenda, Schreiben vom 26. Juli 1906

80 Ebner, Jakob: Die Burgruine Waldsberg zu Krumbach, Amt Meßkirch. In: Mein Heimatland 1/1914, S. 91–96, hier: S. 92

81 Kraus, a. a. O. 1887, S. 389

82 Heine, a. a. O. 1978, S. 160

ehemaligen Wirtschaftshofs durch den heutigen Feldweg begrenzt. Gegen Süden zeichnet sich seine frühere Ausdehnung durch im Acker verstreute Stein- und Ziegelreste ab. Westlich davon schließt sich das Ruinengelände der Kernburg an (A). Etwa zehn Meter vor der Ruine der Kernburg befindet sich in der Nordhalde eine Eingrabung (7), vielleicht der Rest eines ehemaligen Grabens oder Kellers? In talseitiger Verlängerung ist noch eine wallartige Aufschüttung erkennbar, die sich talwärts erstreckt. Am Fuß dieser Aufschüttung befindet sich noch eine Mulde mit geringen Mauerresten. Spärliche Mauerspuren sind auch westlich der oben erwähnten Eingrabung, entlang der Talkante, zu erkennen (6).

Gegen Nordwesten springt eine felsige Bergnase vor, auf der die Kernburg stand (A). Nach Norden, Westen und Süden fällt das Gelände über Felsen steil in Richtung Krumbachtal ab. Die trapezförmige Kernburg weist Seitenlängen von 33 und drei mal ca. 20 Metern auf. Alle wesentlichen Ruinenreste liegen auf der Feldseite. Mittig erhebt sich ein massiger Turmstumpf, mit noch beinahe 6,5 Metern Höhe der besterhaltene Bauteil der Anlage (1). Lediglich auf der gegen Osten gerichteten Feldseite ist die Turmmauer noch in der ursprünglichen Stärke von 2,4 Metern erhalten. Auf den übrigen drei Seiten ist die äußere Mauerschale bis auf spärlichste Reste abgängig. So ist auch eine 1887 beschriebene, mit einer Steinplatte überdeckte Maueröffnung auf der Südseite heute verschwunden.[83] Die erhaltene Außenseite des Turms zeigt grob lagerhaftes Kalkbruchsteinmauerwerk. An den beiden Ecken fanden bis zu einer Höhe von 4,7 Metern insgesamt 19 Buckelquader Verwendung. Fünf davon sind als Eckbuckelquader an der Südostecke mit zwei Buckeln versehen (Länge, Breite, Höhe: 112 x ? x 50, ? x 63 x 35, 85 x ? x 48, 100 x 54 x 52, 79 x 60 x 43 cm. Buckel stark verwittert, 4 bis 14 cm vorstehend, Randschlag 4,5 bis 6 cm).[84] Die weiteren Buckelquader sind in Kantennähe in der Fläche vermauert, besonders im unteren Bereich des Turms. Die Nordostecke unterscheidet sich von der Südostecke darin, dass sie im Verband mit dem anschließenden Mauerwerk steht. Doch auch hier fanden Buckelquader Verwendung, von denen einer als in der Fläche eingemauerter Eckbuckelquader ausgebildet ist, so dass eine der beiden Stirnseiten zugedeckt ist. Vor allem auf der Nordseite des Turms ist das Kernmauerwerk aufgeschlossen. Neben dem gewöhnlichen Füllmaterial ebenfalls aus Kalkbruchstein fällt eine etwa ein Meter lange Schicht aus Wacken auf. Der 3,5 mal 4 Meter große Turminnenraum ist mit lagerhaftem Kalkbruchsteinmauerwerk ausgekleidet.

An der Nordostecke des Turmstumpfs schließt eine 1,6 Meter starke Mauer an, die nach 6,6 Metern leicht gegen das Burginnere einknickt (2). Nach weiteren 6,25 Metern bildet die Mauer einen rechten Winkel aus und zieht nun an der nördlichen Hangkante entlang nach Westen, wo sie sich allmählich verliert. Feldseitig ist die Mauerschale aus kleinteiligem lagerhaftem Kalkbruchstein bis zu einem guten Meter, direkt am Turm sogar noch bis zu einer Höhe von 2,60 Meter erhalten. An der Nordostecke der Kernburg ist ein weiterer kleiner, stirnseitig gebuckelter Quader

83 Kraus, a. a. O. 1887, S. 391

84 Eine Zeichnung dieser Buckelquaderecke bei Kraus, a. a. O. 1887, S. 390

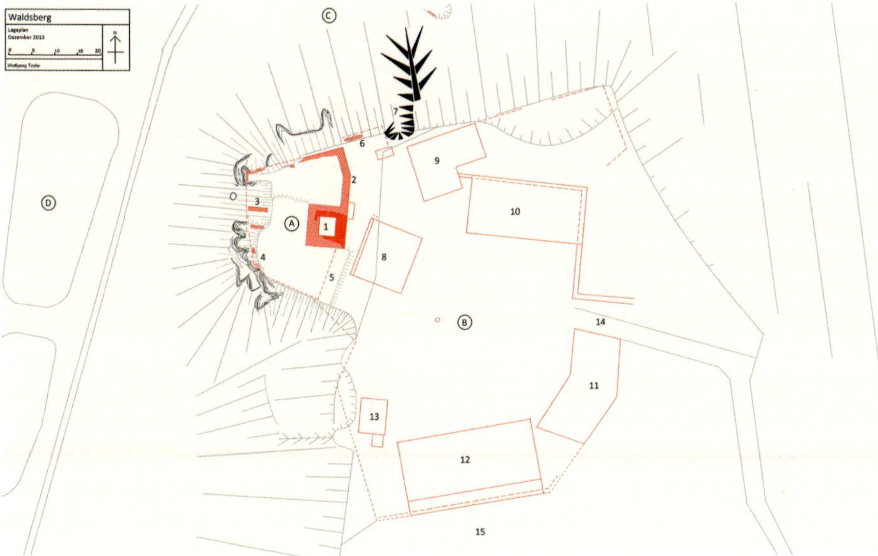

Grundriss der Schlossruine Waldsberg (Aufnahme: Wolfgang Teyke)

vermauert. Der Blick auf einen Großteil der Mauerreste ist auf der Zugangsseite durch hölzerne Festbuden verstellt, was das Erscheinungsbild der Ruine erheblich beeinträchtigt.

Die Umfassungsmauer lässt sich im Norden anhand geringer Reste auf einer Länge von 20,5 Metern bis zu einer auf einem Felsvorsprung gelegenen stumpfwinkligen Ecke verfolgen. Von dieser Nordwestecke aus zog die Umfassungsmauer wohl südwärts auf einen in der Entfernung von acht Metern gegenüberliegenden Felskopf. Von der Umfassungsmauer selbst sind dort keine Reste mehr auszumachen; geringe Mauerreste zeigen hier jedoch eine frühere Quermauer an. Auch in der zwischen den beiden Felsköpfen liegenden Senke (3), deren Untergrund durch einen steilen Schutthang gebildet wird, ist noch der Rest einer 0,9 Meter starken Quermauer auszumachen, wodurch die Senke in zwei ungleiche Bereiche geteilt wurde. Dieser Bereich ist als ehemaliger Keller anzusprechen.

Das südliche Drittel des Burgplatzes ist ohne deutlich erkennbare Baureste. Die Umfassungsmauer dürfte den Hangkanten im Westen und Süden gefolgt sein. Im südwestlichen Bereich des Burghangs treffen wir Mauerschutt und Kernmauerwerksreste an, worin ein leeres Gerüstbalkenloch (Durchmesser 15 cm) erhalten geblieben ist (4). Gegen Osten weist vielleicht eine rund 0,5 Meter hohe Böschung auf den früheren Mauerverlauf hin. Hier muss das Tor angenommen werden (5).

Quellen zur Bauentwicklung

Aus dem 14. und 15. Jahrhundert liegen mehrere Baunachrichten vor, wobei aber selten konkrete Bauten genannt werden. So bleibt unbekannt, welche Bauten Johann der Swaeninger um 1330 mit 35 Mark Silber, Bilgeri von Heudorf vor 1374 für 100 fl, abermals ein Bilgeri von Heudorf vor 1414 für 400 fl und Hermann von Heudorf um 1427 für 400 Pfund Heller erstellt hatten (s.o.). 1390 wird der von Bilgeri von Heudorf für 100 Pfund Heller gemachte »Zwingolf« und Graben genannt. 1427 musste sich Hermann von Heudorf verpflichten, in den nächsten drei Jahren einen Erker auf die äußere Mauer der Feste zu bauen, wie zuvor zwei vorhanden waren. Ebner deutet dies so, dass die Burg kurz davor Schaden genommen hatte.[85] Bei dem Verkauf 1483 wird erstmals das »nuwe hus« auf Waldsberg genannt.[86]

Bei der Teilung zwischen Ortolf dem Jüngeren und Bilgri von Reischach im Jahr 1488 erhielt Bilgri »die groß stub, kuchy, gaden die loub, das mylchgadémlin vnd yttengaden, darvnder an der stegen der recht pfaerrytstaal by dem inndern thor vnd Albrechts sáligen keer, das vorder thayl der alten kuchy vnd die zway gaden in dem mittel gmach vnder der cappell vnd badstúblin mit dem vsern krutgarten gegen der gassen mit den hoffstetten, holtz vnd mústlegynen von der brugg vntz zudem Schwinger thor zuo der rechten hand deß wegs gegen dem grosen bongarten, den das ober huß weg haben sol darvuber in den vndern garten, [...]« Ortolf wurde zugeteilt: »deß alten huses vnd schloß Waltsperg das klain stúblin mit dem vnderschaid, das offen vnd stubenthúr verschyben werden, mit allen gemachen darvff vntz in das thach vnd darvnder bys an das thennlin, darzuo halb der alten kuchy das hynder thayl an junckher Albrechts sáligen pfárrytstaal am thurn mit den náchsten gmahen darob, darzuo vnd von sy ain stegen vnd fallen machen múgen hynuff an mitten vnder der oberen vallen zuo dem badstúblin, cappellen, ouch thurn vnd den ergern vnd der kammer, so die cappell haist, wie denn der alt Ortolf sálig gehaben haut, diewyle vnd Albrecht gelept haut, ouch den indern thayl deß krutgarten vnd vndern thail deß bongarten, ouch den hoffstetten, holtz vnd mústlegynen von der brugg bys zuo dem Schwingerthor, was vff der lingen hand ist gegen der múlly wertz, vnd das er weg hab in den vndern bongarten vber das zuo der gerechten hand«.[87] Beiden gemeinsam verblieb der »spytz an dem garten im zunn hynvß wertz mit dem ruchen vnd wylden garten ald halden zuo dem alten schloß, der zwingolf, die erger, cappel, badstúblin vnd thurn, die geng von der loubenthúr by dem mylchgaden vntz zuo dem thurn vnd schwynstygen«.

Auf einem schematischen Lageplan vom Krumbachverlauf aus dem 18. Jahrhundert ist die Ruine lediglich mit einem einfachen Ruinensymbol gekennzeichnet, nebst den Schlossgärten und einem Weiher im Tal und der Mühle.[88]

Im ältesten Krumbacher Urbar noch aus Heudorfer Zeit (1551 bis 1556) ist das Schloss Waldsberg nicht erwähnt. Im zweiten Krumbacher Urbar von Hans und Eitelbilgeri von Stein zu Klingenstein (1584) ist zwar der Schlossbau selbst nicht auf-

85 Ebner, a. a. O. 1914, S. 93

86 FUB Bd. 7 S. 129 (Nr. 70.5, 1483 Mai 22)

87 FUB Bd. 7 S. 129–130 (Nr. 70.6, 1488 Februar 5)

88 Der Plan und die folgenden Urbare befinden sich im Fürstlich Fürstenbergischen Archiv Donaueschingen (FFA).

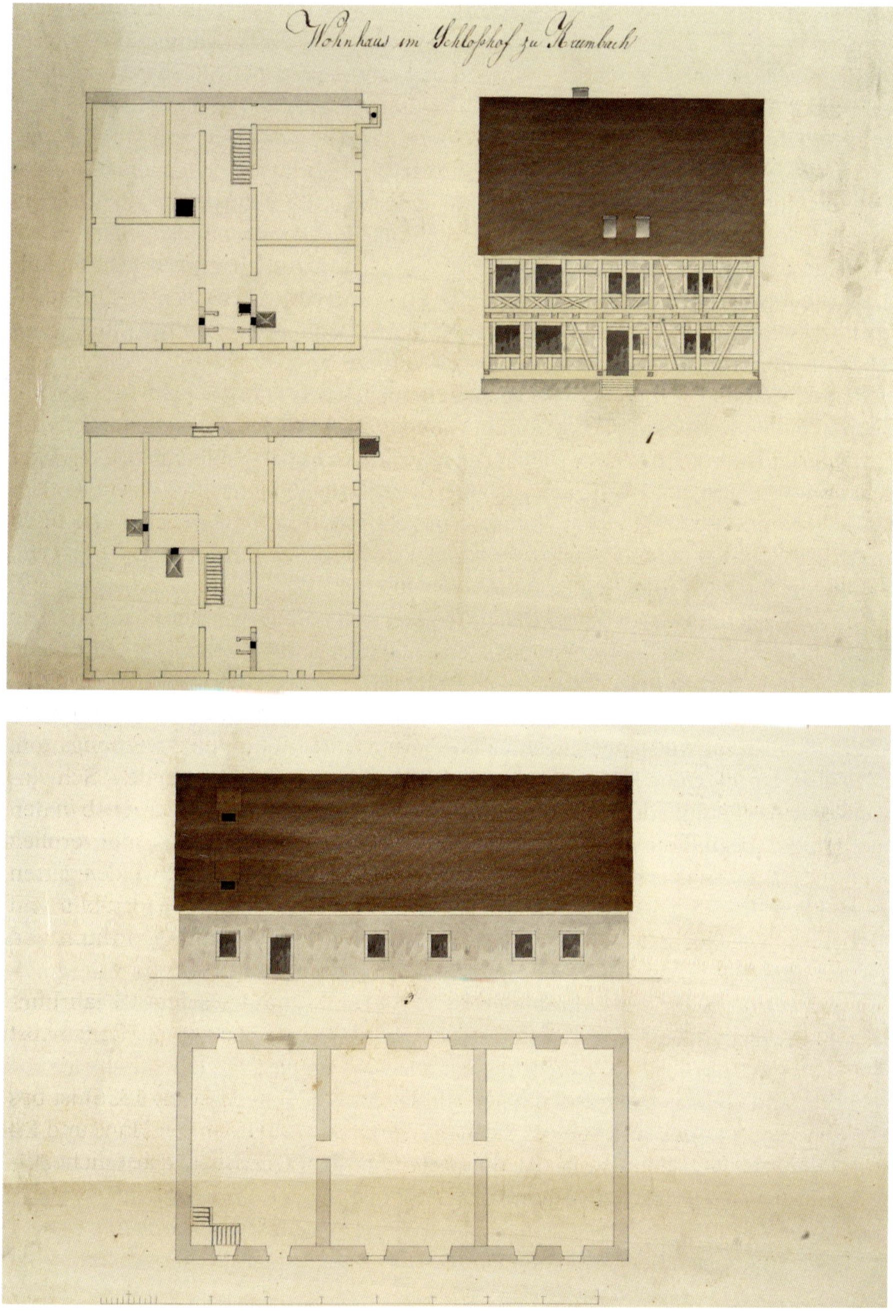

Pächterwohnhaus (oben) und Fruchtkasten (unten) im Schlosshof Krumbach um 1840 (Fürstlich Fürstenbergisches Archiv Donaueschingen)

geführt, aber es werden die Schlossgärten genannt: »vor oder umb das Schlos Waldtsperg hat es zween Bomgärtten, sambt einem Kraut unnd Hannffgarten darbey, älles uff die 4 ½ Manßmadt geschezt.« Unter dem Schloss befanden sich zwei zugehörige Weiher. Ausführlicher ist das dritte, bereits unter Fürstenberg gefertigte Urbar von 1658, wo die auf die Landwirtschaft reduzierte Funktion deutlich wird:

»Erstlichen daß Schloss mit allem seinem Begrüff, under welchem ein eingefangenes Höflin, darinnen seint verschiedene eingebäu, alß ein Speicher, Schmidtin, Pfisterey, sambt etliche Schwain und Hiener Ställ. Next vor dem Schloss Thor ist ein Häußlin, daß Reüterhauß genanbt, worinn der Zeit Herr Christoph Schwerdt, Ritmaister habitiert. In dem grossen Hoff seint zwo wohlerpawte Scheuren, so mit Thenn und Stallungen für Vieh und Ross aller Notdurfft nach wohl versehen. Item zwey Kornnheüßer, das eine würdt das alte – daß andere newe Kornhauß genant, under denen seint Stallungen, Schöpf und Keller. Beim aussern Thor so wohl verwahrt, ist auch in einem Rundöl, ein Thorstüblin, Cammer und Küchen so wieder repariert.«

Unterschieden wird also zwischen der Kernanlage mit dem »eingefangenen Höflin« und dem »grossen Hoff«, der Vorburg. Dazwischen befindet sich nahe beim Tor das sogenannte Reuterhaus als Wohnung des Rittmeisters von Schwerdt. Die Wohnung des Schlosspächters muss sich damals noch in der Kernburg mit Speicher, Schmiede, Bäckerei und kleineren Ställen befunden haben.

Im Umfang der Gärten dürfte sich gegenüber 1584 nichts geändert haben: »Item vorem Schloss hat es ein Garten, das Henne Gärtlin genant, gegen der Mihlin und Weyher streckhent, so mit etwelchen fruchtbaren Päumen gepflanzet und zechentfrey ist. 1 Mansmadt. Mehr ein Paumgarten oberm Schloss, gegen Poll, sampt einer Graßhalden daran und eingefangenem Lustgarten, vor welchem ein Krautlandt, welches alles uff ungefahr 3 Mannßmat geschezt. Obige beede Gärten gehen scheibsweiß umb das Schloss und sollen beede in der Circumferenz vier und ein halb Manßmath in sich begreiffen.« Die »scheibsweise« Lage der Gärten um das Schloss muss man sich in der Art vorstellen, dass sie sich sichelförmig vor der Vorburg von Halde zu Halde erstreckten.

Schloss Waldsberg lässt sich ausgezeichnet rekonstruieren, da neben Plänen des Wirtschaftshofs und der Ruine aus dem 19. Jahrhundert auch ein Ölbild von Martin Menrad aus dem Jahr 1684 vorhanden ist, das Krumbach mit dem gesamten, noch intakten Schloss zeigt (siehe Abbildung Seite 35).[89] Bei diesem Gemälde blickt der Betrachter aus nordöstlicher Richtung auf das Dorf, so dass die Pfarrkirche am linken Bildrand und das Unterdorf mit der Mühle rechts zu sehen ist. Die gewählte Perspektive zeigt an, dass vom Schloss die heute durch die Festbuden teilweise verdeckte Vorderseite dargestellt ist. In der Bildmitte über dem Ort thront das Schloss, bei dem sich die Kernanlage aus vier gedrängten, etwa gleich hohen Gebäuden und die niedrigere Vorburg gut unterscheiden lassen. Die Feldseite des eigentlichen Schlosses ist mehrfach gestaffelt. Links steht ein gedrungener turmähnlicher Baukörper mit

89 Gaerte, Dirk (Hg.): Der Dreiländerkreis Sigmaringen. Ein Führer zu Natur, Wirtschaft, Geschichte und Kultur. Meßkirch 2007, S. 319

Scheuer (links) und Futterscheuer (rechts) im Schlosshof Krumbach um 1840 (Fürstlich Fürstenbergisches Archiv Donaueschingen)

steinernem Untergeschoss und aufgesetztem Fachwerkgeschoss und Krüppelwalmdach. Rechts daneben, etwas zurückgesetzt, befindet sich ein ebenfalls turmartiges, aber schmaleres und niedrigeres pultdachgedecktes Bauwerk mit einem Aufsatz, der alle anderen Gebäude überragt. Daran schließt sich, noch einmal zurückgesetzt, die Umfassungsmauer mit zwei größeren Maueröffnungen an; nach dem Knick in der Nordostecke springt aus ihr ein kleiner Erker vor.

Beim Nordhang sitzt der nun niedrigeren Umfassungsmauer ein satteldachgedecktes Gebäude mit zwei Fachwerkgeschossen auf. Im Hintergrund zeichnen sich weitere Baulichkeiten ab: Insbesondere ein großer Giebel mit Krüppelwalm, zu dessen Rechten sich ein kleinerer Anbau befindet. Von der vorderen Umfassungsmauer zweigt eine niedrigere Mauer ab, deren Verlauf auf dem Ölgemälde nicht erkennbar ist (vielleicht ein Zwinger). In der Vorburg lassen sich anhand der Dächer mindestens vier Baukörper unterscheiden, darunter ein großes Gebäude mit Staffelgiebeln, später als Fruchtkasten benutzt. Der baumbestandene Schlossgarten am Hang davor ist von einer Gartenmauer umgeben. Längs dieser Gartenmauer führt der Weg vom Unterdorf zum Schloss entlang.

Über die Räumlichkeiten im Schloss klärt eine ausführliche Inventaraufnahme vom 18. Dezember 1655 auf, die in der Tafelstube des Schlosses stattfand.[90] Erwähnt werden dabei das Archiv, beziehungsweise Gewölbe mit eiserner Tür, das Gewölbe

90 Ebner, a. a. O. 1914, S. 94; Die Originalaufzeichnungen sind im Fürstlich Fürstenbergischen Archiv Donaueschingen (FFA), Waldsberg O.A. Vol. XIII.

vor dem Archiv, die Kammer bei der unteren Stegen (Reiterkammer), die Diettrichskammer, die gemalte Kammer, die gemalte Stube, die Frauenstube, die Frauenkammer, das Gängli vor der Frauenstuben, das Kindstüblin, das Kämmerlin, die Küche, die Speiskammer, die Tafelstube, die Schreibstube und die Kammer daneben.

Im 18. Jahrhundert vollzog sich der Niedergang des Schlosses. Bei der nächsten Renovation im Jahr 1751 waren die Gebäude der Kernanlage »mehrertheils abgangen«. Als verbliebene Baulichkeiten werden genannt: Die Wohnung des Beständers, zwei Scheuern, die »Pfüsterei«, fünf »Schweinsteig«, zwei Pferde- und vier Viehställe, zwei Kornschütten (unter denen sich Stallung, Schöpf und drei Keller befanden), ein »Häußle vor dem Schloßtor, so vorzeiten das Reutherhauß genannt worden« und schließlich das unbewohnte »Rundöll« beim äußeren Tor mit »Thorstüblein, Cammer und Kuchen«. Bei den Gärten gab es keine Veränderungen gegenüber 1658. Die Kernanlage war damals also anscheinend, jedenfalls zum größten Teil, aufgegeben. Im Einzelnen lassen sich die Gebäude bei dieser Beschreibung keinem der beiden Bereiche – Kernanlage oder Vorburg – zuweisen. Das Rundell am äußeren Tor ging alsbald ebenfalls ab; 1788 heißt es, das Schloss sei zusammengefallen und es stünden dort außer dem Bauernhaus, Scheuer, Stallungen und herrschaftlicher Fruchtschütte kein weiteres Gebäude mehr.[91] Im Fürstenbergischen Archiv werden detaillierte Pläne des »Schlosshofs zu Krumbach« aus dem 19. Jahrhundert, etwa um 1840, verwahrt, wie dieser kurz vor dem Abbruch 1844 noch bestand. Die Ruine der Kernanlage stellte sich damals bereits etwa so dar wie heute. Vor dem Turmstumpf befand sich, wohl über dem ehemaligen Burggraben erbaut, das zweistöckige damalige Pächterwohnhaus (8). Es war auf der gegen die Kernburg gerichteten Wand massiv und sonst mit Fachwerk gebaut. Die Lage dieses Gebäudes in der Nähe des ehemaligen Burgtors, wie auch die Architektursprache, die deutlich vor das 18. Jahrhundert verweist, macht es wahrscheinlich, dass es das in den Urbaren von 1658 und 1751 erwähnte Reuterhaus war. Das größte Gebäude ist die im Süden gelegene massiv gemauerte Scheuer (12); daneben, beim Zugang zum Schlosshof, befindet sich die leicht geknickte, teils in Fachwerk, teils massiv ausgeführte Futterscheuer (11), und gegen Norden zwei Fruchtkästen, die bereits auf dem Ölbild von 1684 zu sehen sind (9 und 10). Einer der beiden Fruchtkästen, der sogenannte »Boller Fruchtkasten«, wurde 1820 erneuert (9). Auch nach dem Abbruch 1844 blieben dessen Grundmauern bis nach dem Zweiten Weltkrieg obertägig sichtbar. So sind auch noch auf einer Luftaufnahme von Krumbach aus dem Jahr 1945 Mauern dieses Gebäudes erkennbar. Außerdem ist vor der Kernburg eine streifenförmige Struktur erkennbar,[92] die auf einen Graben oder eine Zwingermauer hinweisen dürfte. Auf der selben Luftaufnahme zeichnen sich noch weitere mutmaßliche Mauerzüge ab, so eine parallel zur Frontmauer der Kernburg verlaufende linienförmige Struktur, aber auch im Osten vor der eigentlichen Burg.

91 Ebner, a. a. O. 1914, S. 92

92 Archiv der Heimatgesellschaft Krumbach

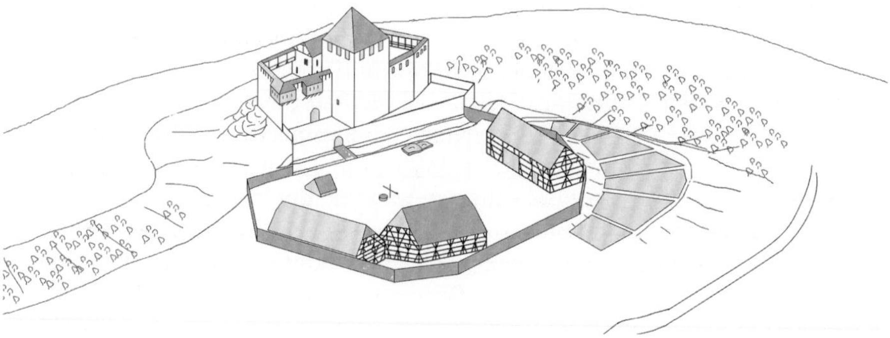

Burg Waldsberg um 1400 (Rekonstruktion von Wolfgang Teyke)

Die Ganerbenburg Waldsberg um 1500 (Rekonstruktion von Wolfgang Teyke)

Rekonstruktion

Aufgrund der günstigen Quellenlage liegen von Burg Waldsberg bereits zwei zeichnerische Rekonstruktionsversuche vor. Der Krumbacher Lehrer Eugen Eiermann fertigte auf der Grundlage von Menrads Darstellung eine Skizze der Kernburg an.[93] Dabei wird deutlich, dass Eiermann das bei Menrad ganz links abgebildete turmartige Gebäude mit dem heutigen Turmstumpf identifiziert, erkennbar an der Quaderung der Turmecke in seiner Zeichnung. Das anschließende, mit dem Turm verbundene Mauerstück interpretiert er offenbar als Zwinger, der einer höheren, heute verschwundenen Frontmauer vorgelagert war.

Der Rulfinger Steinmetz Christoph Karl Stauß fertigte ebenfalls eine Rekonstruktionszeichnung der Kernburg nach Menrad aus der Vogelperspektive.[94] Stauß ge-

93 Abgebildet in: Bühler/Spöttl, a. a. O. 1993, S. 21

94 Abgebildet in: Südkurier, Ausgabe Pfullendorf-Meßkirch, 5. Oktober 1991

brauchte gegenüber der Vorlage eine größere Freiheit als Eiermann: Die auf Menrads Ölbild auf der Feldseite des Schlosses erkennbaren zwei Rücksprünge im Mauerverlauf fehlen bei Stauß im Hinblick auf die vorhandenen Baureste, die heute keine solche Staffelung erkennen lassen. Wie Eiermann setzt auch Stauß den Turmstumpf mit dem Bauwerk ganz links bei Menrad gleich; anders als Eiermann sieht er in der heute vom Turm ausgehenden Umfassungsmauer die Reste der bei Menrad abgebildeten Frontmauer selbst. Dafür befindet sich auf Stauß' Zeichnung ein kleiner Zwinger vor dem nordöstlichen Abschnitt der Kernburg.

Anders als Eiermann und Stauß erkennen wir in dem pultdachgedeckten Bauwerk auf Menrads Ölgemälde die heutige Turmruine. Der Aufsatz darauf ist schließlich der höchste Bauteil auf Menrads Darstellung, und dieser Turm liegt auf der Abbildung etwa in der Mitte der Feldseite des Schlosses, genau da, wo sich, wie auf dem Grundriss nunmehr deutlich erkennbar, heute der Turmstumpf befindet. Das links daneben befindliche, breitere satteldachgedeckte Gebäude müsste sich dann auf dem heute bebauungsfreien Gelände im Süden des Kernburgareals befunden haben, wo auch das Tor angenommen werden muss. Das Tor muss nach Menrads Ansicht durch die Gebäude der Vorburg verdeckt sein. Menrad stellt diesen Bauteil gegenüber dem pultdachgedeckten Turm geringfügig vorspringend dar. Er müsste also vor die teilweise mit Eckbuckelquadern gemauerte Turmkante geschoben sein und diese verdeckt haben. Problematisch ist, dass sich der weitere bei Menrads Gemälde erkennbare Mauerrücksprung vom Turm aus gegen Norden in der Realität nicht bestätigt. Dort schließt vielmehr die Umfassungsmauer in gerader Flucht an den Turmstumpf an. Dennoch gehen wir, anders als Eiermann, davon aus, dass es sich beim heute erhaltenen Mauerrest wirklich um die Umfassungsmauer der Kernburg handelt und nicht um eine vorgelagerte Zwingermauer.

Die ursprüngliche Anlage des 13. Jahrhunderts lässt sich nicht mehr rekonstruieren, da die vorhandenen Buckelquader in den wenigen heutigen Bauresten offenbar in Zweitverwendung vermauert sind. Es müssen also im Spätmittelalter erhebliche Um- und Neubauten an der Burg vorgenommen worden sein, von denen sich manche ja auch urkundlich belegen lassen (s.o.). Die früheste Abbildung soll die Burganlage als klassische Ritterburg gegen Ende des 14. Jahrhunderts darstellen, nachdem wohl der heute noch in Resten erhaltene Turm und die Frontmauer, nebst den in Schriftquellen nachweisbaren »Zwingolf« und »guten Graben« entstanden waren.

Das nächste Bild zeigt die Ganerbenburg im ausgehenden 15. Jahrhundert, als sie bis zu drei Besitzer hatte. In der Kernburg ist neben dem nördlichen »alten Schloß« das südlich angrenzende »nuwe Hus« erbaut worden.[95] Außerdem ist vor dem ursprünglichen Tor ein Anbau, wohl der Pferdestall entstanden, auf den in Fachwerkbauweise ein Stock aufgesetzt ist, entsprechend urkundlichen Nennungen der 1480er

95 Diese Interpretation folgt Ebner, a. a. O. 1914, S. 94–95. Ebner fand Quellen, in denen das »neue Haus« auch als das »vordere« bezeichnet wurde. Damit dürfte es sich beim neuen Haus um dasjenige handeln, das dem Tor am nächsten lag.

Schloss Waldsberg Mitte 17. Jahrhundert (Rekonstruktion von Wolfgang Teyke)

Der Krumbacher Schlosshof mit der Ruine Waldsberg um 1840 (Rekonstruktion von Wolfgang Teyke)

Jahre (»der recht pfaerrytstaal by dem inndern thor«; »junckher Albrechts saligen pfárrytstaal am thurn mit den náchsten gmahen darob«). Der innere Burghof ist wesentlich kleinräumiger und gedrängter durch diverse Einbauten. Gegen die Mühle im Tal ist in der Vorburg das »Schwinger Tor« entstanden. Die Burg verfügt nun über mindestens drei Toranlagen. Die Vorburg selbst ist nunmehr befestigt, wovon das allerdings erst später belegte Rondell am äußeren Tor zeugt.

Das dritte Bild zeigt das adlige Residenzschloss der Herren von Stein im 17. Jahrhundert. Es entspricht der Darstellung auf dem Ölgemälde Menrads von 1684 und greift die Angaben aus dem Urbar von 1658 auf. Der Turm der Kernburg ist erniedrigt und hat sein charakteristisches Pultdach mit dem kleineren Aufsatz erhalten. Davor ist das seinerzeit von Rittmeister Christoph von Schwerdt bewohnte »Reuterhaus« zu sehen, das sich über dem inzwischen verfüllten Graben erhebt. Gegen Boll befindet sich der in den Urbaren genannte Lustgarten. Anstelle der beiden früheren Weiher im Krumbachtal existiert ein einziger größerer Weiher.

Auf dem vierten Bild schließlich ist die Anlage um 1840 zu sehen, nachdem die Kernburg bereits abgegangen war und der Schlosshof kurz vor dem Abbruch stand.

Resümee

Die drei hier behandelten Anlagen zählen zu den unscheinbaren und außerhalb der Fachwelt kaum bekannten Burgen, die überdies abseits der Touristenziele liegen. Solche Objekte sind dagegen ein Leckerbissen für leidenschaftliche Burgenfreunde mit Entdeckerdrang. Für den Interessierten bietet sich hier auf engem Raum eine Palette unterschiedlicher Burgentypen dar: Von der Turmhügelburg in Schwandorf über die Wasserburg Boll zu der klassischen Ritterburg Waldsberg, die auch den Typus der in Etappen zum neuzeitlichen Schloss umgebauten Burg repräsentiert. Begibt man sich von Krumbach aus noch wenige Kilometer bachabwärts, trifft man, bereits außerhalb des Hegau, auf die ehemalige Motte »Schloßbühl« bei Reute.[96] Eine burgenkundliche Exkursion in das Krumbachtal, verbunden mit einem Besuch der Pfarrkirche St. Johann in Krumbach mit ihren mittelalterlichen Wappen- und Stifterbildern verspricht daher ein abwechslungsreiches Erlebnis.

96 Heine, Hans-Wilhelm: Der Schloßbühl bei Reute, Gemeinde Sauldorf, Landkreis Sigmaringen. Staatlich geschütztes Kulturdenkmal. Kulturdenkmale in Baden-Württemberg, Kleine Führer, Blatt 20. Stuttgart 1976

Die Rolle der Glocken im Bauernkrieg 1524/25

Von Karl Müller und Gernot Peikert, Hilzingen

In der Bregenzer Chronik von 1616 ist zu lesen, dass das Ende der Hilzinger Sturmglocke 1525 durch einen Befehl des Hauptmanns Mark Sittich von Ems (Hohenems in Vorarlberg) besiegelt wurde. Er ließ die Glocke von etwa 50 Bauern über den Bodensee nach Bregenz bringen. Die Bauern ließ er dort aufhängen – eine Strafe, die im Bauernkrieg ihresgleichen suchte.

»Das vielschichtige Thema ›Glocke‹, so peripher es manchem vielleicht im ersten Moment scheinen mag, gehört zu einem ganz fundamentalen, insgesamt noch ungenügend erforschten Bereich mittelalterlichen Lebens: zum Signalwesen, das seinerseits ein wichtiges Teilsystem des gesamten Kommunikationsnetzes bildete.«[1] Dies bewegte uns daher, das Thema »Glocke« auch für den Hegau näher zu betrachten. Leider fehlen schriftliche Zeugnisse von bäuerlicher Seite nahezu vollständig.

Der Hilzinger Vertrag vom 25. Juli 1525 weist auf einschneidende Reaktionen durch die Obrigkeit hin und auch das Thema Glocken spielte dabei eine Rolle: »[...] man eröffnete den Unterthanen des Bischofs von Konstanz und Probstes zu Oeningen die Bedingungen, unter welchen sie Gnade finden würden: Auslieferung der Waffen und Sturmglocken, Uebergabe der Schlösser Bollingen und Gayenhofen, Niederbrechung der Kirchhofmauern und starken Thürme [...]«.[2] Auch im Riedheimer Vertrag vom 10. Oktober 1524 ist zu lesen, dass die Leute keine Gemeinde zusammenläuten sollten, »by verlierung libß vnd lebens«.[3]

Nicht nur im Hegau demonstrierte die weltliche und kirchliche Herrschaft ihre Macht, indem sie nach der Niederschlagung der Bauern massiv gegen die »neuen Besitzer« der Glocken, die Bauern, vorging, sondern auch in anderen Regionen Süddeutschlands. Der Kampf um die Glocken als Kommunikationsinstrument ersten Ranges war im Bauernkrieg vor allem ein Kampf um das Informationsmonopol. Wie die rechtlichen Grundlagen waren, wie sich der Kampf um die Glocken abgespielt hat, wer welche Rolle spielte und wie die Situation am Ende des Bauernkriegs aussah, soll im Folgenden beschrieben werden.

1 Stockmann, Doris: Der Kampf um die Glocken im deutschen Bauernkrieg. In: Strobach, Hermann (Hg.): Der arm man 1525. Berlin 1975, S. 309

2 Deuber, Franz Anselm: Geschichte der Bauernkriege in Teutschland und der Schweiz. Freiburg 1833, S. 245

3 Bumiller, Casimir: Der Bauernkrieg im Hegau 1524/25. In: Kramer, Wolfgang (Hg.): Hilzingen – Geschichte und Geschichten, Band 1. Konstanz und Hilzingen 1998, S. 251–431, hier S. 340

Glocken gleich Kirche – nur die halbe Wahrheit

Es gibt heute nur noch wenig konkrete Hinweise auf die Rolle der Glocken in der dörflichen und städtischen Alltagskultur. In Cannobio am Lago Maggiore findet sich an einem romanischen Glockenturm eine Hinweistafel, die über Einsatz von Glocken im Spätmittelalter informiert: »Der im romanischen Stil errichtete Glockenturm, [...] fertiggestellt zwischen Ende des 12ten und Anfang des 13ten Jahrhunderts [...]. Ganz früher hingen im Turm einmal zwei Glocken, die dann zu Zeiten von St. Carlo durch drei ersetzt wurden: die größte diente religiösen Zeremonien, die mittlere diente unter anderem, um das Volk bei Hinrichtungen zusammenzurufen, die kleinste schließlich, die wurde verwendet, um Versammlungen einzuberufen.«

Der in Cannobio aufgezeigte Sachverhalt weist auf eine bisher nur wenig bekannte Tatsache hin, dass die spätmittelalterliche Verwendung der Glocke vielschichtig war und nicht nur religiösen Zwecken diente. Vor allem der Hinweis auf die Versammlungsglocke als nichtkirchliche Funktion ist hier von Bedeutung. Der Kirchenhistoriker Rainer Wohlfeil (2001) stützt diese Ansicht: »Wenn von Zeichen der Bauern gesprochen wird, dürfen die Bedeutung der Glocken und die Rolle von Trommeln und Pfeifen nicht übersehen werden. Den Glocken eignete im Spätmittelalter im Vergleich zur Gegenwart eine außerordentliche Wichtigkeit und Funktionsvielfalt, besonders auch im profanen Gebrauch.«[4]

Ebenso meint Stockmann, dass »die gängige Assoziation Glocke gleich Kirche [...] zumindest für diese Zeit – das zeigen die Weistümer ganz klar – nur zur Hälfte richtig ist. Eine wenigstens ebenso große Bedeutung besaß die Glocke im profanen Bereich. Ihr Klang begleitet nicht nur den Feiertag, sondern auch den Alltag der Bauern und Städtebürger. [...] die Glocke und ihr weitreichender Klang symbolisierte den Machtanspruch und Machtbereich des jeweiligen weltlichen und geistlichen Grundherrn«. Hier kommt Stockmann auf den zentralen Kern zu sprechen: Macht im Sinne von Beherrschung sämtlicher Kommunikationsmittel zur Beherrschung weiter Lebensbereiche der Menschen. Zu Beginn des 16. Jahrhunderts war dies eine der Voraussetzungen für die Existenz der Herrschaft und der Machtstrukturen in den Städten.

Aus den Statuten und Ordnungen aus Engen von 1503 heißt es im entsprechenden Artikel im Stadtrechtsbuch: »Es soll ein jeder Bürger, Ein- und Beiwohner unserer Stadt Engen, wo und bei welcherlei Gewerbe oder Arbeit er gerade sei, wenn er die Sturmglocken läuten oder ›sturmlich Geschrei‹ tags oder nachts hört, ungehindert in die Stadt laufen und sich mit Harnisch und Gewehr dorthin begeben, wohin er von Schultheiß und Bürgermeister geheißen worden ist.«[5] Das Engener Beispiel weist auf einen deutlich weltlichen Gebrauch der Glocken hin und belegt, dass Glocke gleich Kirche nicht immer richtig ist.

4 Wohlfeil, Rainer: Bauernkrieg: Symbole der Endzeit? In: Rottenburger Jahrbuch für Kirchengeschichte 20, 2001, zitiert S. 314 ff.

5 Stadtarchiv Engen, Bü 41, Statuten und Ordnungen 1503, fol. 28 r

Glocken im Glockenturm, hier im Kirchturm von Watterdingen (Foto: Franz Hofmann, Konstanz)

Der Glockenturm von Cannobio am Lago Maggiore (Foto: Karl Müller, Hilzingen)

Glocken als Herrschaftsinstrument

Der Kirchturm mit seinen Glocken im Zentrum einer Gemeinde war ein sichtbares Zeichen von Herrschaftsanspruch. Kein Bewohner konnte sich dem Läuten entziehen, vielmehr waren alle eingebunden in ein vielfältiges Informationssystem, denn »jeder Tag war durchsetzt, eingeteilt und geregelt durch Läutezeichen [...]. Mit ihrer Hilfe wurden jedem Mitglied einer Siedlungsgemeinschaft alle notwendigen Informationen bekanntgemacht«.[6]

Verschiedene Glocken hatten unterschiedliche Funktionen. Von der großen Glocke bis zur Schelle wurden die unterschiedlichsten Dinge in den Orten geregelt. Die wichtigste Glocke im Zusammenhang mit dem Bauernkrieg war die Sturmglocke, »das Sturmgeläut und die Sturmglocke – auch Notglocke, Mordglocke, Feindglöcklein, Lärmglocke (=Alarmglocke, von franz. à l'arme: zu den Waffen) u. ä. genannt [...] – nehmen insofern eine Sonderstellung ein, als bei ihrem Ertönen von allen Wehrfähigen unbedingte Folgepflicht mit Wehr und Waffen und unbedingte Hilfeleistung gefordert. Meist wurde dazu die große Glocke benutzt, die auf eine bestimmte beunruhigende Weise nicht eigentlich geläutet (d.h. in regelmäßige Schwingungen versetzt), sondern ein- oder mehrmals in ungleichmäßigen Abständen angezogen bzw. [...] mit einem Hammer oder dem Klöppel [...] angeschlagen wurde. Sturm-

6 Stockmann, a. a. O. 1975, S. 316

schlagen, Glockenstreich, Geschelle, die Sturm anziehen, anschlagen u. ä. heißt es in diesem Falle in den Quellen.«[7]

»Die alltäglichen Zeitzeichen – vor allem Morgen- und Abendglocke – bedeuten gleichzeitig: Beginn und Ende der Arbeitszeit (speziell für die Fröner), Toröffnung und -schließung in befestigten Siedlungen sowie (nach Einbruch der Dunkelheit) Wachpflicht, Schenk-, Spiel- und Tanzverbot, Brandsicherung, öffentliche Sicherheit (Waffenverbot; Verbot, auf der Straße zu sein, bzw. Gebot, ein Licht zu tragen), Arbeitsverbot und Verbot, Geschäfte abzuwickeln; daneben gab es eine beträchtliche Zahl weiterer Anlässe für die Ingangsetzung der Glocke: Allgemeine Gemeindeversammlungen, Ratsversammlungen, Ding- oder Gerichtstag, Weistumsverkündung (Gesetz, Verordnung, Maß und Gewicht, Münze), Wahl eines neuen Meiers, neuer Schöffen und Amtleute, Einziehung von Höfen, Pfändung von Vieh und anderen Gütern, Verkauf von Pfandgütern, Kauf und Verkauf von Wein, Fischen und Korn etc. (Marktglocke), Folgepflicht bei Feindeinfall, Aufruhr etc., Hilfepflicht bei Rauferei, leibliche Bedrohung und Gewalttat, Strafgericht und Aburteilung von Missetätern, besonders von Kapitalverbrechern, Totschlag oder Mordprozesse, (auch bei flüchtigem Täter), Feuersgefahr und Feuersnot in Siedlungen oder Gemarkung (z.B. Waldbrand), Unwetter, Wassernot, Bedrohung durch Raubtiere, Jagdpflichten, Holzungspflicht, Eckerntrieb (Zeitpunkt der Waldmast für die Schweine), Beginn der Ernte, des Vorschnitts, Vorhaus oder der Vorlese für den Grundherren (Heu-Fron, Hengelbrechen u.ä.), ferner Zinseinziehung und große Pacht, Abgabe des Zehnten, Ehrengeleit für den Grundherrn oder andere hochgestellte Personen, Anzeige von Sterbefällen, Begräbnisgeläut usw.«[8]

Der Gebrauch der Glocken war also ein zentrales Kommunikationsmittel zur Regelung des Alltags in den Dörfern und Städten. »Im eigenen Interesse tat jeder Betroffene gut daran, die verschiedenen Signale nicht zu überhören, sondern Folge zu leisten. [...] Entsprechende Formulierungen finden sich in den Weistumstexten des 14. bis 16. Jahrhunderts mehrfach, besonders aus dem alemannischen Raum [...].« Über ein durchaus differenziertes Hören von Zeichen der verschieden Glockenklänge, der Dauer, der Intensität mussten die Menschen aktiv werden und reagieren.

Die Obrigkeit nutzte diese Kommunikationsmöglichkeiten beim Aufbau ihres Herrschaftssystems und benutzte Personen, die auf der örtlichen Hierarchie ganz unten standen, etwa Glöckner, Glockenknechte, Küster, Mesner, Wächter, Turmknechte, Schreiber des Grundherrn usw. Sie waren das ausführende Organ der Obrigkeit für die Signalpraxis »des offiziellen, rechtsverbindlichen Signalwesens.« Allerdings mussten nicht alle dem Signal der Sturmglocke folge leisten. »Der Hirte wie auch der Glöckner und der Pfarrer, ebenso alle Freien, Ritter und Rittergenossen sind von der Verpflichtung zu erscheinen manchmal ausdrücklich ausgenommen.« Die Vergabe der Arbeiten im Signalwesen durch den Ortsherrn wurde von den är-

7 Ebenda
8 Ebenda, S. 315

meren Teilen der Bevölkerung gerne wegen möglicher materieller Vorteile angenommen. Auch damit schuf sich die Obrigkeit eine Stärkung ihres Herrschaftssystems.

»In Gang gesetzt wurde die Signalgebung [...] nicht von den ›armen Leuten‹, sondern von den Amtsleuten der Grundherrschaft oder der Dorfgemeinde, die – immer namens des Grundherrn – entsprechende Aktivitäten veranlassten oder erlaubten, manchmal selber in Aktion traten.« Erst im Zuge und Verlauf des Bauernkriegs wurde dieses festgefügte Kommunikationssystem aufgebrochen und es entstand in vielen Orten eine heftige Auseinandersetzung zwischen Bauern und Obrigkeit um den Gebrauch der Sturmglocke.

»Die beiden Parteien Bauern und Adel nutzten alle damals zur Verfügung stehenden Kommunikationsmittel. [...] Die Angehörigen der herrschenden Klasse hatten selbstverständlichen Zugang zu den entsprechenden Einrichtungen, während die abhängigen [...] Bauern sich den Zugang erst verschaffen, manchmal sogar erkämpfen mussten.«

Natürlich gab es daneben noch andere Signalinstrumente wie die Trommel (z.B. Werbetrommel), Hörner, Pfeifen (Stadtpfeifer). Diese Signalinstrumente unterlagen ebenfalls der Kontrolle der Feudalherren. Diese Kontrolle wollten die Bauern durchbrechen, denn die Glocken »zu läuten, besonders ihr Anziehen als Sturmglocke, war den Bauern untersagt. Nur im Notfall durften die Untertanen zum Alarm die Glocke schlagen. Die Bauern forderten daher in ihren Artikeln von 1525 das Recht, ohne Wissen der Amtleute läuten zu dürfen, wenn es der Gemeinde notwendig erscheine.«[9]

Erkämpfung und Inbesitznahme der Glocken durch die Bauern im Bauernkrieg

In nahezu sämtlichen Regionen des Aufstandsgebietes versuchten die Bauern, ihre Kommunikationsmöglichkeiten zu verbessern. Dabei spielte die große Glocke am jeweiligen Ort eine entscheidende Rolle. Denn »verfolgt man den Verlauf der revolutionären Ereignisse vor und um 1525 anhand zeitgenössischer Aussagen und Berichte, so zeigt sich, dass der Kampf um die Glocken in nahezu allen Zentren des Bauernkriegs in der einen oder anderen Form eine Rolle gespielt hat.«[10]

Schon 1514 hatte Peter Gais mit Glockengeläut den Aufstand des »Armen Konrad« im Remstal eingeleitet. In Hilzingen läuteten die Bauern zur Kirchweih 1524 die große Glocke, trotz Verbot, um in einer Versammlung weitere Schritte ihrer Aktionen zu beraten. Der Einfluss der Obrigkeit war offensichtlich nicht mehr stark genug, und es bestand dadurch auch in den »besetzten« Gebieten für die aufständischen Bauern nur eine geringe Gefahr einer Repression durch die verdrängte Obrigkeit. Mit der Sturmglocke hatten die Bauern eine der wichtigsten Mobilisierungsmöglichkeiten in ihrer Hand.

Normalerweise entschieden die Ortsherren, die weltlichen und die kirchlichen, über den Einsatz der Glocken. Ortsherrschaften hatten den Bauern bei Verlust von

9 Wohlfeil, a. a. O. 2001, S. 56
10 Stockmann, a. a. O. 1975, S. 319

Leib und Leben das Läuten der Glocken verboten sowie das Anziehen der Sturmglocken untersagt. Städte wie Überlingen und Engen erließen entsprechende Vorschriften.

Im Freiherrlich von Reischach'schen Archiv, Singen-Schlatt unter Krähen ist eine solche Vorschrift belegt: »In dem Papier wird ferner auch auf die jüngste Vergangenheit im Vorfeld der Hilzinger Kirchweih Bezug genommen. Die Bauern bestätigen darin, dass sie am Samstag vor der Hilzinger Kirchweih ein Mandat erhalten hätten, das es ihnen verbot, sich zusammenzurotten und auf die Kirchweih zu ziehen. Auch sollten sie keine Gemeinde zusammenläuten ›by verlierung libß und lebens.‹ Es sei ihnen aber am Tag der Kirchweih eine Warnung zugekommen, dass sie überfallen werden sollten. Da hätten sie eine Gemeinde versammelt und sich beraten. In dieser Anspielung auf einen Überfall bestätigt sich möglicherweise die [...] Vermutung, dass Hans Jakob von Landau am Morgen des 2. Oktober den Zustrom der Bauern nach Hilzingen durch seine Reiter verhindern wollte.«[11]

Die Bauern ließen sich auch von noch so strengen Vorschriften der Herrschaften nicht beeindrucken. Die Weigerung der Herausgabe der Turmschlüssel zum Glockenturm oder auch das Heraufziehen der Glockenseile konnte sie nicht daran hindern, die Glocken für ihre Zwecke einzusetzen. Die Vorgehensweise der Bauern war oft nicht zimperlich und dort, wo es etwas zu holen gab, gingen sie gezielt vor, um ihre militärische Situation zu verbessern. So wurden »im Rahmen der bäuerlichen Kampfaktionen [...] in den Klöstern [...] die Glocken teilweise zerstört oder als Beute [...] weggeführt«,[12] oder »wurden zum Beispiel erbeutete Glocken nicht nur zum Läuten benutzt, sondern auch zum Verkauf oder zur Produktion von Waffen verwendet.« »Für andere Zwecke, z. B. alle kirchlichen Anlässe, wurden die Glocken von den Bauern ... vielerorts außer Betrieb gesetzt; nur Zeitzeichen [...] wurden verschiedentlich weitergegeben.«

Die Inbesitznahme war selten gewaltfrei, wie uns einige weitere Beispiele aus der näheren Umgebung zeigen, so aus dem Elsass, der Pfalz, Franken und dem damaligen Württemberg: Im Elsass zogen die Bauern »in den Ostertagen bis Schlettstadt, zerstörten auf dem Rückwege das Kloster Hugshofen, führten die Glocke hinweg, nahmen die Kelch und alle Gotteszier und die von Berken (Bergheim) samt anderen Nachbarn haben auch den Tempelhof zerrissen.«[13] In der Pfalz bewegte sich »der Leininger Haufen [...] von Wachenheim aus. Von da zogen 300 Bauern nach Pfedersheim, hielten Mittag am 30. April im Nonnenkloster Hochheim, und nahmen das Abendbrot im Kloster Liebenau. Mönche wurden, schreibt Butenschön, am Altar, wo sie unter dem Leuten der Sturmglocke auf den Knieen lagen, von den rasenden Bauern erwürgt, und es war noch ein beneidenswerthes Glück, wenn nichts als das dampfende Blut der Nonnen die Zellen dieser armen Mädchen befleckte.«

11 Bumiller, a. a. O. 1998, S. 340

12 Stockmann, a. a. O. 1975, S. 312 und im Folgenden

13 Deuber, a. a. O. 1833, S. 81 und im Folgenden

Im Fränkischen wird von den Quellen Folgendes berichtet: »Bürger aus Crailsheim und etliche aus der benachbarten Reichstadt Dinkelsbühl gesellten sich [...] zu den Bauern in der Trinkstube bei den Kapuzinern, raubten im teutschen Haus, und nahmen zu Erkerbrechtshausen den Junker Caspar von Crailsheim in seinem Hause gefangen; er mußte sich Caspar Bauer nennen und ihrer Fahne folgen. Anhausen zündeten sie an; der Abt, Georg Truchsäß von Wetzhausen, rettete sich durch die Flucht; sie fischten die Weiher aus, schossen das Wild. In Sulz bei Kirchberg, führten sie das Kirchen- und Hausgeräthe und vier Glocken weg, und verjagten die Äbtissin Brigitta von Auffes mit den Nonnen.« In Hilzingen wurden die Glocken ohne große Gewaltanwendung von den Bauern in Besitz genommen, im Gegensatz zu vielen anderen Orten.

Verwendung der Glocken im Bauernkrieg (Signalpraxis)

Für die Bauern war es ein zentrales Anliegen, die Glocke für ihre Sache zu nutzen. So wurde »kurz vor Beginn der Kampfaktionen, oder auch in unübersichtlichen Situationen während der Auseinandersetzungen, [...] die Sturmglocken geläutet, der Sturm angeschlagen, [...], um die Kampfgenossen zur Folgepflicht zu mahnen und mit Wehr und Waffen an die verabredeten Plätze zu beordern.«[14]

Von Beginn des Aufstandes an hatten die Bauernhauptleute größtes Interesse, »die Folgepflicht mit Wehr und Waffen, die ja dem Grundherrn zugehört, auf sich zu übertragen.« Das kann für alle Aufstandsgebiete gesagt werden. Günther Franz, der Bauernkriegsforscher, hat in seinen »Quellen zur Geschichte des Bauernkriegs« mehrere Gebiete genannt, so z. B. das Elsass oder Oberösterreich/Steiermark. Es war praktisch eine Grundvoraussetzung für das Funktionieren militärischer Aktionen. Als nächster Schritt wurden von der Bauernführung nur noch Zeitzeichen zugelassen und in der Regel sämtliche Glockenzeichen für kirchliche Anlässe untersagt. Die Glocken durften in den von ihnen kontrollierten Gebieten nur noch im Interesse der aufständischen Bauern geschlagen werden. Damit hatten sie das für die damalige Zeit wichtigste Kommunikationsinstrument in ihrer Hand.

Mit den Bestimmungen durch die Bauernhauptleute war bei einem Sturmläuten in den Aufstandsgebieten die Folgepflicht von den Ortsherrschaften auf die Bauernhauptleute übergegangen. »Mit Hilfe dieser Vorschriften, die während des Bauernkriegs gleichsam an Stelle der betreffenden Weistums- oder Stadtrechtsbestimmungen traten, wurde das Läuten der Versammlungs- und speziell der Sturmglocke geregelt und z.T. eingeschränkt.« So verordnete zum Beispiel ein Bauernführer, »dass die Salemer die große Glocke nur auf Wissen der Bauern läuten lassen dürfen, drei Weltliche wurden in das Kloster beordert und übernahmen alle Gewalt.«[15]

Die Bauernhauptleute hatten nicht ohne Grund solche Vorschriften erlassen. Denn diese »Bestimmungen waren notwendig geworden, um das mehrfach vorgekommene und auch beschriebene, wie ein Lauffeuer von Ort zu Ort durch ganze

14 Stockmann, a. a. O. 1975, S. 321 und im Folgenden

15 Göpfert, Dieter: Bauernkrieg am Bodensee und Oberrhein 1524/1525. Freiburg 1980, S. 134

Landstriche sich fortpflanzende Sturmläuten zu verhindern, das insofern wenig nutzte, als die spezifischen Informationen darüber, was im einzelnen geschehen und was dagegen zu unternehmen sei, ja in den Glockensignalen nicht enthalten waren und auch gar nicht enthalten sein konnten. Hier zeigten sich schlagend die Grenzen musikalischer Zeichengebung im Hinblick auf die Vermittlung wortsprachlicher Inhalte. Ohne ergänzende Mitteilungen durch Boten oder Briefe und ohne präzise Instruktionen, was bei einem bestimmten Signal zu tun oder zu lassen sei, war die Aufmahnung ganzer Landstriche nicht nur sinnlos, sondern sogar gefährlich, denn es konnte zu spontanen, dem Gesamtplan zuwiderlaufenden Aktionen kommen.«[16]

Auch in Hilzingen wurden die Glocken den Bauernhauptleuten unterstellt und sie verwendeten die Glocken nicht nur als Sturmglocke, sondern auch als Versammlungsglocke. »So wurde die Hilzinger Kirchweih vom 2. Oktober 1524 zum Fanal des Bauernkriegs im Hegau. In aller Herrgottsfrühe, jedenfalls noch in der Dunkelheit, läuteten von Hilzingen ausgehend im ganzen Umland die Sturmglocken, und bis zum frühen Morgen strömten ›ab iren Dörfern Hiltzingen zu [...] ze roß und fuß‹.«[17] Wie einschneidend der Besitz der Hoheitsrechte über die Glocken war, zeigte sich an der Reaktion Erzherzog Ferdinands aus Wien, der in einem Schreiben vom 14. Oktober an die württembergische Regierung beklagte, dass »bei der Kirchweih in Hilzingen [...] trotz Verbots 800 Menschen auf ein Sturmschlagen hin zusammengekommen seien, und täglich kämen neue hinzu.«[18]

Ein weiteres Beispiel für die Anwendung und Auswirkung der Sturmglocke im Bauernkrieg war der Sturm der Bauern zum Ittinger Kloster. So beschreibt Arnold Elben einen Vorgang, der von Stein am Rhein seinen Ausgang nahm: »Die allgemeine Unruhe und Unsicherheit dauerte noch eine Zeit lang fort, bis ein Ereignis den offenen Zwist zwischen Neugläubigen und Altgläubigen herbeiführte. Der Leutpriester Hans Öchsle zu Burg, gegenüber von Stein am Rhein, hatte sich auch eifrig mit der Entfernung der Bilder aus den Kirchen abgegeben. Josef am Berg erhielt von den katholischen Orten den Befehl, den Öchsle zu verhaften. In der Nacht vom 17. auf 18. Juli 1525 überfiel eine Schar von etwa 30 Knechten den Prädikanten in seiner Wohnung und schleppte ihn gefangen mit sich fort in der Richtung nach Frauenfeld. Doch seine Hilferufe waren vernommen worden. Der Turmwächter in Stein läutete Sturm. Alsbald erhoben sich die Bürger, liefen zusammen und eilten den Reitenden nach, um den Gefangenen zu befreien. Rasch verbreitete sich die Nachricht in den Nachbardörfern, nach Stammheim, Nußbaumen, Waltadingen und anderen Orten; als getreue Nachbarn kamen deren Bewohner auch jetzt, wie sonst bei Feuersgefahr oder anderer Not, zur Hilfe herbei. Bis nach Schaffhausen, bis ins Züricher Gebiet gegen Andelfingen dehnte sich der Auflauf aus.«[19]

16 Stockmann, a. a. O. 1975, S. 329

17 Bumiller, a. a. O. 1998, S. 335

18 Hauptstaatsarchiv Stuttgart, H 54 Bü 47,4

19 Elben, Arnold: Vorderösterreich und seine Schutzgebiete im Jahr 1524. Ein Beitrag zur Geschichte des Bauernkrieges. Stuttgart 1889, S. 61

Die Dimension, die ein Sturmläuten erreichen konnte, lässt sich auch an großen Aufläufen der süddeutschen Bauernhaufen sehen, vor allem wenn es um entscheidende Momente des Bauernaufstandes ging und viel Solidarität erforderlich war, auch wenn unter den Bauernhaufen nicht immer eine absolute Übereinstimmung herrschte. »Am Bodensee waren die Sturmglocken geläutet worden. Bei Weingarten standen rund 9000 Landsknechte und Reiter den etwa 12000 aufständischen Bauern [...] gegenüber. Weitere 4000 Hegauer Bauern und rund 8000 Allgäuer Haufens befanden sich im Anmarsch.«[20]

Ein weiteres Beispiel zeigt die weiträumige Wirkung, wenn die Sturmglocken zu läuten begannen: Während der Schwäbische Bund, auch mit Überlinger Unterstützung, gegen Herzog Ulrich kämpfte, sammelte sich ein »großer Schwarm der Aufrührer [...] zwischen Ravenspurg und Buchhorn [Friedrichshafen] in dem Dorf Aylingen, wo sie sich teilten und der eine Haufen gegen Rappenweil [Rappertsweiler] an der Argen, und der andere auf Grasbeuren und Bermatingen auszog. Am 3. März [1525] ließ sich der fürchterliche Ton der Sturmglocken um Lindau und Ravensburg und durch die ganze Landvogtei von Lindau und Ravensburg von Dorf zu Dorf hören. Durch dieses böse Beispiel ließen sich auch unsere Nachbarn hienreißen; am 8. März kamen die Heiligenberger und Salmansweiler neben vielen der Unsrigen, aus den Vogteien Hagnau und Ittendorf herbeigelaufene Untertanen, zu Ahausen auf der Wiese zusammen, wo sie über das weitere Unternehmen beratschlagten.«[21]

All diese Beispiele zeigen, wie wichtig die Sturm- oder Versammlungsglocke in den Händen der Bauern auf dem Lande war. Sie wurde zum wichtigsten Signalinstrument des Handelns, wenn es um gemeinsame Aktionen ging. Vor allem, wenn großräumig gehandelt werden musste, setzten die Bauern die Glocken sehr geschickt für ihre Anliegen ein. Den Ortsherren waren die Glocken vorerst entzogen und sie mussten auf andere Kommunikationsmittel zurückgreifen. So wurde der Briefverkehr durch spezielle Reiter abgewickelt.

Die Rolle der Glocken in der Stadt

Die freien Reichsstädte im Bodenseegebiet hatten aufgrund ihrer Geschichte keine einheitliche Position zum Bauernkrieg. »Die Städte machten sich [...] die Haltung der Bauern entweder zu eigen, oder versuchten, gerade umgekehrt, sich durch Gegenmaßnahmen zu schützen.«[22] So rüstete sich beispielsweise die Stadt Überlingen, um angreifende Bauernhaufen abwehren zu können. »Ebenso wurde verordnet, so ein Feindsgeschrei sein würde, erstlich das Glöcklein auf dem Oberthor zu läuten und gleich darauf die großen Glocken auch angehen zu lassen. Wer deshalb solche hört, soll zur Stund mit Wehr und Harnisch auf den Platz kommen, und wer im Fel-

20 Schweizer, Karl: Vom Bauernkrieg 1525/26 in Kreis und Stadt Lindau. Lindau 2000, S. 12

21 Göpfert, a. a. O. 1980, S. 55

22 Stockmann, a. a. O. 1975, S. 35

de, soll bei dem Eid, so er geschworen, der Stadt und vier bezeichneten Thoren zulaufen, wo sie zu den Türen eingelassen werden.«[23]

Die Stadtobrigkeit setzte die Glocken gezielt ein, um die wehrfähigen Männer innerhalb des Stadtgebietes zu den Waffen zu rufen. Es bestand eine absolute Folgepflicht. Göpfert (1980) beschreibt, wie sich Überlingen im Frühjahr 1525 gegen die Bauern rüstet: »Die Stadt war damals schon in einem Wehrstand, daß die Bauern mit offener Gewalt wenig würden ausrichten können. Nichtsdestoweniger ließ man es an der nötigen Vorsicht nicht mangeln, um auf alle Fälle gefaßt zu sein. [...] man errichtete Blockhäuser, warf an etlichen Orten neue Schanzen und Gräben auf. Von dieser Arbeit, die den ganzen Monat dauerte, und der beständigen Wache, wurde weder vom Rat noch von der Gemeinde jemand befreit. Kein Bürger durfte sich ohne besondere Erlaubnis aus der Stadt begeben, außer den sog. Armen Gesellen und Rebleuten zu ihrer Arbeit; und auch diese nicht weiter, als sie die Sturmglocke und Trommeln hören konnten, um bei dem ersten Losungszeichen bei der Hand zu sein [...].«[24]

Die Reichweite der Sturmglocke bestimmte somit auch den Radius der Bewegungsfreiheit der Bauern. Die Reichsstädte hatten natürlich untereinander Kontakt und informierten sich gegenseitig über die jeweilige Situation in ihrem näheren Umfeld. So gibt es ein Schreiben der Stadt Ravensburg an die Stadt Überlingen am »Freitag vor Invocavit (1. Fastensonntag) anno 1525«: »Gestern hat an unserem Ort in der Landvogtei und an anderen Orten der Sturm an vielen Enden angefangen und sind die Bauern zusammen gekommen. Und wie berichtet worden, wollen sie auch einen Haufen, wie es an anderen Orten geschehen ist, machen. Was ihr Vorhaben sein wird, können wir nicht wissen. Nun erreicht uns auch, daß sich auf heute der Herrn von Werdenberg, auch das Gotteshaus Salmansweiler und euere Würden eigene Leute und Hintersassen sich bei Ahausen in der Wiese zusammentun und sich dort beraten wollen. [...] Das wollten wir euch im besten nicht vorenthalten, damit ihr euch danach zu richten wißt.«

Eine andere Auffassung von den Anliegen der Bauern hatte die österreichische Stadt Waldshut, vielleicht auch durch ihre Nähe zur Schweiz und durch den Einfluss des Reformationspredigers Hubmaier, der den Lehren Zwinglis nahestand. Waldshut war im Oktober und November 1524 bedroht durch die österreichische Regierung, die diese Entwicklung nicht zulassen wollte. In Waldshut selber bereitete man sich auf einen Ernstfall vor. Die Stadtverwaltung nahm sogar schweizerische Hilfe aus Zürich an. »Am späten Abend des 3. Oktober 1524 zog die Züricher Freischar verstärkt durch Zuzüge aus der Nachbarschaft, unter Jubel der Waldshuter Bevölkerung in den Mauern der bedrängten Stadt ein. Tag und Nacht wurde an der Befestigung der Stadt gearbeitet. Die Freischar schaffte sich ein besonderes Fähnlein an, mit blauen und weißen Strichen durchbrochen, dadurch in der Mitte ein weißes Kreuz gezogen war. Am Sonntag, den 9. Oktober, wurde die Stadt alarmiert. Man stürmte mit der großen Glocke in der unteren Kirche, schoss Doppelhöggen und

23 Riegel, Nikolaus: Der Högauer Bauernkrieg 1525. In: SVGB 1876, S.44–62, hier S. 51

24 Göpfert, a. a. O. 1980, S. 58 und im Folgenden

Büchsen, um zu versuchen, wie sich ein jeder, Fremde und Einheimische, im Fall der Not in der Wehr verhalten und stellen werden.«[25]

Waldshut steht hier also in krassem Gegensatz zu Überlingen. Die große Glocke wurde hier also für die Sache der Bauern eingesetzt. Man sieht an den Beispielen, wie gegensätzlich die Städte zu den Belangen der Bauern standen. Widersprüchlich war die Anwendung der Glocken in den Städten, auf der einen Seite für den Widerstand gegen die Obrigkeit, auf der anderen Seite eine absolute Folgepflicht, wenn es um die Verteidigung gegen die Bauern ging. »So wurden z. B. in Füssen, Überlingen und Memmingen die bestehenden Sturmschlag- und Folgepflichtbestimmungen mit eindeutigem Akzent gegen die Bauern neu formuliert und den Gemeinden verkündet.«[26] Die Städte hatten sich also nicht einheitlich verhalten und legten die Folgepflicht beim Läuten der Sturmglocke ihren Interessen entsprechend aus.

Fähnrich und Trommler im Bauernkrieg 1525, Kupferstich von Hans Sebald Beham, 1545

Trommeln und Pfeifen – ein weiteres Signalmittel

Ebenso wie der Gebrauch der Glocken, waren Trommeln und Pfeifen Herrschaftsinstrumente. Die Pfeifer waren in den Städten der Obrigkeit direkt unterstellt. Missbrauch wurde ebenso wie bei den Glocken unter Strafe gestellt. Trotzdem »bemächtigten sich die Aufständischen in Kenntnis dieser herrschaftsbezogenen Funktionen der obrigkeitlich genutzten Signalinstrumente. Trommel und Pfeife gewannen für die Aufständischen die Bedeutung eines Zeichens und Symbols in ihrem Kampf gegen die Herren.«[27] »Trommeln war ein wichtiges Mittel, die Erhebung einzuleiten [...] und war gleichbedeutend mit Aufruhr [...]«[28]

So zogen auch die Hegauer Bauern von Hilzingen aus in die umliegenden Dörfer mit Pauken und Pfeifen, um die Bauern zum Mitmachen zu gewinnen. Sie »schwärmten in Einheiten von 60 und 70 Mann, [...]zu regelmäßigen agitatorischen

25 Elben, a. a. O. 1889, S. 84 ff.
26 Stockmann, a. a. O. 1975, S. 329
27 Wohlfeil, a. a. O. 2001, S. 57
28 Stockmann, a. a. O. 1975, S. 303

Unternehmungen in die Nachbarschaft […] in Schlachtordnung mit Pfeiffen und Trommeln« aus.[29]

Nach der Niederschlagung wurden diejenigen, die sich mit den Bauern verbündet hatten, verfolgt und hart bestraft. »Nach versteckten Trommeln wurde ebenso gefahndet wie nach versteckten Fahnen. Die Angst vor neuen Aufständen führte noch Jahre später zum Verbot von Veranstaltungen mit Trommeln und Pfeifen – ein Gebot, das tief in das bäuerliche Sozialleben eingriff.«[30] Noch 1916, während des Ersten Weltkriegs, konnte laut Bezirksamt Engen auf ein Signal mit Trommeln oder Trompeten nicht verzichtet werden.

Das Ende des Bauernkriegs: Wiederherstellung alter Zustände – Hoheit über die Glocken

Das Ende der Auseinandersetzungen war von Ort zu Ort und Region zu Region zeitlich verschieden. Am 2. Juli 1525 war der Widerstand der Hegaubauern gebrochen. »Mehr als 24 Dörfer gingen in Brand auf und die Leut ergaben sich auf Gnade und Ungnade, viele wurden enthauptet, während die rechten Führer auf den Hohentwiel entliefen […]. Die Übergabebedingungen entsprachen den anderwärts den Bauern auferlegten. Sie mussten den Herren von neuem Treue schwören, die Waffen ausliefern, die große Sturmglocke übergeben […].«[31] Treue schwören, Waffen ausliefern, die große Sturmglocke übergeben in einer Reihe zeigt die Wichtigkeit der Glocken für die Obrigkeit.

Die Obrigkeit war durch den bäuerlichen Aufstand bis ins Mark getroffen, denn ihr Herrschaftsanspruch wurde zutiefst in Frage gestellt. Sie setzten nach der Niederlage der Bauern alles daran, die alten Machtinstrumente wieder in ihre Hand zu bekommen. Am Beispiel des Hilzinger Vertrages vom 25. Juli 1525 zwischen Mark Sittich von Ems, Christoph Fuchs von Fuchsberg und Hans Jakob von Landau mit den Untertanen des Klosters Reichenau, die von ihrer Herrschaft abgefallen waren, lässt sich aufzeigen, dass es der Obrigkeit sehr wichtig war, dass die Glocken wieder in ihren Machtbereich gelangten. Dies kommt vor allem im Paragraf 7 des Vertrages zum Ausdruck: »Die Glockentürme sollen abgebrochen, die Glocken, mit denen Sturm geläutet wurden, abgegeben werden.«[32]

Ein anderes Beispiel ist vom Klettgau überliefert: »Die Landgrafschaft Klettgau musste neu huldigen und schwören, sie hatte nun nach vielem Blutvergießen und großem Leid die Artikel anzunehmen, welche sie am 25. Juli abgeschlagen hatte. Sie lauteten: […] Item die Kirchhöfe und Kirchtürme sollen sie weiter oder anders zu Wehr nit bauen, dann wie sie jetzt sind, es sei denn mit Erlaubnis und Willen der Oberen. Item, nachdem sie die Glocken bisher in Bösem gestürmt und nit zu dem Gottesdienst, wie sie geordnet sind, gebraucht haben, sollen die großen von ihren

29 Bumiller, a. a. O. 1998, S. 367

30 Wohlfeil, a. a. O. 2001, S. 58

31 ZGO, Band XXXI, Heidelberg 1916, S. 377

32 Bumiller, a. a. O. 1998, S. 412

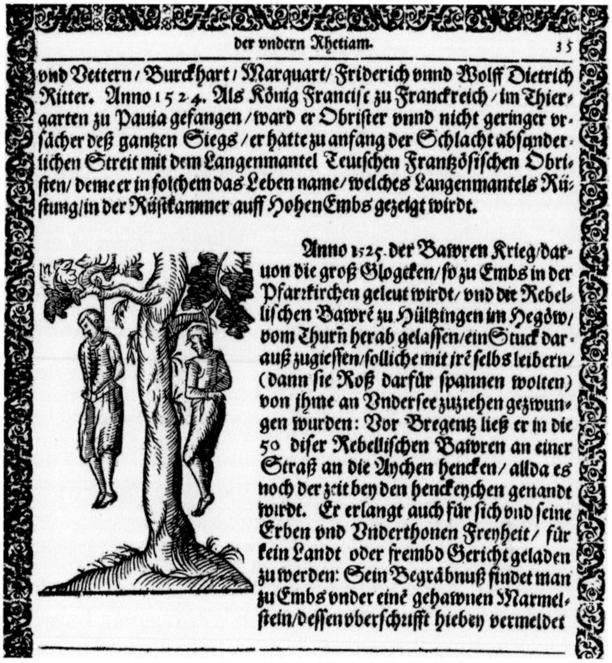

der vndern Rhetiam. 35

vnd Vettern / Burckhart / Marquart / Friderich vnnd Wolff Dietrich Ritter. Anno 1524. Als König Francisc zu Franckreich / im Thiergarten zu Pauia gefangen / ward er Obrister vnnd nicht geringer vrsächer deß gantzen Siegs / er hatte zu anfang der Schlacht absanderlichen Streit mit dem Langenmantel Teutschen Frantzösischen Obristen / deme er in solchem das Leben name / welches Langenmantels Rüstung / in der Rüstkammer auff HohenEmbs gezeigt wirdt.

Anno 1525. der Bawren Krieg / daruon die groß Glogcken / so zu Embs in der Pfarrkirchen geleut wirdt / vnd die Rebellischen Bawrē zu Hültzingen im Hegöw / vom Thurn̄ herab gelassen / ein Stuck darauß zugiessen / solliche mit irē selbs leibern / (dann sie Roß darfür spannen wolten) von jhme an Vndersee zuziehen gezwungen wurden: Vor Bregentz ließ er in die 50 diser Rebellischen Bawren an einer Straß an die Aychen hencken / allda es noch der zeit bey den henckeychen genandt wirdt. Er erlangt auch für sich vnd seine Erben vnd Vnderthonen Freyheit / für kein Landt oder frembd Gericht geladen zu werden: Sein Begräbnuß findet man zu Embs vnder einē gehawnen Marmelstein / dessen vberschrifft hiebey vermeldet

Bregenzer Chronik von 1616: Im Jahr 1525 lässt Mark Sittich von Ems 50 Hegau Bauernführer bei Bregenz erhängen.

Herren genommen werden, damit ihre Herren nach ihrem Willen mit denselben handeln können.«[33]

In Grießen im Klettgau stellte sich die Angelegenheit für die Bauern etwas günstiger dar, denn nachdem der vertriebene Pfarrer wieder zurückgekehrt war, wurde »die alte Ordnung des Gottesdienstes in der ganzen Landschaft wieder hergestellt. Nur die größten Glocken fehlten. Die wurden von dem Grafen verkauft oder zu Geschützen umgegossen. Grießen, weil dort der Vorort der Empörung war, sollte sogar zwei Glocken auf den Küssaberg führen. Auf inständige Bitten und Fürsprache hin wurde ihnen die zweite Glocke belassen, aber mit der Bedingung, dass sie diese sofort abzuliefern hätten, wenn sie ihr Herr oder dessen Erben darum mahnen würden.«[34]

Die Strafen, die die Obrigkeit aussprach, waren für die beteiligten Bauern oft existenzbedrohend. Es gab aber durchaus unterschiedliche Vorgehensweisen der Grundherren bezüglich der ausgesprochenen Bestrafung, wenn es um die Wiederherstellung der alten Verhältnisse, um die Verfügungsmacht über die Glocken ging. Die Bauern bekamen manchmal Unterstützung von geistlicher Seite, so setzte sich bei-

33 Müller, Erich: Der Bauernkrieg im Kreise Waldshut. Ettikon 1961, S. 85–86
34 Schmidt, Franz: Der Klettgau. Tiengen 1971, S. 197

spielsweise ein Prediger in Rothenburg für die »menschenwürdige Behandlung der am Aufstand beteiligt gewesenen« ein.[35]

»Die Rache der Sieger war grausam. Die Dörfer der Aufständischen wurden massenweise geplündert und gebrandschatzt. [...]Verhöre, Folterungen, Brandmarkungen, Hinrichtungen beherrschten wochen- und monatelang das Leben der Menschen in Stadt und Land. Die der ersten Welle der Vernichtung durch Flucht entkommen waren, lebten in Angst und Schrecken vor ihren Verfolgern. Die meisten wurden gegriffen, manche schon sehr bald, manche erst Jahre später. Und bei jeder Gefangennahme wurden die Einzelheiten des Aufstandes wieder aufgerollt, Zeugen vernommen, Protokolle angefertigt. Ganze Urgichten-Bücher entstanden. Immer wieder ging es dabei um Rufe und Geschrei, um die von den Aufständischen zur Alarmierung und Stimulierung der Massen benutzten Pauken, Pfeifen und Trommeln und – nicht zuletzt – um die Glocken, manchmal auch um aufrührerische Lieder, wer sie verfasst, und wer sie gesungen habe.«[36]

Die Strafartikel und Unterwerfungsartikel sowie die darin enthaltenen Glockenrechte waren durchaus unterschiedlich. In einem Strafartikel des Schwäbischen Bundes gegen die Bauern im Schwarzwald heißt es: »[...] so wirdet man Lüt verordnen, die die Glocken us den Kilchen [Kirchen] tun, die Kilchturn und Kilchhoff abbrechen«. Ähnlich lauten die Huldigungsartikel der Stühlinger Landschaft: »[...] Item als die burn mit der großen glogken sturm geleut haben, solchs künftiglich zu furkomen, sollen dieselben glogken nach beuelh des obersten houprman vß den thurnen gethon werden.«

Für die ländliche Rechtsordnung ist also aus dem Bauernkrieg zunächst eine Unterdrückung gegen die Bauern hervorgegangen, die in den einzelnen Territorien und Landstrichen ganz verschiedene Intensität annahm. Nach der Niederwerfung der »ruchlosen empörischen puren« beherrschte vor allem das Rachebedürfnis der Sieger das Feld. Galgen und Rad standen bereit. Man ging zuerst den Führern der Bewegung oder denjenigen, die man dafür hielt, an den Kragen. Aber rasch wurde der Kreis erweitert. Oft wird auch der Ortspfarrer angegangen, der sich vielleicht unter starkem Druck der Bewegung angeschlossen hatte. Rädelsführer konnten mitunter nur auf Grund von Denunziation ermittelt werden. Es gab größere und kleinere Landesherren, die mit eisernem Besen kehrten. Anders verhielt sich der Feldherr Jörg von Waldburg (Bauernjörg). Auf fremdem Territorium trat er für radikale Ausmerzung der beteiligten Bauern ein, beispielsweise in Böblingen; in seinem oberschwäbischen Territorium, einem Zentrum des Aufruhrs, neigte er aber zu Milde. Hierbei dachte er offensichtlich an die Arbeitskraft seiner Bauern und an seine Einkünfte.

Auch die Stadt Überlingen ging hart gegen diejenigen vor, die sich mit den Bauern verbündet hatten und forderte die Bestrafung ihrer eigenen Untertanen. An Strafmaßnahmen fehlte es nicht: »Man nimmt den Gemeinden die Glocken weg, mit denen zum Sturm gerufen worden war; man verhängt neben Todesstrafen Sanktionen

35 Stockmann, a. a. O. 1975, S. 332

36 Ebenda, S. 332 und im Folgenden

Die Hilzinger Bauern werden 1525 gezwungen, ihre Glocke zum Untersee zu ziehen, wo sie als Kriegsbeute nach Hohenems abtransportiert wird. Rückseite eines Notgeldscheines über 50 Milliarden Mark der Stadt Singen, 1. November 1923 (Stadtarchiv Singen)

wie Verbannung, Hausarrest oder auch nur Wirtshausverbot.«[37] Vielerorts wurden die Bauern auch gezwungen die Glockentürme abzubrechen.

Mark Sittich von Ems, als Nachfolger des Truchsessen von Waldburg-Zeil, griff als Sieger gegen die Bauern auch im Hegau hart durch. So schreibt Schwab: »Die Bauern wurden bei Stahringen, bei Meckingen [Möggingen], bei Zell [Radolfzell] geschlagen; zu Hülzingen im Hegau traf der von Embs die Rebellen, wie sie gerade die Große Glocke vom Thurme herabgelassen und Rosse davor spannen wollten, um sie fortzuführen und ein Stück daraus zu gießen; da nöthigte er sie, die Glocke mit ihren eigenen Leibern bis an den Untersee zu ziehen, setzte sich mit den Gefangenen zu Schiffe, fuhr beide Seen hinauf und landete bei Bregenz, wo er 50 Bauern an die Eichen vor der Stadt hängen ließ; der Ort hieß von jener Zeit an ›bei den Henkeichen‹. Die Glocke hängte er als Siegzeichen zu Hohenems in der Pfarrkirche auf.«[38]

Die Hilzinger Glocke erhielt Mark Sittich vom hegauischen Adel als sogenannten »Beutepfennig.« Ebenso findet sich ein Hinweis in der kurzen Lebensbeschreibung Mark Sittichs im Hohenemser Archiv, wonach »ime die Ritterschafft Inn dem Hege die grosse Glockhenn Zu Hilzingen, damit die Aufrurische Bauren Iren Sturm straich geleit haben, verErtt.«[39]

Allerdings bedeuteten diese Repressalien nicht das Ende des bäuerlichen Widerstandes, denn es wurden auch nach der Niederschlagung weitere »Läufe« gemacht. Als z. B. »am 11. Februar 1527 die Bauern im Thurgau Sturm läuteten, sollen ihnen

37 Bader, Karl S., und Dilcher, Gerhard: Deutsche Rechtsgeschichte, Land und Stadt – Bürger und Bauer im Alten Europa. Berlin 1999, S. 190

38 Schwab, Gustav: Der Bodensee nebst dem Rheinthale vom St. Luziensteig bis Rheinegg. Stuttgart und Tübingen 1840, S. 138 und 237

39 Bumiller, a. a. O. 1998, S. 427 und im Folgenden

etliche Bauern vom Bodensee und aus der Höri zugelaufen sein, um mit ihnen zu konspirieren.«

Fazit

Es gab keine einheitliche Handhabung in den unterschiedlichen Herrschaftsbereichen, wenn es um die Glocken ging. Nach und nach wurden die Glocken in ihrer alten Funktion wieder eingesetzt. Aber viele wurden abgenommen, zu Waffen umgearbeitet oder – wie die Hilzinger Glocke – als Kriegsbeute verschleppt. Die Kirche konnte die Glocken wieder für ihre Zwecke einsetzen. Die Obrigkeit hatte wieder das absolute Recht, über den Gebrauch der Glocken zu bestimmen.[40]

Die Herrschaftsverhältnisse wurden wiederhergestellt, die erkämpfte Kommunikationsmöglichkeit wurde den Bauern vollständig genommen. In der Hilzinger Gerichtsordnung von 1569 ist unter der Rubrik »Kein Läuten der Glocken ohne Erlaubnis« zu lesen: »Item es solle one der Gerichtsherren Vorwissen unnd Bwilligen khain Gmain Geleut noch gehallten werden bey zehen Pfunndt Pfennig Straff, es sey dann Brunst oder Wolffsgefarßnot.«[41] »Noch viele Jahrzehnte nach dem Bauernkrieg – in Schleiz z. B. 1603! – wurden greise Männer, die das Jahr 1525 als Kinder miterlebt hatten, über die Geschehnisse bestimmter Tage dieses Jahres und über Einzelheiten der Glockensignale ausgefragt.«[42]

Der Gebrauch der Glocken war wichtiger Bestandteil im Bauernkrieg. Die Nutzung der Kommunikationsmittel durch den gemeinen Mann war auf lange Zeit nicht mehr ohne Sanktionen möglich. Den Glocken wurde aber auch in Zukunft, bis in die Neuzeit, eine wichtige Funktion zugestanden. Im August 1914 erging an die Bürgermeisterämter des Bezirkes Engen die Aufforderung, die Mobilmachung betreffend auszuschellen, dass die Landwirte vom Proviantamt Konstanz ersucht werden, die Wochenmärkte regelmäßig zu beschicken.

Nach dem Zweiten Weltkrieg wurden in Hilzingen wichtige Informationen der Obrigkeit an die Bürger durch Ausschellen übermittelt, so zur Volksbefragung am 24. September 1950 oder zur Ankündigung eines Festes vom Musikverein. Auch in neuester Zeit fanden die Glocken Gehör. So wurde 2006 in Miltenberg »gegen Rechts« geläutet. 2013 wurde mehrere Male wieder »politisches Läuten« in Regensburg und Kelheim gehört. Dort hatten sich die Pfarrer am Widerstand »gegen Rechts« beteiligt, der Glocke also eine politische Funktion angehängt.

Offensichtlich lebt die Tradition des Glockenläutens nicht nur zu kirchlichen Anlässen weiter. Ihr weitreichender Klang erreicht die Menschen auch heute noch zu den unterschiedlichsten Anlässen, allerdings ohne die restriktiven Bestimmungen aus der Zeit des Bauernkriegs.

40 Müller, a. a. O. 1961, S. 234

41 Bumiller, a. a. O. 1998, S. 234

42 Stockmann, a. a. O. 1975, S. 332

»Durch die siegreiche Jungfrau Maria befreit« – Die wundersame Errettung von Konstanz und Überlingen vor den Schweden im 30-jährigen Krieg

Von Franz Hofmann, Konstanz

Zweimal soll die Muttergottes höchstpersönlich am Bodensee in das Geschehen des 30-jährigen Kriegs eingegriffen und katholische Städte auf wundersame Weise vor den angreifenden protestantischen Schweden gerettet haben. Im September 1633 belagerten die Schweden die Bischofsstadt Konstanz. Dem Dauerbeschuss folgten Sturmangriffe auf die zerschossene Stadtmauer. Doch da soll die Muttergottes erschienen sein, den Eingeschlossenen neuen Mut gegeben und die Angreifer dermaßen erschreckt haben, dass sie unvermittelt abzogen, obwohl die Stadt bereits sturmreif geschossen war. Es heißt sogar, sie habe mit ihrem ausgebreiteten Mantel schwedische Geschützkugeln aufgefangen. Dasselbe wiederholte sich im Mai 1634 in Überlingen. Auch hier soll in größter Bedrängnis Maria erschienen sein, die Eingeschlossenen ermutigt und so bewirkt haben, dass die Schweden unverrichteter Dinge abzogen.

Ist das alles wirklich nur eine fromme Legende? Es stellt sich die Frage nach den historischen Hintergründen. Warum zogen die Schweden ab, und auf welche Weise wurde die Errettung der Muttergottes zugeschrieben? Dabei gibt es zwischen der Situation in Konstanz und in Überlingen natürlich viele Gemeinsamkeiten, aber durchaus auch Unterschiede.

Das schwedische Heer am Bodensee 1632/33

Um es gleich vorwegzunehmen: Im Gesamtverlauf des 30-jährigen Krieg war der Bodenseeraum nur ein Nebenschauplatz – trotz der furchtbaren Verwüstungen im Hegau ab 1635 und trotz der allbekannten Geschichten um den protestantisch-württembergischen Hohentwiel unter Konrad Widerholt im katholisch-österreichischen Umfeld.

Am Bodensee standen sich das protestantische Württemberg – verbündet mit Schweden, Frankreich, Sachsen und anderen – und das katholisch-kaiserliche Österreich – verbündet mit Bayern, Italien, Spanien und anderen – gegenüber. Die teils katholische (St. Gallen), teils protestantische (Schaffhausen, Zürich), teils gemischte (Thurgau) Eidgenossenschaft am Südufer des Sees bewahrte eine gewisse Neutralität. Beiden Seiten ging es lediglich darum, aus strategischen Gründen eine Vormachtstellung im Bodenseeraum zu erreichen.

Erst 14 Jahre nach Kriegsbeginn, 1632, erreichten die Kriegshandlungen Süddeutschland und den Bodenseeraum.[1] Das schwedische Heer unter Generalfeldmarschall Gustav Horn (1592–1657)[2] war nach der siegreichen Schlacht bei Rain am Lech (14./15. April 1632) weiter in den nun ungeschützten süddeutschen Raum vorgerückt. Am Bodensee war es das Ziel, Württemberg militärisch zu unterstützen und Österreich zurückzudrängen.

Die verbündeten Schweden, Württemberger und Franzosen griffen ab Juli 1632 österreichische Befestigungen und Orte am Bodensee an – allerdings nur von der Landseite her, denn der See selbst wurde von der kaiserlichen Flotte beherrscht, was für die Versorgung der angegriffenen und belagerten Städte am Seeufer von nicht zu unterschätzender Bedeutung war. Ein Angriff der Schweden auf Überlingen und auf Radolfzell im Juli 1632 war erfolglos. Doch am 26. Oktober 1632 kapitulierte Radolfzell mit seiner Garnison vor einem anrückenden württembergischen Heer kampflos, die österreichischen Soldaten erhielten freies Geleit und zogen über den See nach Konstanz ab.[3] Nun konnte die schwedisch-württembergische Seite mit dem Bau erster Kriegsschiffe beginnen. Die kaiserliche Flotte blieb auf dem Bodensee aber noch mehrere Jahre lang klar überlegen.

Im Frühjahr 1633 lag das schwedische Heer bei Donauwörth in Bayern. General Horn verfolgte den Plan, Württemberg gegenüber einem feindlichen Einfall abzusichern und weitere vorderösterreichische Orte zu besetzen. Dies vor dem Hintergrund, dass sich von Norditalien her ein großes spanisch-italienisches Heer unter dem kaiserlichen Oberbefehlshaber Gómez Suárez de Figuera, Duque de Feria, näherte, das im Laufe des Sommers 1633 in Süddeutschland erwartet wurde. General Horn wollte unbedingt verhindern, dass dieses Heer in Württemberg einfallen oder bis ins Elsass gelangen konnte. Außerdem erfuhr Horn am 13. August 1633, dass der kaiserliche Heerführer Johann von Aldringen mit 3000 Reitern von Bayern her zum Bodensee zog.

Mit Horns eigenen Worten in einem Schreiben an den schwedischen Reichskanzler Axel Oxenstierna vom 20. September 1633, in dem er sein Vorgehen begründet: »So ist auch von vielen Politicis […] der gnüge nach depattirt worden, was für großen Nutzen dem Evangelischen wesen durch praeoccupirung der ort am Bodensee

1 Zum militärischen Hintergrund des Angriffs auf Konstanz im Jahr 1633 vgl. Gallati, Frieda: Eidgenössische Politik zur Zeit des dreißigjährigen Krieges, Teil II. In: Jahrbuch für schweizerische Geschichte 44, 1919, S. 1*–258*, insbesondere 3*–61*, und Gallati, Frieda: Zur Belagerung von Konstanz im Jahre 1633. In: Zeitschrift für schweizerische Geschichte 2, 1922, S. 234–243; zum Seekrieg auf dem Bodensee im 30-jährigen Krieg vgl. Gogg, Karl: Österreichs Kriegsmarine 1440–1848. Salzburg und Stuttgart 1972, S. 20 ff., und Küng, Heribert: Vor 350 Jahren: Ende des dreißigjährigen Krieges in der Region Bodensee-Alpenrhein. In: Montfort 50, 1998, 3. Heft, S. 182–191, insbesondere S. 185–186

2 Nach dem Tod König Gustav Adolfs in der Schlacht bei Lützen im November 1632 wurde er Oberbefehlshaber des gesamten schwedischen Heeres, sein Schwiegervater, der schwedische Reichskanzler Axel Oxenstierna, war Regent in Schweden.

3 Zu Radolfzell im 30-jährigen Krieg vgl. Walchner, Kasimir: Geschichte der Stadt Radolphzell. Freiburg (Breisgau) 1825, S. 181–190; Götz, Franz: Geschichte der Stadt Radolfzell. Radolfzell 1967, S. 102–104. Radolfzell blieb bis Juli 1634 württembergisch besetzt.

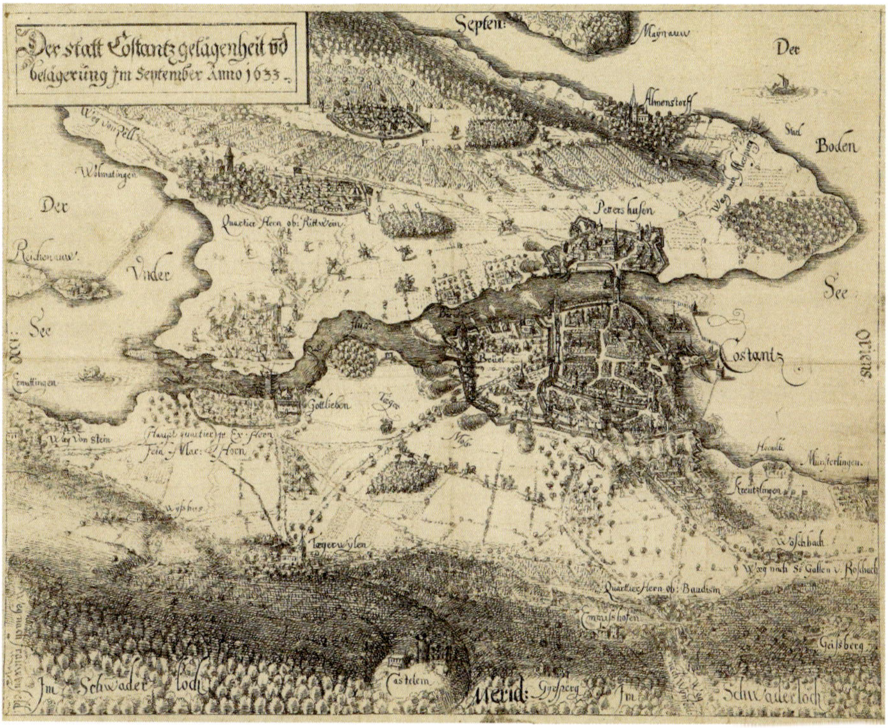

»Der Statt Costantz Gelegenheit und Belägerung im September Anno 1633.« Kupferstich aus Matthäus Merian, Theatrum Europaeum III, 1639. In diesem Vogelschaubild von Süden sind gut das schwedische Heerlager mit Rheinübergang bei Gottlieben und der Angriff auf die Stadt von Süden her zu sehen. (Rosgartenmuseum Konstanz, T 153)

geschafft werden könnte. Alß habe ich bey dieser occasion [Gelegenheit], da ich mit meiner underhabenden Armée so weit herauf avancirt [vorgerückt], [...] eine Post dieser orten zuergreiffen unnd, mit Gottes Hülff, der Statt Costantz mich zubemächtigen resolviert. Inn sonderbahrer Erwegung [Insbesondere], das sonsten der Duc de Feria, welcher mit einer ansehnlichen Spannischen Forze [Streitmacht] inn vollem Anzug begriffen, vorhatt, sein place d'Armes [Heerlager] ahn dem Bodensee zu machen [...].«[4]

Noch am 24. August war Horn unschlüssig gewesen, ob er zuerst Überlingen oder Konstanz angreifen sollte. Für Konstanz entschied er sich letztlich, weil er auf eine Unterstützung oder zumindest Tolerierung durch die protestantischen Thurgauer, Zürcher und Schaffhauser – und damit auf einen schnellen Erfolg – hoffte. Eine längere Belagerung war angesichts des herannahenden Heeres keinesfalls geplant. Der Angriff auf Konstanz im September 1633 erfolgte weitgehend spontan aus der aktu-

4 Gallati, a. a. O. 1922, S. 240

ellen militärischen Lage heraus. Als Horn sich mit seinem Heer dem Bodensee näherte, fand er die dortigen katholischen Orte nur unzureichend verteidigungsbereit vor. Diese Gelegenheit wollte er ergreifen, so dass »die Belagerung von Konstanz im Herbst 1633 ein zwar lange geplantes, aber im Moment seiner Ausführung gänzlich improvisiertes, nur durch die ›occasion‹ veranlaßtes Unternehmen war. Daraus erklärt sich auch die Art, wie es ins Werk gesetzt war.«[5]

Der schwedische Angriff auf Konstanz im September 1633

Die Einwohner von Konstanz sahen die drohende Gefahr offenbar nicht heraufziehen. Konkret litten sie vielmehr unter der Last der als militärischem Schutz in der Stadt einquartierten österreichischen Soldaten. Am 18. August 1633 schickte Konstanz sogar eine Delegation zur Regierung nach Innsbruck mit einer Bittschrift, einen Teil der Soldaten abzuziehen: Die Konstanzer Bevölkerung sei verarmt, die Finanzmittel der Stadt seien aufgebraucht.[6]

Genau zur selben Zeit spitzte sich die militärische Lage am Bodensee dramatisch zu. Das schwedische Heer unter Gustav Horn zog von Donauwörth heran und kam am 7. September 1633 am Bodensee an. Bei Radolfzell – das, wie gesagt, württembergisch besetzt war – teilte Horn seine Truppen. Das Fußvolk zog auf der Landstraße über Wollmatingen auf Konstanz zu. Zugleich zogen 3000 schwedische Reiter nach Stein am Rhein, überquerten dort den Rhein und zogen am Schweizer Seeufer nach Konstanz, wo sie am 8. September anlangten. Ziel dieser Aktion war es, in einem Überraschungsschlag einen Belagerungsring um Konstanz zu schließen.

Die Konstanzer hatten damit nicht gerechnet, da sie sich aufgrund der formellen schweizerischen Neutralität von der thurgauischen Seite her relativ sicher gefühlt hatten. Noch im Juli 1633 hatten die Eidgenossen beim Konstanzer Rat dagegen protestiert, dass österreichische Soldaten die Wehranlagen gegen das Tägermoos und die schweizerische Grenze verstärkt hatten – mit der Begründung, dass die Stadt »Costanz sich von unser Eydtgenossenschaft [...] das wenigste [...] Zubesorgen« habe. Tatsächlich war es diese Verstärkung der Anlagen, die kurz darauf eine sofortige Eroberung der Stadt durch die Schweden verhinderte.

General Horn nahm die eklatante Verletzung eines neutralen Territoriums in Kauf. In der Eidgenossenschaft führte dies zu einer ernsten innenpolitischen Krise. Die katholischen Orte unterstellten dem protestantischen Kanton Zürich, wozu Stein gehörte, trotz der formellen Neutralität über die Pläne Horns informiert gewesen zu

5 Ebenda, S. 238

6 Zu den Ereignissen in Konstanz im September und Oktober 1633 als ausführlicher Augenzeugenbericht Straub, Leonhard: Constantia Ab Suecicis obsessa [...], Das ist: Außführlicher Bericht / was gestalt die Statt Costantz [...] von dem Schwedischen Feld Marschalck Gustavo Horn [...] Feindlich belegert [...]. Konstanz 1634; vgl. auch Beyerle, Konrad: Konstanz im Dreißigjährigen Kriege. Schicksale der Stadt bis zur Aufhebung der Belagerung durch die Schweden 1628–1633. Heidelberg 1900; Hofmann, Erich und Herbert: Konstanz – Alte Stadt in alten Bildern. Konstanz o. J. (1978), S. 130–135; Burkhardt, Martin/Dobras, Wolfgang/Zimmermann, Wolfgang: Konstanz in der frühen Neuzeit. Geschichte der Stadt Konstanz, Band 3. Konstanz 1991, S. 224–241

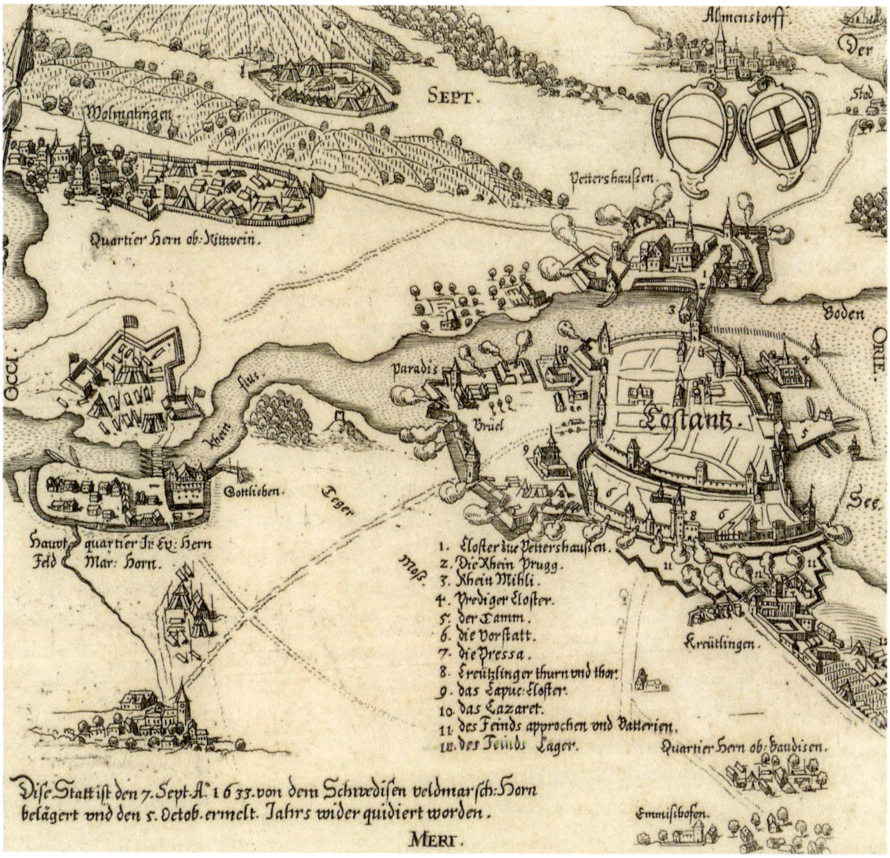

Ausschnitt aus einem Kupferstich zu Ehren von Maximilian Willibald von Waldburg-Wolfegg, dem Kommandanten von Konstanz 1633: Schematische Darstellung des Angriffs auf die Stadt. Kupferstich von Wolfgang Kilian, 1647 (Kreisarchiv Ravensburg)

sein und das schwedische Heer zu unterstützen. Sie waren sogar angesichts des vermuteten »Verrats« Zürichs dazu bereit, Konstanz mit Truppen militärisch zu Hilfe zu kommen. Die Zürcher waren zwar tatsächlich sehr erfreut über den Angriff auf Konstanz, vorab informiert und direkt involviert waren sie aber nicht.[7]

Horn richtete im thurgauischen Gottlieben sein Heerlager ein. Am 10. September forderte er vom Thurgauer Amman drei große Schiffe, um dort eine provisorische Rheinbrücke zu installieren. Damit konnte das schwedische Heer ungehindert den Rhein überqueren und den Belagerungsring um Konstanz ausbauen. Die Konstanzer verstärkten unterdessen unter Hochdruck ihre Verteidigungsanlagen und Schanzen an der West- und Südseite der Stadtmauer, also zum Paradies und zum

7 Gallati, a. a. O. 1919, S. 33*–37*, und Gallati, a. a. O. 1921, S. 238

Kloster Kreuzlingen hin. An den Wehranlagen arbeiteten bis zu 200 Soldaten und 150 Zivilisten gleichzeitig.

Auf dem See gab es mehrere Scharmützel, die Schweden kaperten drei Konstanzer Transportschiffe, die österreichische Flotte griff schwedische Geschützstellungen bei Münsterlingen und Bottighofen an. Insgesamt behielten die österreichischen Schiffe die Oberhand. So konnten über den See nicht nur Versorgungsgüter und Waffen nach Konstanz geschafft werden, sondern beispielsweise am 9. September 200 Mann aus Überlingen und am 10. September nochmals 200 Mann aus Lindau. Insgesamt verteidigten etwa 1900 Mann die Stadt: 600 Konstanzer Bürger, 665 österreichische Soldaten und je 200 Bregenzer, Lindauer und Überlinger. Sie standen unter dem Kommando von Maximilian Willibald Reichstruchsess von Waldburg-Wolfegg (1604–1667),[8] später kaiserlicher Diplomat und Begründer der berühmten Wolfegg'schen Kunstsammlung. Das angreifende schwedische Heer zählte etwa 10 000–12 000 Soldaten, war also mehr als deutlich überlegen.

Schon in der Nacht vom 10. auf den 11. September 1633 griffen die Schweden erstmals an und versuchten vergeblich, den breiten Wassergraben und die Schanzen zwischen Tägermoos und äußerem Paradies zu überwinden. Ein zweiter Angriff am 11. September, nun gleichzeitig gegen das äußere Paradies und die Petershauser Vorstadt, misslang ebenfalls. Die schnelle Erstürmung von Konstanz war damit gescheitert. General Horn musste seine Taktik ändern und sich auf eine längere Belagerung und Beschießung der Stadt einstellen. Dazu wurden weitere Geschütze von dem von württembergischen Truppen belagerten Villingen abgezogen. Dabei war Horn natürlich bewusst, dass ihm angesichts des herannahenden kaiserlichen Heeres nur wenig Zeit zur Verfügung stand.

Als Hauptangriffsseite wurde die südliche Stadtmauer auserkoren, nicht nur, weil sich die Verteidigungsanlagen von Petershausen und die »doppelte« Befestigung der Paradieser Seite als sehr stark erwiesen hatten, sondern vor allem deshalb, weil das Kloster Kreuzlingen eine ideale Deckung für die Geschütze in direkter Schussweite der Stadtmauer bot. Noch dazu war diese Seite der Stadt aus den obengenannten Gründen deutlich schwächer befestigt als Petershausen. So war die eigentlich noch spätmittelalterliche Stadtmauer hier so gut wie gar nicht durch vorgelagerte Schanzen gesichert. Die sogenannte »Schwedenschanze« zwischen Emmishofer und Kreuzlinger Tor gab es 1633, wie die Kupferstiche Merians zeigen, noch nicht. Sie wurde erst danach unter dem Eindruck des schwedischen Angriffs und der Verwundbarkeit dieser Seite der Stadt angelegt.

Am 13. September 1633 forderte General Horn den Konstanzer Rat formell zur Übergabe der Stadt auf. Die militärische Lage der Stadt sei aussichtslos, bei einer sofortigen Kapitulation bleibe Konstanz von einer Zerstörung verschont. Der Rat lehnte ab, nicht etwa aus Stolz oder im Glauben an die eigene militärische Stärke, son-

8 Vgl. Waldburg-Wolfegg, Johannes Graf von: Schloss Wolfegg. München und Zürich 1961, S. 11–34, und Pill-Rademacher, Irene (Hg.): O Heimatland. Die Heimat ins Schloss geholt – Ansichten aus dem Landkreis Ravensburg. Ravensburg 2000, S. 14–15

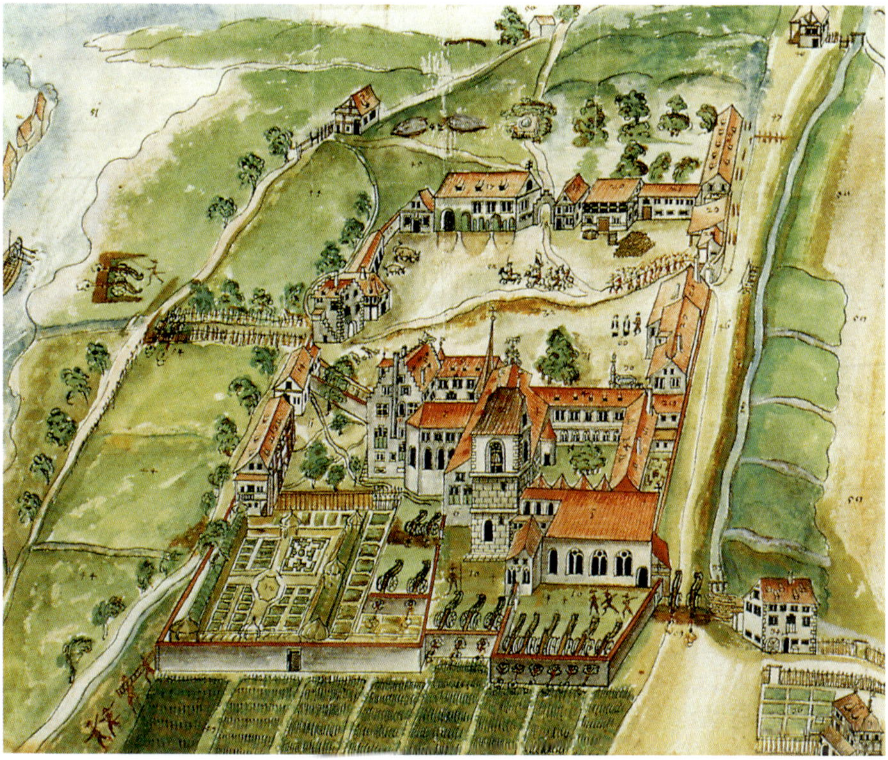

Vogelschau auf Kloster Kreuzlingen von Norden. Schwedische Geschütze beschießen ab dem 13. September 1633 aus der Deckung der Klostermauern heraus die Konstanzer Stadtmauer. Federzeichnung aus einer zeitgenössischen Chronik (Generallandesarchiv Karlsruhe, H-BS I K 22)

dern explizit deshalb, weil eine solche Entscheidung allein beim österreichischen Kommandanten lag, nicht bei Bürgerschaft und Rat. Es scheint so, als wäre der Rat durchaus zu einer Übergabe der Stadt bereit gewesen, wenn er darüber die Entscheidungsgewalt gehabt hätte.

Noch am selben Tag begann der Beschuss der Konstanzer Stadtmauer vom Kloster Kreuzlingen aus. Eine zeitgenössische Vogelschauansicht zeigt 15 Geschütze in den Mauern des Klosters. Auch die ein- und auslaufenden Schiffe wurden von hier aus beschossen. Die schwedische Artillerie feuerte tagelang ununterbrochen auf die Stadtmauer, am 16. September wurden beispielsweise 300 Kugeln gezählt. In der Nacht vom 15. auf den 16. September erhielten die Verteidiger eine dringend benötigte Verstärkung: Von Meersburg aus wurden über den See 1200 Mann herangeführt. Sie standen unter dem Kommando von Oberst Franz de Mercy (1597–1645), einem lothringischen Adligen, der später einer der angesehensten Oberbefehlshaber der kaiserlichen Armee wurde und dem Grimmelshausen als »tapferem General«

ein literarisches Denkmal setzte.[9] Einschließlich weiterer Verstärkung zählten die Verteidiger nun etwa 6000 Mann.

Am 18. September war eine Bresche in die südliche Stadtmauer geschossen, die mit einer doppelten Palisadenreihe in der Art eines Zwingers repariert wurde. Die schwedischen Angreifer waren in gedeckten Laufgräben bis kurz vor die Mauer herangekommen. General Horn forderte erneut die Übergabe der Stadt, was Kommandant von Waldburg-Wolfegg wiederum ablehnte. In der Nacht auf den 19. September griffen die Schweden massiv an, nun zugleich am oberen Petershauser Tor, am äußeren Paradies und vor allem an der Bresche in der südlichen Stadtmauer. Doch wieder scheiterte der Angriff, etwa 500 schwedische Soldaten ließen dabei ihr Leben. Die Gräben waren »mit todten Cörperen, Picken, Mußqueten und andreren Gewöhr wol angefüllt«, wie der Konstanzer Chronist Leonhard Straub (1634) berichtet.[10]

General Horn geriet nun zunehmend unter Zeitdruck. Auch seine diplomatischen Bemühungen waren gescheitert: Die vier katholischen schweizerischen Orte Uri, Schwyz, Zug und Unterwalden waren nun entschlossen, militärisch gegen die Schweden vorzugehen und schickten Truppen an die Grenze zum Thurgau. Am 25./26. September wurden 500 Vorarlberger aus Bregenz per Schiff zur weiteren Verstärkung nach Konstanz gebracht. Am 28. September vereinigte sich das über die Alpen herangekommene italienisch-spanische Heer mit den Truppen des kaiserlichen Heerführers Johann von Aldringens bei Ravensburg, 20 000 Soldaten zogen Richtung Linzgau.

Nun sah sich General Horn nicht nur von einer militärischen Übermacht, sondern auch von einer Umklammerung durch das kaiserliche Heer und die katholischen Schweizer bedroht. Ein letzter Sturmangriff der durch württembergische Truppen verstärkten Schweden sollte am 30. September die Entscheidung erzwingen. Wieder schoss die Artillerie aus allen Rohren auf die südliche Stadtmauer. Allein auf den Kreuzlinger Torturm wurde jeden Tag aus sechs großen Geschützen 700–800 Mal gefeuert. Am Abend und in der Nacht zum 1. Oktober erfolgte der auf die zerschossene südliche Stadtmauer konzentrierte Sturmangriff in drei Angriffswellen. »Es war mit einem Wort ein ernstlicher und blutiger Sturm, welcher beederseits von Abend an biß andern Morgen gegen 6 Uhr ist continuiert worden.« Doch wieder wurden die Schweden abgewehrt und sie erlitten noch deutlichere Verluste. Nach dem Bericht Straubs (1634), der als Konstanzer allerdings sicher nicht objektiv war, wurden in dieser Nacht etwa 800–1000 Angreifer getötet und eine große Zahl ver-

9 Neuhaus, Helmut: Franz (II.) Freiherr von Mercy. In: Neue Deutsche Biographie 17, Berlin 1994, S. 125–126, zählt in zu dem »kleinen Kreis ebenso kompetenter wie gebildeter Generäle seiner Zeit«. Franz von Mercy fiel am 5. August 1645 in der zweiten Schlacht bei Nördlingen. Die Stelle seines Todes wurde eigens mit einem großen Findling als Denkmal markiert, in der Münchner Ruhmeshalle wurde später eine Büste von ihm aufgestellt, in Freiburg (Breisgau) erinnert die »Mercystraße« an ihn. Vgl. auch Ruch, Max: Grimmelshausens »tapferer General« Franz von Mercy und der Mercy'sche Hof in Gengenbach. In: Simpliciana XXX, 2008, S. 157–180, und Pechtl, Andreas: Nochmals Grimmelshausens »tapferer General« Franz von Mercy. In: Simpliciana XXXI, 2009, S. 379–504

10 Straub, a. a. O. 1634, S. 27

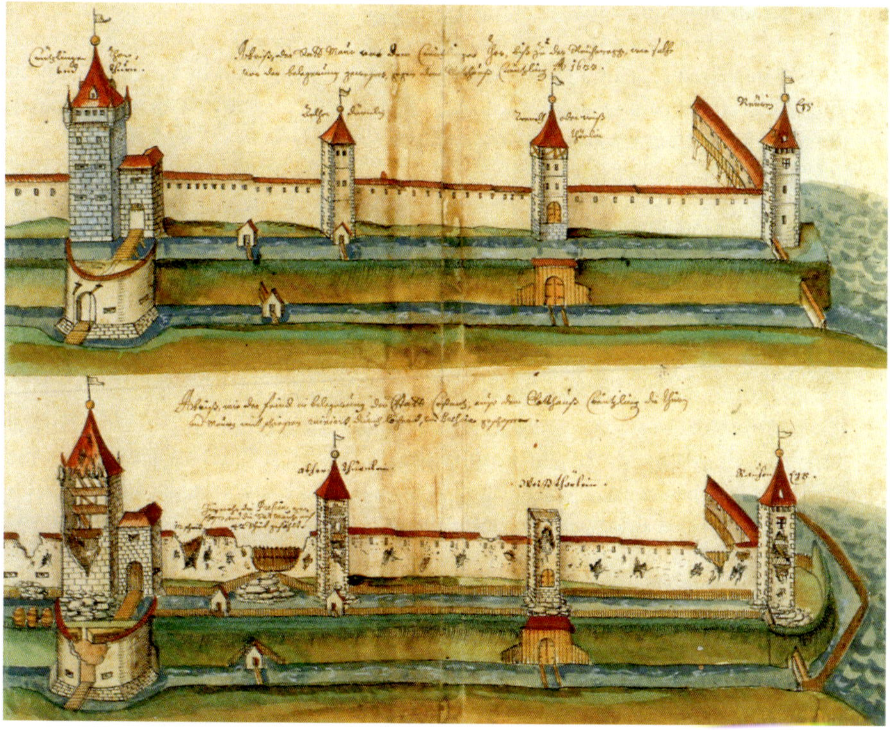

Die Konstanzer Stadtmauer zwischen Kreuzlinger Tor (links) und Rauenegg (rechts) vor und nach dem Dauerbeschuss durch schwedische Artillerie. Federzeichnung aus einer zeitgenössischen Chronik (Generallandesarchiv Karlsruhe, H-BS I K 23)

wundet, während die Konstanzer nur 160 Mann verloren, »meisten theils verwundt, etlich wenig Todte«.[11]

Allerdings wurde der Bruder von Oberst Franz de Mercy, der erst 19-jährige Hauptmann Ludwig de Mercy, in dieser Nacht verwundet – er starb wenige Tage später. Bestattet wurde er im Münster nahe der Kanzel, was einer besonderen Ehrung gleichkommt.[12] Sicher war es Franz de Mercy, der das Epitaph und die Bodenplatte für seinen Bruder in Auftrag gegeben hat. Das Bronzeepitaph an der Säule der Kanzel ist erhalten. Ludwig de Mercy ist hier auf einem Sarkophag liegend dargestellt, umgeben von Waffen und Kriegsgerät. Die lateinische Inschrift besagt übersetzt: »Ludwig Baron de Mercy führte, / als Konstanz von den Schweden und Schwaben [Württem-

11 Ebenda, S. 37; zur Person Straubs und seinem Bericht vgl. Feger, Otto (Hg.): Konstanz im Spiegel der Zeiten. Konstanz 1952, S. 85–86

12 Zu Ludwig von Mercys Verwundung und Tod vgl. Straub, a. a. O. 1634, S. 36–37; zu Epitaph und Grabplatte vgl. Reiners, Heribert: Das Münster Unserer Lieben Frau zu Konstanz. Lindau und Konstanz 1955, S. 458–460; vgl. auch Pechtl, a. a. O. 2009, S. 482–483

bergern] belagert wurde, / eine Abteilung unter seinem Bruder Franz [de Mercy]. / Während er sich tapfer um die Mauern kümmerte, / wurde er am 30. September von einer tödlichen Kugel getroffen. / Seine edle Seele ergoss sich aus der Wunde. / Ebenso fromm wie tapfer ruht er seit 6. Oktober 1633 / hier nahe unter dem Stein. /Würdig für ein längeres Leben, noch würdiger für ein ewiges.«

Die zugehörige Bodenplatte über dem Grab ist leider verloren, doch Speth (1733) und ihm folgend Eiselein (1851) überliefern wenigstens die sehr interessante lateinische Grabinschrift.[13] Übersetzt besagte sie: »Wanderer, nur ein paar Worte! / Lies den geschriebenen Namen: / Ludwig de Mercy, / Baron in Mandry. / Er liegt hier begraben. / Während er sich tapfer für Konstanz einsetzte, / hat er die Inkonstanz des menschlichen Schicksals erfahren. / Nachdem er seine Abteilung auf die Schanze geführt hatte, / wurde der Anführer selbst von seiner Kohorte aus der Schanze hinaus zum Grab geführt. / Sobald er den Feind vom Belagerungswerk vertrieben hatte, / wurde der Sieger zu Boden gestreckt. / Bleibe weiter gespannt! / Es war Nacht, und zweimal hat die blinde Fortuna den Kämpfenden zu Fall gebracht, / den Anführer für den Soldaten. / Hätte ihn das Missgeschick nicht ereilt, / hätte Victoria von ihm nicht das unerwartete Opfer des Gefallenen verlangt, / so hätte er die Siegespalme präsentiert. / Nach zweifacher Verwundung ist er gefallen. / Um eine so große Seele auszulöschen, / würde nämlich keine einzelne Verwundung ausreichen. / In dunkler Nacht sank er nieder, den am hellen Tag / niemand anzugreifen gewagt hat / und der im ewigen Licht würdig ist. / Wanderer! Bete dafür mit deinen edlen Händen und begleite ihn [in Gedanken]!«

General Horn jedenfalls zog nach diesem Desaster mit seinem Heer sofort, am 1. und 2. Oktober, ab. Zwei Tage lang wurden die vor den Mauern und in den Gräben liegenden toten Schweden ausgeplündert »und biß auff das Hembd außgezogen«.[14] Gleich darauf, am Nachmittag des 3. Oktober, begannen die Konstanzer, die Überreste des schwer beschädigten Klosters Kreuzlingen niederzureißen. Am 4. Oktober 1633 feierten sie ihre Befreiung mit einem Festgottesdienst. Die Stadt hatte alle Angriffe überstanden.

»Durch die siegreiche Jungfrau von schwedischer Belagerung befreit« – Die wundersame Errettung der Stadt Konstanz durch die Gottesmutter

Es ist also wahrhaftig kein Wunder, dass die Schweden angesichts der prekär gewordenen militärischen Lage – sozusagen in allerletzter Minute – abzogen. Alles andere wäre mehr als verantwortungslos gewesen und hätte für General Horn die sichere Niederlage bedeutet. Unerklärlich ist aber, wie die Verteidiger der Stadt die beiden

13 Speth, Johann Friedrich: […] Dreytheilige Beschreibung der […] Stadt Constantz. Auff das, wegen der im Jahr 1633 […] auffgehobener Belagerung, Nach nun abgeflossenen hundert Jahren erneuerte Danck-Denck-Ehren und Freuden-Fest […]. Konstanz 1733, S. 141; Eiselein, Josua: Geschichte und Beschreibung der Stadt Konstanz und ihrer nächsten Umgebung. Konstanz 1851, S. 196; Reiners, a. a. O. 1955, S. 459–460. Für die Übersetzung der lateinischen Inschriften von Epitaph und Bodenplatte danke ich Hans-Dieter Kuhn, Konstanz, ganz herzlich.

14 Straub, a. a. O. 1634, S. 41

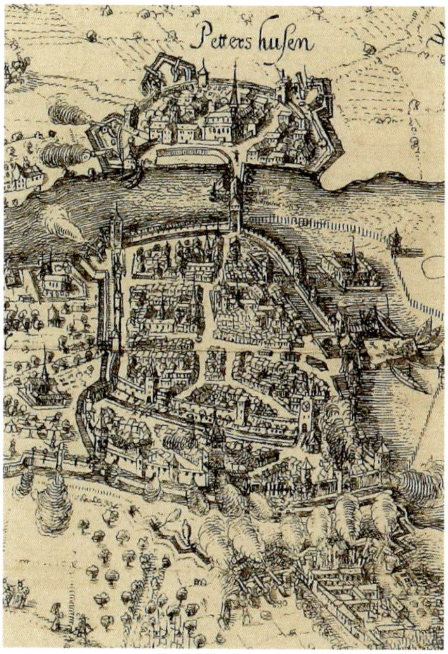

Ausschnitt aus dem Kupferstich Merians: Die Beschießung der Stadt durch die Schweden und die ebenso heftige Verteidigung (Rosgartenmuseum Konstanz T 153)

Epitaph für den am 30. September 1633 tödlich verwundeten Ludwig de Mercy im Nordquerhaus des Konstanzer Münsters (Foto: Verfasser)

Sturmangriffe auf die bereits sturmreif geschossene Stadtmauer am 18. und 30. September zurückweisen konnten. Bei allem heldenhaften und aufopferungsvollen Einsatz der kaiserlichen Soldaten, der wohl angenommen werden darf: Die Schweden (und Württemberger) waren zahlenmäßig weit überlegen, die Mauer bot kaum noch Schutz, zumindest der letzte Sturmangriff hätte also nach allen militärischen Gesetzen erfolgreich sein müssen.

Wie haben die Konstanzer die Bedrohung durch die Schweden erlebt? Sie wussten, dass sie über den See versorgt werden konnten und wahrscheinlich auch, dass ein Entsatzheer im Anmarsch war, dass sie also nicht langfristig belagert werden würden. Andererseits herrschte sicher – und zu Recht – große Angst vor einer Eroberung der Stadt durch das offensichtlich übermächtige schwedische Heer, vor einer Plünderung, Brandschatzung und Zerstörung der Stadt, vor Gewalt, Verletzung und Tod. Die entscheidende Frage war, ob die Verteidiger die Stadt lange genug halten konnten, bis das Entsatzheer hier war. In bangem Hoffen versammelte sich täglich eine größere Zahl der Einwohner im Münster, um zu Maria – der Münsterpatronin – zu beten und sie um Hilfe und Schutz in dieser großen Not zu bitten.

Beyerle (1900) beschreibt dies anschaulich: »Auf Anordnung des Domdekans wurde am 9. September im Münster das zehnstündige Gebet vor ausgesetztem Sakramente angeordnet, welches bis zur Aufhebung der Belagerung täglich fortgesetzt und von den Gläubigen eifrig besucht wurde. Auch aus den Klöstern stiegen fromme Gebete um die Befreiung der Stadt zum Himmel, ja sogar benachbarte Städte wie Überlingen fügten zu den gesandten Hülfstruppen die Hülfe des öffentlichen Gebets. Die Konstanzer Bürgerschaft erneuerte ihr schon im Jahre 1632 gethanes Gelübde, wofern der liebe Gott die Stadt Konstanz von des Feinds Gewalt erhalten werde, so wollten sie zu Ehren Mariens eine Kapelle nach dem Vorbild des heiligen Hauses in Loreto erbauen. [...] Von den ersten feindlichen Kanonenkugeln, welche in die Stadt geschleudert wurden, nahm man eine im Gewicht von über 100 Pfund und hing dieselbe neben dem Marienaltare im Münster auf, vor welchem das Volk betete.«[15]

Die im Münster aufgehängte Schwedenkugel hat sich, anders als in Überlingen (siehe unten), nicht erhalten.[16] Durch das intensive Gebet neben dieser Kugel sollten stellvertretend alle Kanonenkugeln der Angreifer gleichsam »entschärft« werden. Diese Maßnahme war aus der Sicht der Belagerten auch durchaus erfolgreich, denn insbesondere die gefürchteten schwedischen »Feuerkugeln« – mit Pulver und Pech gefüllte und bis 160 Pfund schwere Geschosse, die beim Aufschlag explodierten – verfehlten größtenteils ihre zerstörerische Wirkung.

Der Augenzeuge Straub berichtet: »Ob gleichwohl die Kuglen maistentheil gar gefährlich hin und wider auff und zwischen den Häusern eingefallen, so haben doch selbige [...] ihren Effect und Würckung so gar nit gehabt.« Und obwohl durch diese Kugeln »ein zimblicher Schrecken und Forcht under der Bürgerschafft erweckt worden, so hat man doch gesehen, daß Gott [...] denselben ihr Würckung und Krafft« genommen habe. So hätten die Konstanzer »bald wider das Hertz gefaßt« und seien »nur desto eyffriger worden, dem Feind Widerstand zuthun«.[17]

Die schwedischen Angreifer waren dagegen angesichts der Wirkungslosigkeit einer ihrer zerstörerischsten Waffen verunsichert, wie Straub weiter schreibt: »Das nun diese Kuglen so gar kein effect hetten, machet den Feind sehr perplex.« Gefangene hätten ausgesagt, dass viele Schweden glaubten, es »weren lauter Zauberer und Hexenmeister in der Stadt, welche die Kuglen verzauberten und undichtig macheten«. Auch die Geistlichen würden »durch wunderbarliche Künsten und viele Gebett oder Segen die Kuglen krafftloß« machen.[18]

Abgesehen davon gab es mehrere »himmlische Zeichen«, die die Eingeschlossenen noch zuversichtlicher machten. Ein in der Stadt erblicktes »Wundervögelein« und ein »Wunderstern« am Nachthimmel wurden als Zeichen nahender Rettung gedeutet.[19] Von ganz entscheidender Bedeutung war aber, dass über der Augustiner-

15 Beyerle, a. a. O. 1900, S. 59

16 Nach Hofmann, a. a. O. 1978, S. 135, sollen es sogar zwei aufgehängte Schwedenkugeln gewesen sein, die beide während der Besetzung der Stadt im Revolutionsjahr 1848 von hessischen Soldaten gestohlen worden seien. Auch in Überlingen gab es zwei solche Kugeln (siehe unten), von denen eine als Votivgabe nach Einsiedeln gestiftet wurde.

17 Straub, a. a. O. 1634, S. 19–20

18 Ebenda, S. 20

19 Burkhardt/Dobras/Zimmermann, a. a. O. 1991, S. 231, mit zeitgenössischen Abbildungen

Der Platz vor dem Augustiner- oder Schlachttor (heute Bodanplatz) während der Beschießung mit »Feuerkugeln« 1633. Zeichnung von A. Isele, 1897, wohl nach verlorenem älterem Original (Rosgartenmuseum Konstanz Inv. 1964/54)

kirche die Muttergottes selbst in hellem, weißem Glanz erschienen sein soll. Straub (1634) berichtet, dass »gleich den vierdten Tag von der Belägerung an, da der Feind also streng mit Feur und Granat Kuglen der Statt zugesetzt, bey hellem Tag ob der Herrn Augustiner Kirchen allhie diese seligste Jungkfraw in Gestalt eines Frawen Bilds in einem hellen und weissen Glantz in Lüfften schwebend gesehen worden sey. So sollen auch etliche deß Feinds bekennt und ausgesagt haben, daß sie eines Tags in wehrender Belägerung eine himmlische Gestalt einer Weibs Person gleich vom Rewenegger [Rauneneck-]Thurm hinauff gegen dem Kreutzlinger Thor hart an der Stattmaur neben den Schußlöchern fürüber gehend gesehen haben.«[20]

Straub schreibt von dieser Marienerscheinung mit einer gewissen Skepsis, nicht als unbestreitbare Tatsache. Offensichtlich hatte er sie nicht selbst gesehen und kannte wohl nicht einmal einen unmittelbaren Zeugen der Erscheinung. So mag es sich schlicht um ein Gerücht handeln, das möglicherweise dem Wunschdenken der Konstanzer entsprang, vielleicht aber auch bewusst in die Welt gesetzt wurde, um den Eingeschlossenen Mut zu machen.

Vor diesem Hintergrund und angesichts der religiös-wundergläubigen Gedankenwelt der einfachen Einwohner und Soldaten ist es erklärbar, dass es tatsächlich als Wunder gesehen wurde, dass die Angreifer immer wieder abgewehrt wurden und die Stadt weitgehend unzerstört blieb und relativ wenige Opfer zu beklagen hatte. Ins-

20 Straub, a. a. O. 1634, S. 44

besondere die erfolglosen Sturmangriffe der übermächtigen Schweden waren für die Menschen nur so zu erklären. Mit den Worten Straubs: Der Feind habe immer »mit Verlust zuruck weichen müssen, welches je mal zuverwunderen und Göttlicher Hilff unser seits zuzuschreiben ist, welche alle deß Feinds Versuch zu nichten machte und die Statt augenscheinlich, ja handgreiflich beschüzte«.[21]

Die Stadt stand also unter besonderem göttlichem Schutz, und dies hatten die Gebete zur Muttergottes bewirkt. Ein zeitgenössisches »Constantzer Gedicht unnd Clag wider [...] General Horn« drückt dies ganz unmittelbar aus. Eine Strophe lautet: »Gott hat mich thun beschützen, / Dem sey Lob, Ehr und Dank! / Fürbitt, die thut wohl nützen, / Vor Angst war ich gar krank; / In Ehren will ich halten / Die werthe Jungfrau rein, / Die wol fürbaß mein halten, / Wie unsere frommen Alten, / Woll mein Beschirmer seyn.«[22]

Der besagte Marienaltar, vor dem die Gläubigen im Münster beteten, war der mittlere der drei Altäre im Lettner.[23] Er kann vielleicht als der dem einfachen Volk in jeder Hinsicht am nächsten stehende Altar im Münster bezeichnet werden, denn hier wurde täglich die »Missa de Beata Virgine« gelesen. Sein Aussehen war noch mittelalterlich, das mehrteilige Altarretabel war 1566 erneuert worden. 1632 hatte der Bronzegießer Valentin Algeyer eine kostbare, große Madonna für den Altar gegossen. 1636 ließ das Domkapitel den Lettner abbrechen und gab einen neuen Marienaltar aus Marmor in Auftrag, der 1637 vollendet war. Er stand an derselben Stelle wie der alte Altar, der nach Berg (Thurgau) verkauft wurde. Wurde der Marienaltar vielleicht nicht nur wegen des Abrisses des Lettners, sondern auch wegen seiner Bedeutung während der Belagerung 1633 so aufwändig erneuert?

Im Jahr 1680 wurde der Altar nochmals verändert, die Bronzemadonna Algeyers kam auf die neu errichtete Mariensäule im Pfalzgarten. Die Säule, unübersehbares Symbol der katholischen Marienverehrung, wurde 1683 geweiht, vordergründig wegen des Sieges über die Türken bei Wien, aber auch genau 50 Jahre nach der »wundersamen Errettung« der Stadt. Wurde die Madonna Algeyers vielleicht auch deshalb so zur allseitigen öffentlichen Verehrung »erhöht«, weil sie schon 1633 auf dem Marienaltar stand und vor ihr die Gläubigen in ihrer großen Not gebetet hatten?

Dem Gelübde gemäß wurde von den Konstanzer Jesuiten 1637/38 auf dem Staader Berg in Allmannsdorf eine Loreto-Kapelle erbaut.[24] Sie ist noch fast in ihrem ur-

21 Ebenda, S. 24

22 Zitiert nach Burkhardt/Dobras/Zimmermann, a. a. O. 1991, S. 232–233

23 Zum Marienaltar und der Madonna Algeyers vgl. Herrmann, Katharina: Der ehemalige Marienaltar im Mittelschiff und die Madonna auf der Mariensäule. In: Laule, Ulrike (Hg.): Das Konstanzer Münster Unserer Lieben Frau. Regensburg 2013, S. 186–187; zur Mariensäule vgl. auch Reiners, a. a. O. 1955, S. 561–563, der allerdings die Madonna falsch 1682 statt 1632 datiert; vgl. auch Bott, Tobias, und Vogel, Andreas: Kunst im Freien. 101 freistehende Objekte im Konstanzer Stadtgebiet. Konstanz 1989, S. 78–79; Bott schreibt die Madonna ungeachtet der Signatur Algeyers dem Mergentheimer Erzgießer Caspar Gras (1590–1674) zu.

24 Burkhardt/Dobras/Zimmermann, a. a. O. 1991, S. 239–240; Musterle, Siegfried, und Schneider, Joachim: Die Lorettokapelle auf dem Staaderberg, Konstanz-Allmannsdorf. Regensburg 1999; Hofmann, Franz: Loreto-Kapellen im Hegau. In: HEGAU 67, 2010, S. 81–98, insbesondere S. 84–88

Oben: Die Bronzemadonna Valentin Algeyers von 1632 wurde 1683 vom Marienaltar im Münster auf die neu errichtete Mariensäule versetzt. (Foto: Verfasser)

Rechts: Gedenkmedaille für die Befreiung der Stadt Konstanz »durch die siegreiche Jungfrau Maria« und die »wegen dieses Sieges« 1635 errichtete Loreto-Kapelle (Rosgartenmuseum Konstanz)

sprünglichen Zustand auf uns gekommen und heute die sichtbarste Erinnerung an die Ereignisse von 1633 in der Stadt. Eine zu diesem Anlass geprägte Medaille in quadratischer Form zeigt auf der Vorderseite die Madonna mit Kind in der Art eines Gnadenbildes und auf der Rückseite die Kapelle. Die lateinische Umschrift besagt übersetzt: »Das 1633 durch die siegreiche Jungfrau von schwedischer Belagerung befreite Konstanz hat im Jahr 1635 dieses Denkmal des Sieges aufgrund eines Gelübdes errichtet.«

Bald nach 1633 muss auch eine weitere Madonnenfigur entstanden sein. Sie wurde in einer Nische an der Innenseite des beim Augustinerkloster gelegenen Schlacht- oder Augustinertors aufgestellt (heute Rosgartenstraße), also unweit des Ortes, wo 1633 die Marienerscheinung gesehen wurde. Seither trug das Tor auch den Namen Marien- oder Unserer-Lieben-Frauentor. 1872 wurde das Tor abgebrochen, die Madonna kam in die Augustinerkirche (heute Dreifaltigkeitskirche), wo sie noch heute in einer Nische innen über dem Nordportal steht.[25] Ihr Zepter ist verloren, der Sockel trägt die Inschrift »S. Maria Porta« (Tor-Maria).

Auch am 1633 so hart umkämpften, stark beschädigten und verstärkt wiederaufgebauten Kreuzlinger Tor erinnerte danach ein Wandbild (oder eine Skulptur?) an die »wundersame Errettung« durch die Gottesmutter. Das Tor wurde 1865 abgebrochen, das Bild ist verloren. Hier war Maria dargestellt, wie sie mit ihrem ausgebreiteten Mantel schwedische Kugeln auffing.[26] Auf diese Darstellung geht es wohl zurück, dass später zum Teil falsch tradiert wurde, Maria sei in dieser Weise erschienen und habe sozusagen aktiv in das Kriegsgeschehen eingegriffen. An anderer Stelle heißt es, die vom Rauenegg entlang der so erbittert umkämpften Stadtmauer zum Kreuzlinger Tor hinüber schwebende Frauengestalt sei dem Feind »wie ein wohlgeordnetes Kriegs-Heer« erschienen.[27]

Es waren aber nicht nur die einfachen Leute und die Geistlichen, die die Rettung der Stadt der Muttergottes zuschrieben. Der Kommandant von 1633, Maximilian Willibald von Waldburg-Wolfegg, ließ einen Kupferstich anfertigen, durch den er seine Siege von Konstanz 1633 und Lindau 1647 der Gottesmutter widmete.[28] Das Blatt zeigt eine Bodenseekarte und Pläne der beiden Städte während der Belagerung. Er selbst kniet seitlich, Helm und Waffen vor sich abgelegt, vor einer Skulptur der Madonna auf hohem Sockel, die ikonographisch wie formal das eigentliche Zentrum der Darstellung bildet. Maria war es demnach, der der Sieg zu verdanken war, bei aller Tapferkeit der Verteidiger, die ohne die Gnade der Muttergottes allein nicht ausgereicht hätte.

Der schwedische Angriff auf Überlingen im April/Mai 1634

Die vereinigten Armeen der Heerführer de Ferias und von Aldringens hatten sich nach Bayern zurückziehen müssen, im Frühjahr 1634 wurde ganz Südwestdeutschland von der protestantischen Seite beherrscht, bis auf einige wenige katholische Städte, die sich noch halten konnten. General Horn hatte bereits die Städte Biberach (25. März), Kempten (31. März) und Memmingen (14. April) erobert. Nun zog er erneut an den Bodensee, diesmal mit dem Ziel, die katholische und kaisertreue Freie Reichsstadt Überlingen einzunehmen.[29] Damit wollte er vor allem einen stark befestigten Stützpunkt und einen wichtigen Hafenplatz am See in die Hände bekommen. Telle (1923) dazu: »In Überlingen, dem Mittelpunkte des Korn- und Weinhandels am See, hoffte Horn große Vorräte zu finden, so daß sich die schwedische Infanterie hier gründlich erholen konnte [...]. Da Oxenstierna überdies 4–500

25 Hug, Heinz, und Prutscher, Günther: Trutziges Costantz. Tore und Türme einer Freien Reichsstadt. Konstanz 1981 (Schlacht- oder Augustinertor); Hermann, Manfred: Dreifaltigkeitskirche Konstanz. Lindenberg (Allgäu) 2007, S. 22 und 32 (Madonna)

26 Hofmann, a. a. O. 1978, S. 135, leider ohne Quellenangabe

27 Hofmann, a. a. O. 1978, S. 135, leider ohne Quellenangabe

28 Pill-Rademacher, a. a. O. 2000, S. 14–15

29 Zum militärischen Hintergrund des Angriffs auf Überlingen 1634 vgl. Telle, Wilhelm: Die Belagerung Überlingens durch die Schweden vom 23. April bis 15. Mai 1634. In: SVGB 52, 1923, S. 12–56

Oben: Die Innenseite des Schlachttors mit der Statue der »Maria Porta« über dem Durchgang. Foto von German Wolf, vor 1872 (Stadtarchiv Konstanz)

Rechts: Die barocke Madonnenfigur »Maria Porta« vom 1872 abgebrochenen Konstanzer Schlachttor, jetzt in der Dreifaltigkeitskirche, innen über dem Nordportal (Foto: Verfasser)

schiffskundige Schweden oder Finnen zugesagt hatte, bestand die Aussicht, von Überlingen aus die Gründung einer Seemacht in die Wege zu leiten.«[30] Diplomatische Verwicklungen wie mit den Eidgenossen ein halbes Jahr zuvor musste Horn hier nicht befürchten, ebenso wenig ein schnell herannahendes kaiserliches Heer.

Die Überlinger waren durch einen 1632 abgewehrten Angriff und vor allem durch die Belagerung von Konstanz vorgewarnt. Als die Schweden 1634 anrückten, ließ der Rat das erst 1619 vor dem Grundtor im Westen erbaute Kapuzinerkloster niederbrennen, damit die Stadt nicht von dort aus – wie 1633 Konstanz von Kloster Kreuzlingen aus – beschossen werden konnte. Die noch heute weitgehend erhaltene, beeindruckende Stadtbefestigung Überlingens war mit ihren sehr breiten und sehr tiefen Gräben auf weite Strecken unüberwindbar.[31] Doch gab es einzelne

30 Telle, a. a. O. 1923, S. 15

31 Zur noch heute überaus beeindruckenden Stadtbefestigung von Überlingen vgl. Telle, Wilhelm: Die Überlinger Befestigungen. In: SVGB 54, 1926, S. 142–203

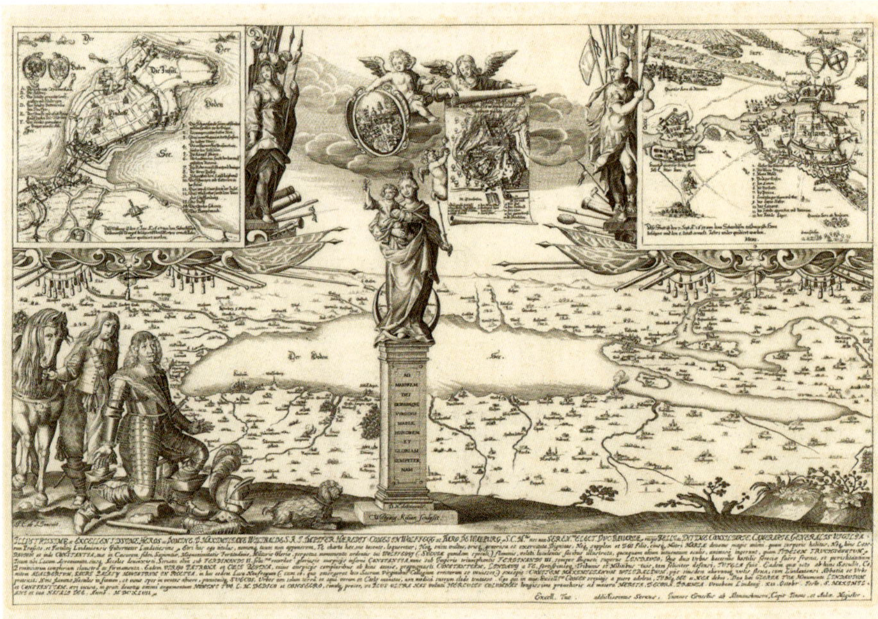

Kupferstich zu Ehren von Maximilian Willibald von Waldburg-Wolfegg, erfolgreicher Verteidiger von Konstanz 1633 und Lindau 1647 gegen die Schweden, kniend vor einer Säule mit der Figur der Madonna, der er seine Siege zuschrieb – rechts oben eine Darstellung des Angriffs auf Konstanz 1633. Kupferstich von Wolfgang Kilian, 1647 (Kreisarchiv Ravensburg)

Schwachstellen, vor allem das Hölltor an der Ostseite und das Wiestor zum Feld oberhalb der Stadt beim Friedhof, wo der Graben wesentlich weniger tief war.

Telle (1926) benennt die Probleme aus militärischer Sicht ganz unverblümt: »Die Hölltorfront war ein schwacher Punkt im Befestigungsgürtel […]. Das Uebel lag in der Geländegestaltung vor der Front, im Besonderen in der Höhe südlich des St. Johannturms […]. Diese Höhe beherrschte die ganze Hölltorfront in recht bedenklicher Weise; von ihr aus konnte man der Stadt sozusagen in den Magen sehen, was denn auch die Schweden ausgenützt haben.« Es sei schwer zu erklären, warum die Bauherren diese Höhe nicht durch ein Außenwerk in die Stadtbefestigung mit einbezogen haben. »Man war in jenen Zeiten für Außenwerke gewiß noch nicht besonders begeistert, aber trotzdem haben sich die Ueberlinger um 1630 an einer viel unwichtigeren Stelle nördlich des Wiestores ein solches Außenwerk, noch dazu ein völlig mißlungenes, aufschwätzen lassen.«[32]

Auf Merians Stadtansicht ist diese Schanze beim Wiestor gut zu erkennen (heute Parkhaus Stadtmitte). Laut Telle war dieses sogenannte »Neue Werk« ein »völlig nutzloser Bau. Vorteile hätte er nur geboten, wenn er wesentlich höher herausgehoben worden wäre, um das Vorgelände gut zu beherrschen und die eigentliche Kampf

32 Telle, a. a. O. 1926, S. 176–177

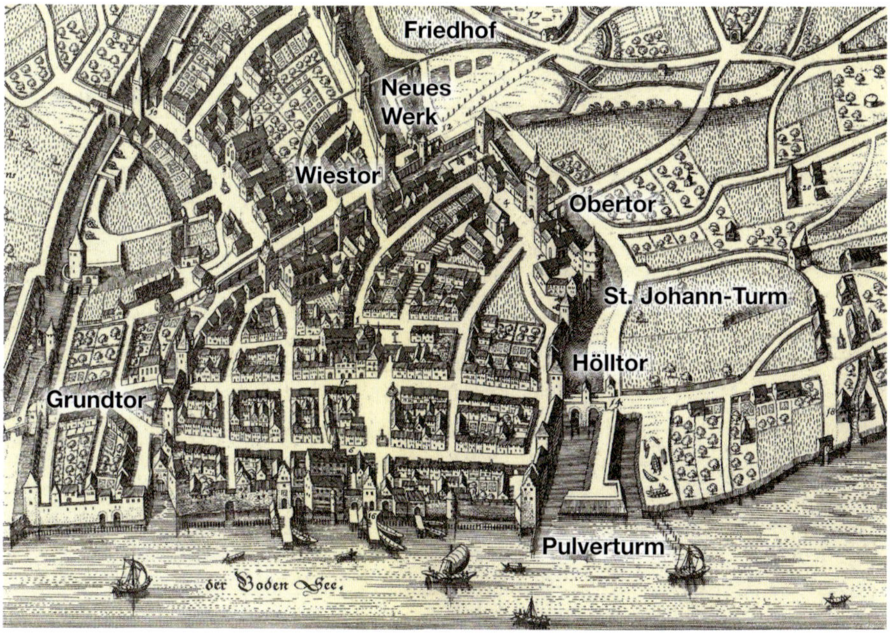

Überlingen um 1634, Kupferstich von Matthäus Merian, Ausschnitt mit Wiestor (oben) und Hölltor (rechts), wo die heftigsten Kämpfe tobten. Kupferstich aus Matthäus Merian, Topographia Sveviæ, 1643 (Einzeichnung: Verfasser)

stellung zu bilden. So aber war er viel zu niedrig profiliert, und als der Schwede kam und es ernst wurde, haben sich die Ueberlinger reumütig auf ihre alte Verteidigungsstellung, die entsprechend verstärkte Stadtmauer, mit Erfolg beschränkt.«[33]

Am 23. April 1634 hatte das schwedische Heer, von Memmingen her kommend, Überlingen erreicht und die Stadt abgesperrt.[34] Vor den Mauern standen etwa 4000 Mann schwedische Infanterie mit 18 Geschützen und 1500 Mann Kavallerie. Horn selbst kam erst am 26. April an, er rechnete mit einem Schnellangriff, allenfalls mit einer kurzen Belagerung. In Überlingen war die Stimmung dagegen niedergeschlagen: Der Handel war zum Erliegen gekommen, das Umland bereits mehrfach von durchziehenden Soldaten verwüstet worden, die finanziellen Belastungen waren mehr als drückend. Hinzu kam eine Pestepidemie, der erst kurz vor der Belagerung eine größere Zahl der Einwohner zum Opfer gefallen war. Nur etwa die Hälfte der

33 Ebenda, S. 181

34 Zu den Ereignissen in Überlingen im April und Mai 1634 der später gedruckte Zeitzeugenbericht von Bürgermeister und Rat an Kaiser Ferdinand, abgedruckt in: Pflummern, Johann Heinrich von: Überlingische Belagerung, Das ist: Abdruck-Schreibens an die Römische Kayserliche Majestät Ferdinandum II. von Burgermeistern, und Rath des H. Röm. Reichs-Stadt Überlingen abgangen. Konstanz 1756 (Neudruck 1934); aus militärischer Sicht vgl. vor allem Telle, a. a. O. 1923, S. 12–56

wehrfähigen Bürger war übrig geblieben bzw. einsatzbereit. Die Lage war alles andere als gut.

Der entscheidende Vorteil für die Überlinger war die Lage am See, den, so Telle (1923), »die Kaiserlichen nahezu unumschränkt beherrschten. [...] Der ›Admiral‹ des Bodensees war um 1633/34 der Oberwachtmeister Weisse [...], der sich schon bei der Konstanzer Belagerung ausgezeichnet hatte. Seine Flotte war damals bis zu 12 Schiffe stark, alle wohl bemannt und bestückt.«[35] Schon am 26. April morgens brachte ein Schiff aus Konstanz 100 Mann Verstärkung in die Stadt, am 27. April kamen weitere 50 Mann mit drei Geschützen aus Lindau. Insgesamt verteidigten nun etwa 770 Mann die Stadt, davon 550 Einwohner.

Natürlich griff General Horn genau an den beiden Schwachstellen die Stadt an. Am 27. April begann die Beschießung der Stadt, vor allem an der Hölltorseite. Der Pulverturm am Seeufer und der Turm des Hölltors wurden zerstört und mehrere Breschen in die Mauer geschossen. Am Spätnachmittag erfolgte der schwedische Sturmangriff gegen das Hölltor, der aber wider Erwarten scheiterte. Horn hatte offenbar nicht damit gerechnet, dass seine Truppen hier nicht nur von dem mächtigen St. Johann-Turm, sondern auch von Schiffen vom See aus massiv unter Beschuss genommen würden. Außerdem konnten die Überlinger an der nur etwa 100 m breiten Hölltorfront viele Männer zusammenziehen, so dass sie hier im direkten Kampf bestehen konnten.

Für Horn war der Angriff ein weiteres Desaster. Die Überlinger, die nur wenige Mann verloren, waren dagegen moralisch gestärkt. Die Breschen in der Mauer wurden – wie in Konstanz 1633 – durch eine doppelte Palisadenreihe wieder geschlossen. Am 28. April kamen weitere 200 Musketiere samt Waffen und Verpflegung aus Konstanz über den See in die Stadt. Im selben Moment begann der zweite, etwas schwächere Sturmangriff der Schweden, wieder auf die Hölltorfront mit der zerschossenen Stadtmauer. Wie tags zuvor wehrten die Überlinger auch diesen Angriff ab.

Weitere 50 Mann Verstärkung kamen am Morgen des 29. April aus Lindau über den See. Die Schweden schossen an diesem Tag ununterbrochen mit ihren Geschützen, in der Stadt wurden 748 Geschosse gezählt. Die Mauern am Hölltor waren danach weitgehend zerschossen. Horn forderte den Rat der Stadt zur Übergabe auf, doch Kommandant Horich und der Rat der Stadt lehnten – anders als in Konstanz gemeinsam – ab. Sofort begann der dritte Sturmangriff der Schweden auf das Hölltor, diesmal verbunden mit Angriffen an anderen Seiten der Stadt, um die Verteidiger zu schwächen. Doch wieder wehrten die Überlinger den Angriff ab, wieder hauptsächlich wegen der massiven Unterstützung vom See aus, von wo die Angreifer von einer ganzen Batterie Geschütze unter Feuer genommen wurden. Die Schweden hatten wieder eine große Zahl Tote und Verwundete zu beklagen, die Überlinger blieben dagegen »ohne sonderbahren Verlust«.

Horn verlegte nun die Angriffsfront vor das Wiestor, wo er wenigstens vor dem seeseitigen Beschuss sicher war. Im Grunde war sein Angriff auf Überlingen damit

35 Telle, a. a. O. 1923, S. 20

schon fast gescheitert, zumal er ja ursprünglich seine Truppen nach einem erhofften leichten Sieg in der Stadt ausruhen und versorgen lassen wollte. Immerhin dauerte Horns Feldzug bereits seit Anfang März, seine Soldaten waren erschöpft und nach den verlustreichen Kämpfen vor dem Hölltor sicher weiter entmutigt. Hinzu kam ein zunehmend bedenklicher Munitionsmangel. Die Schweden beschränkten sich nun auf das Ausheben von Laufgräben und den Vortrieb von Stollen unter die Stadtmauer, was aber nur sehr mühsam vorankam.

Derart bestärkt, gingen die Überlinger sogar zum Angriff über, beschossen die schwedischen Stellungen und machten am 4. Mai mit 300–500 Mann einen Ausfall, bei dem sie mehrere schwedische Batterien einnahmen, fünf schwedische Geschütze unbrauchbar machten und 4 Tonnen mit Pulver an sich brachten. Aus Konstanz kamen weitere Geschütze, Munition und Verpflegung in die Stadt. Die Schweden wiederum erhielten am 4. Mai Verstärkung durch 800 protestantische Schweizer und am 11. Mai durch 1200 Württemberger. Doch nun setzte schlechtes Wetter ein, der Regen setzte vor allem den Angreifern in ihren Zelten und Laufgräben zu.

General Horn zog mit seinem Heer in der Nacht vom 15. auf 16. Mai zermürbt ab, nicht ohne vorher nochmals mit allen Geschützen in die Stadt zu schießen und beim Abmarsch alle umliegenden Dörfer niederzubrennen. In einem Brief an Reichskanzler Oxenstierna schreibt er, »daß ohne große Ungelegenheit und Ruin der Armee die Belägerung für dissmal nicht zu continuiren« sei. Die Überlinger hatten mit Geschick, Mut, Glück und wichtiger Verstärkung durch die kaiserliche Flotte den schwedischen Angriff zurückgeschlagen.

»Maria, dies ist dein Sieg-Zeichen« – Die wundersame Errettung der Stadt Überlingen durch die Gottesmutter

Wieder, wie schon in Konstanz 1633, wurde der Sieg über die Schweden der Muttergottes zugeschrieben. Am Vormittag des 16. Mai läuteten alle Glocken, ein großer Dankesgottesdienst wurde abgehalten, »zu Lob und Ehren der übergebendeytisten Himmels-Königin St. Mariæ de Victoria«, ebenso eine feierliche Prozession.[36]

Schon bei den ersten Schüssen der in jeder Hinsicht militärisch überlegenen Schweden auf die Stadt am 25. April hatten Rat und Bürger der Stadt die Muttergottes um Schutz ersucht: »Dieweil wir aber bey uns leichtlich berechnen mögen, daß unsere Burger, unnd Jnnwohner einem so mächtigen Feind mit menschlichen Kräfften nicht gewachsen [...], haben wir uns dem Allmächtigen Gott und seiner gebenedeyten Mutter, als einer Nothelfferin und Beschirmerin ihrer Diener, gewendet und an diesem Morgen nach gehaltenem Ambt und Predigt, ein sollennische Procession von der Pfarrkirchen [Münster] bis zur obrist der Stadt, auf dem Galler genannt, angestellt, darbey das Hochheilige Sacrament des Altars von Geistlichen und Weltlichen in großer Zahl begleitet, und darmit ab ermelten hohem Posto die Stadt mit gewohnlichen Kirchen-Ceremonien vor dem Feind geseegnet worden: Hochbesagtes heilige Sacrament ist hernach in der Pfarrkirchen [Münster] auf dem Altar biß

36 Pflummern, a. a. O. 1756 (1934), S. 31

»Belagerung der Stadt Überlingen durch die Schweden unter General Horn – Sturm auf das Helltor im April 1634«. Ölbild, originalgetreue Kopie von Jakob Philipp Mayer, 1670, der verlorenen Votivgabe an Kloster Einsiedeln von Daniel Hauser, 1634 (Stadtmuseum Überlingen)

zu Ausgang der Belagerung offentlich vorgestellt gebliben, davor Tag und Nacht die Unserige in mercklicher Anzahl ihre Andacht verricht [...].«[37]

Am 26. April gingen die ersten schwedischen »Feuerkugeln« auf die Stadt nieder, von denen einige nicht explodierten. Davon wurde »die erst, mit mehr dann einem Kübel voll Pulver angefüllt, in die Kirchen getragen und von unsern Geistlichen benediciret, oder viel mehr deren, und all folgender feindlicher Inventionen teuflische Würckung durch die Krafft des Hl. Gebetts und Exorcierens [...] zu nichten gemacht«.[38] Hier lesen wir, was sich die Belagerten – in Überlingen wie in Konstanz – davon versprachen, eine schwedische Kanonenkugel im Münster aufzuhängen, genau dort, wo sich die Menschen versammelten, um für die Rettung zu beten und zu bitten. Durch die Segnung der Kugel und durch das Gebet sollte deren »teuflische Wirkung«, stellvertretend für alle schwedischen Kugeln, in einer Art Exorzismus ausgetrieben werden.

Die Überlinger sahen diese Maßnahme als erfolgreich an, »wie Gott Lob der Effect bezeuget«.[39] Anscheinend sind viele der »Feuerkugeln« nicht explodiert und die anderen Kugeln richteten verhältnismäßig wenig Schaden an. Anders als in Konstanz ist die Kugel im Überlinger Münster erhalten geblieben. Sie hängt am zweiten

37 Ebenda, S. 11
38 Ebenda, S. 12
39 Ebenda, S. 12

rechten Pfeiler vor dem Chor. Auf der Kugel selbst steht geschrieben (übersetzt): »Zeichen des durch schwedische Belagerung am 24. April 1634 gefangenen und am 16. Mai glücklich befreiten Überlingen«. Eine angehängte Inschrifttafel besagt: »Uberlingen wolte bezwingen / Der Schwedisch Veldmarschall Horn, / Thät ihm gar ubel lingen, / Drey Stürm hatt Er verloren, / Darnach müste Er weichen, / MARIA diß ist dein Sig Zaichen.« Eine zweite solche Kugel brachten die Überlinger später als Votivgabe nach Kloster Einsiedeln, einen der bedeutendsten Marienwallfahrtsorte weit und breit. Sie ist dort ebenfalls noch erhalten und im Eingangsbereich der Klosterkirche aufgehängt.[40]

Denn wieder war, wie schon in Konstanz, die Muttergottes erschienen, diesmal über dem Überlinger Hölltor, hatte den katholischen Verteidigern in der schlimmsten Bedrängnis Mut gemacht und die protestantischen Angreifer erschreckt. Am 28. April, also am Morgen nach dem ersten Sturmangriff, war die Jungfrau Maria »zwischen 9. und 10. Uhren vormittag von etlichen frommen Gottsförchtigen Persohnen ob der Stadt in den Lüfften gesehen worden«.[41] Daher legten die Überlinger am 29. April, dem Tag des heftigsten, entscheidenden dritten Sturmangriffs, nach der morgendlichen Predigt ein feierliches Gelöbnis ab, und zwar wurde »Gott dem Herrn und der Himmels-Königin Maria, als unser erkißten [ärgsten] Fürbitterin, in volckreicher Gegenwart der Burgerschafft ein abermahliges [wie schon bei der schwedi-

40 Für diesen und andere wertvolle Hinweise danke ich Peter Graubach, Leiter des Städtischen Museums Überlingen; für die freundliche Mitteilung zur Überlinger Schwedenkugel in Einsiedeln danke ich Pater Matthäus und Pater Gregor von Kloster Einsiedeln.

41 Pflummern, a. a. O. 1756 (1934), S. 20

schen Belagerung im Juli 1632] Votum aufgeopffert, für uns und unsere Nachkommende zu ewigen Zeiten«.[42]

Die Überlinger versprachen, »wann uns der Allmächtige aus dem Rachen des grimmigen Feinds erretten wollte«, dass künftig »wir und unsere Nachkommende den jenigen Tag, daran der Feind seinen Abzug zu nemmen, aller Jährlich mit einer Proceßion, dem Lob-Gesang Te Deum Laudamus und anderm Gotts-Dienst heiligen und feyrlich halten« wollten. Dafür würden sie »auch die Bildnuß der Jungfrauen Mariae nach der Figur [wie sie ein Tag zuvor erschienen war], nemlich mit ihrem geliebten Kindlein in einem Kranz eingeschlossen, von lauterem Silber« machen lassen und diese Silber-Madonna »als ein offen beständiges Sieg-Zeichen in besagter jährlichen Proceßion umtragen lassen«.[43]

Tatsächlich führen die Überlinger seit 1634 bis heute jährlich die gelobten zwei Schwedenprozessionen durch: am zweiten Sonntag im Mai für die »Errettung« 1634 und am zweiten Sonntag im Juli für die erste erfolgreiche Verteidigung gegen die Schweden im Juli 1632.[44] Nach einem Hochamt im Münster geht die Prozession über die Franziskaner- und Jodokkirche zum Friedhof, dann über den Marienbrunnen beim Reichlin-Meldegg-Haus (Museum) und die Gradebergstraße zurück zum Münsterplatz. Kanonenschüsse erinnern an die schwedische Belagerung, und im Anschluss an die zweite Prozession im Juli wird auf der Hofstatt vor dem Rathaus der berühmte, 1646 erstmals erwähnte Überlinger Schwerttanz (Schwertletanz) aufgeführt.[45] Die beiden Schwedenprozessionen sind nicht nur von zentraler Bedeutung im Überlinger Brauchtumskalender, sondern längst zu einer nicht mehr wegzudenkenden Attraktion für Einheimische und Touristen geworden.

Die erste Prozession wurde also gleich am 16. Mai 1634 abgehalten, dagegen ließen sich die Überlinger mit der ebenfalls feierlich gelobten Silberfigur der »Jungfrau Maria mit ihrem geliebten Kindlein« mehr Zeit. Angesichts der Kriegszeiten, der Beschädigungen in der Stadt und der leeren Kassen ist dies durchaus verständlich. Erst nach einer heftigen Ermahnung seitens des Salemer Mönchs und Chronisten Sebastian Bürstner gab der Rat der Stadt 1646 die Skulptur bei dem Konstanzer Goldschmied Jakob Übelacker in Auftrag.[46] Als Übelacker 1658 starb, war die Madonna jedoch noch unvollendet. Erst der Überlinger Goldschmied Gottfried Haitinger

42 Ebenda, S. 20

43 Ebenda, S. 20

44 Vgl. dazu die Homepage der Stadt Überlingen (www.ueberlingen.de, aufgerufen am 26.5.2014), und N.N.: Liturgie der feierlichen Schwedenprozession der Stadt Überlingen am 16. Mai und am Schutzengelsonntag, Überlingen 1952. Im südlichen Seitenschiff der Franziskanerkirche ist eine schöne »Schwedenprozession« aus Puppen nachgestellt.

45 Vgl. dazu die Homepage der Schwerttanz-Kompanie Überlingen (www.schwerttanz-ueberlingen.de, aufgerufen am 26.5.2014), und Weckerle, Ernst: Der Schwertletanz zu Überlingen, seine Geschichte und sein Ursprung. In: Mein Heimatland 22, 1935, S. 76–86. Erst seit der 300-Jahrfeier des Sieges über die Schweden 1934 wird der Überlinger Schwerttanz wieder regelmäßig aufgeführt.

46 Zur Überlinger »Schwedenmadonna« vgl. Brunner, Michael, und Harder-Merkelbach, Marion (Hg.): 1100 Jahre Kunst und Architektur in Überlingen (850–1950). Petersberg 2005, S. 113–114, 135 und 259–260, Kat. II.12

Schwedische Kanonenkugel, aufgehängt im Überlinger Münster am vorderen rechten Pfeiler während der Belagerung durch die Schweden im Mai 1634 (Foto: Verfasser)

Die Überlinger „Schwedenmadonna« von Jacob Übelacker und Gottfried Haitinger, Silber, teilvergoldet, 1646–1660. (Überlingen, Münster St. Nikolaus, Münsterschatz, Foto: Ulrich Knapp)

(1611–nach 1675) stellte das Werk 1659/60 fertig. Seither wird die (mit Sockel) 150 cm große »Schwedenmadonna« bei jeder Schwedenprozession mitgeführt. Nur zu diesem Anlass ist sie öffentlich zu sehen, ansonsten wird sie in der Schatzkammer des Münsters verwahrt.

Schließlich gelobten die Überlinger, als Dank ein Votivbild nach Kloster Einsiedeln zu stiften, nämlich eine gemalte Ansicht der Stadt während der Belagerung durch die Schweden. Diese Stadtansicht war riesig, sie wurde angefertigt von dem Überlinger Maler Daniel Hauser. Schon im Sommer 1634 konnte das fertige Ölbild nach Einsiedeln gebracht werden. Im Jahr 1670 ließ die Stadt Überlingen in Einsiedeln von dem städtischen Unterbaumeister Jakob Philipp Mayer eine originalgroße Kopie anfertigen (Maße 4,05 x 1,50 m) und nach Überlingen schaffen. Das Original ist verloren, wahrscheinlich wurde es als eines der Tausenden von Votivgaben in Einsiedeln dort allein schon wegen seiner enormen Größe entfernt.

Die Kopie ist dagegen erhalten, sie befindet sich im Städtischen Museum Überlingen. Der Rahmen trägt den Titel: »Belagerung der Stadt Überlingen durch die Schweden unter General Horn – Sturm auf das Helltor im April 1634«. Sehr schön ist hier das Kampfgetümmel am Hölltor dargestellt, auch die eingreifenden Schiffe der Bodenseeflotte, zugleich aber auch die Marienerscheinung, die eigentlich vormittags und nicht während eines der drei schwedischen Sturmangriffe stattgefunden haben soll. Das Bild ist überhaupt eine Simultandarstellung, denn der ganze Ablauf der Belagerung ist zu sehen: das brennende Kapuzinerkloster im Westen (24. April) ebenso wie die Angriffe auf das Hölltor, die Marienerscheinung (28. April), die Kämpfe vor dem Wiestor, der zerstörte Rosenobelturm (12. Mai) und die von den Schweden beim Abzug (16. Mai) niedergebrannten Orte der Umgebung.

Immer wieder wird auch der Schutzengel- oder Allerseelenaltar in der zweiten nördlichen Seitenkapelle des Überlinger Münsters mit der Schwedenbelagerung in Verbindung gebracht. Am Schutzengeltag 1634 sei General Horn abgezogen, und der Altar soll, einer mehrmals erneuerten Inschrift zufolge, 1634 entstanden sein. Das Schnitzwerk wird mit der berühmten Überlinger Bildhauerfamilie Zürn in Verbindung gebracht, wenngleich ein direkter Nachweis dafür fehlt. Jedenfalls war er eine private Stiftung und hat mit der Belagerung wohl nichts zu tun.[47]

Konstanz 1633 und Überlingen 1634 – Gemeinsamkeiten und Unterschiede

Beide Städte konnten nur durch die Unterstützung der kaiserlichen Flotte und die dadurch von außen in die Stadt gebrachte Verstärkung und Versorgung bestehen. Dabei hat Überlingen 1634 quasi aus eigener Kraft General Horn abgewehrt, während die Konstanzer 1633 es dem herannahenden Entsatzheer verdankten, dass Horn abzog. Dies soll natürlich nicht die Opferbereitschaft und die Verdienste der Verteidiger von Konstanz schmälern, doch es ist auch Tatsache, dass der Konstanzer Rat, wenn er die Wahl gehabt hätte, die Stadt wohl kampflos Horn übergeben hätte, während die Überlinger bereit waren, ihre Stadt gemeinsam mit den kaiserlichen Truppen »bis zum letzten Blutstropfen« zu verteidigen.

Die Überlinger wurden immer selbstbewusster und wagten sogar Ausfälle, so konnten sie den Abzug Horns tatsächlich als »Sieg« feiern. In diesem Sinne ist auch das riesige Belagerungsbild von 1634 (1670) im Stadtmuseum zu sehen, das übergroß die erfolgreiche Abwehr der Schweden zeigt und heute jedem auch nur halbwegs geschichtsinteressierten Bürger der Stadt bekannt ist. In Konstanz scheint eher die überstandene Gefahr im Vordergrund gestanden zu haben. Ein heute im Depot des Rosgartenmuseums aufbewahrtes, immerhin 1,39 x 1,85 m großes Ölbild zeigt »Der statt Costantz gelägenheit und belägerung im September Anno 1633« in der Art eines Lageplans mit Erläuterungen.[48] Nicht einmal Fachleute kennen dieses Bild.

47 Brunner/Harder-Merkelbach, a. a. O. 2005, S. 196–198

48 »Der statt Costantz gelägenheit und belägerung im September Anno 1633«, Öl auf Leinwand, bald nach 1633 (Rosgartenmuseum Konstanz, Inv. Nr. T 925); vgl. Kommer, Björn R. (Hg.): Konstanz in alten Ansichten, Teil 1. Konstanzer Museumskataloge I,1, Konstanz 1987, S. 30, Kat. 2.1.12

Schwedenstein beim Kreuzlinger Zoll in Konstanz, errichtet 1869 zur Erinnerung an die heftigen Kämpfe gegen die Schweden an dieser Stelle (Foto: Verfasser)

»Vertheidigung der Jnsel gegen die schwedische Flotte. 1633.« Historistisches Wandbild von Carl von Häberlein im Kreuzgang des Insel-Hotels in Konstanz, 1888. In Wirklichkeit griff das schwedische Heer die Stadt nicht von der See-, sondern von der Landseite an. (Foto: Verfasser)

Andererseits wiederum hat Konstanz aus der Belagerung Konsequenzen gezogen und die Verteidigungsanlagen – vor allem an der zuvor unzureichenden Südseite – massiv verstärkt. Und tatsächlich blieb die Stadt bis zum Kriegsende frei und relativ unbehelligt. Ganz anders Überlingen: Die Stadt wurde, ungeachtet des Sieges von 1634, im weiteren Verlauf des 30-jährigen Kriegs gleich mehrfach erobert. Am 29./30. Januar 1643 nahmen Truppen Konrad Widerholts vom Hohentwiel die Stadt ein – die unachtsamen Wächter wurden durch eine List überrumpelt. Überlingen war nun württembergisch, dann französisch besetzt, wurde vom 16. April bis 9. Mai 1644 von einem kaiserlichen Heer belagert und erobert, war aber vom 2. April bis 30. September 1647 wiederum schwedisch besetzt.[49]

Und heute? Die Überlinger begehen nach wie vor zweimal jährlich ihre Schwedenprozession, bei der die silberne Schwedenmadonna mitgeführt wird. Auch wenn die Veranstaltung mittlerweile eher unter Brauchtum oder »Kultur-Event« zu verbuchen ist, so wird dadurch dennoch die Erinnerung an die kriegerischen Ereignisse, die Gelübde und die Errettung der Stadt mit Hilfe der Muttergottes wachgehalten. Das große Belagerungsbild von 1634 (1670) ist zentrales Objekt der stadtgeschichtlichen Ausstellung im Stadtmuseum.

In Konstanz sind die Ereignisse von 1633 dagegen weitgehend vergessen. Das Kreuzlinger- und das Schlachttor sind längst abgebrochen, niemand kennt mehr das Epitaph von Ludwig de Mercy im Münster oder die »Maria Porta« in der Dreifaltigkeitskirche. Der »Schwedenstein« beim Kreuzlinger Zoll, ein aus dem Seerhein gehobener Findling, der 1869 in Erinnerung an den »Kampf mit den Schweden am Kreuzlingerthor 1633« gesetzt wurde, ist heute unbeachtet hinter einem Lattenzaun im Gebüsch verborgen.[50] 1876 wurde die Zollfreie Straße zwischen Kreuzlinger- und Wiesenstraße in Schwedenstraße umbenannt, um ebenfalls an die Kämpfe von 1633 zu erinnern, die genau hier am heftigsten tobten – seit 1968 heißt sie Otto Raggenbass-Straße.[51] Geblieben ist im Stadtbild lediglich die Straße Schwedenschanze zwischen Emmishofer und Kreuzlinger Zoll.

Das sichtbarste und eindrücklichste Zeugnis des Gelübdes der Konstanzer in großer Not ist natürlich die Allmannsdorfer Loreto-Kapelle. Doch wer bringt die Kapelle heute noch mit der schwedischen Belagerung von 1633 in Verbindung? Seit den Reformen und Verboten Kaiser Josephs II. ist das ehemals den Lebensalltag der Menschen prägende Wallfahrtswesen nahezu verschwunden. Der einstmals vielbesuchte Marienwallfahrtsort ist zum versteckten Kulturdenkmal geworden, das kaum noch im Bewusstsein der Konstanzer Bevölkerung ist.

49 Telle, a. a. O. 1926, S. 194–195, und ausführlich Telle, Wilhelm: Die Belagerung Überlingens durch die Bayern 1644. In: SVGB 25, 1927, S. 160–176

50 Bott/Vogel, a. a. O. 1989, S. 170

51 Für diese Informationen danke ich Michael Kuthe vom Stadtarchiv Konstanz.

Die Grabmale auf dem Hohentwielfriedhof

Von Hans-Dieter Kuhn, Konstanz

Erst vergeht der Mensch, dann das Grab, schließlich der Friedhof. Auf Friedhöfen wird einem die Vergänglichkeit bewusst, insbesondere auf dem Hohentwielfriedhof, der in der Literatur bisher wenig Beachtung fand. Wer die Festungsruine Hohentwiel besteigt, erblickt wenige Schritte hinter der Gaststätte linkerhand eine Bruchsteinmauer mit einem Rundbogentor. Dahinter stehen unter hohen Bäumen, zwischen Büschen und Bärlauch, wie verwunschen einige verwitterte Grabsteine, die älteren in der Nähe des Eingangsbereichs. Bei vielen sind die Inschrifttafeln verloren gegangen bzw. die eingravierten Schriftzüge vom Zahn der Zeit zerstört. Von manchen sind nur noch die Sockel übrig geblieben. Die meisten Grabsteine sind über hundert Jahre alt und weisen recht unterschiedliche Formen auf.

Der Friedhof als Teil der Festungs-Infrastruktur

Wann und in welcher Größe der Friedhof angelegt wurde, lässt sich nicht genau ermitteln. Mehrere Anzeichen sprechen dafür, dass er im Rahmen des Festungsbaus unter den württembergischen Herzögen Christoph und Ludwig in der zweiten Hälfte des 16. Jahrhunderts angelegt worden sein muss, etwa zu der Zeit, als das Rondell Augusta erbaut worden ist. Das Hohentwiel-Lagerbuch von 1562[1] weist detailliert alle damals zum Hohentwiel gehörenden Grundstücke aus. Weil ein Friedhof darin nicht genannt ist, muss davon ausgegangen werden, dass er 1562 noch nicht existierte. Auf der Darstellung des Hohentwiels von Hans Dorn mit dem durch ein Erdbeben verursachten Erdrutsch von 1588[2] ist eine viereckige Friedhofsmauer deutlich zu erkennen. Von diesem Erdrutsch wurde der Friedhof damals offenbar nicht berührt, sondern lediglich der nördlich liegende Abhang. Dessen Boden besteht an der Oberfläche aus würmeiszeitlichen Moränen, die in Schräglagerung weniger stabil sind. Der Friedhof hingegen liegt auf festem Deckentuff mit geringem Phonolith-Hangschutt.[3] Fünf Jahre nach dem Erdrutsch wurde für die Versorgung der Festung auf dem Erdrutschgelände der Bergmeierhof errichtet. Weitere Rutschungen an dieser Stelle sind nicht bekannt.

1 Miller, Max (Hg.): Hohentwiel-Lagerbuch von 1562. Stuttgart 1968
2 Kessinger, Roland, und Peter, Klaus Michael (Hg.): Hohentwiel Buch. Singen und Bonn 2002, S. 95
3 Schreiner, Albert: Geologische Karte Hegau und westlicher Bodensee. Freiburg (Breisgau) und Stuttgart 1992

Nachdem Herzog Ulrich von Württemberg 1511 zunächst das Öffnungsrecht, zehn Jahre später das Nutzungsrecht am Hohentwiel erhalten und ihn schließlich 1538 käuflich erworben hatte, wurde die bisherige Ringmauerburg nach und nach zur Festung um- bzw. ausgebaut und zählte danach zu den sieben strategisch bedeutsamen württembergischen Festungen. Seit 1521 sind Festungskommandanten bekannt.

Im Rahmen des Festungsbaus musste eine für damalige Verhältnisse moderne und auf Autarkie ausgerichtete Infrastruktur geschaffen werden, um die stationäre Garnison einschließlich Zivilpersonen, zeitweise insgesamt mehrere hundert Leute, hinreichend versorgen zu können. Ulrichs Sohn, Herzog Christoph, erwarb 1553[4] die Domäne Bruderhof zur Versorgung der Festungsbewohner mit landwirtschaftlichen Produkten. Außer diversen Handwerkern, Arzt, Apotheke, Krankenrevier, Magazinen und rein militärischen Einrichtungen etc. bedurfte die Festung auch eines Friedhofs. Wo die Verstorbenen vorher beerdigt wurden, ob oben auf der Burg, am Fuß des Berges oder im Dorf Singen, lässt sich nicht feststellen.

Bei seiner Erstanlage hatte der Friedhof noch nicht die heutige Größe von 1515 Quadratmetern.[5] In den Jahrzehnten nach dem 30-jährigen Krieg wurden die Festungsanlagen verstärkt, unter anderem durch die Alexander- und Karlsbastion auf der unteren Festung. 1678 befanden sich außer einer Besatzung von 300 Mann noch 148 Frauen und 206 Kinder auf dem Berg.[6] Die infolge der größeren Personenzahl erhöhte Sterberate machte eine Erweiterung des Friedhofs notwendig, die im Jahr 1691 mit einer Ummauerung abgeschlossen wurde.[7] Außer auf einigen historischen Bildern[8] ist die Erweiterung auch direkt am unregelmäßigen und geknickten Mauerverlauf zu erkennen.

Höchstwahrscheinlich ist der vordere Friedhofsteil der ältere. Dafür spricht die neben dem Eingang in die Mauer eingelassene Grabtafel aus dem Jahr 1606 (Nr. 1). Grabmale befinden sich derzeit nur im vorderen Bereich und nicht mehr im hinteren. Die an den Felsen stoßende hintere Ecke ist durch den Abraum des Natrolith-Abbaus verschüttet. Oberhalb der Verschüttung befindet sich die Bergbauterrasse, von der in der Regierungszeit des württembergischen Königs Friedrich zwischen 1806 und 1816 für die Ausschmückung des Treppenhauses des Stuttgarter Residenzschlosses der Halbedelstein abgebaut wurde.[9] Es ist anzunehmen, dass seit jener Zeit alle Gräber im hinteren Bereich verschwunden bzw. verschüttet sind.

4 Sämtliche Jahreszahlen wurden der allgemeinen Hohentwiel-Literatur entnommen.

5 Vermögen und Bau Baden-Württemberg, Amt Konstanz (VB KN): Akte KN 33-SN0039/2

6 Berner, Herbert (Hg.): Hohentwiel, Bilder aus der Geschichte des Berges. Konstanz 1957, S. 179

7 Stehle, Johann: Geschichte der Exklave Bruderhof und der Hohentwieler Waldungen. Singen 1973, S. 218

8 Aquarell von Gottfried F. Schuster um 1730 in: Hegau-Impressionen, Sonderband Jahrbuch HEGAU 62, 2005, S. 39, und in Kessinger/Peter, a. a. O. 2002, S. 195 und 197

9 Weiss, Karl: Hohentwiel und Ekkehard in Geschichte, Sage und Dichtung. St. Gallen und Leipzig 1901, S. 64

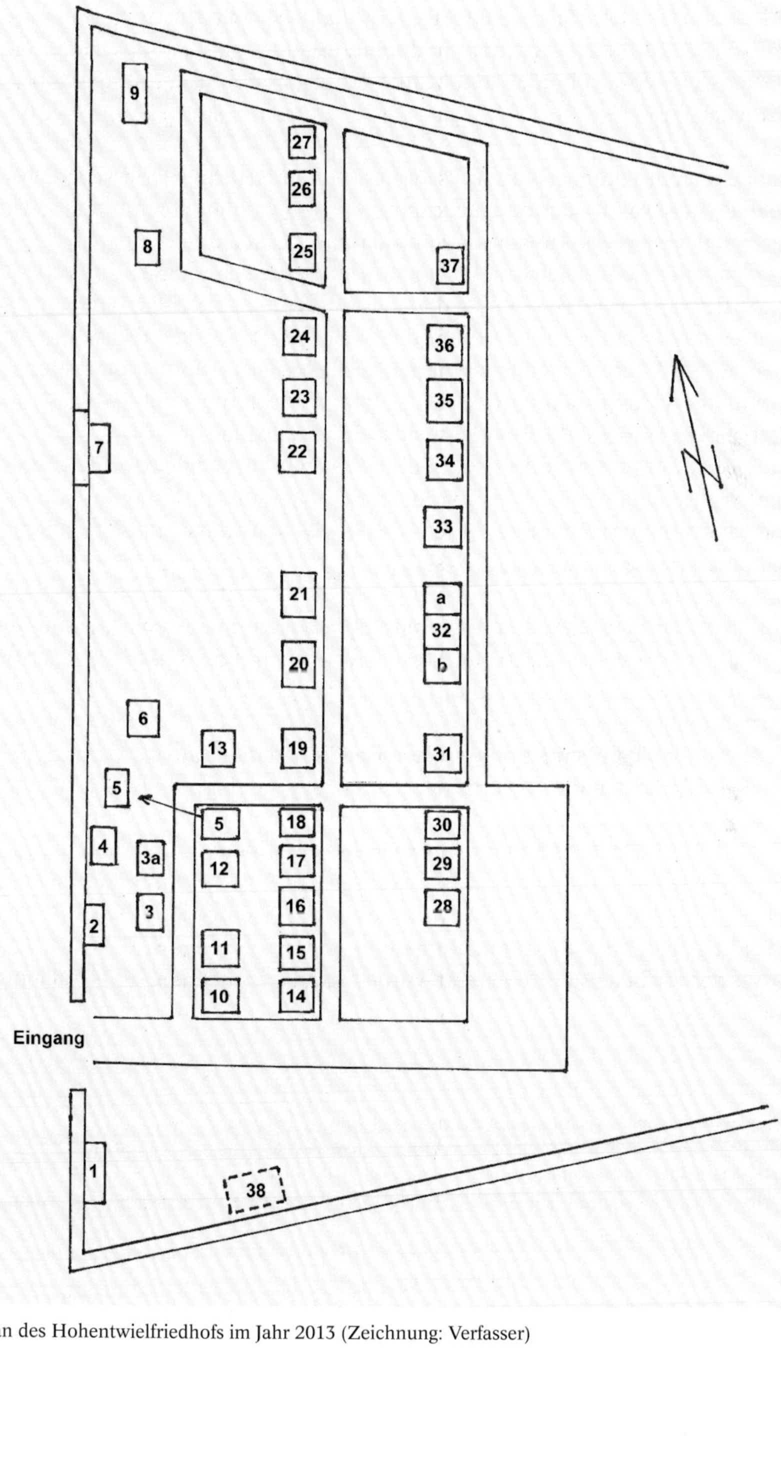

Lageplan des Hohentwielfriedhofs im Jahr 2013 (Zeichnung: Verfasser)

Zwei große, mehrere Kubikmeter umfassende Gesteinsbrocken fallen ebenfalls im Friedhofsareal auf. Dabei handelt es sich nicht um abgestürzte Felsbrocken oder um Sockel für Grabmale, sondern, wie an der Mauertechnik zu erkennen, um Teile der Ummauerung der oberen Festung, die bei der Zerstörung 1800/01 abgesprengt worden sind.

Da zur Festungszeit die Mehrzahl der Hohentwiel-Bewohner Soldaten waren, kann der Friedhof durchaus als Soldatenfriedhof bezeichnet werden, obgleich auch Zivilpersonen, die auf dem Berg oder im Bruderhof wohnten, hier bestattet wurden. Ein weiteres Charakteristikum dieses Friedhofs ist die Konfession. Herzog Ulrich pflegte Kontakte zu Zwingli und Luther und war ein Gegner des katholischen Habsburg. Nach dem Grundsatz »cuius regio, eius religio« wurde Württemberg ab 1534 evangelisch, demzufolge auch der Hohentwiel. Somit war der Hohentwielfriedhof von Anfang an ein evangelischer Friedhof. Zur Pastoration der evangelischen Gemeinde ließ Festungskommandant Konrad Widerholt während des 30-jährigen Kriegs zwischen 1639 und 1645 auf dem Berg eine Kirche errichten. Nach der Zerstörung der Festung wurde 1804 ein Betsaal in dem türmchengekrönten Domänengebäude eingerichtet.[10]

Ein knappes Viertel der gesamten Friedhofsfläche ist heute in fünf Reihen aufgelockert mit Grabmalen belegt. Insgesamt sind davon noch knapp 40 vorhanden. Aufzeichnungen über Bestattungen, so genannte Bestattungsbücher, existieren nicht,[11] so dass die Informationen über die bestatteten Personen aus diversen historischen Quellen und Begehungs-Aufzeichnungen entnommen werden mussten. Je ein Grabmal ist aus dem 17. und dem 21. Jahrhundert vorhanden; aus dem 18. Jahrhundert sind 3 Grabmale, aus dem 19. Jahrhundert etwas mehr als die Hälfte, nämlich 22, und aus dem 20. Jahrhundert sind 13 Grabmale vorhanden.

Wo keine Jahreszahlen mehr zu erkennen sind, orientiert sich die Altersbestimmung an Stil und Formgebung. Anhand der Sterbedaten sind bei vielen Grabmalen Bestattungsrichtungen zu erkennen. Die Reihe der Grabmale Nr. 3a und 3, die Reihe der Nummern 12 bis 10 und die der Nummern 21 bis 14 wurden in Richtung Süden, die Reihe der Nummern 25 bis 27 und die der Nummern 31 bis 37 in Richtung Norden angelegt. Mit Ausnahme der Familie Andler (Nr. 26, 34, 35) hatten alle Bestatteten ihren Wohnsitz entweder auf dem Hohentwiel (Festung bzw. Domäne) oder auf dem Bruderhof.

Die ältesten Grabmale

Von den anfänglichen Bestattungen ist heutzutage nichts mehr zu sehen. Eventuell würden archäologische Grabungen bzw. Georadarmessungen noch manches zutage fördern. Das älteste noch erhaltene Epitaph (Nr. 1) befindet sich in der Umfassungsmauer gleich rechts, nachdem man den Friedhof durch das Tor betreten hat. Es erinnert an den 1606 verstorbenen Festungskommandanten Andreas Geissel. Er

10 Sättele, Franz: Geschichte der Stadt Singen. Singen 1910, S. 121

11 Mitgeteilt von Maximilian Seyfried, VB KN

Ansicht der Festung Hohentwiel vor der Zerstörung, vorn der noch befestigte Meierhof und der Friedhof, Zeichnung von Gottfried F. Schuster, um 1730 (Marbach, Schiller-Nationalmuseum)

Friedhofsstimmung zur Bärlauchzeit im April 2013 (Foto: Verfasser)

erhielt als Kommandant einen bevorrechtigten Platz, wofür Position und Formgebung sprechen. Die heute schwer lesbare achtzeilige Inschrift, deren Anfang völlig zerstört ist, lautet: »[...]N 15 DECEMER AN. 1606[12] / IST DER EDELE VN VÖST MANHAFT AND / REAS GEISSEL FIRSTLICHER WIRTTEN / BERIGER HAVBTMAN VFF DER VESTVNG / HOCHENTHWIEL ZVM HEREN SELIGG / LICH ENTSCHLAFFEN. DEM SEIN GÖT / TLICHE ALMACHT EIN FRELICHE VF / ERSTEVNG VERLEICHEN WELE. AMEN«.

Bemerkenswert sind Sprache und Silbentrennung. Das Epitaph ist aus Sandstein gefertigt und für die vier Jahrhunderte, die es aller Witterung ausgesetzt war, noch relativ gut erhalten. Über der Inschrift prangt das inzwischen stark verwitterte Wappen des Verstorbenen, das im Wappenschild eine stilisierte Person und in der Helmzier ein Geweih mit einer weiteren stilisierten Person darstellt. Geissel war Widerholts sechster Vorgänger, er diente von 1598 bis 1606 auf der Festung.[13] Sein Grabmal ist das einzige noch erkennbare Kommandantengrab auf dem Friedhof. Widerholt selbst liegt nicht hier, sondern in Kirchheim unter Teck begraben.

Oberst Carl Albrecht von Wolfskeel, der von 1794 bis 1797 Festungskommandant war, ließ sich nicht auf dem Friedhof, sondern auf den Schanzen der oberen Festung neben der Wilhelmswacht beisetzen.[14] Bestattungen innerhalb von Burgen und Festungen waren im Mittelalter und in der frühen Neuzeit, insbesondere zu Kriegszeiten, nicht selten.

Auf der anderen Seite des Eingangstores sind in die Umfassungsmauer zwei weitere Epitaphien eingelassen. Nr. 2 ist ein barocker hochrechteckiger Inschriftblock aus Sandstein mit profilierter und geschweifter Verdachung. Es lassen sich noch mehr als zehn Inschriftzeilen, ganz wenige Buchstaben und an beiden Rändern Weinranken erkennen. Die Inschrift selbst ist infolge der starken Verwitterung seit langem nicht mehr lesbar. Der Sockel ist beidseitig mit Voluten und floralem Dekor verziert. Hier liegt wohl eine für den Hohentwiel bedeutende Persönlichkeit begraben.

Daneben steht unmittelbar vor der Mauer ein Grabstein in neugotischen Formen (Nr. 4). Sein Inschriftfeld wird umrahmt von zwei Säulen mit Blattkapitell und einem zweibahnigen Maßwerk mit Dreipassrosette. Ursprünglich war der Grabstein noch mit einem floralen Aufsatz bekrönt. In den 1980er Jahren stürzte ein davor stehender Baum um und beschädigte Grabstein und Mauer. Die Mauer wurde repariert und der Grabstein ohne den abgebrochenen Aufsatz, der sich seitdem im Depot befindet, wieder aufgestellt. Die Inschrift lautet: »Hier ruht / MATHAEUS MATTES / Domänenpächter / zu / Bruderhof / gebohren zu / Thieringen / den 4.11.1774 / gest. 8.5.1845«. Der Verstorbene war ab 1812 Beständer (Pächter) des Bruderhofs.

12 Nach Forschungen von Johann Stehle war der Todestag der 25. Dezember 1606, vgl. Südkurier vom 1.9.1965. Die vor wenigen Jahrzehnten noch gut lesbare Jahreszahl 1606 ist heute nicht mehr zu erkennen.

13 Bumiller, Casimir: Hohentwiel. Die Geschichte einer Burg zwischen Festungsalltag und großer Politik. Konstanz 1990, S. 138

14 Gagg, Gebhard: Der Hohentwiel in Krieg und Frieden. Singen o. J. (ca. 1910), S. 40

Epitaph Nr. 1 des Festungskommandanten Andreas Geissel (Foto: Verfasser)

Grabmal Nr. 4 des Domänenpächters Mathaeus Mattes, Foto 1973 (Stadtarchiv Singen)

Rokoko-Epitaph Nr. 7 des Alexander Weiss (Foto: Verfasser)

Das nicht mehr vorhandene schmiedeeiserne Kreuz Nr. 22 der Familie Weiss, direkt vor dem Baum liegt das zerstörte Grabmal Nr. 20, Foto 1974 (Stadtarchiv Singen)

Einige Schritte weiter befindet sich vor der rechteckigen Mauererhöhung ein 2,30 m hohes, sehr stark erodiertes Sandsteinepitaph (Nr. 7). Im oberen Teil sind Rokoko-Ornamente mit einem Wappen in der Mitte erkennbar, das von allegorischen Figuren der Justitia und der Mathematik umgeben ist. Im unteren Bereich, der heute vollständig erodiert ist, war die Inschrift eingemeißelt. Bei der Friedhofsbegehung des Verfassers im Januar 1967 war von der Inschrift noch folgendes Fragment lesbar: »[...] Alexander Weiss [...] gest. 1769 [...]«. Expeditionsrat und Inspektor Alexander Weiss wurde 1678 geboren. Er war 1725–1766 Stabskeller (Verwaltungsbeamter) auf der Festung.

Dieses Epitaph ist in direktem Zusammenhang mit dem bis vor drei Jahrzehnten noch vorhandenen, aber inzwischen verschwundenen, etwa 3 Meter hohen barocken schmiedeeisernen Kreuz[15] (Nr. 22) zu betrachten. Davon sind heute nur noch die beiden niedrigen Sockelsteine mit kurzen Eisenstümpfen übrig. In der Balkenkreuzung befand sich ein kunstvoll geschmiedetes Deckelkästchen, auf dessen Deckel-Außenseite zu lesen war: »Hier nach vollendeter Thränen-Saat ist ausgesäet zur Unverweslichkeit auf jene Erndte der Freuden ein schwacher unverweslicher Leib der Frauen Susanna Magdalena Weissin, eine geborene Reuchlinin. Sie wurde eine Tochter der Erde den 28. Dez. 1705, eine geliebte Gattin den 23. Nov. 1723 des weiland Herrn Alexander Weiss, 45jährigen Expeditionsraths und Stabs-Kellers allhier, dessen Gebeine zu ihrer linken Seite sanft ruhen! Sie wurde eine zärtliche Mutter von 7 Söhnen und 8 Töchtern, eine sorgfältige Gross- und Ur-Grossmutter von 30 Enkeln und 5 Urenkeln, eine trauernde Wittwe den 6. Febr. 1769 und endlich den 17. Okt. 1775 ein Erbe des Himmels.«

Auf der Innenseite des Deckels stand: »Diesen hier ruhenden Eltern folgte den 19. März 1800 ein Sohn Ludwig Alexander Weiss, Obrist-Wachtmeister, geb. den 10. Novemb. 1727. Nur wenige Tage ertrug seine geliebte Gattin Regina Elisabeth, geb. Werner, den erlittenen Verlust. Sie folgte unter schmerzlichen Gefühlen, ihren einzigen Sohn zu verlassen, dem Gatten den 24. April im 68. Jahre in die Wohnung der Seligen nach. Bald nachher erlag auch die schon von den Ureltern, als Beamte, bewohnte Veste, sie wurde aus Sorglosigkeit eine Beute der Hinterlist und des Raubes.«[16] Obrist-Wachtmeister Ludwig-Alexander Weiss hat das bekannte Bild der Festung kurz vor der Zerstörung 1799 gezeichnet.

Die Inschrift dieses Kreuzes zeigte in Richtung Eingangsmauer. Alle anderen Grabmale sind mit der Inschriftseite zum Berg gerichtet, also nach Osten. Zur Familie Weiss gehört auch der daneben stehende klassizistische Obelisk (Nr. 23), der mit einem Tuch im Faltenwurf und Rose verziert ist und dessen heute verschwundene Inschrift 1967 noch teilweise lesbar war: »[...] Weiss [...] gest. Dez. 1807 [...] Jahre alt [...]«.

15 Stadtarchiv Singen, Fotosammlung

16 Weiss, a. a. O. 1901, S. 63

Familie Pfizer

Grabmal Nr. 23 für einen 1807 Verstorbenen aus der Familie Weiss (Foto: Verfasser)

Grabmal Nr. 12 des Friedrich Pfizer, Foto 1973 (Stadtarchiv Singen)

Grabmale Nr. 10, Nr. 2 und Nr. 11, Foto 1973 (Stadtarchiv Singen)

Der Familienname Pfizer ist bzw. war auf insgesamt fünf verteilt liegenden Grabmalen zu lesen. Vom Sandsteingrabmal Nr. 12 ist heute lediglich der mit Moos bewachsene Sockel erhalten. Im Lauf der vergangenen Jahrzehnte haben mehrere Grabsteine zum Teil stark unter mutwilligen Beschädigungen gelitten, so auch dieser. Wie alte Fotos zeigen, war er bis zum Herbst 1973 noch mit marmorner Inschrifttafel weitgehend unversehrt. Ein Jahrzehnt später fehlte die Tafel bereits, und das abgebrochene Oberteil war wieder aufgesetzt. Die Inschrift lautete: »Denkmal der Liebe / Dem Unvergesslichen Gatten / Vater und Bruder / Fridrich Pfizer / gest. d. 20. September 1859 / im Alter von 30 Jahr 8 Mo«. Darunter stand noch ein fünfzeiliger Spruch, der auf dem Foto nicht zu entziffern ist.

Dem klassizistischen Stein Nr. 10 fehlt jetzt die Inschrifttafel aus weißem Marmor, die 1974 noch vorhanden war: »Hier ruht / Christian / Friedrich Pfizer / gest. den 8. Juni 1861 / alt 73 Jahr / Er ruhe sanft in der Gnade / des Herrn«. 1815 pachtete er die Wirtschaft mit Brauerei auf der Domäne Hohentwiel[17] und braute das Hohentwielbier.

Dem neugotischen Stein Nr. 19 mit Zinnenkranz fehlt nicht nur das aufgesetzte Kreuz, sondern auch die Inschrifttafel, auf der zu lesen war: »Hier ruht in Gott / Gatte u. Vater / Kristian Pfizer / gb. 22. März 1817 / gst. 4. Sept. 1869«. Die Spruchkartusche im Sockel mit der Inschrift »Friede seiner Asche« fehlt ebenfalls. Das Granitgrabmal Nr. 31 ist noch einigermaßen gut erhalten, obgleich die ovale Inschrifttafel fehlt und das aufgesetzte Marmorkreuz auseinander zu brechen scheint: »Hier ruht / Marie / Pfizer / geb. Renz / geb. 19. Okt. 1863 / gest. 24. Okt. 1889 / Auf Wiedersehen«.

Das noch am besten erhaltene Grabmal der Familie Pfizer ist Nr. 30: Ein Jugendstilkorpus aus Granit mit zwei hochrechteckigen Inschrifttafeln aus weißem Marmor. Oben ist ein Marmorkreuz aufgesetzt mit der Inschrift im Querbalken: »Auf Wiederseh'n«. Die Tafeln tragen die Inschriften: »hier / ruhen / Ella / Pfizer / gb. 4. Juli 1894 / gst. 26. Okt. 1898 / Karl / Friedrich / Pfizer / gb. 26. Okt. 1857 / gst. 26. Mai 1898 / Gewidmet von Mutter / u. Großmutter«. Hierbei scheint es sich um Vater und Tochter zu handeln. Die Korpusoberfläche täuscht strukturell eine Bruchsteinmauerung vor. Eine ähnliche Korpusgestaltung zeigen noch vier weitere Grabmale: Nr. 14, 15, 24 und 31.

Genealogisch mündet der Name Pfizer in die Familie Bilger von der ehemaligen Brauerei in Gottmadingen ein. Auf dem dortigen Friedhof liegen in der Familiengrabstätte begraben: Marie Luise Bilger, geb. Pfizer (1856–1927), und Katharina Pfizer, geb. Renz (1833–1901).[18]

Familie Eberspächer

Von der Familie Eberspächer sind sechs Grabsteine vorhanden. Der noch sehr gut erhaltene Granitobelisk auf hohem Sockel mit eingesetzter schwarzer Inschrifttafel

17 Stehle, a. a. O. 1973, S. 279

18 VB KN, Akte KN 23–27

Zwei neugotische Grabmale, links Nr. 19, rechts das zerstörte Grabmal Nr. 20, von dem nur noch der Sockel übrig ist, Foto 1973 (Stadtarchiv Singen)

Doppelgrab Nr. 30 für Ella und Karl Friedrich Pfizer, links dahinter der Obelisk Nr. 18 des Christian Maier (Foto: Verfasser)

Grabmal Nr. 31 der Marie Pfizer, Foto 1973 (Stadtarchiv Singen)

(Nr. 29) ist die Ruhestätte des »Theodor / Eberspächer / Festungsaufseher / 1844–1917 / Ruhe sanft!« Er war über 40 Jahre Festungsaufseher und gleichzeitig Ortspolizist der Domäne Hohentwiel. Bis zur Eingemeindung des Hohentwiels nach Singen 1969 hatten die Festungsaufseher auch Polizeifunktion.[19]

In den Gräbern Nr. 14 und 15 liegen vermutlich Eheleute nebeneinander begraben. Bei den Bestattungen im 19. Jahrhundert und früher waren Reiheneinzelgräber die Regel und Familiengräber, wie z. B. Nr. 22 und 30, die Ausnahme. Obwohl dem Grabstein Nr. 14 das aufgesetzte Marmorkreuz und der Christuskopf in der Kartusche fehlen, kommt die Jugendstilform noch gut zur Geltung. Die Oberfläche des Granitmonolithen ist grob behauen und mit unregelmäßig verlaufenden Einkerbungen versehen, so dass der Eindruck entsteht, das Grabmal bestehe aus einer Vielzahl einzelner Steine. Die oben und unten eingerollte und mit Efeuranken verzierte Marmorinschrifttafel ist sehr gut erhalten: »Hier ruht / Rosine / Eberspächer / geb. 15. Jan. 1853 / gest. 17. Nov. 1899 / Unvergeßlich«. Das daneben stehende Grabmal Nr. 15 ist ähnlich gestaltet und besteht ganz aus Buntsandstein. Bis vor wenigen Jahrzehnten war es noch mit einem von Weinranken umschlungenen Kreuz bekrönt. Die leicht beschädigte Inschrift lautet: »hier ruht / Friederich / Eberspächer / gb. 9. Okt. 1841 / gst. 29. Apr. 1898«.

Auf einem weiteren Grab dieser Familie (Nr. 16) steht das Ende des 19. Jahrhunderts im Stil der Neorenaissance mit Archivolte, Rollwerk und Gurtgesims gestaltete Grabmal aus Buntsandstein. Wie bei vielen anderen fehlt hier ebenfalls das aufgesetzte Kreuz. Im oberen Bereich der Inschrifttafel befindet sich ein Rosengebinde. Wegen teilweiser Verwitterung ist die Inschrift nur noch fragmentarisch vorhanden: »Hier [ruht] / unsere [M]utter / Barbara Eberspächer / geb. Vink[beiner] / Wittwe des verstorbenen / Vestungsauf[sehers] / Eberspächer [...] / [...] 27 [...] / [...] 29 [...]«. Bereits bei der Begehung 1967 waren die Zahlen nicht mehr vollständig. Die Kartusche im Sockel trägt die erhaben gemeißelten Buchstaben »RIP«.

Das Granitgrabmal Nr. 28 zeigt eine tiefe Inschriftnische ohne Tafel und oben den Marmorfuß eines fehlenden Kreuzes. 1967 war noch Folgendes lesbar: »Hier ruht / Christian / Eberspächer / geb. 9. Juni 1846 / gest. 27. Juni 1899«. In Grab Nr. 25 liegt das Kind A. Maria Eberspächer, das 1902 mit 7 Monaten gestorben ist.

Weitere Grabmale

Vom Grabmal Nr. 3a ist nur noch der oben gerundete Steinsockel mit einem darin steckenden, kurz abgesägten Metallfuß übrig. Fotos im Stadtarchiv Singen von 1973 zeigen ein gusseisernes neugotisches Kreuz, das mit durchbrochener Vierpassreihe verziert ist und dessen Inschrift lautete: »Wilhelm Ernst Reinhard Gr. Bad. Hauptmann / GEB. 12. NOVEMBER 1783 – GEST. 16. APRIL 1843«. Dieser badische Hauptmann stand offenbar eine Zeit lang in württembergischen Diensten und hat evtl. in der Domäne gewirkt.

19 Südkurier vom 11.8.1967 und 12.2.1969

Grabmal Nr. 19 des Kristian Pfizer, links hinten der Sockel Nr. 6 mit dem Stumpf eines abgesägten gusseisernen Kreuzes (Foto: Verfasser)

Grabmal Nr. 16 der Barbara Eberspächer, rechts hinten das abgebrochene Grabmal Nr. 12, links Nr. 11, an der Mauer links Nr. 2 und rechts Nr. 4 (Foto: Verfasser)

Grabmal Nr. 29 des Festungsaufsehers Theodor Eberspächer, links das Säulengrabmal Nr. 17 (Foto: Verfasser)

In der Mitte Grabmal Nr. 15 des Friedrich Eberspächer, links Nr. 14 der Rosine Eberspächer, Foto 1973 (Stadtarchiv Singen)

Dem klassizistischen Grabstein Nr. 3 sieht man Zerstörung und Erosion deutlich an. Nach mutwilligem Umwerfen musste der Stein unten ca. 10 cm gekürzt werden, um wieder auf dem Sockel befestigt werden zu können.[20] Trotz allem ist die Inschrifttafel aus weißem Marmor noch am besten erhalten: »Hier ruht unsre threue Mutter / Mara / geb. Bauser / Wittwe des Königl. / Revierförsters / Schöll dahier / geb. den 30. Jäner / 1793 / gest. den 21. Juni / 1867«. Schöll war 1847–1860 Förster der Bruderhofer Waldung.[21] Sämtliche Ornamente, wie Säulen, Bögen und Zierleisten sind nur noch ansatzweise zu erkennen. Das ursprünglich aufgesetzte Kreuz fehlt auch hier.

Ein besonderes Exemplar ist das 1,95 m hohe Grabmal Nr. 17. Eine mit Ehrenkranz gekrönte, symbolisch abgebrochene Säule ragt von einem kubischen Sockel auf. Da die Inschrifttafel seit Jahrzehnten nicht mehr vorhanden ist, lässt sich nicht feststellen, für wen dieses Denkmal gesetzt wurde. Stilistisch passt es in die zweite Hälfte des 19. Jahrhunderts. Noch recht gut erhalten ist der granitartige, 1,40 m hohe Obelisk (Nr. 18), dessen eingemeißelte Inschrift lautet: »Hier ruht / Christian Maier / geb. 5. Octbr. 1825 / gest. 20. Juni 1875«.

Fast unscheinbar ist der nur 40 cm hohe, gedrungene Quarzstein Nr. 21 mit marmorner Inschrifttafel: »Hier ruht in Gott / Frau Dorothea Hechtle / geb. Mez / geb. 20. August 1799 / gest. 5. Novbr. 1862«. Darunter steht ein jambischer Vierzeiler: »O wie so selig ruhest du / Nach manchem schweren Stand / Nun liegst du hier in guter Ruh / In deines Heilands Hand«. Höchstwahrscheinlich handelt es sich um die Ehefrau des Waldschützen und Festungsaufsehers Hechtle.[22]

Ein noch relativ gut erhaltenes Sandsteingrabmal ist Nr. 24. Es sieht dem Grabmal Nr. 15 sehr ähnlich und scheint von demselben Steinmetz zu stammen. Am Ansatz des abgebrochenen Kreuzes sind noch deutlich Weinblätter und Trauben zu sehen. Die Inschrift auf der an den Enden eingerollten Kartusche ist etwas abgeblättert, lässt allerdings noch erkennen, dass hier der Gutspächter vom Bruderhof Bruno Brütsch (1844–1889) begraben liegt, der den Bruderhof damals um mehrere landwirtschaftliche Gebäude erweiterte.[23]

Vom Grabmal Nr. 5, das ursprünglich in Reihe 3 stand, ist heute nur noch ein abgebrochener Sockel vorhanden, der jetzt verloren an der Umfassungsmauer steht. Sein Korpus zeigte 1973 noch gut erhaltene neugotische Formen mit der Inschrift »Katharina Benzinger / geb. d. 28. Juni 1808 / gest. d. 7. Febr. 1853«. Die Grabmale Nr. 6 (abgesägtes gusseisernes Kreuz, Inschrift unbekannt) und 13 lassen sich wegen der starken Zerstörung heute nicht mehr beschreiben. Dem Sandsteingrabmal Nr. 11 fehlt seit Jahrzehnten die Inschrift, es wirkt jedoch eindrucksvoll mit seinem klassizistischen Dekor. Vom zerstörten neugotischen Grabmal Nr. 20 steht nur noch der Sockel.

20 Mitgeteilt von Maximilian Seyfried, VB KN, und Fotovergleich
21 Stehle, a. a. O. 1973, S. 429
22 Ebenda, S. 346 und 429
23 Ebenda, S. 381 und 441

Gusseisernes Kreuz Nr. 3a des Großherzoglich Badischen Hauptmanns Wilhelm Ernst Reinhard, Foto 1973 (Stadtarchiv Singen)

Stark verwittertes und neu aufgesetztes Grabmal Nr. 3 der Mara Schöll (Foto: Verfasser)

Aus dem 20. Jahrhundert finden sich hier einige bekannte Namen. In Grab Nr. 26 liegt Dr. Rudolf Andler (1892–1944), der erste Chefarzt des 1928 neu erbauten Singener Krankenhauses. Er wohnte nicht auf dem Hohentwiel, sondern neben dem Krankenhaus, stammte aber aus Württemberg. Im selben Grab wurde 2002 noch seine zweite Ehefrau Dorothee bestattet. In den Gräbern 34 und 35 liegen sein im Alter von zwei Jahren verstorbener Sohn Frank und seine 1937 verstorbene erste Ehefrau Elsbeth.

Der Marmorstein Nr. 8 erinnert an Robert Vollmayer sen. (1888–1953), den Wirt der Hohentwielgaststätte, dessen Sohn das Weingut Elisabethenberg bewirtschaftete. Ein ca. 2,50 m langer Findling aus Granit (Nr. 9) nimmt die nordwestliche Ecke des Friedhofs ein. Er

Grabmal Nr. 24 des Gutspächters Bruno Brütsch (Foto: Verfasser)

erinnert an den früheren Pächter des Weinguts Olgaberg, Walter Fahr (1905–1988), der auch Vorstandsmitglied der ehemaligen Firma Fahr AG in Gottmadingen war.

Unter dem Granitgrabmal Nr. 32 liegt Domänenpächter Gottlieb Reiner (1858–1926) mit Ehefrau begraben. Er betrieb Milchwirtschaft, bewirtschaftete die Hohentwielgaststätte und belieferte in den 1920er Jahren mit einem Eselgespann Singen täglich mit frischer Milch.[24] Zwei kleine Grabsteine rechts und links daneben erinnern an seine mit drei Jahren gestorbene Tochter Ottilie (Nr. 32a) und an seinen 1918 gefallenen Sohn Paul (Nr. 32b).

Kindergräber sind hier nicht selten, so ist auf dem Granitstein Nr. 36 von der neunjährigen Magda Zahner zu lesen, deren Eltern in der Domäne tätig waren. An den fünfjährigen Sohn Paul des Festungsaufsehers Franz Gruler erinnert der Granitstein Nr. 33 mit geflügeltem Engelskopf. In Grab Nr. 37 ruht sein Sohn Willi, der 1945 bei Arbeiten in der Ruine im Alter von zwanzig Jahren tödlich verunglückte. Noch zu erwähnen bleibt das 1973 wegen Umbettung abgeräumte Grab Nr. 38 des Gutspächters Karl Koch, der am 14. Mai 1945 von französischen Besatzungssoldaten erschossen wurde.[25]

Bewahrung als Kulturdenkmal[26]

Eigentümer des Friedhofs ist das Land Baden-Württemberg. Er wird betreut vom Amt Konstanz für Vermögen und Bau Baden-Württemberg in Zusammenarbeit mit der Verwaltung der Staatlichen Schlösser und Gärten Baden-Württemberg in Salem. Nachbestattungen werden selten genehmigt und sind nur als Urnen möglich. Das jüngste Grabmal (Nr. 27) ist der kleine Gneisfindling für die 2006/07 verstorbenen Eltern des derzeitigen Gutspächters Dr. Both. 1969 beabsichtigte die Stadt Singen, den Friedhof nach Ablauf der Ruhezeiten zu entwidmen, die noch erhaltenswerten Grabmale an einem Platz zu konzentrieren und den Friedhof zur parkähnlichen Gedenkstätte umzugestalten, doch es wurde die denkmalgerechtere Lösung gewählt.

Mehrmals musste der Friedhof über einige Monate geschlossen werden, bis die Verkehrssicherheit wieder hergestellt war. So wurde 1973/74 das Friedhofsareal vom üppigen Buschwerk befreit, der Baumbestand ausgelichtet und die Umfassungsmauer instand gesetzt. Mehrere Grabmale wurden fachgerecht saniert und die empfindlichsten imprägniert. Zwischen den Gräberreihen kann man seitdem auf neu angelegten Wegen gehen. 1983/84 waren abermals umfangreiche Sanierungsmaßnahmen erforderlich. Steinmetze restaurierten und sicherten Grabmale, und eine Metallbaufirma restaurierte das schmiedeeiserne Kreuz. Um Bäume und Büsche kümmerten sich auf Initiative der Stadträtin Irma Harder freiwillig mehrere junge Leute von der Jungen Union und der Jugendgruppe der Firma Alusingen. Seit 1990 sind sowohl der Friedhof als auch die Domäne in der Denkmalliste aufgeführt. Allerdings bleibt der Schutz vor mutwilligen Zerstörungen weiterhin ein Problem.

24 Südkurier vom 19.6.1974 und 25.1.1984

25 Kessinger/Peter, a. a. O. 2002, S. 271

26 VB KN, Akte KN 33-SN0039/2, Akte KN 23–11, Akte KN 23–27

Gefechte auf dem Bodensee gegen Napoleons Truppen

Von Emil J. Mundhaas, Konstanz

Frühe Schiffsgefechte von der Spätantike bis zum Rokoko

Kriegerische Handlungen auf dem Bodensee mit Schiffen hat es in der Spätantike, im Mittelalter und in der frühen Neuzeit mehrfach gegeben. Schon die Römer haben bei der Eroberung Rätiens 15 v. Chr. am Westende des Sees auf einer Insel (vermutlich Mainau) Schiffe gebaut, um den militärischen Angriff auf die Vindeliker am Ostende des Sees durchführen zu können. Die Schiffe dürften wohl hauptsächlich zum schnellen Transport der römischen Infanteriekohorten genutzt worden sein. Möglicherweise kam es dabei vereinzelt auch zu Kämpfen mit Schiffen zwischen Römern und Vindelikern in deren unmittelbarem Vorfeld. Eine regelrechte Seeschlacht, wie es einige mittelalterliche Abschriften antiker Berichte überliefern, ist jedoch nur schwer vorstellbar.

Bei einigen mittelalterlichen Fehden, z. B. der Auseinandersetzung 1291 zwischen Adolf von Nassau und Albrecht von Habsburg um die Kaiserkrone, wurden Schiffe zur seeseitigen Belagerung von Buchhorn (Friedrichshafen) eingesetzt. 1334 belagerte Kaiser Ludwig der Bayer mit seinem Heer den Konstanzer Bischof Nicolaus von Frauenfeld, einen habsburgischen Parteigänger, in dessen befestigter Stadt Meersburg. Der Kaiser setzte die Schiffe der beiden Reichsstädte Überlingen und Buchhorn zur Versorgung seiner Belagerungstruppen ein, was die Meersburger durch Militäraktionen mit ihren Schiffen vereitelten, indem sie die Nachschubschiffe der Kaiserlichen auf dem See kaperten. Das kaiserliche Heer zog nach dreieinhalb Monaten erfolglos ab.

Auch im Schwaben- oder Schweizerkrieg kamen Schiffe zum Einsatz, hauptsächlich zum Transport von Nachschub für die Truppen. Ein solch großes Transportschiff wurde 1497 bei Lindau von den Eidgenossen mit kleineren Booten gekapert.

Im 30-jährigen Krieg zogen die Schweden 1633/34 im besetzten Buchhorn Schiffe zusammen und ließen ein großes Kriegsschiff, die »Königin Christine«, erbauen und mit 22 Kanonen bestücken. Die vereinigte Flotte der Bodenseeorte war aber den schwedischen Schiffen lange Zeit deutlich überlegen; außer ihren mit Kanonen bestückten Lastschiffen und mehreren Jagdschiffen besaßen sie ebenfalls ein großes Schiff, »Blockhaus« genannt. Sie hielten die Versorgung der verbündeten Seeorte Konstanz, Überlingen, Lindau und den überregionalen Handelsverkehr mittels ihrer Schiffe aufrecht. Doch im Januar 1647 konnten die Schweden durch einen nächtlichen Überraschungsangriff von der Landseite her Bregenz einnehmen, wo ihnen die kaiserliche Bodenseeflotte in die Hand fiel. Das ermöglichte ihnen, die Deutschordensfestung Mainau im Februar 1647 mit insgesamt 21 Schiffen anzugreifen. Auf der Insel waren nur 40 Soldaten unter dem Oberbefehl des Komturs Johann Werner Hundbiss von Waltrams stationiert, die sich mutig verteidigten. Nach wenigen Tagen unter pausenlosem Beschuss mit hohem Ausfall von Verteidigern durch Verwundung und Tod wurde das Angebot zur Übergabe bei freiem Abzug angenommen.

Der Österreichische Erbfolgekrieg sah abermals Aktionen mit Kriegsschiffen auf dem See. Am 9. Oktober 1744 hatten französische Truppen das österreichische Konstanz besetzt. Ein Versuch Ende Oktober, Bregenz von der Landseite her zu erobern, blieb erfolglos. Der französische Kommandant hatte fünf Kanonenboote eingesetzt und versucht, bei Mehrerau zu landen. Die Gegenwehr der Österreicher war heftig, sie versenkten ein Kanonenboot und beschädigten zwei weitere. Die Franzosen zogen ab. Im Hafen von Wasserburg fassten sie danach eine beachtliche Flottille von 23 Schiffen zusammen, wagten aber nicht, Bregenz nochmals anzugreifen.

Die Koalitionskriege mit der Französischen Republik

Im Bodenseeraum begannen 1794 die ersten Vorbereitungen zum Eintritt der Region in den seit 1792 schwelenden 1. Koalitionskrieg, die Reichsstände[1] und Österreich zogen Truppen zusammen. Unter dem Vorsitz des Direktors des Schwäbischen Reichskreises, dem Konstanzer Fürstbischof, tagten am 16. Juni 1795 die Reichsunmittelbaren des Kreises zur Festlegung und Aufteilung der »Kriegssteuer« und die auszuhebenden Rekruten.[2] Der unmittelbare Kriegseintritt in Südwestdeutschland begann am 24. Juni 1796. Eine französische Armee aus 80000 Soldaten unter dem Kommando von General Jean Victor Moreau überschritt den Rhein bei Kehl. Am 2. August standen 1000 Franzosen vor den Toren von Konstanz, welches von den geringen österreichischen Kräften geräumt und danach von den Franzosen besetzt wurde. Moreau liess sämtliche Schiffe requirieren und unternahm mit diesen am 6. August einen Vorstoß auf Bregenz. Ab Ende August 1796 waren die österreichischen und Reichskreis-Truppen andernorts jedoch sehr erfolgreich gegen die Franzosenarmee vorgegangen, am 6. Oktober gaben diese Konstanz und Umgebung auf und zogen ab. Man hatte hier wieder Ruhe, und der Frieden von Campo Formio zwischen Frankreich und Österreich beendete 1797 den Krieg, welchen nach dem von Spanien und Preußen mit der französischen Republik 1795 geschlossenen Sonder-Frieden von Basel nur noch Sardinien und Österreich weitergeführt hatten. Aber schon ab 1798 bereiten sich die Koalitionskräfte hektisch auf den nächsten Krieg vor, nachdem Napoleon die Schweizerische Eidgenossenschaft besetzt und die »Helvetische Republik« gegründet hatte.

1 Stadtarchiv Konstanz; E 164, 165 Landschaftsrechnung des Oberamtes Mainau und der Landskommende Altshausen für die Kriegsjahre 1776–1802 und versch. Korrespondenzen

2 Stadtarchiv Konstanz E 164, 165, 171 Militärsachen Dokument »Protocoll Conferentialabschluss/ Mörspurg den 16. Juny 1795«

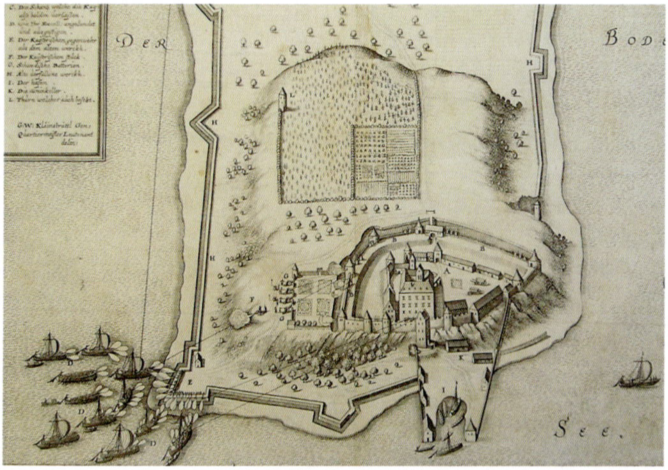

Eroberung der Insel Mainau durch schwedische Schiffe unter Feldmarschall Wrangel am 3. Februar 1647, Kupferstich von Matthäus Merian nach Zeichnung von Georg Wilhelm Kleinsträttl, 1647 (Stadtarchiv Singen)

Der 2. Koalitionskrieg begann Ende Februar 1799. Die Truppen der Französischen Republik überschritten den Rhein und besetzten am 16. März wiederum Konstanz und die umgebenden Dörfer. Schon am 25. März besiegten die österreichischen Truppen unter Erzherzog Karl die Franzosen in zwei großen Schlachten bei Liptingen und Stockach und jagten sie in die Eidgenossenschaft zurück.

1799/1800 – Seekrieg

Die Franzosen hatten Anfang 1799 das schweizerische Bodenseeufer besetzt. Der österreichischen Generalität bereiteten sie einige Sorgen bezüglich des Militärnachschubs, welcher mit Schiffen ab Bregenz nach Sernatingen und weiter mit Fuhrwerken über Engen und die Schwarzwaldpässe nach Breisach transportiert wurde. Vom helvetischen Ufer aus konnten die österreichischen Schiffe auf dem See leicht abgefangen werden, zumal keine militärischen Kräfte Österreichs und der Reichsstände am nördlichen Seeufer stationiert waren. Erzherzog Karl ließ deshalb im März 1799 eine Bodensee-Kriegsflotte aufbauen. Er beauftragte den Oberstleutnant James Ernest Freiherr von Williams, einen britischen Seeoffizier in österreichischen Diensten, mit dem Aufbau und ernannte ihn zum Flottillenkommandanten. Die »Reichsoperationskasse« sollte die Kosten für den Schutz der Grenzen des Reiches am Bodensee übernehmen.

Für die Flottille wurden keine Schiffsneubauten erstellt, sondern vorhandene Schiffe requiriert und zusammengezogen. Außer den wenigen Jagdschiffen waren es die am Bodensee üblichen Last- und Handelsschiffe in der seit Ende des 16. Jahrhunderts überlieferten Bauweise. Sie waren aus Eichenholz gefertigt, eine decklose Konstruktion mit Flachboden und Halbspanten zur Versteifung, Heck und Bug leicht hochgezogen und verjüngt. Die Planken waren nicht geklinkert, sondern in »Caravell- oder Kraweel-Bauweise« stumpf aneinander gesetzt. Im »Oos« (Mastfuß) auf dem Flachboden im Vorschiff stand der umlegbare, mit »Seilen« (Tauen) verspannte »Bomm« (Mast), der ein an der »Rute« (Rah) befestigtes trapezförmiges Segel aus Leinen trug. Das Steuerblatt, am See »Thür« genannt, war mit sehr starken geschmiedeten Scharnieren am Heck auf der linken Schiffsseite angebracht. Mit dem »Thür-Ärmle« (Ruderpinne), einem langen Rundbalken, der über die Mitte der »Stab-Bank« (kleine Deckfläche für den Steuermeister) reichte, wurde die »Schiffs-Thür« (das Steuer) bedient.

Es gab nie schriftlich festgehaltene Pläne wie Spanten-Risse u. ä. für den Bau der Lastsegelschiffe des Bodensees. Nur die alten Schiffmachermeister hatten dieselben im Kopf und hüteten sie als wichtiges Berufsgeheimnis. Auch die Gesellen kannten sie nicht, sie schufen Schiffsbauteile nach mündlichen Anweisungen des Meisters, und nur er kannte die Herstellung und Zusammensetzung dieser Einzelteile bis zum fertigen Schiff. Das Wissen und die Fertigkeiten zum Bau von Schiffen gaben die Meister nur an ihre zu Nachfolgern bestimmten Söhne weiter, und mit der Aufgabe der Lastsegelschifffahrt verschwand dieses Wissen spurlos.

Die bekanntesten Schiffmacherwerkstätten befanden sich auf der Reichenau, in Petershausen, Bodman, Wallhausen, Überlingen, Lindau, Bregenz, Hard und im thurgauischen Gottlieben. Die drei gängigsten Schiffstypen waren die Lädine (aus ahdt. »Lede« = Last), die Halblädine (eine Zwischengröße) und der Segner bzw. Segmer (aus »Sagma« = Traglast). Segner darf nicht verwechselt werden mit der »Segi«, einem großen Fischerschiff, welches nach dem Zuggarn »Segine« so genannt wurde.

Dipl. Ing. Johannes Leidenfrost, der Bregenzer Schifffahrtssachverständige, hat durch Detailstudien an aufgefundenen Wrackteilen und frühen bildlichen Darstellungen von Schiffen des 17.–19. Jahrhunderts versuchsweise Spanten-Risse rekonstruiert. Es sind Rekonstruktionen, keine überlieferten Pläne. Nachfolgende technische Kenndaten dieser drei Schiffstypen sind, nach Leidenfrost:[3]

	Ledi oder Lädine	Halb-Ledi oder Halblädine	Segmer oder Segner
Länge über alles	30–35 m	ca. 23 m	ca. 20 m
Breite über alles	7,5–8,0 m	ca. 6,5 m	ca. 6 m
Bodenbreite	4–5 m	ca. 3 m	ca. 2,5 m
Freibord	0,4–0,5 m	0,3–0,4 m	0,3 m
Größter Tiefgang	1,8–2,0 m	1,5–1,6 m	1,4 m
Leertiefgang	ca. 1 m	ca. 0,85 m	ca. 0,8 m
Verdrängung KWL *)	170–240 m^3	80–110 m^3	60–80 m^3
Leerverdrängung	80–115 m^3	35–47 m^3	29–38 m^3
Tragfähigkeit	90–125 t	45–63 t	31–42 t
Segelfläche	ca. 260 m^2	ca. 113 m^2	ca. 70 m^2

*) KWL = Konstruktionswasserlinie

3 Leidenfrost, Johannes: Die Lastsegelschiffe des Bodensees. Sigmaringen 1975

Schon Ende des 16. Jahrhunderts sind jährliche »Schiffschauen« für die Schiffer vorgeschrieben, z. B. in der »Fahrordnung für die Schiffsleüthe zu Mörspurg und Staad von 1599«: »Zuem vierten, sollen auch fürterhin an beeden gestaden, Leüth zur beschawung der Schiffen Järlich geordnet werden, vnd sollen die Roßschiff zue Mörspurg nach altem gebrauch dermaßen beschaffen sein, das es möge ain Wagen, mit vier oder sechs Rossen oder aber sechs Fuoder Weinß tragen, Deren von Staad Roßschiff aber sollen hiefüro weill sie hiervor mit Segneren und mitleren Schiffen gefahren, dergestalt die grösße vnd Stärkhe haben, das eines fünf oder auf das wenigst vier Fuoder Weins woll ertragen, auch meniglich darmit siwol as Rauhen alß stillen See, versorgt sein mögen«.[4]

Acht bis zehn, in Ausnahmefällen auch 11–12 Jahre blieben die Schiffe betriebsfähig. Sie trugen keine Namen, aber die Eigentümer hatten ihre Familienzeichen in Form von vertikalen Streifen oder Halbstreifen unterschiedlicher Zahl und Farbe im Segel angebracht. Ausgerüstet waren die Schiffe mit einer »Nadel« (Kompass), zwei Laternen, mit Beil, Säge und Zange, einem Anker mit vier »Ankerseilen« sowie sechs »Anbindestricken«. Neun Ruder und sechs »Schapfen« (Wasserschöpfer) gehörten dazu. Eine Statistik des Jahres 1764 verzeichnet als Bestand in Bregenz 30, Hard neun, Fußach 12, Lindau 30, Meersburg acht, Konstanz sieben und Rorschach drei große Schiffe. Nicht alle Uferorte mit Schiffen sind in dieser Statistik enthalten, so fehlen z. B. Wasserburg, Langenargen, Buchhorn, Uhldingen, Überlingen, Sernatingen, Bodman und Staad (Gemeinde Allmannsdorf).

Eine Zahl von insgesamt 150 großen Schiffen für den gesamten See wird aber genannt, dazu noch über 800 Fischerkähne. Die überwiegende Anzahl großer Schiffe ist am östlichen See, im Raum Lindau, Bregenz, Fußach und Hard konzentriert. Sie bildeten das Hauptreservoir für die Kriegsflottille von Oberstleutnant Williams. Aus ihnen sowie einigen Jagdschiffen, welche er requirieren und in Bregenz zusammenziehen ließ, stellte er seine Flotte auf. Lädinen, Halblädinen und Segmer wurden zu Kanonenbooten umgerüstet. Jedes Schiff erhielt außerdem ein kleines Beiboot. Ein Munitionsschiff und ein eigenes Lazarettschiff ergänzten die Kriegsschiffe. Die Jagdschiffe wurden als Patrouillenboote eingesetzt.

Am 31. März 1799 waren die Schiffe fertiggestellt und aufgetakelt. Sie wurden in Bregenz und Lindau stationiert und dort mit Geschützen bestückt. Die 16 Kanonenboote erhielten je nach Größe Geschütze unterschiedlichen Kalibers. Zum Einsatz kamen drei Zwölfpfünder, vier Sechspfünder, vier Haubitzen, vier Vierpfünder und einige Drei- und Einpfünder. Die Geschütze stellte die K.K. Armee, die mit Rädern ausgestatteten Lafetten blieben an Land zurück. Als Besatzung wurde, neben dem Kommandanten, jedem Schiff ein Schiffsmeister und 10 Schiffsknechte zugeteilt (seemännische Besatzung), dazu 10 Soldaten und einige Kanoniere (militärische Besatzung), je Schiff also 25 Mann. Insgesamt kamen bei der Flotte etwa 400 Mann zum Einsatz.

4 GLA Karlsruhe 93 Nr. 468: Schifffahrtsordnungen 1598 und Ren. 1599 für die Schiffleüth zu Mörspurg und Staad

Dem Flottenkommandanten Williams hatte Erzherzog Karl emigrierte französische Offiziere der ehemals französischen königlichen Kriegsmarine zugewiesen. Sie waren alle see- und kriegserfahren und hatten gehofft, von den Österreichern in der Adria eingesetzt zu werden. Hier am See waren ihre nautischen Erfahrungen nur wenig wert, deshalb hatte Williams die zivilen Schiffsmeister als seemännisch-nautische Schiffsführer in ihren konfiszierten Booten belassen. Es waren durchweg Vorarlberger aus Bregenz, Hard und Fußach. Die Kommandanten waren Anton Graf Fulconis, Carl Graf Pouilly, Carl Graf Taulignan, Auguste Marquis de Bonne-Lesdignières, Philibert de Saint-Léger und Carl Niclas Baron d'Haussay; sie hatten nach der Hinrichtung von König Ludwig XVI. Frankreich verlassen.

Diese kleine Flottille besaß eine beachtliche Feuerkraft und damit einen ernst zu nehmenden militärischen Wert. Zusätzlich wurde der Kriegsflotte ab April 1799 noch eine Flotte von 16 zivilen großen Transportschiffen zugeteilt, welche im Bedarfsfall 4000 Soldaten und 80 Pferde befördern, aber auch für Nachschub sorgen konnten. Diese Schiffe wurden von den Schifferschaften der deutschen Uferorte gestellt.

Die Kriegsflotte in Aktion

Williams hatte seine Flottille in nur 16 Tagen geschaffen und armiert. Er teilte sie in drei Divisionen ein, welche jede von einem Kommandoschiff geführt wurde. Dem Kommandoschiff (Nr. 1) der Division I folgten die Kanonenschiffe Nr. 4 bis 6, alle mit den schwersten Geschützen (drei Zwölfpfünder und ein Sechspfünder) armiert. Die Division II mit dem Kommandoschiff (Nr. 2) und den Kanonenschiffen Nr. 7–10 erhielt zwei Sechspfünder und fünf Vierpfünder. Leichter armiert war die Division III, Kommandoschiff (Nr. 3) und die Kanonenschiffe 11–16 mit einem Vierpfünder, zwei Haubitzen, zwei Dreipfündern und zwei Einpfündern.

Entlang dem Alpenrhein und dem Bodenseeufer befanden sich Anfang Februar 1799 auf helvetischer Seite etwa 40 000 Mann der Armee des Generals Masséna einschließlich Schweizer Hilfstruppen. In Graubünden und am vorarlbergischen Rheinufer standen ihnen 24 000 Infanteristen und 1400 Kavalleristen des österreichischen Heeres gegenüber, verstärkt durch 6000 Vorarlberger Landesschützen. Vom Lech her zog Erzherzog Karl in Eilmärschen heran, um den linken Flügel zu decken.

Die Williams'sche Kriegsflotte lief am 14. April 1799 erstmals gegen den Feind aus. Acht Schiffe beobachteten das helvetische Ufer im unmittelbaren österreichischen Vorfeld. Mit den anderen Schiffen segelte Williams selbst in Richtung Konstanz. Die Stadt war von französischen Truppen besetzt. Gegenüber auf der rechten Rheinseite, in Petershausen, hatte eine österreichische Abteilung am Morgen des gleichen Tages sich bis zur Rheinbrücke durchgefochten und die Vorstadt eingenommen. So stand jetzt den Franzosen in Konstanz ein starkes österreichisches Kontingent in Petershausen gegenüber. Williams legte nun seine Schiffe vor die Stadt und sperrte alle Zufuhren von der Wasserseite. Ein Teil seiner Schiffe trennte sich vom Kommandoschiff und segelte dem helvetischen Ufer entlang in Richtung Arbon und Rorschach. Die Franzosen versuchten, mit einer improvisierten Flotte diese Schiffe anzugreifen, sie wurden jedoch mit Hilfe der Geschütze schnell wieder an Land gejagt. Auch Wil-

Kaiserlich-Königliche Flotte unter dem Kommando von Oberstleutnant Freiherr von Williams vor Bregenz. Nach einem in Bregenz gedruckten Holzschnitt (aus »Kriegsschauplatz Bodensee 1799/1800 und 1809« von Wanner Gerhard, Militärhistorische Schriftenreihe Heft 59, 1857)

liams segelte nach wenigen Tagen wieder nach Bregenz zurück, widrige Winde ließen keine militärischen Operationen zu. Während dieses ersten Einsatzes hatte sich die Mannschaft bei hochgehendem stürmischem See, ununterbrochenem Wachdienst und militärischem Geplänkel mit dem Feind ausgezeichnet bewährt.

Williams stockte seine Flottille um eine weitere Division auf und brach schon am 19. April zu einer weiteren Aufklärungsfahrt entlang dem helvetischen Ufer auf. Er stellte fest, dass die Franzosen inzwischen die Stadt Arbon mit mehreren Batterien befestigt hatten. Sie schienen durchaus bereit zu sein, ihre Stellung und ihren Uferabschnitt zu verteidigen. Graf Fulconis versuchte, mit der II. Division den Uferabschnitt bei Rorschach zu erkunden. Er bemerkte eine französische Schanze am unteren Rheinhorn und nahm sie unter Beschuss. Es gelang, das Geschütz mit einem Treffer zu vernichten, doch hatten die Feinde es zuvor geschafft, das Schiff mit vier Treffern schwer zu beschädigen. Eine der Kugeln hatte dabei einem Soldaten beide Beine abgerissen. Fulconis ließ sofort wenden und steuerte Bregenz an, um das Schiff zu reparieren und den Schwerverwundeten zu versorgen. Er starb jedoch kurz darauf. Bei dieser Aufklärungsfahrt wurde festgestellt, dass der Feind am helvetischen Ufer außer am Rheinhorn noch drei weitere schwere Geschütze bei Rorschach, eines bei Horn und zwei bei Arbon stationiert hatte. Williams musste erkennen, dass eine Landung bei Rorschach und Einnahme der Stadt nur schwer möglich wären.

Ein weiteres Unternehmen am 28. April gegen die Schanze am helvetischen Rheinspitz verlief ergebnislos, allzu heftig war das Abwehrfeuer der Franzosen. Eine Wie-

Aufmarsch der Kaiserlich-Königlichen Flotte unter dem Befehl von Oberstleutnant Freiherr von Williams. Kolorierte Zeichnung von J. B. Lob 1799 (Privatbesitz)

derholung am 1. Mai führte ebenfalls nicht zum Erfolg. Wegen des äußerst widrigen Ostwindes zog sich die Flotte nach Langenargen zurück, auf dem See verblieben nur zwei Kanonenboote und kreuzten vor dem Rheinspitz, um die weiteren Aktivitäten der Franzosen zu beobachten. Diese begannen nun, ebenfalls eine Flotte aufzubauen. Im Rorschacher Hafen hatten sie mehrere Schiffe gesammelt. Nun zog Williams seine Flotte zusammen und fuhr mit der I. und III. Division nach Arbon. Fulconis segelte in der Nacht vom 21. auf den 22. Mai nach Rorschach. Er konnte kurz nach Mitternacht ganz unbemerkt landen und überraschte die Franzosen, welche gerade mit dem Abzug begonnen hatten. Sie waren unfähig zur Verteidigung und flüchteten landeinwärts. Fulconis erbeutete acht Kanonen, drei Mörser, viel Munition und Lafetten, auch sechs neue Kanonenschaluppen. Er schiffte sich noch in der Nacht wieder ein und nahm die gesamte Beute mit. Auf dem See traf er auf die I. und III. Division. Williams übergab ihm das Kommando über die Flotte.

In den folgenden Tagen nahm Fulconis die feindlichen Batterien bei Altnau, Münsterlingen und Kreuzlingen ein. Williams hatte schon am 19. Mai in Romanshorn und Arbon Truppen gelandet und die französischen Besatzungen zum Rückzug nach St. Gallen gezwungen. Acht schwere Geschütze auf Lafetten samt reichlicher Munition waren seine Beute. Am Vormittag des 21. Mai landete er mit der I. Division in Rorschach und setzte eine Abteilung des Linieninfanterie-Regiments Nr. 25 an Land. Dabei stieß er auf eine berittene österreichische Patrouille. Mit ihr folgte

Die österreichische Bodenseeflotte unter dem Kommando von Oberstleutnant Freiherr von Williams im Hafen von Konstanz am 21. Mai 1799. Kolorierte Federzeichnung des Konstanzer Zeichenlehrers Felix Speth (Rosgartenmuseum Konstanz)

Williams den fliehenden Franzosen. Es gelang ihm, mit seiner Truppe als erster österreichischer Kommandant in die Stadt St. Gallen einzuziehen, wo er sofort den »Freiheitsbaum« umhauen ließ. Die reguläre österreichische Vorhut war am 21. Mai bei Rheineck über den Rhein gegangen und besetzte nun die Stadt. Williams kehrte zu seiner Division zurück und fuhr mit der ganzen Flotte nach Konstanz, wo er von der Bevölkerung mit Jubel empfangen wurde. Die Schiffsbesatzungen mussten sich an der Beseitigung der von den Franzosen angelegten Verschanzungen beteiligen.

Bei den Landstreitkräften hatten sich inzwischen gravierende Veränderungen ergeben. Einige Siege der Koalition Anfang Mai 1799 in Italien und der Einmarsch der Österreicher Mitte Mai in Graubünden veranlassten die Franzosen, sich aus dem Bodenseeraum abzusetzen. Nun zogen die österreichischen Truppen am 21. und 23. Mai über Konstanz, Stein am Rhein und Büsingen in die Schweiz und vereinigten sich dort mit dem russischen Heer des Generals Korsakow. Der Kriegsschauplatz hatte sich in die Innerschweiz verlagert. Am 27. Mai verließ Williams mit der Flotte Konstanz und segelte nach Bregenz zurück. Die regulären Soldaten seiner Besatzung waren bereits wieder zu ihren Regimentern beordert worden. Ende Mai 1799 rüstete Williams die Seekriegsflotte größtenteils wieder ab, es blieben lediglich vier Kanonenboote und ein schnelles Jagdschiff unter Waffen. Sie wurden unter ihren Kommandanten in Konstanz, Keßwil, Arbon, Rorschach und Bregenz stationiert. Vertreter des Flottenkommandanten wurde Graf Fulconis.

Intermezzo auf dem Zürich-See

Unter den veränderten Fronten baute Oberstleutnant Williams nun am Zürich-See eine neue Flotte auf. Aber der Spielraum hierfür war wesentlich kleiner als auf dem Bodensee, er konnte nur einige Patrouillenboote ausrüsten. Die vorarlbergischen wie auch die süddeutschen Schiffsleute hatten sich strikt geweigert, auf dem Zürich-See eingesetzt zu werden. Für den Transport von Material und Truppen gelang es Williams jedoch, 114 Schiffe und Kähne aufzubieten. Die in der Schweiz operierenden Landstreitkräfte bestimmten das sehr turbulente Kriegsgeschehen, welches zunächst ein Kampf um die Gebirgspässe war. Die aus Italien mit 26 000 Mann, zahlreichen Pferden und Artillerie über den Gotthard anrückende II. russische Armee unter General Suworow wurde von Masséna in der Schöllenenschlucht abgefangen und mit einer regelrechten Guerrilla-Taktik zu immer neuen Umwegen über bereits verschneite Pässe gezwungen. Suworow verlor 7000 Mann, die meisten durch Schnee- und Steinlawinen. Die Umwege kosteten Suworow sehr viel Zeit und er konnte sich nicht mit der Armee Korsakow vereinen.

So kam es ohne die russische Verstärkung am 25./26. September 1799 bei Zürich zu einer mehrtägigen großen Schlacht mit der französischen Revolutionsarmee, das russisch-österreichische Heer erlitt eine schlimme Niederlage und zog sich in wenigen Tagen wieder auf das rechte Rheinufer zurück. Anfang Oktober 1799 zog Korsakow über Konstanz mit den Russen nach Staad, sie ließen sich von den Staader Schiffsleuten nach Meersburg übersetzen. In den Akten der Schiffergesellschaft ist vermerkt:[5] »29. Sept. 1799, bey russischem Rettrath mit allen Schiffen gross und klein, mit allen Schiffleuthen und Fischern k.k. Canonen und russische Infanterie nach Merrsburg geführt. Anmerkung: Diese Schiffe und sämtliche Schiffleüthe sind alle arretiert worden und haben 2 Nächt und 1 Tag in Mersburg verbleiben missen«. Die Russen zogen über Salem nach Ulm und weiter in ihre Heimat, der Zar verließ die Koalition.

Herbst 1799 – erneuter Krieg auf dem See

Oberstleutnant Williams kam am 27. September eilig nach Konstanz und sandte die am Schweizer Ufer bis Rorschach stationierten Schiffe der reduzierten Flotte schnell an das österreichische und deutsche Ufer zurück. Die Kriegsflottille wurde danach auf einen Befehl von Erzherzog Karl vom 8. Oktober 1799 wieder aufgerüstet.

Sofort begann Williams, die Flottille wieder zusammenzustellen, diesmal in Meersburg. Die noch über den Sommer hinweg in Dienst gebliebenen Kriegsschiffe bildeten den Kern derselben, weitere kamen dazu. Sie wurden eilig aufgerüstet und überwiegend mit französischen Beutekanonen bestückt. Ende Oktober waren 14 Kanonenboote und vier Patrouillenboote einsatzfähig. Soldaten des K. K. Regiments

5 Archiv der Achtzehn Fischens- und Schifffahrtsgenossen zu Staad Fasc. VII.006, Dokument »Verzeichnis Über die von der Schiffergesellschaft zu Staad, während dennen Kriegs-Jahren von 1799 bis mit 1801 verrichteten Überführungen, und hiefür angesetzten Dienstlöhne«

Russisches Militär am 29. September 1799 am Strand von Staad auf die Übersetzung nach Meersburg wartend. Gouache von J. S. Dirr 1804 (Rosgartenmuseum Konstanz)

Bender standen jedoch nicht mehr zur Verfügung, da es bei den Kämpfen in der Eidgenossenschaft sehr große Verluste erlitten hatte.

Als seemännische Besatzung stellten nun die seeangrenzenden reichsunmittelbaren Herrschaften Schiffsmeister und Ruderknechte als Hauptkontingent zur Verfügung, insgesamt 120 Mann. Ein Verzeichnis »Repartition der nach Mörsburg zu stellenden Schiffleute und Ruder« nennt 34 uferangrenzende Herrschaften zwischen Geissau-Bregenz, Lindau-Senatingen und Bodman bis Staad, welche 14 Schiffsmeister, 104 Schiffsknechte und 192 Ruder stellten.[6] Die militärische Besatzung wurde diesmal überwiegend mit Soldaten des Reichskreiskontingents gebildet. Insgesamt kamen 365 Personen zum Einsatz.

Auch die zivilen Schiffe der Schifferschaften wurden wieder zu Nachschub- und Truppentransporten herangezogen. Insbesonders die Staader Schiffsleute waren davon betroffen. Das »Verzeichnis Über die von der Schiffergesellschaft zu Staad, während dennen Kriegs-Jahren von 1799 bis mit 1801 verrichteten Überführungen, und hiefür angesetzten Dienstlöhne« im Archiv der Schiffergenossen[7] enthält eine peni-

6 Wanner, Gerhard: Kriegsschauplatz Bodensee 1799/1800 und 1809. Militärhistorische Schriftenreihe Heft 59. Wien 1987

7 Siehe Anm. 5

ble Auflistung über die vom 17. März 1799 bis 18. April 1801 täglich beförderten Frachten und Passagiere, die Zahl der Schiffe und die Fahrtziele. Es verwundert, dass nur an einem einzigen Tag in diesen zwei Jahren in der Liste lediglich das Datum 10. Oktober 1800 und der lapidare Eintrag »Nichts« verzeichnet ist. Als Bezahlung erhielt die Schifferschaft nur Gutscheine im Gesamtbetrag von 6700 fl, welche nie zur Auszahlung kamen. Aus der »Liste der wehrfähigen Männer der Landschaft Mainau« vom Dezember 1799 können wir die Namen der Schiffsmannen ersehen, welche in Staad zu dieser Zeit »am Ruder« waren.[8] Unter »Ruberick der Verheyratheten in Staad« sind als tauglich genannt: Michael Renckher (43), Martin Galley (47), Joseph Weber, Wirt (50), Fidelis Mundhaaß (50), Franz Joseph Rencker (35), Franz Joseph Mesmer (35) und Johannes Scherrer (33). Die über 50-jährigen, nicht mehr wehrfähigen, aber immer noch aktiven Schiffsmannen waren Christof Messmer, Anton Messmer, Anton Renker, Johann Georg Scherer alt, Conrad Guldifuess, Valentin Meid, Anton Scherer, Xaver Weber, Michael Bruderhofer (d.Ä.) und Mathias Jacob. Letzterer besaß zwei Gerechtsame. Zusätzlich sind noch 15 ledige Schiffmanns-Söhne im Alter zwischen 17 und 34 Jahren auf der Liste verzeichnet.

Die Staader und Meersburger Schifferschaften bedienten primär die einzige wirklich leistungsfähige Fährverbindung über den Bodensee im Zuge einer Fernstraße. Die Meersburger Schiffsmeister, es waren 15, besaßen ihre Fahrrechte als Einzellehen vom Stadtherrn, dem Fürstbischof. Sie hatten sich 1738 zu einer »unter dem Schutz der Heiligen Nicolai und Johannes Nepomuk stehenden Schiff-Maister-Zunft« in Form einer religiösen Bruderschaft zusammengeschlossen.[9]

Die Staader besaßen als Genossame ein sehr altes »gemeinsames Fahrrecht«, welches der Mainaukomtur Heinrich von Tettingen »an Viti und Modesti Tag 1348 an die ehrbaren Lüte am Vahr ze Stad«, es waren damals acht Berechtigte, verbrieft in der Form eines Erblehens gegeben hatte. Es wird im Lehensbrief darauf hingewiesen, dass diese Rechte schon lange vor Gründung der Kommende bestanden, aber nicht schriftlich festgehalten waren. Der Berechtigtenkreis wuchs am Ende des Mittelalters auf 12 Inhaber, und mit Ende des 30-jährigen Kriegs erkannte die Kommende 18 Teilhaber am Schifffahrtslehen an. Eine Gesellschaft oder gar Zunft bildete die Staader Schifferschaft nie, die Teilhabe am gleichen gemeinsamen Recht hielt sie aber zwangsweise zusammen.

Im Vorfeld der Koalitionskriege suchte Komtur Franz von Lerchenfeld der Schifferschaft, laut »Komthur Mainauisches Oberamts Protokoll Dato 17. April 1793«, eine feste Vorstandsschaft zu geben. Da die ansonsten mit eigenen Segnern fahrenden Teilhaber seit dem Beginn des 17. Jahrhunderts auch gemeinsam zwei Großschiffe besaßen und »weilen die Schiffgesellschaft aus zwej Rotten bestehet, allzeit aus jeder ein Mann genohmen werden solle«, wählten nun die Schiffsleute »auf den

8 Stadtarchiv Konstanz E 142 Konscriptionsliste der Landschaft Mainau 1799–1803 sowie Auswahl der Rekruten Januar 1800

9 Stadtarchiv Meersburg U 752 Artikel der in der Hochfürstl. Residenz-Stadt Mörspurg errichtten Schiff-Maister-Zunft 6. August 1738, mit eingearbeiteter Tax-Ordnung von 1599

erhaltenen komthurlichen gnädigen Befehl zwey aus ihrer Gesellschaft, und zwar Valentin Meid, und Fidel Mundhaas als respectierliche Schiffartsvorgesezte«.[10] Der Versuch des Komturs überstand die Säkularisation der Kommende Mainau nicht lange. Fidel Mundhaas d. Ä. hielt noch bis 1818 durch, also bis zum Ende der Befreiungskriege, Valentin Meid war schon vorher verstorben. Das 19. Jahrhundert war zunftfeindlich eingestellt. Alte Zünfte wurden aufgelöst, neue nicht mehr gegründet mit Ausnahme von »Narrenzünften«. Die Meersburger und Staader Schiffsleute waren während der Koalitionskriege durch die Übersetzungen von Truppenabteilungen in besonders hohem Maß zusätzlich belastet und in Anspruch genommen worden.

Die Franzosen hatten inzwischen das helvetische Bodenseeufer erneut besetzt. In Rorschach begannen sie, eine Flotte aufzubauen. Williams sah sich genötigt, das ganze nördliche Seeufer mit der Flotte zu schützen, um französische Landungsversuche abzuwehren. So bestimmte er Ende Oktober 1799 als Kommandozentrale und Flottenstandort das geografisch mehr im Mittelpunkt gelegene Meersburg. Zunächst waren seine vier Patrouillenschiffe und 14 Kanonenboote hier stationiert. Weil im ganzen Hinterland des nördlichen Seeufers keine österreichischen und Reichstruppen vorhanden waren, teilte Williams die Flotte auf und stationierte Schiffe in folgenden Uferorten: in Fußach ein Kanonenboot und ein Patrouillenschiff; in Lindau zwei Kanonenboote und ein Patrouillenschiff; in Wasserburg ein Kanonenboot und ein Patrouillenschiff; in Langenargen zwei Kanonenboote; in Buchhorn ein Kanonenboot; in Hagnau ein Patrouillenschiff; in Meersburg zwei Kanonenboote; in Staad ein Patrouillenschiff und auf der Reichenau ein Patrouillenschiff (wurde als ein »verlorener Posten« bezeichnet).

Durch einen gut eingerichteten Signal- und Alarmdienst konnte Williams die Einheiten seiner Flotte jederzeit konzentrieren und die französische Flottille bei Rorschach unter Kontrolle halten.[11] Die Franzosen konzentrierten ihre Landstreitkräfte an der Vorarlberger Rheingrenze, ein Angriff über den Rhein hinweg bei Rheineck war zu erwarten, so dass Williams sein Flottenkommando ab Ende November 1799 nach Lindau verlegte.

Erzherzog Karl hatte Williams ausdrücklich befohlen, dass die Schiffe nur leicht bewaffnet werden, sie sollen lediglich Beobachtungs- und Schutzaufgaben durchführen und keinesfalls offensiv werden. Williams lag jedoch die in Rorschach entstehende französische Flottille schwer im Magen. Diese wollte er unter allen Umständen durch offensives Vorgehen mit seinen Kanonenbooten verhindern. Dass er seine Pläne nicht ausführen konnte und die Franzosen in aller Ruhe in Rorschach weiter aufrüsten konnten, lag an der äußerst schlechten Wetterlage des Spätherbstes und Frühwinters; starke Nebel und heftige Stürme wechselten ständig und ver-

10 Archiv der Achtzehn Fischens- und Schifffahrtsgenossen zu Staad U/D 003 Dokument »Wahl von zwei Schifffahrtsvorgesetzten auf Anordnung des Mainau-Komturs Franz von Lerchenfeld«

11 Siehe Anm. 6

hinderten jede größere Aktion. Gelegentlich kam es zu Scharmützeln zwischen Patrouillenbooten und Deserteuren, die versuchten, sich in die Schweiz abzusetzen.

Als die Franzosen begannen, bei Rheineck starke Truppenkontingente zusammen zu ziehen, was auf ihre Absicht schließen ließ, den Rhein zu überqueren, ließ Williams Aufklärungsfahrten durchführen. Am 11. Januar 1800 segelte Kommandeur de Bonne-Lesdiniéres mit dem Kanonenboot Nr. 3 und einem Patrouillenboot von Meersburg nach Keßwil. Dort nahm er Kurs auf Romanshorn, wurde aber plötzlich vom helvetischen Ufer mit schweren Wallbüchsen beschossen. Drei Mann seiner Besatzung wurden verwundet. Bei Altnau kreuzte ein großes Schiff mit Kurs auf Konstanz seine Bahn, welches sofort zu fliehen versuchte. So wendete de Bonne und macht sich an die Verfolgung. Der Gegner erkannte seine aussichtslose Lage und steuerte bei Bottighofen das Ufer an. Trotz starker französischer Truppen am Ufer setzte de Bonne nach und enterte nach eineinhalbstündigem Kampf das Schiff und brachte es als Beute zurück nach Meersburg. Bei der kühnen Aktion verlor einer seiner Soldaten das Leben und aus der Besatzung wurden sechs Mann z. T. schwer verwundet. De Bonne's Glück war, dass die in Wasserburg stationierte Division den Gefechtslärm hörte, sofort auslief, die feindlichen Kräfte bei Güttingen in ein Feuergefecht verwickelte und de Bonne Flankenschutz gab.

Anfang Februar 1800 wurden im Hafen von Rorschach die Franzosen verstärkt aktiv, am 3. März war ihre Flotte armiert und segelfertig, ab Monatsmitte kreuzte sie vor Uttwil. Williams ließ durch eine Division seiner Flotte den Rheinspitz bewachen, weil die Franzosen dort eine Truppe von 1000 Mann zusammengezogen hatten. Eine kleinere Division der Williams'schen Flotte deckte den Hafen von Buchhorn. Die französische Flotte sollte wohl von den Aktivitäten ihrer Landstreitkräfte ablenken, welche sich auf einen Einfall in Graubünden vorbereiteten.

Am 28. April stellte sich die französische Flotte erstmals einigen der Williams'schen Schiffe. Kommandeur de Bonne hatte wieder eine Aufklärungsfahrt vom vorarlbergischen Hard gegen den Rheinspitz unternommen. Zur Bewachung ließ er dort zwei Kanonenboote zurück und segelte mit seinem Patrouillenboot in nur 30 m Abstand zum Ufer auf den Hafen Rorschach zu. Die Franzosen ließen sich provozieren und liefen mit zwei Kanonenschaluppen aus. Darauf zog sich de Bonne wieder zum Rheinspitz und seinen beiden Kanonenbooten zurück. Hier hatten sich aber inzwischen auch die beiden Divisionen aus Wasserburg eingefunden. Das Kriegsglück wendete sich, aus den Verfolgern wurden jetzt Verfolgte, und die acht Williams'schen Schiffe jagten die französischen Schaluppen nach Rorschach zurück.

Das hatte Folgen, denn nun liefen alle französischen Schiffe aus Rorschach aus und griffen den William'schen Verband an. Beide Gegner verfügten über die gleiche Anzahl von Schiffen, doch waren die Franzosen den Williams'schen an Bewaffnung überlegen. Um nicht in den Schussbereich der Rorschacher Hafenbatterien zu geraten, zog sich de Bonne auf den hohen See zurück und stellte seinen Verband gefechtsklar in Kiellinie auf. Auch der Gegner tat dasselbe, und nun schien sich tatsächlich die ungeplante Begegnung zu einem größeren Seegefecht zu entwickeln. Schon war der erste Kanonenschuss gefallen, da sichteten die Franzosen ein aus

Lindau, dem Williams'schen Hauptquartier, ausgelaufenes Patrouillenschiff schnell herannahen. Es war Oberst Williams persönlich, welcher nun in das Gefecht eingriff. Die Franzosen hatten vor dem »britischen Seehelden« und seiner Seekriegskunst so großen Respekt, dass sie sofort abschwenkten und nach Rorschach zurück segelten. Es war Williams jedoch nicht möglich, die feindlichen Schiffe außerhalb des Bereiches der französischen Uferbatterien einzuholen und zum Gefecht zu stellen, so ließ er die beiden Divisionen wenden und in ihre Standorte zurückkehren.

Am selben Tag, 28. April, ist auch ein von Langenargen gegen Romanshorn gesandtes Patrouillenboot von zwei französischen Kanonenschaluppen beschossen und angegriffen worden. Das Patrouillenboot erwiderte das Feuer und nutzte die Unschlüssigkeit der Gegner, um zu entkommen. Am nächsten Tag, 29. April, patrouillierte Graf Fulconis von Meersburg aus das helvetische Ufer von Bottighofen bis Konstanz ab und fand es nur sehr schwach besetzt. Die vorher dort stationierten französischen Landtruppen waren wegen bevorstehender Einsätze gegen Graubünden plötzlich abgezogen worden. Am 30. April wurde im Morgennebel ein vor dem Rheinspitz postiertes Patrouillenboot von zwei aus Rorschach ausgelaufenen, überlegenen Kanonenbooten überrascht. Sie zogen sich aber sofort wieder zurück, als das Patrouillenboot sich gefechtsklar machte und mit seinem schwachen Einpfünder das Feuer eröffnete.

Der Schiffsdienst wurde jetzt für die Schiffsleute und Soldaten der Williams'schen Flotte auf den offenen Booten täglich anstrengender, denn Williams hatte Anfang Mai für alle Schiffe steten Bereitschaftsdienst angeordnet, es gab keine Erholungspausen mehr. Trotz des vorsichtigen Verhaltens der feindlichen Flotte gab es keinen Zweifel, dass der Feind gut gerüstet war. Williams war klar geworden, dass ein Landungsunternehmen auf der helvetischen Seite ohne Aussicht auf Erfolg wäre und nicht mehr in Frage kam. So zog er am 2. Mai 1800 sämtliche Kanonenboote vor Lindau zusammen, lediglich die Patrouillenboote beließ er an ihren bisherigen Standorten.

Die militärisch-taktische Entwicklung bei den Landstreitkräften im Raum nördlich des Bodensees war inzwischen besorgniserregend geworden. General Moreau hatte Ende April bei Basel den Rhein überschritten und war in Eilmärschen in Richtung Engen und Westende des Bodensees gezogen. In der Stadt Konstanz lag noch eine französische Besatzung. Auf der anderen Rheinseite in Petershausen, Allmannsdorf und Wollmatingen stand eine österreichische Einheit. Am 1. Mai 1800 stieß eine starke französische Truppe über den Rhein nach Petershausen vor und brachte die Österreicher in Bedrängnis. Ihnen drohte die Einkesselung, doch sie konnten sich mit Hilfe der Staader Schifferschaft noch knapp über den See hinweg absetzen. Die Akte verzeichnet: »1. May 1800 als die Franzosen über den Rhein gekommen bey der Nacht mit 7 Schiffen von Staad nach Überlingen mit der k.k. Infantri gefahren«.[12] General Moreau hatte also bereits Radolfzell erreicht, am 3. Mai schlug er die österreichischen Truppen bei Engen, zwei Tage später nochmals bei Meßkirch. Nach wei-

12 Siehe Anm. 5

teren Rückzugsgefechten der Österreicher bei Biberach und Memmingen am 10. Mai besetzten die Franzosen das ganze nördliche Bodenseeufer.

Schon am 7. Mai hatte französische Infanterie Meersburg erreicht. Die in Meersburg stationierten Patrouillenboote konnten nur mit größter Mühe entwischen und sich nach Langenargen absetzen. Nun lief Oberstleutnant Williams mit allen Kanonenbooten von Lindau aus, um Meersburg zurückzuerobern. Aber schon bei Immenstaad geriet er in ein Gefecht mit französischen Tirailleurs, welches bis zum Abend dauerte. Darauf segelte er nach Lindau zurück. Dort erreichte ihn der Befehl seines Korpskommandanten Fürst Reuß, die Schiffe abzutakeln und die Geschütze an Land zu bringen.

Die noch bei Langenargen liegenden drei Patrouillenboote unter dem Befehl von Taulignan wurden am 9. Mai von mehreren französischen Kanonenschaluppen angegriffen. Sie lösten sich aus dem Gefecht mit dem artilleristisch überlegenen Gegner und zogen sich nach Lindau zurück. Dort trafen sie auf Williams mit der bereits entwaffneten Flotte. Williams nahm in Eile 50 Mann seiner ehemaligen See-Soldaten, dazu 12 Reiter und einen Zwölfpfünder, und eilte dem Ufer entlang auf Langenargen zu. Dort jagte er die bereits gelandeten Franzosen wieder auf ihre Schiffe zurück. Mit ihren Schiffsgeschützen überschütteten sie nun seine kleine Kampfgruppe mit einem Geschosshagel aus zwölf Kanonen. Doch hatten sie schnell ihre Munitionsvorräte verschossen, und nun erzielte die kleine österreichische Kampfgruppe mit ihrer einzigen Kanone auf den drei französischen Schaluppen schwere Treffer, worauf der überlegene Verband den Kampf aufgab und zum helvetischen Ufer zurückkehrte. In seinem Bericht schrieb Williams über seine letzte Kampfhandlung des Seekriegs: »[...] mich schmerzt, daß die mit so großen Kosten errichtete Flotte gerade jetzt desarmiert worden, wo ich gegen den Feind so wesentliche Dienste hätte leisten können«.

Oberstleutnant Ernest Freiherr von Williams führte seine Offiziere und die letzten verbliebenen regulären Soldaten samt den Geschützen nach Feldkirch. Die abgerüsteten Schiffe des Bodenseegeschwaders fielen in Bregenz in die Hände der Franzosen, welche einige der erbeuteten Boote erneut aufrüsteten, armierten und in Dienst stellten. Sie nutzten nun ihre Militärpräsenz zu Fahrten an die deutschen und österreichischen Uferorte, trieben Requisitionen ein und stürzten die Bevölkerung in große Armut. Auch zwangen sie die Schiffsleute zu kostenlosen Transportfahrten. Dies bekam besonders die Staader Schifferschaft zu spüren, die Akte enthält auch nach dem 2. Mai 1800 (Abzug der Österreicher) bis zum 9. Februar 1801 (Friedensschluss von Lunéville) täglich Aufzeichnungen mit Fahrten zu allen gängigen Häfen und Landeorten zwischen Lindau und Schaffhausen.[13] So mussten sie z. B. am 4. Juni 1800 ein ganzes Schiff voller »Pleßierter« (verwundeter) Franzosen nach Schaffhausen fahren, wofür sie (für Hin- und Rückfahrt) 3 Tage benötigten. Die allerletzte dieser unbezahlten Zwangsfahrten des 2. Koalitionskriegs machten sie noch am 11. Februar 1801, also 2 Tage nach dem Friedensschluss: Sie fuhren »ein Commando

13 Siehe Anm. 5

von der Festung Hohenwiel so Bulver in Lindau abzuholen« (zur Sprengung der Festung Hohentwiel).

Eine analytische Bewertung dieses Kriegs auf dem See hinterfragt den Nutzen der österreichischen Flotte im Rahmen des militärischen Gesamtgeschehens. Williams konnte zwar die Schaffung der französischen Flotte nicht verhindern, aber es ist ihm gelungen, mit der österreichischen Flotte diese von Landungsunternehmen gegen das deutsche Ufer abzuhalten. Auch der wichtige Handelsverkehr konnte ohne Störung oder Unterbrechung durch den Einsatz vor allem der Patrouillenboote aufrecht erhalten werden. Den Schutz des Bodensee-Nordufers konnte Williams bis fast zum Schluss im Mai 1800 allein mit der Flotte gewähren, Landtruppen der Reichsstände und der Österreicher brauchten nicht von anderen Brennpunkten abgezogen und am See-Nordufer stationiert werden. Die Schutzfunktionen für den Warenhandel mit Schiffen, den Nachschubtransport für das Landmilitär sowie der Schutz für die Zivilbevölkerung wurden durch die von Williams geführte Flotte also gewährleistet. Anders sieht es mit den Offensivunternehmungen der Flotte aus. Sie brachten lediglich einige lokale Erfolge, die keinen Einfluss auf das militärische Geschehen der Landstreitkräfte hatten.

Nachspiel – die Landkarte um den Bodensee verändert sich

Mit dem Frieden von Lunéville am 9. Februar 1801 musste das Reich das ganze linke Rheinufer an Frankreich abtreten. Die deutschen Fürsten, welche links des Rheins territorialen Besitz gehabt hatten, wurden durch die Säkularisation von Kirchenbesitz im Reich entschädigt. So bekam die kleine Markgrafschaft Baden am Bodensee die Herrschaften des Hochstiftes Konstanz (Fürstbischof) mit der Residenzstadt Meersburg und dem Städtchen Markdorf, die Reichsprälaturen Salem und Petershausen und deren reichem Besitz sowie viel Besitz der kleineren Klöster. Der Reichsdeputationshauptschluss von 1803 bestätigte diese territorialen Veränderungen. Der Deutsche Orden (Kommende Mainau und die Reichsballei Elsass und Burgund) konnte sich dank der engen Anlehnung an das Haus Habsburg noch unbeschädigt halten. So schlossen schon am 17. Juli 1804 das »Kurbadische Hofratscollegio zu Mörsburg und das Comthurey Maynauische Oberamt« eine gemeinsame »Schifffahrtsverordnung« ab.[14] Sie wurde gedruckt und auch an den Abfahrtsstellen in Staad und Meersburg öffentlich angeschlagen. Sie enthält einige ordnungsrechtliche sowie schifffahrtsbetriebliche Bestimmungen und vor allem ein umfangreiches Tax-Verzeichnis. Das Kurfürstentum Baden hatte im Linzgau Fuß gefasst.

Der 1805 ausgebrochene 3. Koalitionskrieg berührte den Bodensee nur wenig, hatte aber gravierende territoriale Auswirkungen. Napoleons Blitzsieg von Austerlitz und die Besetzung Wiens zerbrachen die Machtposition Österreichs in Südwestdeutschland endgültig. Im Friedensvertrag von Preßburg musste Österreich Tirol und Vorarlberg an Bayern, seine Länder im südwestdeutschen Raum, das sogenannte

14 GLA Karlsruhe 93 Nr. 476 Neue Schifffahrts- und Taxordnung von 7. Juni 1804 für die Schiffsleute zu Meersburg und Staad

Vorderösterreich, an die neugebildeten bzw. vergrößerten Länder Baden und Württemberg abtreten.

Die Tiroler und Vorarlberger konnten sich mit dem Anschluss an Bayern nicht abfinden. Sie wagten den Aufstand 1809, blieben aber trotz drei gewonnener Schlachten am Berg Isel ohne dauernden Erfolg, der Kaiser in Wien musste die Abtretung an Bayern erneut bestätigen. Erst mit den Befreiungskriegen kehrten Tirol und Vorarlberg zu Österreich zurück. 1809 hatten die aufständischen Vorarlberger nochmals versucht, mit Schiffen einen Vorstoß auf Konstanz durchzuführen. Sie nahmen die wenigen badischen Soldaten gefangen und wurden von vielen Konstanzern mit großer Freude begrüßt. Die in der Stadt vorhandenen Vorräte an Waffen und Munition, auch ihre Gefangenen, luden sie auf ihre Schiffe und kehrten nach Bregenz zurück. Ein bleibender Erfolg blieb diesem maritimen Vorstoß ins vormalige österreichische Konstanz versagt, Konstanz blieb badisch bis heute.

Die politische Landkarte rund um den Bodensee hatte sich am Ende dieser Koalitionskriege erheblich verändert. Die elf reichsunmittelbaren Herrschaften waren in die vier autonomen Staaten Baden, Bayern, Österreich und Württemberg eingegliedert worden, von denen nur Österreich schon vor 1800 am Bodensee territorialen Besitz hatte. Das Reich hatte 1806 aufgehört zu existieren, nachdem Kaiser Joseph II. die deutsche Kaiserkrone niedergelegt und als Kaiser Joseph I. das bisherige Erzhaus Österreich in eine Erbmonarchie umgewandelt hatte.

Die Kavalleriegefechte bei Orsingen im Zweiten Koalitionskrieg (1799–1801)

Von Roland Kessinger, Weinheim

Kürzlich stießen Arbeiter während Baumaßnahmen bei Orsingen auf ein Pferdegrab. Die herbeigerufene Kreisarchäologie unter Dr. Jürgen Hald untersuchte unverzüglich diesen außergewöhnlichen Fund.[1] Wenngleich die Zeitstellung nicht eindeutig geklärt werden konnte, so ist es aufgrund des Fundes einer Musketenkugel dennoch wahrscheinlich, dass das Pferdegrab aus der Zeit um das Jahr 1800 stammt, als der Hegau von den Stürmen der Revolutionskriege erfasst wurde.

Wann also könnte das Pferdegrab angelegt worden sein? Eine genauere Untersuchung zweier Schlachten, die hier im Hegau innerhalb kurzer Zeit – in den Jahren 1799 und 1800 – stattfanden, mag hierzu einen Hinweis geben.

Französische Revolution und Revolutionskriege

In Folge der Französischen Revolution von 1789 erklärte Frankreich am 20. April 1792 Österreich den Krieg. Damit begann eine Serie von Kriegen, die Europa bis 1815 nicht mehr zur Ruhe kommen lassen sollte.

Den sogenannten Ersten Koalitionskrieg konnte Frankreich siegreich beenden.[2] Im Oktober 1797 wurde zwischen Österreich und Frankreich in Campo Formio ein Frieden geschlossen, der Frankreich große Gebietsgewinne in Norditalien und den Beneluxstaaten sicherte. Darüber hinaus beanspruchten die Franzosen das von ihnen bereits besetzte linke Rheinufer als Grenze. Diese »natürliche Grenze« war früh eines der wichtigsten Kriegsziele der Revolutionäre. Viele deutsche Fürsten und Grafen, wie z. B. der Markgraf von Baden oder der Herzog von Württemberg, hätten damit aber Gebiete verloren, für die sie entschädigt werden sollten. Zur Klärung der Entschädigungsfragen wurde 1797 ein Kongress nach Rastatt einberufen.

Für die Entschädigung der Fürsten und Grafen sollte kirchlicher Besitz herhalten. Die Idee der Säkularisation, also der Enteignung kirchlicher Würdenträger und die Übertragung des Besitzes auf weltliche Herrscher, war auch im Alten Reich nichts völlig Unbekanntes. Aber die Entschädigungsfrage konnte auf dem Kongress von

1 Über die archäologische Untersuchung des Pferdegrabs siehe den Beitrag von Dr. Jürgen Hald in diesem Band.

2 Zu den Ereignissen im Hegau im Ersten Koalitionskrieg siehe Kessinger, Roland, und Peter, Klaus-Michael (Hg.): »Als wenn die Hölle offen wär«. Der Hegauer Aufstand und die Kriegskassenraube 1796. Hegau-Bibliothek Band 131. Singen (Hohentwiel) 2006

Rastatt nicht gelöst werden. Zu schwer hätte dieser Eingriff die Struktur des Reiches erschüttert. So verhandelten die Diplomaten des Kaisers zäh und versuchten, eine Entscheidung hinauszuzögern.

Währenddessen kam Frankreich innenpolitisch immer noch nicht zur Ruhe. So marschierten auch die Truppen wieder. Im Frühjahr 1798 wurde die Schweiz von französischen Truppen besetzt und zu einem Kooperationsvertrag gezwungen. Das war ein willkommener Anlass für die Österreicher, sich in die Schweizer Angelegenheiten einzumischen. Noch 1798 rückten österreichische Truppen in Graubünden ein. Es war nur noch eine Frage der Zeit, ehe das Pulverfass wieder explodierte.

Die Rastatter Verhandlungen zogen sich 1798 ergebnislos hin. Auch die politischen Spannungen nahmen im Verlauf des Jahres weiter zu. Im Sommer 1798 startete Napoleon Bonaparte zu einer Ägyptenexpedition gegen das Osmanische Reich, die aber schon im Herbst 1798 mit der Versenkung der französischen Flotte vor Abukir durch die Engländer scheiterte.

Der Vorstoß Bonapartes ins östliche Mittelmeer brachte das Osmanische Reich und Russland auf den Plan, die sich beide zusammen mit England in einer zweiten antifranzösischen Koalition zusammenfanden. Ende 1798 traten dieser Koalition auch Österreich und das Königreich Neapel bei. Europa rüstete sich für einen neuen Krieg. Noch während in Rastatt verhandelt wurde, marschierte am 1. März 1799 die französische Donauarmee unter General Jourdan in Süddeutschland ein. Damit brach der Zweite Koalitionskrieg in Mitteleuropa aus.[3]

Der Zweite Koalitionskrieg beginnt

Frankreich wählte eine offensive Strategie, um sich der militärischen Übermacht der Koalition (250 000 Franzosen gegen 300 000 Österreicher und 50 000 Russen) zu erwehren. Für den französischen Schlag gegen Österreich hatte Jourdan mit seiner Donauarmee nach Bayern vorzustoßen, während zwei weitere Armeen von der Schweiz und Italien aus Tirol erobern sollten.

Die Donauarmee bestand aus den fünf Divisionen der Generäle Ferino, Souham, St. Cyr, Soult und d'Hautpoul sowie einer Abteilung unter Divisionsgeneral Vandamme. Der französische Vormarsch erfolgte zunächst ohne Widerstand über den Schwarzwald durch den Hegau nach Oberschwaben. Den mehr als 60 000 Mann des Erzherzogs Karl, dem österreichischen Oberkommandierenden, konnte Jourdan aber nur knapp 40 000 Soldaten entgegen stellen. So wurde Jourdans Vorhut am 21. März 1799 in der Schlacht bei Ostrach zerstreut und seine Armee zog sich bis zum 24. März auf die Linie Singen-Engen-Tuttlingen zurück.[4]

3 Die Zeit des Zweiten Koalitionskriegs mit dem Schwerpunkt der Schlachten von Stockach und Engen wird umfangreich beschrieben in: Schütz, Werner, und Kessinger, Roland: Die Revolution ist uns nah! Eine Militärgeschichte des Hegaus von 1792 bis 1801. Hegau-Bibliothek Band 107. Eigeltingen 2000

4 Zur Schlacht von Ostrach: Weber, Edwin Ernst (Hg.): Ostrach 1799. Ostrach 1999

Die Schlacht von Stockach – Erste Kämpfe am 24. März

Divisionsgeneral Jean-Baptiste Jourdan (1762–1833), der die französische Rheinarmee im Frühjahrsfeldzug 1799 kommandierte. Nach der Niederlage bei Stockach wurde er abgesetzt, später unter Napoleon aber noch zum Feldmarschall befördert. (Sammlung Alfred Umhey)

Nach der Schlacht von Ostrach verfolgten die österreichischen Vorhutkolonnen die Franzosen. Die rechte österreichische Vorhutbrigade unter Generalmajor Merveldt marschierte auf der Straße an der Donau über Meßkirch, Schwandorf und Neuhausen ob Eck gegen Liptingen, während der Großteil der Vorhut unter Feldmarschallleutnant[5] Nauendorf auf der Straße von Pfullendorf in Richtung Stockach den Franzosen nachfolgte.[6]

Am 24. März griff Merveldt die französische Division St. Cyr bei Schwandorf an und besetzte Neuhausen ob Eck sowie zunächst auch Liptingen. Doch um Liptingen und die östlich davon liegende Ebene entbrannte am Nachmittag ein heftiger Kampf, nachdem St. Cyr zum Gegenangriff antrat. Bis zum Abend mussten sich die Franzosen wieder bis westlich von Liptingen zurückziehen. Die Verluste waren auf beiden Seiten hoch. St. Cyr verlor am 24. März bei Liptingen 732 Mann, während Merveldt 768 Tote, Verwundete und Gefangene zu beklagen hatte.

Nauendorf vertrieb am gleichen Tag die Franzosen aus Stockach und Eigeltingen und bezog bei Eigeltingen Stellung. Die leichten Truppen der österreichischen Vorhut drangen von Eigeltingen noch bis Aach vor. Hinter Aach verstärkte sich der französische Widerstand und es kam hier im Verlauf des Tages noch zu einigen kleine-

5 Der Rang eines Feldmarschallleutnants in der österreichischen Armee entsprach dem Divisionsgeneral in der französischen Armee, der Rang eines österreichischen Generalmajors demjenigen eines französischen Brigadegenerals.

6 Die österreichischen Originalquellen der Armee zur Schlacht von Stockach finden sich in: Österreichisches Staatsarchiv Wien, Kriegsarchiv, Alte Feldakten, Deutschland, 1799/3/179 und 225. Neuere Literatur zur Schlacht von Stockach auch: Schuster, Hans-Joachim (Hg.): Die Schlacht bei Liptingen 1799. Tuttlingen 1999. Französische Quellen: Jomini, Antoine de: Histoire critique et militaire des Guerres de la Révolution, Tome 11. Paris 1824; Jourdan, Jean Baptiste: Precis des Opérations de l'Armée du Danube sous les ordres du Général Jourdan. Paris An VIII (1800); Picard, Ernest und Paulier, Victor: Mémories et Journaux de Général Decaen, Tome I. Paris 1910; Saint-Cyr, Gouvion: Mémoire pour servir à l'histoire militaire sous le Directoire, le Consulat et l'Empire, Tome I. Paris 1831

ren Gefechten mit Einheiten der Division Souham. Aach konnte bis am Abend von den Österreichern gehalten werden.[7]

Ebenfalls am 24. März wurde Generalmajor Schwarzenberg von Stockach auf der nach Schaffhausen führenden Hauptstraße (Chaussee) Richtung Singen vorgeschickt und bezog bei Steißlingen Position.[8] Eine Abteilung der österreichischen Brigade Piacseck unter dem Kommando von Oberstleutnant Widersperg wurde am selben Tag auf der Straße von Stockach gegen Radolfzell vorgeschickt und passierte Stahringen. Radolfzell selbst blieb von den Franzosen besetzt. Die Hauptmacht der österreichischen Armee rückte am 24. März von Pfullendorf in das Lager von Stockach.

Merveldt verlangte am Abend des 24. März dringend Verstärkungen, die er auch erhielt, um damit am Folgetag die Division St. Cyr angreifen zu können. Um 23 Uhr erhielt er vom Erzherzog den Befehl, am folgenden Tag nach Tuttlingen vorzustoßen und so weit wie möglich westwärts vorzudringen. Damit würden die Einheiten St. Cyrs und Vandammes von der Hauptarmee bei Engen getrennt. Allerdings plante auch Jourdan einen Angriff bei Liptingen.

Jourdans Schlachtpläne

Jourdan stand am Abend des 24. März 1799 mit drei Divisionen (Souham, Soult, d'Hautpoul) bei Engen, eine weitere (Ferino) lag bei Singen und die fünfte wurde unter St. Cyr bei Emmingen ob Egg aufgestellt. Am Abend befand sich Jourdans Hauptquartier immer noch in Engen. Dort informierte ihn St. Cyr über die heftigen Kämpfe bei Liptingen. Jourdan plante bisher, sich in den Schwarzwald zurückzuziehen, um dort auf Verstärkungen zu warten. Doch am Abend des 24. März änderte er seine Meinung und ließ den Rückzug stoppen. Vermutlich wollte Jourdan die Helvetische Armee unterstützen, nachdem Masséna am 22./23. März vor Feldkirch beim Versuch, die österreichischen Verschanzungen zu erstürmen, erneut gescheitert war. Daraufhin schickte Masséna einen dringenden Hilferuf an Jourdan mit der Bitte um Unterstützung.

Neben dem Hilferuf dürfte auch eine falsche Lageeinschätzung im französischen Oberkommando zur Entscheidung Jourdans geführt haben. So wurde vermutet, Erzherzog Karl habe von seiner Armee starke Abteilungen nach Vorarlberg entsandt und sei nun zahlenmäßig geschwächt. Ein überraschender Angriff konnte demnach das Ergebnis von Ostrach annullieren. Dies war eine Fehleinschätzung, dennoch plante Jourdan seinen Angriff für den 25. März so, als ob der Erzherzog seine numerische Überlegenheit verloren habe. Die ganze Donauarmee sollte am frühen Morgen angreifen, wobei der Schwerpunkt der Operationen auf dem linken Flügel lag. Bei Liptingen und Neuhausen ob Eck sollten die Divisionen St. Cyr, Soult und d'Hautpoul sowie die »Flanquers de Gauche« unter Vandamme vorstoßen. Nach

7 Die Kämpfe um Aach 1799 sind auch beschrieben in: Kessinger, Roland: Untergang der Stadt Aach am 25. März 1799? In: HEGAU 60, 2003, S. 257–260

8 Über die Straßen und Chausseen im Hegau um 1800 siehe Kessinger, Roland: Chausseen um 1800 im Hegau. In: HEGAU 68, 2011, S. 57–70

einem Anfangserfolg sollte nur Soult mit seiner Division nach Süden Richtung Stockach marschieren, während St. Cyr und Vandamme die österreichische Rückzugslinie bei Pfullendorf über Meßkirch erreichen sollten. Gleichzeitig hatten Ferino und Souham von Singen bzw. Aach aus nach Nenzingen vorzustoßen, sich dort zu vereinigen und unter Ferinos Kommando Stockach zu nehmen.

Aufgrund der Dispositionen des Erzherzogs traf der französische Angriff bei Liptingen auf einen rechten österreichischen Flügel, der etliche Kilometer von der Hauptarmee bei Mahlspüren durch den Grauen Wald getrennt war. Dennoch hatte Karl insgesamt mehr als 60000 Mann zur Verfügung, während Jourdan nur etwa 35000 in den Kampf führen konnte.

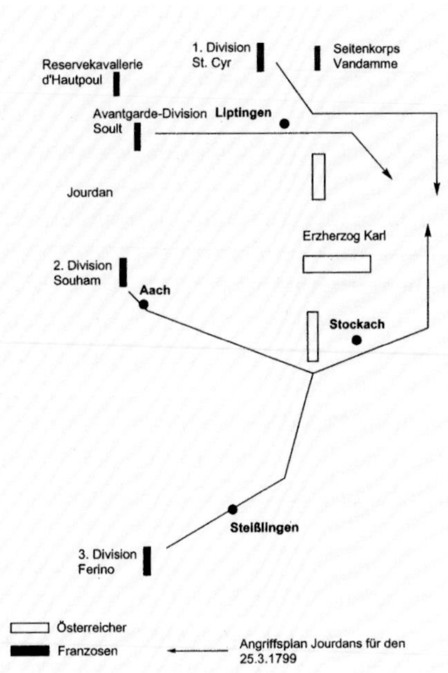

Die Skizze zeigt den französischen Angriffsplan für den 25. März 1799 bei Stockach. General Jourdan beabsichtigte eine Umfassung des Gegners bei Stockach, die ihm aber nicht gelang. (Skizze: Verfasser)

Beginn der Schlacht am 25. März

Mit Tagesanbruch rückten die Österreicher am 25. März zu einer Feindaufklärung von Eigeltingen-Aach aus Richtung Engen vor. Erzherzog Karl wollte sich hier nach den Kämpfen des Vortages um Aach selbst ein Bild von der Feindlage machen. Bald aber trafen beunruhigende Nachrichten von einem schweren französischen Angriff bei Liptingen ein.

Sofort begab sich Erzherzog Karl zu seinem bedrohten rechten Flügel. Die Truppen Merveldts erhielten Befehl, sich von Liptingen auf die Stellung der Hauptarmee nördlich von Stockach zurückzuziehen, während Nauendorf mit dem Gros seiner Vorhuttruppen von Aach-Eigeltingen Richtung Raithaslach und Mahlspüren marschieren sollte, um die Nellenburg von Norden zu decken. Auch die bei Steißlingen und Stahringen vorgeschobenen österreichischen Truppen sollten sich auf die um die Nellenburg postierte Hauptmacht zurückziehen. Das Kommando über den bei der Nellenburg postierten linken Flügel erhielt nun Feldmarschallleutnant Staader.

Inzwischen wurde für die Österreicher die Lage am Morgen bei Liptingen kritisch. Die zahlenmäßig stark unterlegenen Truppen unter Merveldt waren hier in Auflösung und flohen Richtung Meßkirch oder durch den Grauen Wald in Richtung Stockach.Nachdem die Truppen Merveldts auf dem rechten Flügel in die Flucht geschlagen waren, traf Jourdan aber eine folgenschwere Entscheidung. In der Überzeugung, den gesamten rechten Flügel des Gegners zerschlagen zu haben, schickte er nur Soult zur Verfolgung nach Stockach, während St. Cyr und Vandamme wie geplant ihr Umfassungsmanöver Richtung Messkirch und Pfullendorf durchführen sollten.

Nun trennte Jourdan also die Kräfte auf seinem linken Flügel, um den Erfolg zu vervollkommnen. Soult sollte der Landstraße (Chaussee) von Neuhaus[9] nach Stockach folgen. D'Hautpouls Reservekavallerie wurde hingegen in der Ebene bei Liptingen zurückbehalten. Gleichzeitig sollte Divisionsgeneral Vandamme am linken Flügel Soults Richtung Schwandorf, Mühlingen und Krumbach vorstoßen, um in den Rücken der Österreicher zu gelangen. St. Cyr, dessen Einheiten bislang in keine heftigen Kämpfe verwickelt waren, hatte ein weit ausholendes Umfassungsmanöver durchzuführen. Er sollte über Meßkirch hinaus nach Pfullendorf marschieren und ein klassisches »Manoeuvre sur les derrières« durchführen.

Je weiter die Franzosen mit der Division Soult aber auf der Chaussee von Liptingen nach Stockach vorrückten, umso mehr versteifte sich der österreichische Widerstand, da die Franzosen nun der österreichischen Hauptarmee näher kamen. Zwischen Raithaslach und Zizenhausen erwarteten die Österreicher schon ihre Gegner. Es folgte ein zweistündiger, äußerst erbitterter Kampf in diesem Gebiet. Zunächst waren die Österreicher noch nicht erfolgreich und bei den Kämpfen fiel sogar Feldmarschallleutnant Fürst Karl Alois von Fürstenberg. Dann aber gelang es Erzherzog Karl, aufgrund der zahlenmäßigen Überlegenheit eine effektive Abwehr zu organisieren und die Division Soult schließlich sogar wieder bis Liptingen zurückzuwerfen.

Am späten Nachmittag griff die französische Kavallerie unter d'Hautpoul nochmals auf der Ebene östlich von Liptingen an, doch auch dieser Angriff scheiterte. Die Österreicher hatten einen hart umkämpften Sieg errungen. Nach den schweren Kämpfen lagerten die Österreicher in der Nacht in einem Halbkreis um Liptingen. Die österreichische Frontlinie zog sich südlich des Dorfes über die Homburg nach Neuhaus bis Neuhausen. Die Franzosen hielten noch Liptingen besetzt. Ihre Hauptmacht, Teile der Vorhutdivision Soult und der Reservedivision d'Hautpoul, lagerten in einem Wald nordwestlich von Liptingen und nahe der Landstraße von Liptingen nach Tuttlingen.

Kavalleriegefechte um Orsingen am 25. März

Die Schlachtentscheidung fiel also bei Liptingen. Da hier aber aufgrund der archäologischen Funde vor allem die Kämpfe in der Nähe von Orsingen von Interesse sind, sollen diese im Folgenden etwas ausführlicher geschildert werden.

Nach dem französischen Angriff bei Liptingen hatten die österreichischen Vorhuttruppen unter Schwarzenberg und Oberstleutnant Widersperg bei Friedingen bzw. Stahringen Befehl erhalten, in die Stellung der Hauptarmee bei der Nellenburg einzurücken. Die von Radolfzell vordringenden Franzosen der Brigade Ruby verfolgten die Österreicher unter Oberstleutnant Widersperg kaum und brachen ihren Vormarsch vermutlich bei Stahringen ab.

9 Heute Gasthaus Neuhaus Schuhfranz

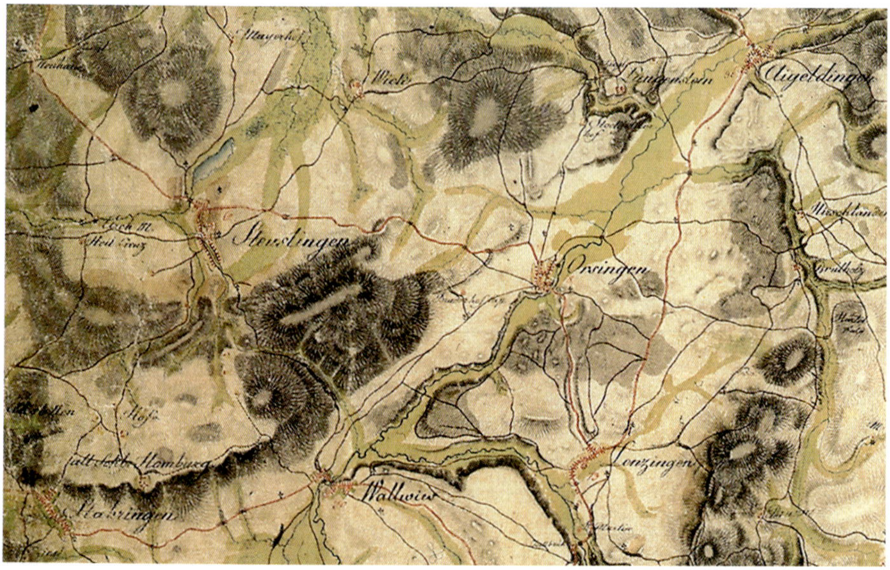

Ausschnitt aus der sog. Schmittschen Karte von 1797 mit der Umgebung von Orsingen. Die Karte wurde vom österreichischen Generalstab vor Ausbruch des Zweiten Koalitionskriegs für militärische Zwecke angefertigt. Sie ist gewestet, d. h. Westen ist oben. Gut zu sehen ist, wie die Chaussee (rote Linie) Schaffhausen – Stockach – Ulm durch Steißlingen und Orsingen führt. (Österreichisches Staatsarchiv Wien, Kriegsarchiv)

Die Division Ferino ging hingegen viel ungestümer vor. Ferinos rechte Brigade unter Brigadegeneral Tharreau griff von Singen aus bereits bei Tagesanbruch Schwarzenbergs Einheiten bei Friedingen an. Die Brigade Schwarzenberg bestand an diesem Tag aus vier Kompanien Grenzscharfschützen, dem 12. Leichten Bataillon »Rubinitz«, dem 2. Ulanenregiment und dem 4. Husarenregiment »Vecsey«.

Die Brigade Schwarzenberg, obwohl noch durch das Infanterieregiment Nr. 3 »Erzherzog Karl« verstärkt, konnte dem Druck nicht standhalten. Nachdem Schwarzenberg darüber hinaus bemerkt hatte, dass die linke Brigade Ferinos unter Brigadegeneral Jacopin schon Wiechs bei Steißlingen erreicht hatte und so die Gefahr der Einkreisung bestand, gab Schwarzenberg auch aufgrund von Anweisungen der Armeeführung dem Infanterieregiment »Erzherzog Karl« Befehl, in die Stellung der Hauptarmee zurückzugehen. Inzwischen waren die ersten französischen Plänkler schon auf dem Hügel erschienen, auf dem Schwarzenberg seine Kavalleriekanonen postiert hatte und der vermutlich bei Steißlingen lag. So entschloss er sich gegen Mittag zum weiteren Rückzug in Richtung Orsingen. Da ihm Ferinos Einheiten auf den Fersen waren, gestaltete sich der Rückzug schwierig. Die 2. Ulanen bildeten unter Oberstleutnant Liechtenstein die Nachhut und deckten den Rückzug der leichten Infanterie unter schweren Verlusten. Das 2. Ulanenregiment verlor vom 24. bis 26. März 21 Pferde, 49 wurden verwundet.

In seinem Bericht über das Gefecht vom 31. März erwähnte Schwarzenberg besonders Oberstleutnant Fürst Liechtenstein sowie Obristwachtmeister (Major) von Sinzendorf und Rittmeister Bretschneider vom 2. Ulanenregiment sowie Oberstleutnant Tevulle von den Vecsey-Husaren. Dies zeigt, dass die österreichische Kavallerie bei den Rückzugsgefechten im Raum Orsingen wichtig war, gleichzeitig aber auch bedeutende Verluste erlitt. Bei den nahe Orsingen begrabenen Pferden könnte es sich also beispielsweise um solche handeln, die bei den Rückzugsgefechten der Österreicher von Steißlingen in Richtung Nellenburg am 25. März 1799 getötet wurden.

Während die österreichische Kavallerie den Rückzug bei Orsingen deckte, schoss die österreichische Artillerie mit Kartätschen auf die Verfolger und verschaffte so den Einheiten Schwarzenbergs weitere Luft, so dass diese eine neue Position zwischen Orsingen und Nenzingen an der Chaussee von Steißlingen nach Stockach beziehen konnten.

In der Gegend von Nenzingen waren mittlerweile auch die Einheiten der linken Brigade Ferinos unter Jacopin angekommen, die Schwarzenbergs rechte Flanke schon um die Mittagszeit von Wiechs aus bedroht hatten. Nachdem Schwarzenberg Nenzingen erreicht hatte, formierten sich die Österreicher auf einer kleinen Ebene bei diesem Dorf. Es folgte eine folgenlose gegenseitige Kanonade, ehe Ferino sich zum Angriff auf den Wald an der Chaussee von Aach nach Stockach entschloss. Drei Mal musste er angreifen, ehe er die Österreicher aus dem Wald werfen konnte. Dann formierten sich die Österreicher nach 15 Uhr hinter Nenzingen neu.

Kämpfe im Gebiet Nenzingen-Wahlwies

Die Verteidigung des linken Flügels der österreichischen Hauptarmee südlich der Nellenburg wurde von Feldmarschallleutnant Staader organisiert. Schwerpunkte der österreichischen Abwehr waren am Nachmittag der Hügel der Nellenburg und Wahlwies. Während die Österreicher ihre Einheiten neu formierten, hatte die Division Ferino eine Linie zwischen Nenzingen und Wahlwies erreicht. Hier musste Ferino auf Souham warten, der ja gemeinsam mit ihm nach Stockach vorstoßen sollte. Als dieser nicht erschien, entschloss sich Ferino zum Handeln. Er griff am späten Nachmittag die österreichische Abwehrstellung zwischen dem Berg der Nellenburg, Nenzingen und Wahlwies an. Bei Nenzingen standen Ferino nicht mehr viele Truppen zur Verfügung. Nur eine kleine Kavallerieeinheit konnte Nenzingen durchqueren, wurde aber gegen 16 Uhr von der auf dem Hügel der Nellenburg postierten österreichischer Artillerie gestoppt.

Der Kampf um Wahlwies war wesentlich härter. Hier konzentrierte Ferino am Nachmittag seine Truppen. Gegen 16 Uhr begann der Angriff auf das Dorf. Die Franzosen konnten die Hälfte des Dorfes Wahlwies bis zur Stockacher Aach erstürmen, kamen dann aber im Kugelhagel nicht mehr weiter. Vereinzelte Straßenkämpfe flammten hier bis gegen 21.30 Uhr immer wieder auf, aber die Österreicher hielten die Stellung. Schließlich mussten sich Ferinos Einheiten zurückziehen. Etliche Tote blieben zurück, die später auf dem Wahlwieser Friedhof beerdigt wurden. Geschlagen musste sich die Division Ferino bei Anbruch der Nacht in die sumpfige Ebene bei Wiechs zurückziehen.

Die österreichischen Verluste waren am 25. März schwer. 15 Offiziere, darunter Feldmarschallleutnant Fürstenberg und Oberst von Anhalt-Bernburg, sowie 403 Soldaten wurden getötet, 61 Offiziere und 1964 Mann wurden verwundet und 60 Offiziere sowie 2702 Mann waren vermisst oder gefangen.

Österreichische Kavalleristen um 1799. Das Bild zeigt von links nach rechts einen Ulanen, einen Kürassier und einen Husaren. Bei den Rückzugsgefechten der Brigade Schwarzenberg um Orsingen deckten Ulanen und Husaren die abziehende Infanterie. (Bildersammlung Alfred Umhey)

Auf französischer Seite stellte sich die Lage ähnlich dar. Jourdan verlor 3654 Mann von etwa 35 000, die er auf dem Schlachtfeld vereinigen konnte. Eine genauere Aufstellung der Verluste gibt auch einen Hinweis auf die Heftigkeit der Kämpfe, welche die jeweiligen Einheiten durchzustehen hatten. Die 1. Division Ferino verlor zusammen mit der Brigade Ruby 476 Mann. Die 2. Division Souham meldete einen Offizier und 66 Soldaten als getötet, drei Offiziere und 275 Mann als verwundet und fünf Offiziere sowie 103 Mann als vermisst oder gefangen. Die 3. Division St. Cyr hatte 214 Tote und Verwundete sowie 416 Gefangene zu beklagen. Am schwersten traf es die Vorhutdivision Soult mit 1257 Toten und Verwundeten und 726 Gefangenen, während die Reservedivision d'Hautpoul nur 112 Tote und Verwundete meldete. Diese Aufstellung belegt, dass Soults Einheiten im Grauen Wald schwer dezimiert worden waren.

Nach der Schlacht von Stockach

Bereits in der Nacht vom 25. auf den 26. März zogen sich die Franzosen von Liptingen und Neuhausen ob Eck nach Tuttlingen und Mühlheim zurück. Wahlwies griffen die Franzosen am 26. März nochmals erfolglos an. Danach zog sich die gesamte französische Armee in mehreren Kolonnen über Donaueschingen und das Kinzigtal sowie über Engen-Bonndorf-Neustadt und das Höllental bzw. über Waldshut nach Basel ins Elsass zurück. Von dort rückten viele Einheiten in die Schweiz und bezogen am Hochrhein Posten. Die österreichische Armee blieb zunächst im Hegau stehen. Anfang April 1799 wurde der Rastatter Kongress aufgelöst. Dennoch hielt sich das Heilige Römische Reich zunächst formal aus dem neuen Konflikt heraus.

Auch in Italien waren die Österreicher zusammen mit russischen Truppen im Frühling 1799 zunächst erfolgreich. Dann marschierte Erzherzog Karl aus dem Hegau in die Schweiz ein und siegte in der Ersten Schlacht von Zürich (3.–6. Juni). Dann erstarrten die Fronten. Die Österreicher wollten wieder aus der Schweiz abmarschieren und dort russischen Truppen Platz machen, die einerseits von Italien, andererseits über den Hegau dorthin ziehen sollten. Doch die Koordination der Aktionen misslang und so wurden die Russen in der Zweiten Schlacht von Zürich am 25./26. September 1799 von den Franzosen schwer geschlagen. Die Reste der russischen Regimenter retteten sich über den Rhein in den Hegau. Schnell rückten nun wieder österreichische Truppen in den Hegau und die Russen zogen sich Richtung Bayern zurück. Spannungen und gegenseitige Schuldzuweisungen zwischen Russland und Österreich waren die Folge dieser Katastrophe, und im Herbst 1799 verließen die Russen enttäuscht die Zweite Koalition.

Neue Pläne

Das Ausscheiden Russlands aus dem Krieg ergab für Österreich eine neue strategische Situation. Von England konnte keine Unterstützung mit Truppen erwartet werden. Zwar gelang es dem Kaiser, den Reichstag in Regensburg noch im September 1799 zur Kriegserklärung an Frankreich zu bewegen, aber nur der Schwäbische Reichskreis stellte 1000 Soldaten zur Verfügung. So musterte auch die Stadt Engen im Winter 1799/1800 Truppen für dieses Reichskontingent. Aufgrund der Schwerfälligkeit der Aushebung und der mangelnden Ausbildung stellten diese Truppen aber eher eine Belastung als eine Hilfe für die Österreicher dar.

Etwas mehr Verstärkung brachten da schon die 12000 kurpfälzisch-bayerischen Truppen und die 6000 Württemberger, die gegen englischen Sold Anfang 1800 zum kaiserlichen Heer stießen. Alles in allem war dies nur ein schwacher Ausgleich für die abgerückten Russen. So hielten es die Österreicher für ratsam, im Frühling 1800 in Süddeutschland erst einmal defensiv zu bleiben, während die in Italien errungenen Vorteile ausgebaut werden sollten.

Ganz anders die Franzosen. Sie hatten sich bis Ende 1799 beträchtlich verstärkt. Neue Rekruten waren in die Armee eingerückt und der Militärputsch Napoleon Bonapartes am 9./10. November 1799 machte klar, wo die zukünftigen Präferenzen der französischen Politik lagen.

Der neue Mann an der Spitze des Staates forderte und benötigte militärische Erfolge. Die sollte ihm auch General Jean Victor Moreau, der neue Oberbefehlshaber der Rheinarmee, liefern. Mit schnellen Vorstößen seiner am linken Rheinufer zwischen Chur und Mannheim liegenden Rheinarmee sollte er die Österreicher nach Bayern drängen und so österreichische Kräfte binden sowie die Verbindung mit Italien unterbrechen. Anschließend hatte er möglichst viele Truppen durch die Schweiz nach Norditalien zu schicken, um dort den Feldzug Napoleons gegen die Österreicher zu unterstützen. Dann würde Bonaparte selbst eine neu aufgestellte Armee aus Frankreich über die Alpen in den Rücken der bei Genua stehenden Österreicher führen. Alles hing davon ab, ob Moreau in Süddeutschland schnell erfolgreich war und dann Truppen für den Italienfeldzug Bonapartes zur Verfügung stellte.

Ende April 1800 war die französische Rheinarmee in vier Korps eingeteilt, die von den Generälen Ste. Suzanne, St. Cyr, Moreau (Moreau war gleichzeitig Oberbefehlshaber und Korpskommandant) und Lecourbe kommandiert wurden. Insgesamt war die Rheinarmee etwa 135 000 Mann stark.[10]

Die Gliederung der Österreicher war etwas komplizierter. Feldzeugmeister Baron Paul von Kray wurde im März 1800 zum neuen Oberbefehlshaber der österreichischen Armee in Deutschland ernannt. Neben den beiden unabhängigen Korps der Generäle Sztarray bei Heidelberg (mit den kurpfälzisch-bayerischen und württembergischen Verbänden) und Reuss in Vorarlberg hatte er die Hauptarmee mit den Divisionen Kienmayer, Lindenau, Baillet-Latour und Joseph von Lothringen sowie die Vorhut unter Nauendorf und die Reserve unter Kollowrat zur Verfügung. Seine Armee zählte etwa 130 000 Mann, die entlang des Rheins von Feldkirch bis Heidelberg aufgestellt waren, wobei der Schwerpunkt um das Hauptquartier bei Donaueschingen lag.

Russischer Grenadier von 1799 gezeichnet von Johann Georg Ott (1781–1808). Ott war Augenzeuge der Ereignisse und ihn beeindruckten wie viele Hegauer die fremdländischen Soldaten des Zaren. (Museum zu Allerheiligen, Schaffhausen)

Der Frühjahrsfeldzug vom April/Mai 1800

Am frühen Morgen des 25. April 1800 begannen die Operationen mit den Vorstößen der französischen Korps Ste. Suzanne bei Kehl und St. Cyr bei Breisach. Die schwachen Sicherungstruppen der Österreicher konnten nur hinhaltenden Widerstand leisten. Wie von Moreau geplant, begannen sich die Österreicher daraufhin bei Donaueschingen zu konzentrieren.[11]

10 Literatur zum Feldzug 1800 aus französischer Sicht: Azan, Paul: La Campagne de 1800 en Allemagne, Tome II. Paris 1909; Jomini, Antoine de: Histoire critique et militaire des Guerres de la Revolution, Tome 13. Paris 1824; Picard, Ernest: La Campagne de 1800 en Allemagne, Tome I. Paris 1907; Saint-Cyr, Gouvion: Mémoire pour servir à l'histoire militaire sous le Directoire, le Consulat et l'Empire, Tome 2. Paris 1831

11 Die Akten der österreichischen Armee aus dem Zeitraum vom 25. April bis zum 5. Mai 1800 umfassen folgende Bestände: Österreichisches Staatsarchiv Wien, Kriegsarchiv, Alte Feldakten, Deutschland, 1800, 4/98 bis 4/240 und 5/2 bis 5/159. Die Dokumente aus Wien werden in den folgenden Anmerkungen mit AFD (»Allgemeine Feldakten Deutschland«) abgekürzt.

Die folgenden Tage waren geprägt von einer Rechtsschwenkung der Korps Ste. Suzanne und St. Cyr mit einem anschließenden Marsch im Oberrheintal flussaufwärts. Gleichzeitig begann Moreau mit seinem Korps am 27. April einen Vorstoß aus dem Brückenkopf Hüningen. Die Österreicher leisteten weiterhin keinen größeren Widerstand, sondern warteten auf eine günstige Gelegenheit, nachdem die ersten Franzosen die Schwarzwaldpässe überquert hatten. Am 30. April hatten die Korps Moreau und St. Cyr nach kleineren Gefechten die Wutach erreicht, während das Korps Ste. Suzanne nahe Freiburg im Breisgau stand. Jetzt war Baron Kray zum Handeln bereit. Er verlangte von Nauendorf, mit seinen Truppen am 1. Mai die Wutachlinie zu halten, während Kray selbst mit der etwa 15 000 Mann starken österreichischen Hauptarmee dem Korps St. Cyr von Löffingen aus bei St. Blasien in die rechte Flanke fallen wollte.

Alles stand auf österreichischer Seite zum Angriff bereit, doch unerwartet schnell musste Kray die Attacke abbrechen. Am frühen Morgen des 1. Mai war das etwa 25 000 Mann starke Korps Lecourbe bei Hemishofen und Büsingen über den Rhein gestoßen. Schnell konnte sich die mit Booten übersetzende französische Vorhut auf dem linken Rheinufer festsetzen. Im Verlauf des Morgens wurde bei Hemishofen dann eine Pontonbrücke gebaut, über die zahlreiche Verstärkungen nachrücken konnten.

Den österreichischen Truppen unter Feldmarschallleutnant Prinz Joseph von Lothringen, der sein Hauptquartier in Singen hatte, blieb nichts anderes übrig, als sich langsam in mehreren Kolonnen auf die Linie Engen-Stockach zurückzuziehen. Die noch an der Wutach stationierten österreichischen Verbände wurden ebenfalls im Laufe des 1. Mai vom Korps Moreau attackiert. Unter schweren Gefechten zogen sie sich bis am Abend nach Zollhaus zurück.

Doch es kam für die Österreicher noch schlimmer. Nicht nur, dass sie den gesamten südlichen Hegau zwischen Singen und Schaffhausen räumen mussten, auch die mit ihnen verbündete württembergische Festung Hohentwiel kapitulierte um 23 Uhr vor den Truppen des Divisionsgenerals Dominique Joseph Vandamme. Allerdings erfuhren die Österreicher davon nichts – eine folgenschwere Lücke im österreichischen Informationssystem, wie sich später herausstellen sollte.[12] Die Kapitulation der Festung Hohentwiel entlastete die Franzosen von ihrem großen Nachschubproblem. Die Festung selbst hatte keine strategische Bedeutung, da sie keine wichtigen Verkehrsverbindungen sperren konnte. Aber auf der Festung lagerten große Vorräte, auf die das Korps Lecourbe dringend angewiesen war. Damit konnte wenigstens die Kampfbereitschaft für die nächsten Tage aufrechterhalten werden.

Das Korps Lecourbe hatte seine Stellung am Abend des 1. Mai von Singen, Hilzingen, Riedheim über Blumenfeld bis Schaffhausen. Bei Schaffhausen schloss sich der rechte Flügel des Korps Moreau an. Dieses Korps wiederum dehnte sich bis an die obere Wutach aus, wo sich dann der rechte Flügel des Korps St. Cyr befand. Das

12 Kessinger, Roland: Eine fehlende Information macht Geschichte – Wie das Nichtwissen über die Kapitulation des Hohentwiel zur Schlacht von Engen führte. In: HEGAU 61, 2004, S. 215–224

Korps Ste. Suzanne lag weiter zurück bei Freiburg und spielte bei den kommenden Ereignissen keine Rolle.

Die österreichische Position war viel ausgedehnter. Stockach wurde von etwa 8000 Mann unter Joseph von Lothringen gedeckt. Der Rest des Lothringischen Korps – etwa 2000 Mann – befand sich bei Engen. Eine kleinere österreichische Streitmacht unter Feldmarschallleutnant Klinglin lagerte bei Watterdingen. Noch weiter westlich, um Zollhaus hatte Feldmarschallleutnant Nauendorf sein Nachtlager bezogen. Die Hauptarmee unter Kray befand sich immer noch bei Löffingen, während eine Nachhut das Höllental deckte. Für Kray bestand die Hauptaufgabe nun darin, das schwer angeschlagene Korps Joseph von Lothringen zu decken. Für den 2. Mai erhielten daher alle österreichischen Verbände, die sich noch auf dem Randen und der Baar befanden, den Befehl, ostwärts in die Gegend von Engen zu marschieren. Interessanterweise reagierte Moreau nicht auf die österreichischen Bewegungen. So kam es auf französischer Seite am 2. Mai zu keinen größeren Truppenbewegungen.

Feldzeugmeister Freiherr Paul Kray von Krajowa (1735–1804), Kommandeur der österreichischen Truppen im Frühjahrsfeldzug 1800 in Süddeutschland. Nach mehreren Niederlagen musste er im Sommer 1800 sein Kommando niederlegen. (Bildarchiv des Verfassers)

Am Nachmittag des 2. Mai erreichte die österreichische Hauptarmee dann Engen und bezog südöstlich der Stadt in Richtung Ehingen-Neuhausen ein Lager. Ein weiteres österreichisches Lager befand sich östlich des Hohenhewen bei Anselfingen. Die österreichische Vorpostenkette erstreckte sich von Mühlhausen über Welschingen nach Tengen und von dort bis Zollhaus. Vor Stockach besetzten österreichische Kavallerieeinheiten Steißlingen und Stahringen. Von der Kapitulation der Festung Hohentwiel hatten die Österreicher noch nichts erfahren. Im österreichischen Hauptquartier konnte man sich kein zutreffendes Bild der Lage machen und Gerüchte wollten wissen, dass die Franzosen Singen verlassen hätten. Ein schwerer Irrtum, denn um Singen und die Festung Hohentwiel konzentrierte sich gerade am 2. Mai das Korps Lecourbe zu einem Vorstoß nach Stockach. Vermutlich hätten sich die Österreicher anders entschieden und wären so der Schlacht von Engen ausgewichen, wenn sie vom Fall der Festung rechtzeitig erfahren hätten.

Der österreichische Oberbefehlshaber Kray wollte sich am 3. Mai mit einer bewaffneten Aufklärung Klarheit über die Stellung und Absichten der Franzosen im Raum Singen-Hilzingen verschaffen. Besonders die Lage um Singen sollte ausgekundschaftet werden. Hierzu sollten die zwischen Mühlhausen und Welschingen stationierten Verbände der österreichischen Vorhut nach Süden vorstoßen und einige Kavallerieeinheiten von Steißlingen und Stahringen an die Aach vorrücken. Diese Unternehmung am Morgen des 3. Mai 1800 traf aber auf die in Bereitstellung zu einem Angriff stehenden Korps Moreau und Lecourbe.

Moreau hatte sich im Verlauf des 2. Mai zu einem allgemeinen Vormarsch in drei Kolonnen entschieden. Das 25 000 Mann starke Korps Lecourbe sollte am Morgen des 3. Mai aus dem Raum Singen nach Stockach vorstoßen, während die Korps Moreau mit etwa 30 000 Mann und St. Cyr mit etwa 20 000 Mann von Süden bzw. Westen auf Engen vorrücken sollten. Es war Moreau bekannt, dass sich starke österreichische Verbände um Engen konzentriert hatten, denn am Vorabend der Schlacht war es bei Mühlhausen und Weiterdingen zu Gefechten gekommen. Außerdem besetzten französische Truppen noch im Verlauf des 2. Mai den Hohenstoffeln, von wo sie einen guten Überblick über die österreichischen Stellungen bei Engen hatten.

Die Schlacht von Engen und der Kampf um Stockach am 3. Mai 1800

Die zwischen Mühlhausen und Welschingen bereitstehenden österreichischen Aufklärungstruppen liefen am Morgen des 3. Mai auf ihrem Weg nach Süden in den allgemeinen Angriff des Korps Moreau hinein. Von Hilzingen aus vorstoßend, machte der französische Angriff mit zwei Divisionen zunächst gute Fortschritte. Mühlhausen und Welschingen konnten am frühen Nachmittag genommen werden. In der Ebene zwischen Welschingen, Neuhausen und Ehingen verstärkte sich dann der österreichische Widerstand. Ehingen wechselte mehrmals im Verlauf des Nachmittags den Besitzer, wobei es zu erbitterten Straßenkämpfen kam, konnte dann aber am Abend von den Österreichern gehalten werden. In der weiten Ebene zwischen Ehingen und Welschingen machte sich die österreichische Überlegenheit an Kavallerie und Artillerie besonders bemerkbar, während sich die französische Überlegenheit mit Infanterieverbänden in der offenen Fläche wegen fehlender Deckung kaum nutzen ließ.

Große Schwierigkeiten hatte ebenfalls die Division Richepance vom Korps Moreau, die von Blumenfeld über Tengen nach Engen vorstoßen sollte. Zwischen Watterdingen und dem Ballenberg westlich von Engen traf sie auf erbitterten Widerstand. Es entwickelten sich heftige Kämpfe, in welche die Österreicher immer neue Truppen schickten. Außerdem litt die Division Richepance unter heftigem österreichischem Artilleriebeschuss. Die genauen Verlustzahlen der Division Richepance sind nicht bekannt, dürften aber deutlich mehr als 500 Mann betragen haben. Von den schweren Kämpfen in dieser Gegend zeugt noch heute der Name »Napoleonseck« für ein Gebiet westlich des Ballenbergs.

Am späten Abend rückten Teile des Korps St. Cyr der Division Richepance am linken Flügel zur Hilfe und brachten so etwas Entlastung. Allerdings konnte Engen im Verlauf des 3. Mai von St. Cyr und Richepance nicht genommen werden. Richepance musste bei Watterdingen das Nachtquartier beziehen. Das Korps St. Cyr hatte von Stühlingen her einen weiten Anmarschweg und konnte nicht mehr entscheidend in die Schlacht eingreifen. Zwar erreichte die Division Ney vom Korps St. Cyr

Die württembergische Festung Hohentwiel in einer Zeichnung von 1799. Von der kampflosen Kapitulation am 1. Mai 1800 erfuhren die verbündeten Österreicher zunächst nichts. So vermutete Feldzeugmeister Kray, dass sich die Franzosen am 2. Mai wieder aus der Umgebung von Singen zurückgezogen hätten und ließ sich daher am 3. Mai in einer ungünstigen Position in die Schlacht von Engen ziehen. (Stadtarchiv Singen)

am Abend noch Stetten, aber ein entscheidender Schlag war auch Divisionsgeneral Michel Ney nicht mehr möglich. Um Engen endete die Schlacht am 3. Mai mit einer Pattsituation. Anders war die Lage bei Stockach.

Die Kämpfe rund um Engen hatten bis am Abend des 3. Mai keine Entscheidung gebracht. Kray musste aber seine Einheiten schleunigst aus der Stellung von Engen zurücknehmen, als er vom Schicksal der Truppen unter Joseph von Lothringen bei Stockach erfuhr. Nicht nur für den Ausgang der Schlacht, sondern auch als mögliche Erklärung für das Pferdegrab bei Orsingen sind vor allem die Militäroperationen rund um Stockach am 3. Mai 1800 von Interesse und sollen daher hier etwas ausführlicher dargestellt werden.

Am 3. Mai hatte Lecourbe schon früh morgens seine Kolonnen in Marsch gesetzt, um Feldmarschallleutnant Prinz Joseph von Lothringen, der mit Feldmarschallleutnant Sporck, Generalmajor Haddik und Generalmajor Gavasini die Linie Eigeltingen-Espasingen verteidigte, anzugreifen. Lothringen besetzte mit seiner Hauptmacht das Bogental, die Wilhelmshöhe und den Spittelsberg südlich von Stockach, wobei Wahlwies und Nenzingen vor seiner Front lagen. Schwächere Kräfte des Korps besetzten wohl auch den Nellenburger Berg. Die Vorposten des rechten Flügels standen bei Orsingen und Eigeltingen, jene des linken Flügels bei Stahringen. Die österreichischen Truppen waren in dem Gebiet um Stockach sieben meist schon dezimierte Bataillone stark.[13] Als Reserve dienten die beiden kampfunerfahrenen Bataillone der Schwäbischen Reichskreisregimenter »Fürstenberg« und »Königsegg«, die bei Stockach zurückgehalten wurden. Weiterhin waren noch das 2. leichte Dragonerregiment, das 6. leichte Dragonerregiment und zwei Eskadronen der 12. Grenzhusaren in der Stellung bei Stockach. Feldmarschallleutnant Klinglin hatte schon am 2. Mai mit den Kürassierregimentern 7 und 8 eine Stellung bei Friedingen und Steißlingen eingenommen, um in diesem Bereich den Kontakt zwischen der Hauptarmee und dem Korps des Prinzen Joseph von Lothringen herzustellen.

Am Morgen des 3. Mai sollten sich auch vier Eskadronen der 2. leichten Dragoner und zwei Eskadronen der 12. Grenzhusaren unter Generalmajor Gavasini an der allgemeinen Aufklärung beteiligen, die Kray angeordnet hatte, indem sie Richtung Böhringen und Radolfzeller Aach vorstießen. Allerdings kamen diese Truppen nicht weit, da sie in die zum Angriff bereit stehenden französischen Einheiten Lecorbes liefen. Joseph von Lothringen konnte mit seinen knapp 10 000 Mann gegen die 25 000 Mann Lecourbes nur hinhaltenden Widerstand leisten, wollte die wichtige Position von Stockach aber keinesfalls kampflos räumen.

Lecourbe hatte seinen Angriff in drei Kolonnen beginnen lassen. Links sollte Vandamme mit seiner 1. Division aus dem Raum Singen-Worblingen[14] über Stahringen, Wahlwies und Bodman nach Espasingen und Sernatingen (heute Ludwigshafen) vorstoßen. Die 2. Division Montrichard hatte entlang der großen Landstraße von Singen über Steißlingen-Nenzingen nach Stockach vorzurücken. Die 3. Division Lorge wurde geteilt, eine Brigade der Division marschierte mit dem Reservekorps Richtung Mühlhausen, während die andere Brigade unter Brigadegeneral Goullus nach Aach und Eigeltingen vordringen sollte, um danach den Feind bei Stockach zu umgehen. Die Reserve unter Brigadegeneral Nansouty hatte ebenfalls auf der Landstraße von Singen über Steißlingen nach Stockach vorzurücken. Beim Korps Lecourbe sollten lediglich Ambulanzwagen den Truppen folgen.

Gemäß diesen Befehlen setzte sich die 1. Division Vandamme um 9 Uhr in Marsch. Die 2. Division Montrichard[15] und die Reserve unter Nansouty[16] rückten ab 8.30 Uhr aus ihren Bereitstellungsräumen um Hilzingen ab und marschierten dann auf der Straße von Singen nach Stockach über Steißlingen und Orsingen. Die 3. Division Lorge schließlich teilte sich in zwei Abteilungen, von denen die eine unter Brigadegeneral Goullus das Aachtal hinauf marschierte, während sich die stärkere Abteilung, geführt von Lorge selbst, mit dem Reservekorps Moreaus vereinigte und nach Mühlhausen vorstieß.

Die Division Vandamme marschierte am Vormittag ohne größeren Widerstand von Worblingen und Böhringen über Stahringen bis in die Gegend von Wahlwies

13 Infanterieregiment Nr. 7, 1 Bataillon des Infanterieregiments Nr. 9, I. und II. Bataillon des Infanterieregiments Nr. 49, sowie IV. Bataillon des 9. Peterwardeiner Grenzinfanterieregiments

14 Divisionsgeneral Vandamme hatte sein Hauptquartier in Singen, das Hauptquartier der Brigade Leval war in Worblingen.

15 37., 84., 109. Halbbrigade, 9. Husaren

16 15. Kavallerieregiment, 11. Dragoner, 12. Jägerregiment zu Pferd

Kampfszene, gezeichnet von Johann Georg Ott. Rechts im Vordergrund österreichische Husaren. Bei dem Berg im Hintergrund könnte es sich um den Hohenstoffeln, bei der Aktion um ein Gefecht in der Schlacht von Engen handeln. (Museum zu Allerheiligen, Schaffhausen)

und Espasingen.[17] Etwa um 12.30 Uhr meldete ein österreichischer Posten auf der Homburg dann den Anmarsch einer größeren Kolonne dieser französischen Division auf Wahlwies.[18]

Die Brigade Goullus von der Division Lorge rückte ebenfalls nahezu kampflos aus der Gegend von Hilzingen bis in die Gegend von Aach-Eigeltingen vor, von wo aus sie am Abend die Nellenburg im Norden umging. Über Kampfhandlungen dieser Brigade liegen keine Berichte vor, doch hat sie die Trennung des Korps Lothringen vom Rest der Armee bewirkt und vermutlich auch dessen äußersten rechten Flügel bei Eigeltingen zum Weichen gebracht.[19] Teile der Brigade konnten am Abend bis Hindelwangen gelangen.

Kavalleriegefechte um Orsingen am 3. Mai 1800

Für die Ereignisse bei Orsingen am 3. Mai 1800 sind vor allem die Operationen der französischen Divisionen Montrichard und Nansouty bedeutsam. Divisionsgeneral Montrichard (2. Division) und Brigadegeneral Nansouty (Reservedivision) marschierten mit ihren beiden Divisionen am Morgen zunächst im Bereich der großen Landstraße von Singen nach Steißlingen. Die französischen Einheiten trafen wenige Kilometer östlich von Singen bei Friedingen auf der Landstraße nach Steißlingen um ca. 9 Uhr zunächst auf Teile der Kavallerie Klinglins unter Oberst Kollonitz,[20]

17 AFD 1800/5/92
18 AFD 1800/5/89
19 AFD 1800/5/122
20 Oberst Kollonitz war Kommandeur des 7. Kürassierregiments.

dem es jedoch nicht gelang, den Gegner aufzuhalten, da die Österreicher hier über keinerlei Infanterie verfügten. Während nun die vier Eskadronen der 7. Kürassiere unter Oberst Kollonitz befehlsgemäß nach Aach auswichen,[21] bezog der andere Teil von Klinglins Kavallerie[22] nördlich von Steißlingen etwa auf der Höhe von Steißlingen-Wiechs Stellung.[23] So konnte Montrichard seinen Marsch zunächst bis Steißlingen fortsetzen.

Nördlich von Steißlingen versperrte dann erneut die Kavallerieabteilung Klinglins unter dem Kommando von Generalmajor Roe[24] den weiteren Vormarsch Montrichards auf der großen Landstraße in Richtung Orsingen. Das 15. französische Kavallerieregiment, das 12. Jägerregiment zu Pferd und das 11. französische Dragonerregiment der Reservedivision wurden zu Hilfe gerufen. Es gelang ihnen, den Weg freizukämpfen und die österreichische Kavallerie floh bis in die Gegend von Nenzingen.[25]

Es ist also auch denkbar, dass die bei Orsingen begrabenen Pferde am 3. Mai 1800 in den Kavalleriekämpfen zwischen der Kavalleriedivision Klinglin und der Reservedivision Nansouty getötet wurden.

Die österreichische Niederlage bei Stockach und ihre Folgen

Trotz des hinhaltenden Widerstands der österreichischen Kavallerie zwischen Steißlingen und Orsingen mussten die österreichischen Truppen schließlich auch hier bis östlich von Nenzingen zurückweichen.

Hinter Nenzingen bei der Nellenburg und vor allem auf dem Bogental bis zum Spittelsberg – einem Höhenzug südwestlich von Stockach – hatte Josef von Lothringen nach der Räumung von Wahlwies und Nenzingen am frühen Nachmittag das Gros seiner Kräfte aufgestellt. Trotz der guten Abwehrstellung war die Lage für Josef von Lothringen nun aber kritisch. Durch die Brigade Goullus von der Hauptarmee Krays abgeschnitten, konnte er von dort keine Unterstützung erwarten. Bereits um 13 Uhr meldete er Kray, dass er in seiner Stockacher Stellung attackiert werde. Vor allem um die rechte Flanke seines Zentrums bei der großen Landstraße von Stockach nach Engen nahe der Nellenburg war er besorgt. Dennoch wollte er Stockach nicht kampflos aufgeben und beschloss, den ungleichen Kampf anzunehmen.[26]

Die günstige Position der österreichischen Batterien in der Stellung zwischen dem Nellenburger Berg und dem Höhenzug südlich von Stockach bei Espasingen konnte die Niederlage noch einige Zeit verzögern. Gegen 15 Uhr durchbrachen dann aber die Divisionen Vandamme und Montrichard am Spittelsberg nördlich von Espasin-

21 AFD 1800/5/120 und 121
22 8. Kürassierregiment und zwei Eskadronen des 7. Kürassierregiments unter Generalmajor Roe
23 AFD 1800/5/119
24 8. Kürassierregiment und zwei Eskadronen des 7. Kürassierregiments
25 Azan, a. a. O. 1909, S. 23–24
26 AFD 1800/5/91

Französische schwere Kavallerie durchwatet einen Bach, Zeichnung von Johann Georg Ott. Neben Jägern zu Pferd und Dragonern kämpfte auch ein schweres Kavallerieregiment am 3. Mai 1800 in der Umgebung von Orsingen gegen zwei österreichische Kürassierregimenter. (Museum zu Allerheiligen, Schaffhausen)

gen-Sernatingen bzw. östlich von Nenzingen entlang der großen Landstraße nach Stockach die dünne österreichische Linie.

Gegen 16 Uhr standen die vordersten französischen Posten vor den Toren Stockachs. Die ersten österreichischen Einheiten begannen nun, den Zusammenhalt zu verlieren. Etwa um 17 Uhr drangen die ersten französischen Kavalleristen in Stockach ein. Die im Umfeld der Stadt stehenden österreichischen Truppen lösten sich nun fast vollständig auf, allein in Stockach selbst ließen sich mehrere Hundert österreichische Infanteristen gefangen nehmen. Ein Knäuel österreichischer und französischer Einheiten wälzte sich nun durch die Gassen der Stadt. Immerhin blieben noch einige österreichische Kavallerieeinheiten kampffähig und konnten den Rückzug etwas decken. Was vom Korps Lothringen übrig blieb, entkam nur mit Mühe auf den Straßen Richtung Meßkirch und Pfullendorf.[27] Im nun entstehenden Chaos wurden auch die beiden Schwäbischen Reichskreisregimenter mitgerissen und ein Großteil ihrer Mannschaft zerstreut.

Während die Kavallerie Lecourbes dem geschlagenen Gegner am Abend bis kurz vor Meßkirch folgte, gelang es der österreichischen Kavallerie, nochmals einen Angriff

27 AFD 1800/5/95

französischer Husaren auf die Flüchtenden abzuwehren. Die Infanterie Lecourbes konnte den fliehenden Österreichern nicht über Stockach hinaus folgen, schließlich war auch sie seit dem frühen Morgen auf den Beinen. Lecourbe selbst bezog am Abend sein Hauptquartier südwestlich von Stockach.

Dieser Kampf brachte Lecourbe 3–4000 Gefangene, 500 Pferde, acht Kanonen und den Besitz großer Magazine in Stockach als Beute ein. Über letzteres freuten sich die französischen Soldaten besonders, half es ihnen doch, den ärgsten Hunger zu stillen. Die exakte Zahl an Gefangenen lässt sich wohl nicht mehr genau ermitteln, allerdings teilte Lecourbe am 4. Mai Generalstabschef Dessolles mit, dass er 3200 Gefangene nach Stein am Rhein losgeschickt habe. Die Rückzugsstraßen nach Meßkirch und Pfullendorf waren übersät mit weggeworfenen Gewehren und liegengebliebenen Pferdewagen.

Auf dem Schlachtfeld waren auf beiden Seiten zahlreiche Tote und Verwundete zurückgeblieben. Die Verluste der Österreicher betrugen in der Schlacht von Engen 2400 Tote und Verwundete und etwa 4000 Gefangene. Französische Quellen behaupten, dass der Rheinarmee bei der Einnahme Engens im dortigen Behelfs-Spital etwa 800 verwundete Österreicher in die Hände gefallen seien. Die französischen Verluste sind nicht genau bekannt, dürften aber ebenfalls bei ca. 2000 Toten und Verwundeten liegen. Die Zahl der Gefangenen war sicher deutlich geringer als auf österreichischer Seite, wenngleich hier keine Zahlen vorliegen.

Die Toten wurden von der einheimischen Bevölkerung gleich an Ort und Stelle verscharrt. Das Schlachtfeld war wohl stellenweise, z. B. bei Ehingen, nach Augenzeugenberichten von Leichen übersät. Ein größeres Massengrab wurde bei der Dorfkirche in Watterdingen angelegt, wo mehr als 150 Soldaten beerdigt wurden. Einige namentlich bekannte Soldaten, die nach der Schlacht ihren schweren Verwundungen in Engen erlagen, wurden auf dem Friedhof bei der damaligen Kirche St. Martin beigesetzt. Die Lage der anderen Gräber ist heute nicht mehr bekannt. Die Stadt Engen forderte noch am 6. Mai Pferde und Helfer zum Begraben der Toten an, da aufgrund der warmen Witterung inzwischen ein unerträglicher Gestank über dem Schlachtfeld lag.

Viele Verwundete wurden in provisorische Lazarette in den Wirtshäusern rund um Engen und Stockach gebracht. Noch zwei Wochen später lagen mehr als 200 Franzosen in solchen Behelfsspitälern. Wer Glück hatte, kam in eines der Lazarette in Stockach, Meßkirch oder Schaffhausen. Immerhin kamen in der Schlacht von Engen zum ersten Mal auf französischer Seite die mobilen Sanitätseinheiten zum Einsatz, die auf die Initiative des Armeearztes und späteren Generalarztes Percy zurückgingen.

Mit der Zerstreuung des Korps Lothringen war den Franzosen ein schwerer Schlag geglückt. Die Kämpfe bei Stockach brachten der Rheinarmee einen großen Sieg, der schleunigst per Telegraf von Straßburg nach Paris gemeldet wurde. Die bei Stockach geschlagenen österreichischen Verbände waren für längere Zeit nicht mehr kampffähig und mussten zur Auffrischung in die Festung Ulm verlegt werden.

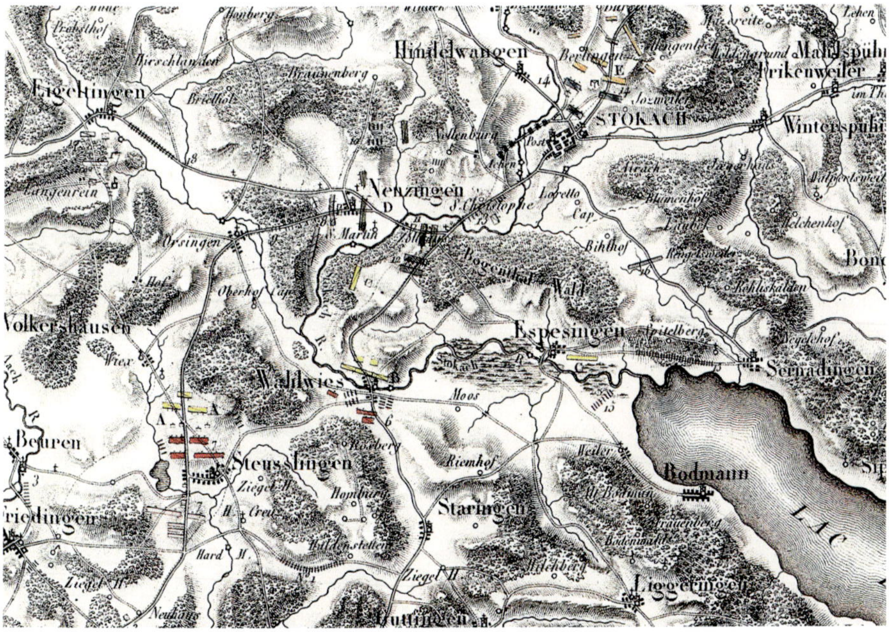

Plan aus dem militärhistorischen Werk »Histoire critique et militaire des campagnes de la Revolution« von Antoine-Henri Jomini aus dem frühen 19. Jh. zu den Kämpfen um Stockach am 3. Mai 1800. Zu erkennen ist der Vormarsch der Franzosen (rot – Stellung morgens, violett – mittags, blau – abends) bzw. der Rückzug der Österreicher (gelb – Stellung morgens, grün – mittags, orange – abends) entlang der Chausseen von Steißlingen–Orsingen–Nenzingen und Stahringen–Wahlwies nach Stockach. Besonders zwischen Steißlingen und Nenzingen versuchte die österreichische Kavallerie, den französischen Vormarsch zu verzögern. (Stadtarchiv Singen)

Anders sah es mit den bei Engen stehenden österreichischen Einheiten aus. Zwar befahl Kray am 4. Mai den Rückzug in Richtung Meßkirch, doch ganz aufgeben wollten die Österreicher noch nicht. Bis Mitte Mai kam es noch zu den Schlachten von Meßkirch (5. Mai), Biberach (9. Mai) und Memmingen (10. Mai), ehe sich die Österreicher bei Ulm verschanzten. Dabei gelangen keine großen französischen Siege mehr, aber immerhin konnte nun General Napoleon Bonaparte ungestört seine Reservearmee nach Italien führen und dort den großen Sieg von Marengo erkämpfen. Bald danach kam es auch in Deutschland zu einem Waffenstillstand.

Der Krieg war damit jedoch noch längst nicht entschieden. Erst der große französische Sieg bei Hohenlinden östlich von München am 3. Dezember 1800 nach Beendigung des Waffenstillstands brachte die Entscheidung – Frankreich hatte auch den Zweiten Koalitionskrieg gewonnen.

Der Frieden von Lunéville oder der Anfang vom Ende des Alten Reiches

Wieder einmal konnte Frankreich nun die Bedingungen für einen Frieden diktieren, der am 9. Februar 1801 in der lothringischen Stadt Lunéville geschlossen wurde.

Diesen Frieden unterzeichnete Kaiser Franz II. nun nicht nur als Herrscher Österreichs, wie den Frieden von Campo Formio, sondern auch als Oberhaupt des Reiches.

Im Friedensvertrag wurde Frankreich das linke Rheinufer zugestanden. Für mehr als zehn Jahre folgte die Grenze Frankreichs nun dem Rhein von Basel bis nach Holland. Wie bereits in den Friedensverträgen von Basel und Campo Formio angedacht, sollten die weltlichen Fürsten dafür mit Kirchengut entschädigt werden.

Die katholische Kirche des Reiches war traditionell eine starke Stütze des Kaisers, aber Kaiser Franz II. kämpfte nicht entschieden gegen die Säkularisation, auch weil er sich dadurch eine Arrondierung seines österreichischen Gebietes erhoffte. Zur Entschädigung der Fürsten hätte es auch keiner völligen Enteignung der Kirche bedurft, aber ohne die Unterstützung des Kaisers brach die Reichskirche erstaunlich geräuschlos innerhalb kurzer Zeit vollständig zusammen. In Regensburg sollte nun ein »Ausschuss« des Reichstages, eine Reichsdeputation, über die Verteilung der geistlichen Gebiete beraten. Die Entschädigung wurde 1802 aber vor allem von Frankreich und Russland gesteuert, die dabei ihre Position als Garantiemächte der Reichsverfassung nutzten.

Den französisch-russischen Entschädigungsplan nahm die Reichsdeputation im sogenannten Reichsdeputationshauptschluss vom 25. Februar 1803 weitgehend unverändert an. Dem Vorschlag der Reichsdeputation stimmte der Reichstag am 24. März 1803 zu und den Reichsdeputationshauptschluss ratifizierte der Kaiser als letztes Reichsgesetz am 27. April 1803. Neben der vollständigen Auflösung der weltlichen Herrschaft der katholischen Kirche im Reich sah er auch die Aufhebung fast aller Reichsstädte vor. Dies war eine enorme Schwächung der Reichsverfassung und des Kaisers, die das Ende des 1000 Jahre alten Reiches einläutete. 1806 versetzte Napoleon nach einem weiteren Krieg gegen Österreich (1805) dann dem Alten Reich endgültig den Todesstoß und Kaiser Franz II. legte am 6. August 1806 die Kaiserkrone und das Reichsregiment nieder. Das Alte Reich war nicht mehr und in Deutschland begann ein neues Zeitalter.

Die Revolutionskriege und das Pferdegrab von Orsingen

Wie beim archäologischen Befund zum Pferdegrab ist auch die Quellenlage zu Kavalleriegefechten bei Orsingen am 25. März 1799 und am 3. Mai 1800 nicht eindeutig. Explizit erwähnen weder die österreichischen noch die französischen Quellen um den Ort Orsingen heftige Kavalleriegefechte. Allerdings lassen die Quellen darauf schließen, dass es zumindest in der Umgebung von Orsingen in beiden Schlachten zum massierten Einsatz von Kavallerie auf beiden Seiten kam, so dass die Wahrscheinlichkeit hoch ist, dass wir es bei dem Pferdegrab in Orsingen tatsächlich mit einem außergewöhnlichen Zeugnis aus der bewegten Zeit der Revolutionskriege im Hegau zu tun haben.

Kriegsspuren bei Orsingen – Ein Pferdemassengrab aus napoleonischer Zeit?

Von Jürgen Hald und Elisabeth Stephan, Konstanz und Singen

Aus archäologischer Sicht einen Beitrag zum Aspekt »Kriege« des diesjährigen Themenschwerpunkts des Hegau-Jahrbuches zu leisten, erweist sich als vergleichsweise schwierige Aufgabe, denn der Nachweis kriegerischer Ereignisse ist nur in seltenen Fällen allein anhand von Bodenquellen, ohne erhellende Nachrichten aus schriftlichen Quellen möglich. Fehlen eindeutige Funde wie Waffen oder die Reste möglicher Gewaltopfer, so lassen sich Zerstörungshorizonte in Siedlungen, die meist nur kleinflächig erfasst werden, nicht ohne weiteres von anderen Brandereignissen, die in der Mehrzahl wohl auf Unglücke, Unachtsamkeit, Blitzschlag oder andere nichtkriegerische Ursachen zurückzuführen sind, unterscheiden. Eine Ausnahme bilden hierbei die Ruinen der Burgen und Schlösser der Region, deren Zerstörung mit kriegerischen Ereignissen oder zumindest einzelnen Kampfhandlungen im Einzelfall plausibel erklär- oder durch schriftliche Quellen gar eindeutig belegbar sind. Auch die Funde von Kanonen- und Musketenkugeln sowie Militaria im Bereich historisch verbürgter Schlachtfelder, insbesondere aus den napoleonischen Kriegszügen, können zumindest indirekt als archäologischer Beleg für diese gewalttätigen Ereignisse angeführt werden.[1]

Grabfunde mit Hinweisen auf einen gewaltsamen Tod kommen beispielsweise in merowingerzeitlichen Gräberfeldern durchaus vor, doch handelt es sich dabei meist um einzelne Bestattungen mit am Skelett nachweisbaren schweren Verletzungen, wie beispielsweise Schwerthiebe oder stumpfe Gewalteinwirkungen, die für einen Tod des Individuums im Zuge von Kampfhandlungen sprechen.[2] Regelrechte Mas-

1 Die sogenannte Schlachtfeldarchäologie, die sich speziell mit Bodenfunden zu kriegerischer Ereignissen beschäftigt, ist innerhalb der archäologischen Disziplinen noch eine junge Forschungsrichtung. Einen guten Überblick bietet hierzu: Brock, Thomas, und Homann, Arne: Schlachtfeldarchäologie. Auf den Spuren des Krieges. Archäologie in Deutschland, Sonderheft 2/2011, Stuttgart 2011

2 Zum Beispiel: Kunter, Manfred: Anthropologische Untersuchungen menschlicher Skelettreste aus dem Gräberfeld von Bohlingen, Kr. Konstanz. In: Theune, Claudia: Frühmittelalterliche Grabfunde im Hegau. Universitätsforschungen zur prähistorischen Archäologie Band 54. Bonn 1999, S. 204–230, bes. S. 219 mit Tab. 21 und Taf. 73; hierzu auch: Wahl, Joachim: Karies, Kampf und Schädelkult. 150 Jahre anthropologische Forschung in Südwestdeutschland. Materialhefte zur Archäologie in Baden-Württemberg Band 79. Stuttgart 2007, S. 111–115

sengräber, die auf kriegerische Ereignisse oder Kampfhandlungen größeren Ausmaßes hinweisen, stellen im archäologischen Befund jedoch eine Rarität dar.[3] Im Hegau wurden bei archäologischen Untersuchungen bislang keine Massengräber bekannt, die sich direkt mit Kriegsereignissen in Verbindung bringen lassen.[4]

So ist es als Glücksfall zu werten, dass bei Erdarbeiten zum neuen Camping-Resort bei Orsingen, knapp 700 m nordöstlich der Ortsmitte, im Juni 2009 Funde zutage kamen, die vermutlich auf Kampfhandlungen während der Koalitionskriege zurückzuführen sind. Der Maschinist der beauftragten Tiefbaufirma schnitt mit seiner Planierraupe in einer flachen Sandsenke ungewöhnliche Objekte an, die er noch rechtzeitig vor der Zerstörung bemerkte. Es handelte sich dabei um einige große Langknochen, die aus dem Sand hervorlugten. Da er den Verdacht hegte, menschliche Skelettreste vor sich zu haben, wurde das Polizeirevier Stockach alarmiert. Die zur Begutachtung hinzugezogene Kreisarchäologie des Landratsamtes Konstanz konnte rasch klären, dass es sich bei den sichtbaren Knochen nicht um die sterblichen Überreste von Menschen, sondern um die Skelette von Pferden handelte. Diese Einschätzung wurde durch die archäozoologische Analyse im Zuge der archäologischen Ausgrabung bestätigt.[5]

Im Folgenden sollen der archäologische und archäozoologische Befund kurz vorgestellt und der Versuch unternommen werden, diesen unter Zuhilfenahme der Analyse einzelner Funde, naturwissenschaftlicher Daten und schriftlicher Nachrichten in einen historischen Zusammenhang zu bringen.

Der archäologische Befund

Vor dem Bau des Camping-Resorts war das Geländerelief westlich der Waldgebiete »Hart« und »Herrenholz«, wie in der eiszeitlich geformten Hügellandschaft des Hegau oft anzutreffen, von Kuppen und Senken geprägt. In einer dieser Senken kamen die Tierknochen zutage. Den Untergrund bilden an dieser Stelle pleistozäne Geröll- und Sandschichten.

Bei der Freilegung zeigte sich, dass es sich nicht um die verstreuten Knochen eines einzelnen Tieres oder einiger weniger Tiere handelte, wie man sie verschiedentlich als Reste von Schwarzschlachtungen oder illegal entsorgten Tierkadavern fin-

3 Wahl, a. a. O. 2007, S. 65–70; Brock/Homann a. a. O. 2011, S. 63–92

4 Zu möglichen Massengräbern der Koalitionskriege im Hegau siehe den Beitrag von Roland Kessinger in diesem Jahrbuch.

5 Die daraufhin eingeleitete Notbergung konnte nach wenigen Tagen abgeschlossen werden. An der Fundbergung waren neben der Kreisarchäologie des Landratsamtes Konstanz die archäologische Denkmalpflege des Regierungspräsidiums Freiburg sowie die Archäozoologie des Landesamtes für Denkmalpflege am Regierungspräsidium Stuttgart beteiligt. Für Unterstützung und Mithilfe sei der Gemeinde Orsingen-Nenzingen mit Herrn Bürgermeister Volk, den ehrenamtlichen Mitarbeitern Armin Höfler und Klaus Hauschild und der Fa. Strobel gedankt. Danken möchten wir auch Dr. Roland Kessinger für wertvolle militärgeschichtliche Hinweise. Vgl. Hald, Jürgen, und Stephan, Elisabeth: Reste der Schlacht? Eine Pferdemassenbestattung bei Orsingen. In: Archäologische Ausgrabungen in Baden-Württemberg 2009, Stuttgart 2010, S. 306–309, und Brock/Homann a. a. O. 2011, S. 80

Orsingen, Camping-Resort. Pferdemassengrab mit mindesten 36 Tieren während der Freilegung im Jahr 2009 (Regierungspräsidium Freiburg, Referat 26, Foto: Urs Grabo)

Orsingen, Camping-Resort. Detailaufnahme aus dem Massengrab mit dicht beieinander liegenden Pferdekadavern (Regierungspräsidium Freiburg, Referat 26, Foto: Andreas Gutekunst)

den kann, sondern hier mindestens 36 Pferde verscharrt wurden.[6] Die Tierskelette wurden auf 17 m Länge systematisch nebeneinander in Gruppen von acht bis 13 Tieren oder paarweise in einer etwa 3 m breiten und noch 1 m tiefen Sandrinne begraben. Die Kadaverpaare oder -gruppen stören sich nicht gegenseitig. Auch waren keine Spuren vorhanden, die auf ein Vergraben der Tiere über einen längeren Zeitraum hinweisen würden. Es ist daher davon auszugehen, dass alle Tierkadaver innerhalb kurzer Zeit, vermutlich während eines Ereignisses, in der Sandrinne niedergelegt und zugeschüttet wurden. Die Tiere lagen eng beieinander, meist mit angewinkelten Vorder- und Hinterbeinen. In der Ostgruppe fanden sich wenige Tiere mit stärker gestreckten Extremitäten.

Bemerkenswert ist, dass die Skelette meist vollständig erhalten waren und auch die einzelnen Skelettteile überwiegend in anatomisch korrekter Position lagen. In einigen Fällen ließen sich auch Verschiebungen insbesondere an den Knochen der Vorder- und Hinterbeine beobachten. Dies kann einerseits durch Zersetzungsprozesse im Boden ausgelöst werden, andererseits können diese Veränderungen nach archäozoologischer Einschätzung auf Verwesungsprozesse vor der »Bestattung« hinweisen. Es wäre also möglich, dass die Kadaver erst mehrere Tage nach dem Tod der Tiere in der Sandrinne verscharrt wurden.

Funde haben sich nur in Form von kleinen eisernen Nägeln an den Hufen von mindestens fünf Tieren erhalten. Die Hufeisen selbst sowie alle weiteren Schirrungsteile und Zaumzeug waren den Tieren vor dem Eingraben abgenommen worden. Zwischen den Skelettresten einer Gruppe von mindestens 11 Tieren (Befund 7), die sich im Osten des Massengrabes fanden, konnte eine Musketenkugel aus Blei geborgen werden. Das Geschoss zeigt keine auffällige Deformation und ist stellenweise mit einer dünnen Kalkkruste überzogen. Der Durchmesser beträgt 16 mm, das Kugelgewicht in nicht restauriertem Zustand 24,5 Gramm.

Der archäozoologische Befund

Die vorläufige Untersuchung der Tierknochen ergab, dass im oben beschriebenen Massengrab hauptsächlich Hengste oder Wallache vergraben wurden.[7] Sie erreichten ebenso wie die Stuten Widerristhöhen zwischen 1,45 und 1,60 m und waren so etwas kleiner als heutige deutsche Reitpferde. Alle Tiere waren bei ihrem Tod ausgewachsen, d. h. älter als fünf Jahre. Die unterschiedlichen Abkauungsgrade der Schneide- und Backenzähne belegen, dass alle Altersgruppen zwischen ca. 6 und 30 Jahre

6 In Fundbereichen mit mehreren Skeletten war der Skelettzusammenhang besonders bei den tiefer liegenden Tierresten häufig nicht mehr erkennbar. Eine eindeutige Zuordnung einzelner Schädel bzw. Schädelteile zum restlichen postkranialen Skelett war in diesen Fällen nicht mehr möglich. Die Anzahl der vergrabenen Tiere kann deshalb nur geschätzt werden.

7 Hald/Stephan a. a. O. 2009, S. 307–308

Orsingen, Camping-Resort. Skelette zweier Pferde aus dem Massengrab mit eng angewinkelten Beinen (Regierungspräsidium Freiburg, Referat 26, Foto: Andreas Gutekunst)

Orsingen, Camping-Resort. Dr. Elisabeth Stephan beim Erfassen der Knochenmaße in der östlichen Skelettgruppe (Befund 7). Die Musketenkugel wurde an einem der beiden Skelette entdeckt. (Regierungspräsidium Freiburg, Referat 26, Foto: Urs Grabo)

vertreten sind. Einige der bisher allgemein als Reste von Pferden angesprochenen Skelette stammen möglicherweise von Maultieren.[8]

Die Todesursache ist bei keinem der Skelette eindeutig feststellbar. Tiefe Hiebspuren an einem Hinterbeinknochen (Metatarsus) könnten dem Tier bei Kampfhandlungen zugefügt worden sein, waren aber sicher nicht tödlich. Das zerbrochene Stirnbein eines weiteren Individuums könnte durch eine – wahrscheinlich tödliche – Hiebverletzung entstanden sein.

Krankhafte Veränderungen an Knochen, die als Reaktion auf (zu starke) langjährige Nutzung und Überbelastungen entstehen, sind selten. Pathologische Befunde an Kiefern und Zähnen treten dagegen recht häufig auf. Mehrere Gebisse besitzen unnatürlich starke Abkauungen einzelner Backenzähne und ungleich hohe Zähne (Wellen- oder Treppengebiss).[9] Alle Erkrankungen sind vermutlich auf mangelnde Pflege und evtl. auch schlechte bzw. nicht artgerechte Ernährung der Tiere zurückzuführen.

Datierungshinweise und Interpretation

An Artefakten zur zeitlichen Einordnung des Massengrabes steht uns lediglich die Musketenbleikugel aus dem Massengrab zur Verfügung. Entsprechende Kaliber wurden von verschiedenen europäischen Armeen am Ende des 18. und zu Beginn des 19. Jahrhunderts benutzt. So wurde beispielsweise bei den französischen Truppen ab 1792 unter anderem ein Kugelkaliber von 16 mm (Gewicht 24,42 Gramm) verwendet, das gute Übereinstimmungen mit dem Orsinger Geschoss zeigt.[10]

Der Versuch, mit Hilfe von Radiocarbondatierungen auf naturwissenschaftlichem Wege das Alter der Orsinger Pferdegräber zu bestimmen, brachte nicht die gewünschte Klarheit. Die von zwei Tieren an das Curt-Engelhorn-Zentrum Archäometrie gGmbh (Mannheim) eingereichten 14C-Proben fallen in den Zeitbereich nach 1680, in dem aufgrund variabler 14C-Produktion mehrdeutige Interpretationen des Messbildes möglich sind.[11] Grund hierfür sind Schwankungen der Sonnenaktivität. Das kalibrierte Alter beider Proben liegt bei 68,2 % Wahrscheinlichkeit (1 σ) zwischen den Jahren 1700 und 1954 bzw. 1684 und 1928. Bei 95,4 % Wahrscheinlichkeit (2 σ) dehnt sich der mögliche Zeitrahmen auf 1694 bis 1954 bzw. 1681 bis 1953 gering-

8 Diese Kreuzung aus Pferdestute und Eselhengst zeichnet sich durch eine gute Konstitution, Trittsicherheit und Langlebigkeit aus. Zudem sind Maultiere genügsamer in ihren Nahrungsansprüchen, resistenter gegen Kälte und Hitze und von ruhigerem Temperament als Pferde. Sie werden deshalb in Armeen und besonders im Gebirge gerne als Zug- und Lasttiere eingesetzt, wurden aber auch als Reittier verwendet.

9 Derartige Fehlbisse wirken sich erschwerend auf die gesamte Kaumechanik aus und können sogar eine Blockierung des Kauvorgangs auslösen. Die Ausbildung dieser Anomalien hängt wahrscheinlich mit den mehrfach beobachteten Karies (Zahnfäule) und entzündlichen Veränderungen an den Kieferknochen (Pulpitis und/oder Parodontitis) zusammen.

10 Hierzu mit weiterer Literatur: Weiß, Karl-Heinz: Die bayerische Bewaffnung mit dem kleinen Gewehr 1800–1815. Onlinepublikation: http://www.napoleon-online.de/html/bay_infwaffen.html

11 Beprobt wurden zwei Tiere aus zwei verschiedenen Skelettgruppen: Individuum 5 aus Befund 7 sowie Individuum 1 aus Befund 9.

fügig aus.[12] Das heißt, dass der aufgrund der Musketenkugel erwogene Todeszeitpunkt der Pferde um 1800 anhand der 14C-Daten zwar möglich wäre, andere Sterbedaten aber auch in Betracht kommen.

Orsingen, Camping-Resort. Unverheilte Hiebspuren an einem rechten Metatarsus III eines Pferdes aus Fundbereich 8. Die Position am Knochen zeigt, dass die Hiebe von einer neben oder hinter dem Tier stehenden Person ausgeführt worden sein könnten. (Regierungspräsidium Freiburg, Referat 26, Foto: Jürgen Hald)

Orsingen, Camping-Resort. Musketenkugel aus Blei, die zwischen den Knochen eines der verscharrten Pferde gefunden wurde. Der Durchmesser von 16 mm gehört zu den um 1800 verwendeten Kalibern der an den Koalitionskriegen beteiligten Truppen. (Regierungspräsidium Freiburg, Referat 26, Foto: Jürgen Hald)

Einen gewichtigen Hinweis, dass es sich bei dem Orsinger Pferdemassengrab tatsächlich um die Überreste einer Schlacht der Koalitionskriege handeln könnte, haben die Untersuchungen von Roland Kessinger geliefert, der mit Hilfe von Feldberichten aus dem Wiener Kriegsarchiv und dem französischen Militärarchiv Schloss Vincennes im Umfeld von Orsingen Kavalleriegefechte zwischen österreichischen und französischen Truppen sowohl für den 25. März 1799 als auch für den 3. Mai 1800 erschließen konnte.[13]

Die Interpretation, dass die Tiere in Kämpfen zu Tode kamen, wird durch die Musketenkugel sowie durch die bei den osteologischen Untersuchungen nachgewiesene Hiebspur an einem der Tierknochen, die vermutlich auf eine Säbelattacke zurückzuführen ist, gestützt. Auch der eher vernachlässigte Zustand der Tiere zu Lebzeiten, das mögliche Vorkommen von im militärischen Bereich gerne genutzten Maultieren im Skelettmaterial des Orsinger Massengrabes und allein die Masse der wohl während eines Ereignisses angefallenen Kadaver, die vermutlich erst nach einigen Tagen durch die heimische Bevölkerung beim »Säubern« des Schlachtfeldes beseitigt wurden, können als weitere Argumente für eine Deutung des Befundes als Reste einer napoleonischen Schlacht herangezogen werden.[14]

12 Die Kalibration wurde mit INTCAL09 und OxCal 3.10 durchgeführt.

13 Siehe hierzu den Beitrag von Roland Kessinger in diesem Jahrbuch sowie: Kessinger, Roland: Die Schlacht von Stockach am 25. März 1799. Pallasch 22, Salzburg 2006, S. 82–115; ders.: Die Schlacht von Engen am 3. Mai 1800. Pallasch 27. Salzburg 2008, S. 3–41; Stemmer, Ferdinand: Orsingen. Geschichte eines Hegaudorfes. Hegau-Bibliothek Band 33. Konstanz 1977, S. 25–26

14 Das Entfernen von allem Verwertbaren an den Pferdekadavern wird auch für die Pferdeskelette auf einem Schlachtfeld der Völkerschlacht bei Leipzig im Herbst 1813 vermutet. Dort konnten die gut erhaltenen Skelette von 28 Pferden bei Ausgrabungen im Vorfeld des Baus der Bundesautobahn 35 in den Jahren 2004 und 2005 geborgen werden; vgl. Brock/Homann a. a. O. 2011, S. 87–89

Wenngleich also vieles für eine Interpretation des Orsinger Pferdegrabes als Zeugnis der Koalitionskriege im Hegau spricht, bleibt eine gewisse Unsicherheit bestehen, was wiederum verdeutlicht, wie selten ein archäologischer Befund mit einem konkreten historischen Ereignis zweifelsfrei verknüpft werden kann, selbst wenn naturwissenschaftliche Untersuchungen und umfangreiche schriftliche Überlieferungen als zusätzliche Quellen zur Verfügung stehen. So bleibt zu hoffen, dass künftige Erdeingriffe im Umfeld der Schlachtfelder zwischen Engen und Stockach vielleicht ähnliche oder noch eindeutigere archäologische Befunde hervorbringen, die dazu beitragen können, weitere Details eines bewegten Abschnitts der Geschichte des Hegau zu erfassen.

»Börsenritter«, »Industriebarone«, »Geldadel« und »Dichterfürsten« als Burg- und Schlossbauherren des 19. und frühen 20. Jahrhunderts im Hegau

Von Michael Losse, Marburg und Singen

Dieser Beitrag stellt einen Arbeitsbericht zu meinen Forschungen zur Burgenromantik des 19. und frühen 20. Jahrhunderts und zum historistischen Burgen- und Schlossbau im Bodenseegebiet dar. Der Historismus ist die Epoche »zwischen der Wende zum 19. Jahrhundert und dem Beginn des Ersten Weltkriegs«, also die Zeit vom Klassizismus über Romantik und Gründerzeit bis hin zum – nicht immer klar vom Historismus abzugrenzenden – Jugendstil, Heimatstil und Neoklassizismus, also bis in die 1920er/1930er Jahre.[1]

Burgen und Schlösser waren mehr oder weniger befestigte, repräsentative Wohnsitze des Adels. Burgen entstanden im Mittelalter (bis 15. Jahrhundert), Schlösser in der Frühen Neuzeit (ca. 1500–1800) – so ein weitverbreitetes Klischee. Lange wurde kaum beachtet, dass bis weit ins 20. Jahrhundert hinein zahlreiche Schlösser und schlossartige Landsitze erbaut und bestehende Burgen und Schlösser im Sinne des Historismus ausgebaut wurden. Diese Bauwerke standen zwischen realer Funktion als Wohnsitze von Adel oder Großbürgertum und dem, was wir heute unter »Burgenromantik« verstehen. Auch im Hegau, am Hochrhein und in angrenzenden Gebieten finden sich solche Objekte. Um sie zu verstehen, muss man die Entwicklung der eigentlichen Burgenromantik am Mittelrhein kennen.

Das Rheinland – insbesondere das Mittelrheingebiet – gilt als Entstehungsregion der deutschen Burgenromantik; hier wurden im 19. und frühen 20. Jahrhundert zahlreiche Ruinen mittelalterlicher Burgen durch – teils in den Adelsstand erhobene, teils auf eine Nobilitierung hoffende – Bürgerliche historistisch neu aufgebaut. Es entstanden Neuschöpfungen, deren Bauherren nicht selten Industrielle waren, für die später Bezeichnungen wie »Börsenritter«, »Industriebarone« oder »Geldadel« aufkamen. Auch am Bodensee, am Hochrhein und im Hegau finden sich historistische Burgen und Schlösser, deren Bauherren Unternehmer oder Künstler – etwa der in den erblichen Adelsstand erhobene »Dichterfürst« Joseph Victor von Scheffel – waren.

1 Kiesow, Gottfried: Kulturgeschichte sehen lernen, Bd. 5. Bonn 2011, S. 31: »Wie sich der Historismus entwickelte«

In der einstigen preußischen Rhein-Provinz, speziell im Mittelrheingebiet, gibt es aber die wohl größte Dichte »bürgerlicher Burgen« in Deutschland.[2] Maßgeblich für diese Form der Burgenrezeption im Rheinland war dessen frühneuzeitliche Geschichte: Als Grenzgebiet oft zwischen Deutschland und Frankreich umstritten, stand es im 19. Jahrhundert häufig im Mittelpunkt nationalpolitischen Interesses.[3] Seit der Amtszeit Richelieus als Minister (ab 1622) war der Erwerb der Rheinlande stetes Ziel französischer Politik, und mit der sogenannten Reunionspolitik König Ludwigs XIV. von Frankreich kam es insbesondere 1688/89 zu ausgedehnten französischen Kriegszügen ins linksrheinische Gebiet, in deren Verlauf systematisch Burgen, Schlösser und Ortsbefestigungen zerstört wurden.[4]

Neben der politischen ist die ökonomische Bedeutung hervorzuheben, die Teilen der Region im 19. Jahrhundert zukam.[5] So trat wirtschaftlich einflussreiches Großbürgertum am frühesten im Rheinland in Erscheinung. Vor dem Hintergrund der französischen Rheinlandbesetzung hatte sich dort ein Industriebürgertum etabliert, das im 19. Jahrhundert durch Unternehmergeist zu Wohlstand und Einfluss auf die politische Entwicklung des Landes gelangt war.[6] Mit dem Erwerb des Rheinlandes hatte Preußen 1815 »eine bürgerliche Bevölkerung erworben [...], die unternehmerisch derjenigen der altpreußischen Gebiete geistig wie wirtschaftlich, an Erfahrung und Kapital« sowie »an Selbstbewußtsein und Distanzierung gegenüber Staat und Beamtentum weit voraus war«.[7] Im Moselgebiet, dessen Zugehörigkeit zu Frankreich mit dem Frieden von Lunéville 1801 bestätigt worden war, konnten sich durch Aufteilung und Versteigerung großer herrschaftlicher und klösterlicher Besitztümer ein bis dahin weitgehend fehlender privater Großgrundbesitz und ein Großwinzer-

2 Der in Burgenforschung und Kunstgeschichte genutzte Begriff »bürgerliche Burgen" meint – unklar definiert! – sowohl von Bürgerlichen erworbene und/oder ausgebaute Burgen als auch von Bürgerlichen erbaute Wohnsitze (Villen) in Burgformen bzw. mit zahlreichen Burgelementen (Türme, Zinnen, Erker etc.). Vereinzelt wurden auch »Pseudoburgen«, d.h. Verwaltungs-, Produktions-, Verkehrs- oder technische Bauten mit Burgelementen als »bürgerliche Burgen« bezeichnet. Der Begriff bedarf einer verbindlichen fachlichen Definition. – Zum Überblick Losse, Michael: »Bürgerliche Burgen« im 19. und 20. Jahrhundert. In: Burgen in Mitteleuropa. Ein Handbuch. Hg. von der Deutschen Burgenvereinigung, Bd. 1. Stuttgart 1999, S. 174–176

3 Losse, Michael: Bürgerliche Burgen. Beispiele bürgerlicher Herrschaftsarchitekturen des Rheinlandes, dargestellt unter besonderer Berücksichtigung des Wiederaufbaus mittelalterlicher Burgen (Magisterarbeit). Marburg (Lahn) 1990

4 Hierzu immer noch grundlegend: Textor, Fritz: Entfestigungen und Zerstörungen im Rheingebiet während des 17. Jahrhunderts als Mittel der französischen Rheinpolitik. Bonn 1937

5 Meyers Konversations-Lexikon 1897, Bd. 14, S. 701: »Was die Industrie und den Gewerbefleiß betrifft, so nimmt die Rheinprovinz darin den ersten Platz unter den Provinzen des preußischen Staates ein. Vorzüglich konzentriert ist die Industrie in dem rechtsrheinsichen Teil abwärts bis zur Emscher, sodann auf der linken Rheinseite in Köln, in der Gegend zwischen Krefeld und Aachen und in der Südspitze; sie fehlt dagegen fast ganz auf der Höhe des linksrheinischen Berglandes und in der Nordspitze.«

6 Vgl. Dauber, Reinhard: Aachener Villenarchitektur. Recklinghausen 1985, S. 23

7 Treue, Wilhelm: Hohenzollernfürsten und Unternehmertum. In: Tradition, 7/1962, S. 212 und 222

stand herausbilden. Letzterem entstammten Bauherren der in der Region als »Weinschlösser« bezeichneten »herrschaftlichen« Wohnsitze und Villen.[8]

Vor diesem historischen Hintergrund wird die immense Bedeutung der Region für die Beschäftigung mit mittelalterlichen Burgen deutlich. Historische Besonderheiten boten die Voraussetzung dafür, dass es in Deutschland keine Landschaft gab, die »den Wünschen der Epoche« bezüglich der Umsetzung der »bürgerlichen Villenidee« so entsprach, wie die Region Mittelrhein-Mosel und zum Teil auch die angrenzende Eifel.[9] Im Hegau und am Bodensee fehlten diese Voraussetzungen im früheren 19. Jahrhundert weitgehend.

Die Burgenrezeption im Rheinland beschränkte sich nicht auf burgartige großbürgerliche Wohnsitze im 19. Jahrhundert. Burgen waren als Metapher, Motiv oder Topos in der bürgerlichen Architektur des 19. und frühen 20. Jahrhunderts omnipräsent: Neben Villen zeigten auch Hotels, Gasthäuser, Fabriken, Verwaltungs-, Sozial- und Verkehrs-Bauten (etwa Bahnhöfe, Eisenbahnbrücken und -tunnel) Burgmotive.[10] Im Mittelpunkt meiner Untersuchung stehen bürgerliche Ausbauten mittelalterlicher Burgen sowie Neubauten bürgerlicher Wohnsitze in Burgformen, d. h. die Vereinnahmung historischer Burgen nebst der »Idee von der Burg« durch Bürgerliche. Die Analyse »bürgerlicher Burgen« erfolgt dabei weitgehend unabhängig von kunstkritischen Wertungen, vielmehr werden soziale, ökonomische sowie geistesgeschichtliche Aspekte der Bauten dargestellt.

Burgen-Rezeption vom späten 18. bis zum frühen 20. Jahrhundert

Nachdem Mittelalter und Frühe Neuzeit Bauruinen vielfach als Steinbrüche genutzt hatten, entwickelte sich ab dem Ende des 18. Jahrhunderts ein neues Verhältnis zu Ruinen. Aus der Beschäftigung mit Ruinen mittelalterlicher Burgen erwuchsen Anfang des 19. Jahrhunderts viele Publikationen, die in einer Verquickung von Sagen und Geschichte Burgen präsentierten. Der Bezug zur Neubewertung der Nationalgeschichte in dieser Zeit ist deutlich. Neben »Alterthumsforschern« begannen Künstler, sich mit Burgen am Rhein – und bald auch in anderen Regionen – zu befassen. Ein frühes Beispiel, das die Bodensee-Region berührt, ist das druckgraphische Werk von Maximilians von Ring: »Malerische Ansichten der Ritterburgen Deutschlands. Das Großherzogtum Baden; nach den Originalzeichnungen des H.rn Maximilian

8 Fleck, Udo, und Röder, Bernd (Hg.): Weinschlösser an Mosel, Saar und Ruwer. Trier 2000

9 Brönner, Wolfgang: Die bürgerliche Villa in Deutschland 1830–1890. Düsseldorf 1987, S. 71. Die »Villenregion Mittelrheingebiet« war nicht nur »für reiche Leute rheinischer und näher gelegener Großstädte wie Köln und Frankfurt a. M., sondern auch für Bauherren aus anderen Regionen Deutschlands attraktiv, wenn sie von ihrer Erwerbsquelle unabhängig sich ihren Wohnsitz, zumeist einen Alterssitz, wählen konnten«.

10 Dieses Phänomen läßt sich auch im Hegau feststellen; hierzu Losse, Michael: Nicht ohne einen »gewissen historischen Wert …« Anmerkungen zum Umgang mit und zur Rezeption von Burgen und Schlössern im Hegau vom 17. Jahrhundert bis zum ersten Drittel des 20. Jahrhunderts. In: HEGAU 57, 2000, S. 1–56

von Ring, […] Südlicher Theil: Von dem Kintzigthale bis an den Bodensee«, das 1829 erschienen ist.

Auch in der Literatur war das Interesse an den Burgen des Rheinlandes greifbar. Burgen wurden als Symbole der Freiheit gedeutet: Dichter der Befreiungskriege, etwa Max von Schenkendorf und Ernst Moritz Arndt, besangen Rheinburgen. Friedrich Schlegel sah die Rheinromantik als Reaktion auf den Rheinbund (1806). Joseph von Eichendorff deutete Burgruinen als Freiheitssymbole: »Es lebe die Freiheit! […] jene uralte, lebendige Freiheit, die uns in großen Wäldern wie mit wehmütigen Erinnerungen anweht oder bei alten Burgen sich wie ein Geist auf die zerfallene Zinne stellt.«[11] Schon lange vor dem Hambacher Fest hatte man 1817 auf der Godesburg (Bonn-Bad Godesberg) die Befreiung von der französischen Herrschaft gefeiert. Ähnliche Feste fanden dort 1818 und 1842 statt. Auch hier galt die Burg als Ort der Freiheit.

Gelehrte wie Nikolaus Vogt und Karl Simrock sammelten und publizierten Sagen, die sich um Burgen ranken und nicht selten deren Entstehung und Zerstörung thematisieren. Für den Hegau und Südbaden ist der Pfarrer, Schriftsteller und Heimatforscher Ottmar Friedrich Heinrich Schönhuth (1806–64) als einer der wichtigsten Autoren dieser Art zu nennen. Als Vikar seit 1830 auf dem Hohentwiel, befasste sich Schönhuth spätestens seit dieser Zeit intensiv mit den Hegau-Burgen (»Die Ritterburgen des Höhgau's«, 4 Bände, 1833–34).

Zurück zum Mittelrhein: Um 1800 gab es am Mittelrhein zwischen Bingen und Bonn drei erhaltene, unzerstörte Burgen, alle übrigen waren Ruinen. Heute hingegen gibt es nur noch zwei komplett ruinöse Anlagen, alle anderen wurden teils oder ganz neu aufgebaut. Großen Anteil an den Neuaufbauten hatte das preußische Königshaus, weitere entstanden in Nachfolge der Preußischen Burgenpolitik. Innerhalb von etwa 25 Jahren erwarben Mitglieder des Königshauses zahlreiche linksrheinische Burgen durch Kauf oder Schenkung. Eine besondere Rolle hatte dabei der spätere König Friedrich Wilhelm IV. Beim Ausbau für ihn galt es hier, die historische Substanz weitgehend zu schonen und dabei ein den Wohnbedürfnissen der Zeit dienendes Schloss zu schaffen. Burg Sooneck wurde 1842 zur einfachen privaten Jagdburg des Königs und seiner Brüder neu aufgebaut. Die biedermeierlich geprägte Innenausstattung hat den Privatcharakter einer großbürgerlichen Villa,[12] zu vergleichen etwa mit dem bürgerlichen Ausbau der Burg Friedingen im Hegau ab 1919 – über 75 Jahre später.

Bürgerliche als Burgherren

Schon vor dem 19. Jahrhundert ließen sich Bürgerliche aufwändige burg- oder schlossartige Wohnsitze errichten. Statusveränderungen wie Nobilitierungen boten

11 Eichendorff, Joseph von: Ahnung und Gegenwart (Ausgewählte Werke. Hg. von P. Stapf, Wiesbaden o. J.), 1815, S. 674

12 Rathke, Ursula: Preußische Burgenromantik am Rhein: Studien zum Wiederaufbau von Rheinstein, Stolzenfels und Sooneck (1823–1860). München 1979

Anlass, sich durch entsprechende Bauten darzustellen. Öfter wurden sie jedoch in der Hoffnung auf gesellschaftlichen Aufstieg oder in Überschätzung der eigenen Position geschaffen. Spätestens seit dem 18. Jahrhundert waren häufiger Bürgerliche Bauherren »herrschaftlicher«, an Vorbildern adeliger Architektur orientierter Bauten – so ab 1740/50 in der Umgebung von Aachen[13] –, doch blieben Landsitze noch lange weitgehend dem Adel vorbehalten, dessen ökonomische Basis Landwirtschaft war, welche die Präsenz vor Ort nötig machte.

In Nachahmung des Adels, der nach der Französischen Revolution durch restaurative Maßnahmen seine Stellung – etwa durch Erneuerung und Festigung seiner Traditionen nach außen – zu wahren suchte, begannen zunehmend Bürgerliche, Rang und Stellung durch Bauten zu demonstrieren.[14] Bürgerliches Bewusstsein zielte nun dahin, politische Herrschaft auszuüben. Dazu gehörten die Aneignung gesellschaftlicher Formen der Aristokratie sowie die Adaption der Architekturgattungen Burg und Schloss. Doch bis zur Abschaffung der Monarchie 1918 konnte der Adel seine Vorrangstellung weitgehend behaupten. Adeliger Lebensstil wurde für geadelte oder auf Nobilitierung hoffende bürgerliche Aufsteiger ebenso maßgebend wie für breite Kreise innerhalb des (Groß-)Bürgertums. Besonders die kapitalkräftige, von der »Ersten Gesellschaft« ignorierte Hochfinanz trachtete, den Adel zu imitieren und an Aufwand zu überbieten.

Krönung bürgerlichen Aufstiegs war im 19. Jahrhundert die Erhebung in den erblichen Adelsstand. Der Adel seinerseits versuchte nach der bürgerlichen Revolution von 1848 durch Anknüpfen an mittelalterliche Traditionen und eine Hinwendung zu »ruhmreichen Ahnen«, sich von bürgerlichen Aufsteigern abzugrenzen. Aber auch das Traditionsrepertoire der Aristokratie wurde bald von bürgerlichen Familien okkupiert. Die Reduktion des Adels zum Titularadel verstärkte sich dann zum Ende des 19. Jahrhunderts. Während Rechtsprivilegien immer weiter schwanden, blieb nur das Adelsprädikat, dessen Wert jedoch durch eine wachsende Flut von Nobilitierungen sank. Übrig blieb eine Aristokratie, die keine Herrschaft mehr ausübte, sondern nur noch durch materiellen Besitz – meist Grundbesitz – privilegiert war.

Häufig waren Burgbauherren der ersten Jahrhunderthälfte noch Politiker und hochrangige Persönlichkeiten des öffentlichen Lebens, die weitgehend dem Adel entstammten. Dennoch wird deutlich, dass bereits zu jener Zeit im Rheinland – in Nachfolge der preußischen Burgenpolitik – großbürgerliche Bauherren Burgen des Adels am Rhein nachzuahmen oder zu vereinnahmen suchten. Ein frühes Beispiel ist der Neuaufbau der Burg Rheineck 1832 für den preußischen Staatsminister a. D. Moritz August von Bethmann-Hollweg in romanischen Stilformen.

Im Hegau war Schloss Königsegg auf der Insel Reichenau eines der ersten Objekte, die eine historistische Umgestaltung erfuhren. Aus einem Renaissance-Schloss wurde nach dem klassizistisch-historistischen Umbau nebst Aufstockung um 1843 ein großbürgerlicher Wohnsitz für den Ulmer Kaufmann Gottlieb Friedrich Deich-

13 Dauber, Reinhard: Aachener Villenarchitektur. Recklinghausen 1985, S. 16
14 Ley, Andreas: Die Villa als Burg. München 1981, S. 26

mann. Das um 1560 erbaute, spätmittelalterliche Kastellburgen zitierende Herrenhaus mit vier runden Ecktürmen zeigt in den Obergeschossen dreier Türme gekuppelte Rundbogenfenster; die Türme tragen Polygonalhelme über Rundbogenfriesen. Der Turm an der Südwestecke endet hingegen mit einem Zinnenkranz und assoziiert so den Bergfried einer mittelalterlichen Burg.

Die Revolution von 1848/49 war ein wichtiges Ereignis bürgerlicher Emanzipationsbestrebungen. Ihr folgte eine Zeit des Wirtschaftswachstums, auch deswegen, weil Regierungen zur Konsolidierung ihrer infrage gestellten Macht die Unterstützung des Bürgertums benötigten. Sie förderten Handel und Industrie; Banken, Unternehmen und Aktien-Gesellschaften wurden gegründet, die privatkapitalistische Wirtschaft wuchs. Im Streben zur Spitze der Gesellschaft »suchte das Großbürgertum nach einer Lebensform, die ihm die Zugehörigkeit zur Elite bestätigte, und es glaubte, diese Form in dem durch lange Tradition gefestigten Lebensstil des Adels zu finden. Man sieht diese Übernahme aristokratischer Lebensformen an der Entwicklung der Fabrikantenwohnungen vom kleinen Haus neben dem Betrieb über die Villa zum ländlichen Herrensitz [...] oder schließlich in dem Streben nach Nobilitierung, nach Orden und nach auszeichnenden Titeln.«[15] Solche Unternehmer-Villen im Hegau sind die der Familie ten Brink, die in Arlen und Volkertshausen ihre Spinnerei- und Webereibetriebe unterhielt (Villa ten Brink, 1861, auf Rielasinger Gemarkung) und die Brauer-Villen in Gottmadingen, die als Burg-Villen mittelalterliche Adelssitze baulich zitieren.

Eine Nobilitierung blieb jedoch nur wenigen Fabrikanten vorbehalten. Die meisten Großkaufleute und Fabrikanten bemühten sich aber darum, den Titel »Geheimer Kommerzienrat« oder »Kommerzienrat« käuflich zu erwerben, denn neben »einer größeren Geldsumme lagen die Voraussetzungen für die Erlangung des ›Kommerzienrats‹-Titels wie auch für die Auszeichnung des ›Sanitätsrats‹« lediglich im Nachweis der »patriotisch königstreuen Gesinnung«, die im sozialen und politischen Engagement jedes einzelnen sichtbar wurde. Soziales Engagement, mit dem das Großbürgertum den Adel teils ablöste, zeigte im Hegau u.a. die Unternehmerfamilie ten Brink.

Ehrgeizige Unternehmer jener Zeit praktizierten eine Nachahmung aristokratischer Umgangsformen und adeligen Wohnens. Die Burg- und Schlossbauherren jener Zeit kamen aus dem Adel, abgestiegen von der feudalen Herrenschicht zum bloß privilegierten Staatsstand,[16]und dem unternehmerischen Großbürgertum. »Die zunehmende Verschärfung der Klassengegensätze schloß Adel und industrielles Großbürgertum zusammen, die ihren Besitz und die überkommenen Werte bedroht

15 Born, Karl Erich: Von der Reichsgründung bis zum Ersten Weltkrieg. Gebhardt, Handbuch der deutschen Geschichte, Bd. 16. Stuttgart 1975, S. 43–44

16 Stekl, H.: Schlösser als Machtsymbole. In: Wagner-Rieger, Renate, und Krause, Walter (Hg.): Historismus und Schlossbau. München 1974, S. 187–194, hier S. 187

Insel Reichenau, Schloss Königsegg, Umbau um 1843
(Fotos: Verfasser)

sahen.«[17] Die Burg war zum gemeinsamen Symbol einer besseren, der »guten alten Zeit« geworden.

Allgemeine Bemühungen um den Erhalt mittelalterlicher Burgen wurden dann seit etwa Mitte des 19. Jahrhunderts auch im Hegau deutlich. So erklärte Sigmund Freiherr von und zu Bodman 1851, die Burgruinen Alt-Bodman und Kargegg erhalten zu wollen.[18] Neben adeligen und bürgerlichen Privatpersonen gab es Vereine, die versuchten, Burgen zu bewahren und zu erschließen. Maßnahmen zur Erhaltung der Burg Hohenklingen bei Stein am Rhein ergriff 1893 der »Verein für Erhaltung schweizerischer Altertümer« mit dem »Hohenklingen-Verein«.[19]

In einem 1866 von Lübke publizierten Beitrag zur Architektur im 19. Jahrhundert heißt es, Architektur des 18. Jahrhunderts sei dagegen lediglich die »dienstfertige Helferin einer entarteten Aristokratie« gewesen, die »Schlösser und Lusthäuser von raffinirtem Luxus wie Pilze aus dem Sumpfboden der frivolen Zeit hervorwachsen ließ«, um »schwelgerischem Leben, [...] üppigen Festen und markvergeudenden Liebhabereien« einen Schauplatz zu schaffen. Dagegen diene die Architektur »heute als Ausdruck eines Lebens, das in mannhafter Arbeit, in ernstem Erfassen seiner materiellen und geistigen Zwecke den Schwerpunkt der Entwicklung wieder in die natürliche Mitte, in den Bürgerstand geworfen hat.« Auch die Architektur des Mittelalters gewann für Lübke und seine Zeitgenossen neue Bedeutung, denn »selbst für die Denkmäler einer großen Vergangenheit, welche die frühere Generation stumpfsinnig mißachtete und verfallen ließ, ist im gesteigerten geschichtlichen Bewußtsein und im erwachten Nationalgefühl so viel Theilnahme erwachsen, daß diese lange geschmähten Zeugen einer kunstsinnigen Vorzeit aller Orten durch sorgfältige Restauration, selbst durch verspäteten Ausbau eine Wiedergeburt erleben.«[20]

Wichtige neu erbaute bürgerliche »Burgen« im Zeitraum 1848–71 im Hegau waren die »Rheinburg« in Gailingen (Neubau 1866–67) und die Villa Wieland auf dem Burgstall in Worblingen (1867). Nach dem Sieg über Frankreich im Krieg 1870/71 brachte der »Milliardensegen der Reparationszahlungen« Auftrieb; die Gründerjahre begannen. Dennoch überwogen im Zeitraum 1873–94 die Krisenjahre die Aufschwungsjahre. Hatte das preußische Königshaus das bürgerliche Unternehmertum in der ersten Hälfte des 19. Jahrhunderts kaum zur Kenntnis genommen, »weil die Lebenskreise des königlichen Hofes und der bürgerlichen Fabrikanten, Bankiers, Kaufleute einander [...] kaum jemals berührten«[21], änderte sich das nach 1862 und

17 Leyendecker, Angelika: Schloß Drachenburg. Köln 1979, S. 85

18 Schmitt, Günter: Schlösser und Burgen am Bodensee. Bd. 1, Westteil: Von Maurach bis Arenenberg. Biberach (Riß) 1998, S. 105

19 Ebenda, S. 338

20 Lübke, in: Zeitschrift für bildende Künste von Lützow, 1. Heft, 1866, S. 4, zitiert nach Dippel, Joseph: Handbuch der Aesthetik und Geschichte der bildenden Künste. Regensburg 1871, S. 297–298

21 Treue, a. a. O. 1962, S. 218. »Die Hohenzollern der ersten Hälfte des 19. Jahrhunderts waren nicht etwa unternehmerfeindlich – die Sozialstruktur ihres Staates bot ihnen nur ganz einfach keine Möglichkeit oder gar Notwendigkeit, mit solchen Menschen Umgang zu pflegen.«

mit der Vorbereitung der Finanzierung des Kriegs gegen Österreich.[22] Erst Kaiser Wilhelm II. (reg. 1888–1918) hatte größeres Interesse am Unternehmertum, mit dem er Umgang pflegte. Jetzt konnte ein Unternehmer wie Stumm-Halberg zum Freund des Kaisers werden.

Bei der Betrachtung der Architektur ab 1870 fällt auf, dass eine Zunahme im Schlossbau festzustellen ist: Burgen und Schlösser sind Bedeutungsträger, »Machtsymbole«, in denen sich ein gesteigertes Repräsentationsbedürfnis ausdrückt, das sich mittlerweile auf verschiedene Epochen und Stile beruft,[23] wobei seit den 1880er Jahren der »Deutschen Renaissance«, die zum »Nationalstil«" und bürgerlich-»patriarchalischen« Stil stilisiert wurde, eine besondere Rolle zukam (s. unten). Die großbürgerliche Machtdemonstration war wichtig, da man sich, verstärkt ab Ende der 1870er Jahre – inzwischen im Handels-, Bank- und Industriewesen etabliert –, gegen das Kleinbürgertum abgrenzte. Vor dem Hintergrund des ungehemmten wirtschaftlichen Liberalismus, der seine Rechtfertigung aus seiner Fortschritts- und Erfolgsgläubigkeit herleitete, und unterstützt von einem auf das gesellschaftliche Leben übertragenen Sozialdarwinismus, setzte sich die Auffassung durch, dass jeder Tüchtige nach oben kommen könne. Der erfolgreiche Geschäftsmann war somit auch ideologisch gerechtfertigt.[24]

Die Aufgabe der Architektur lag jetzt auch »in der Verhüllung des Baukerns – der Konstruktion«; stattdessen wurde der gewählte Stil »zum Träger von Ideen«.[25] Ein zeitgenössischer Kritiker des Historismus hämte: »Ob sich [...] Börsenritter auf hochlehnigen Sesseln dehnen und die Telephonglocke in dem lauschigen Butzenscheiben-Erker tönt, um den neuesten Kursstand zu melden, thut der Stilechtheit keinen Abbruch. Die Kunst ist eben Mode.«[26]. Joseph Dippel (1871) hingegen hielt »alle historisch gegebenen Stilarten nach gewissen Seiten hin für berechtigt«, denn, »welcher Stil indeß bei dem einzelnen Gebäude angewendet werden soll, das hängt von dem Zwecke ab, welchem dasselbe zu dienen bestimmt ist«; für den Burgenbau seiner Zeit hieß das: Der »Rundbogenstil [die Romanik] dürfte sich für die Hallen der Wissenschaft, auch für feste Burgen, am beßten eignen«[27].

Die restaurative Haltung des Bürgertums der Gründerzeit wird hier deutlich: »Die Vergangenheit« im Sinne eines Ursprünglichen wurde als per se wertvoll erachtet, die Unsicherheiten der Gegenwart durch den Rückbezug auf die Vergangenheit kaschiert. Man versuchte »durch Form- und Stilübernahmen aus (scheinbar) geschlossenen ›heilen‹ Epochen mit offensichtlich intakten Herrschaftsverhältnissen wenigstens äußerlich die Teilhabe an Geist und Lebensgefühl der ›guten alten Zeit‹ zu

22 Ebenda, S. 219

23 Döhmer, Klaus: »In welchem Style sollen wir bauen?« Architekturtheorie zwischen Klassizismus und Jugendstil. München 1976, S. 106

24 Kühnl, Reinhard: Formen bürgerlicher Herrschaft. Reinbek 1971, S. 48–51

25 Braun, G.: Einhundert Jahre »Walhalla des Rheinlandes«. Zur Baugeschichte der Drachenburg bei Königswinter. In: Burgen und Schlösser 1987/II, S. 81–94, hier S. 87

26 Schliepmann, Hans: Betrachtungen über Baukunst. Berlin 1891, S. 13

27 Dippel, a. a. O. 1871, S. 298

gewinnen«.[28] In der Konsequenz wurde die »ästhetische Produktion« jener vorbildhaften Zeit(en) als »schön« empfunden und somit zur »normativen Grundlage der eigenen Ästhetik«.[29]

Es war also letztendlich für die meisten Zeitgenossen folgerichtig, die Burg zum architektonischen Leitbild zu erheben, denn »in männlicher Kraft erhoben sich [...] die Schlösser des Mittelalters«.[30] Noch immer galt, was K. M. Heigelin im »Lehrbuch der höheren Baukunst für Deutsche« (1833) formuliert hatte: »Mit jenen eisernen Zeiten ist nun zwar das Bedürfnis eines eigentlichen Festungs-mäsigen Baues gewichen; aber das Motif der Burg bleibt wohl das passendste. Dasselbe kann, mit dem Stile heiterer Öffentlichkeit vermählt, ein neues Ganzes bilden, welches sich sehr von den weichlichen Bildungen der modernen Kunst unterscheidet.«[31]

Im Hegau war der geadelte Schriftsteller Joseph Victor von Scheffel in seinem 1878/79 erbauten Scheffelschlössle bei Radolfzell Gastgeber für Adelige und Bürgerliche. Beispiele bürgerlicher Burg-/Schlossbauten des Zeitraumes 1871–1914 im Hegau sind Schloss Hegne (Umbau 1879–82) und die »Schlößchen«[32] genannte, 1867 »entfestigt[e] und auf zwei L-förmige Wohntrakte reduziert[e]« Burg Kattenhorn. Letztere war 1884–91 der Wohnsitz des Artillerie-Leutnants z. D. Hammer. Er ließ bauliche Veränderungen vornehmen und den Garten mit Mauer neu gestalten. 1891 verkaufte Hammer das »Schlösschen« mit großem Gewinn dem Arzt Dr. Vollbeding.[33] Als adeliger Bau im genannten Zeitraum ist außerdem das vor 1908 vollendete »Schlösschen« vor dem Barockschloss in Steißlingen zu nennen, ein Neo-Renaissancebau, der sich nicht von zeitgenössischen bürgerlichen Villen unterscheidet.

Die bürgerliche Villa als Burg und die mittelalterliche Burg als Villa

Im 19. Jahrhundert erfuhr der Bautypus Villa eine neue Ausprägung. Im gesellschaftlichen Strukturwandel wurde die Villa gleichermaßen zum »wichtigen Ausdrucksmittel der Lebensart des an Bedeutung verlierenden Adels und des emporstrebenden Bürgertums.«[34] In der Bauaufgabe Villa trafen sich Wohnvorstellungen von Adel und Großbürgertum. Während Umbauten von Burgen und Schlössern bestehende Architektur berücksichtigen mussten, konnte sich die »Idee von der Burg« im Sinne der Zeit hier deutlicher manifestieren. Zwar entfiel bei der Villa die für die Burg prägende reale fortifikatorische Funktion, doch blieb durch die »Einkleidung« in

28 Bentmann, Reinhard, und Müller, Michael: Die Villa als Herrschaftsarchitektur. Frankfurt (Main) 1970, S. 92–93

29 Ebenda, S. 39

30 Heigelin, Karl Marcell: Lehrbuch der höheren Baukunst für Deutsche, Bd. 3. Leipzig 1833, S. 120

31 Ebenda

32 Kraus, Franz Xaver: Die Kunstdenkmäler des Kreises Konstanz, Freiburg (Breisgau) 1887, S. 74

33 Ruland, Annamarie: Kattenhorn. In: Berner, Herbert (Hg.): Dorf und Stift Öhningen, Singen 1966, S. 156–166, hier S. 162–163; Hammer hatte das Anwesen 1884 von einer adeligen Dame der Familie Im Turm für 12000 Mark gekauft und veräußerte es nun für 51000 Mark.

34 Ley, a. a. O. 1978, S. 16

Burgformen und -elemente (Turm, Erker, Zinnen) die ideelle Befestigung in den gesellschaftlichen Konflikten der Zeit. Intendiert war der Eindruck von Wehrhaftigkeit und herrschaftlichem Status.

»Einkleidung« eines Gebäudes in ein historisches »Gewand« ist kein modernes Bild; vielmehr hatte schon Gottfried Semper in seinen Theorien zur Architektur die Grundthese vom »Bekleiden« vertreten, wobei das historische »Bekleiden« »die eigentliche künstlerische Funktion zu erfüllen, höhere geistige Ansprüche zu befriedigen und gesellschaftliche Ideale zu symbolisieren« hatte.[35] Andreas Ley (1981) unterschied in der Analyse »Stimmungselemente«, die der Villa ihren Charakter gaben (»groß, mächtig, stark, blockhaft, trutzig, düster«) und »Empfindungsträger«, die Mittelalter assoziierten (»Turm, Mauer, Wehrgang«).[36] Zu ergänzen wären letztere um Zinnen, Schein-Schießscharten, Erker und häufig ausgeprägte rustizierte Sockel.

Eine Angleichung der Begriffsinhalte von Burg und Villa war im 19. Jahrhundert häufig. So bezeichnete Jakob Falke (1871) die Villa des 16. Jahrhunderts als »direkte Nachfolgerin der mittelalterlichen Burg, deren Mauern und Gräben überflüssig geworden waren.«[37] Für das letzte Drittel des 19. Jahrhunderts ist dann ein Zitieren der »Wehrmotive« mittelalterlicher Burgen und der »Würdemotive« frühneuzeitlicher Schlösser festzustellen, die durchaus nebeneinander an einem Bau Verwendung fanden. »Funktion bleibt immer die Villa, Empfindung oder Charakter ist jedoch das mittelalterliche Stimmungselement, die Burg.«[38]

Als »Familiendenkmäler« standen Burgausbauten und -neubauten ebenso wie Villen im Banne der allgemeinen Burgenbegeisterung, die viele andere Bauaufgaben erfasste. Villen bildeten den größten Teil »bürgerlicher Burgen«. Als malerische Baukomplexe mit Türmen, Erkern und Zinnen folgten sie Klischeebilder der mittelalterlichen Burg. Ähnliches galt für viele Industrie- und Zweckbauten des 19. und frühen 20. Jahrhunderts (etwa Gottmadingen, Brauerei Bilger), wobei spätestens ab Ende des 19. Jahrhunderts neben der mittelalterlichen Burg auch das frühneuzeitliche Schloss vorbildlich für Neubauten wurde, wie für die Villa Rauenstein in Überlingen (1903) oder die Unternehmer-Villen in Gottmadingen: Die im Bau von Brauereien und Gasthäusern miteinander konkurrierenden Brauerfamilien Graf und Bilger verfuhren auch so mit ihren Villen. 1894 entstand die Villa Albert Bilger (Hauptstraße 65), die der Tradition barocker französischer Landsitze folgte; 1895 enstand die Villa Johann Graf, mit Turmerker, Neorenaissance-Elementen und dem Mittelalter assoziierenden Treppengiebel eine typische deutsche »Burg-Villa« des späten 19. Jahrhunderts. In Hemmenhofen wurde 1896 die »Schlössle« genannte Villa des Legationsrats Göbel v. Harrandt erbaut. Auch für Konstanz ließen sich zahlreiche Beispiele benennen.

35 Semper, Gottfried: Über Baustile, 1884

36 Ley, a. a. O. 1981, S. 17

37 Falke, J.: Die Kunst im Hause. Geschichtliche und kritisch-ästhetische Studien über die Decoration und Ausstattung der Wohnung. Wien 1871

38 Ley, a. a. O. 1981, S. 24

In der Burgenkunde gibt es – in Anlehnung und Abgrenzung zur Bezeichnung Burg-Villa für Neubauten mit Burgelementen – den Fachterminus Villen-Burg, der Villen, die am Standort einer ehemaligen Burg (z.B. Worblingen, Villa Wieland, 1867), innerhalb einer solchen oder durch den Ausbau einer Burg entstanden (z.B. Schloss Hegne, 1879; Friedinger Schlössle, ab 1919). Villen-Burgen boten durch historischen Standort und historische Bausubstanz eine zusätzliche Aufwertung der Bauherren bzw. Bewohner, d.h. sie waren gesellschaftlich hochrangiger als Burg-Villen.

Nachfolgend seien wichtige bürgerliche Burgen und Burg-Villen im Hegau und angrenzenden Gebieten ausführlicher beschrieben.

Schloss Königsegg, Insel Reichenau (um 1843)

Art des Baues: klassizistisch-historistische Umgestaltung eines Renaissance-Schlosses zum großbürgerlichen Wohnsitz. Dominierender Turm.
Bauherr: Gottlieb Friedrich Deichmann (Ulm), Kaufmann.
Architekt: ungeklärt.

Schloss Königsegg war bereits seit 1805 in bürgerlichem Besitz. Nach dem Übergang an den Kaufmann Gottlieb Friedrich Deichmann aus Ulm (1840) erfuhr es um 1843 einen klassizistisch-historisierenden Ausbau und eine Aufstockung. Das um 1560 entstandene, spätmittelalterliche Kastellburgen zitierende Herrenhaus mit vier runden Ecktürmen zeigt in den Obergeschossen dreier Türme spätklassiztische gekuppelte Rundbogenfenster; sie schließen mit polygonalen Helmen über Rundbogenfriesen. Der Turm an der Südwestecke endet hingegen mit einem Zinnenkranz und assoziiert so den Bergfried einer mittelalterlichen Burg.

Rheinburg (Rauschenburg), Gailingen (1866/67)

Art des Baues: Neubau einer Burg-Villa mit dominierendem Turm in Formen der frühen Neo-Renaissance in Formen der italienischen Renaissance, westlich des Ortes auf einer Anhöhe über dem Rhein.
Bauherr: Franz Arthur Rausch (1841–1906) stammte aus einer bedeutenden, wohlhabenden Handelsfamilie in Schaffhausen. Sein Großvater Johann Georg Rausch war aus den Niederanden in die Schweiz eingewandert. Die Familie besaß Baumwollpflanzungen in Westindien.
Architekt: Entwurf: Leonhard Zeugheer (Zürich); Bauleitung: Hahn (Schaffhausen), als dessen Werk die Rheinburg lange galt. Zeugheer gehörte zu den bedeutenden Schweizer Architekten des mittleren 19. Jahrhunderts. Von ihm stammen zahlreiche Villen für großbürgerliche Familien in Zürich und Umgebung sowie hervorragende öffentliche Bauten der Stadt.

1843 erwarb Finanzrat Johann Heinrich Rausch (Schaffhausen) das Liebenfelsische Schlösschen in Gailingen von den Erben des Freiherrn Nikolaus von Mainau. Sein Sohn Franz Arthur Rausch erbte das Schloss 1869, veräußerte es aber noch im selben Jahr, denn er hatte sich 1866/67 die Rheinburg als Villa in Stilformen der frühen Neorenaissance erbauen lassen. Nach ihrem Bauherrn wurde sie auch Rauschenburg genannt. Der Architekt Leonhard Zeugheer (†1866) aus Zürich ließ sich auf

Gailingen, Rheinburg (Rauschenburg), erbaut 1866/67 (Foto: Verfasser)

Grundlage seiner für die Rheinburg erstellten Entwürfe ab 1866 seine Villa Bellaria erbauen, doch starb er noch im selben Jahr. Nach Zeugheers Tod wurde die Villa unter der Bauleitung von Friedrich Hahn vollendet. 1869 heiratete Rausch die Engländerin Alice May Scott Russel, 1880 verließ er Gailingen, und 1882 veräußerte er die Rauschenburg.

Scheffelschlössle, Radolfzell (1878/79)

Art des Baues: historistischer Aus- und Erweiterungsbau eines frühneuzeitlichen Rebmannhauses zum Schloss in der Art einer Burg-Villa mit dominierendem Turm im Stil der Neo-Renaissance.
Bauherr: Joseph Victor von Scheffel (1826–86), Schriftsteller, »Dichterfürst«.
Architekt: Carl von Groszheim (Berlin), Architekturbüro Kaiser & Groszheim.

Südöstlich von Radolfzell erstreckt sich die Bodenseehalbinsel Mettnau. Nahe ihrer Spitze steht in einer Parklandschaft das Scheffelschlössle,[39] das 1878 durch Umbau eines Rebmannhauses für den populären Dichter Joseph Victor von Scheffel entstand. 1872/73 hatte dieser näher bei der Stadt auf der Mettnau die Villa See-

39 Zum Scheffelschlössle vgl. Losse, Michael, »Ein Herrenhaus mit Giebel, Turm und Fahne« – Das »Scheffelschlössle« des Dichters Joseph Victor von Scheffel auf der Mettnau bei Radolfzell. In: SVGB 123, 2005, S. 91–112; ders., Das Scheffel-Schlössle auf der Mettnau bei Radolfzell, eine »Dichterburg« des 19. Jahrhunderts am Bodensee. In: Forschungen zu Burgen und Schlössern, 10, 2007, S. 67–80

halde erbauen lassen, nur 1,5 km vom Schloss entfernt. Scheffel, der seit 1869 zusammen mit seiner Familie den Sommer auf der Halbinsel Mettnau zu verbringen pflegte und 1876 vom Großherzog von Baden und vom König von Württemberg in den erblichen Adelsstand erhoben worden war, hatte zuvor beabsichtigt, die Burg (Altes Schloss) in Meersburg zu kaufen. Im Zusammenhang mit seiner Nobilitierung ist der Erwerb des Mettnau-Gutes 1876 und der Ausbau des Rebgutpächterhauses zum Scheffelschlössle 1878/79 zu sehen. Das schlichte zweistöckige Rebmannhaus hatte die Stadt Radolfzell 1857/58 errichten lassen. Der neue, dominante Turm machte das Gebäude zum Schloss bzw. zur »Dichterburg«.

Architekt Groszheim – einer der erfolgreichsten Architekten der Wilhelminischen Zeit – fasste Scheffels Gründe zum Erwerb und Ausbau des Mettnaugutes zusammen: »Dr. v. Scheffel kaufte das Weingut ›Mettnau‹ Mitte der siebziger Jahre, um seinen Besitz am Bodensee für seinen Sohn zu vergrößern, für Fischerei und Jagd einen eigenen Grund und Boden zu haben. Ein vorhandenes Pächterhaus sollte umgebaut und für einen noch abgeschlosseneren und dem Touristen-Verkehr mehr entzogenen Wohnsitz eingerichtet werden als ›Seehalde‹ ihn bot.«[40]

Einen Eindruck vom Aussehen des Schlosses kurz nach Scheffels Tod sowie von der Atmosphäre in Scheffels »Mettnauhaus« und von dessen Einrichtung vermittelt ein Bericht von Joseph Stöckle, der das Schloss 1891, fünf Jahre nach dem Tod des Dichters, besuchte: »Das große Zimmer links vom Eingang ist dunkel getäfelt und es stehen auf seinen hohen Gesimsen Humpen, Gläser, Teller und allerlei andere Geräte in malerischer Anordnung beisammen. Der grüne Kachelofen, der Gewehrschrank mit blinkenden Waffen, – alles paßt harmonisch zusammen. Die weiten und großen Erkerfenster sind ringsum mit runden, zum Teil bunten Butzenscheiben eingefaßt, welche das Sonnenlicht in warmen, farbigen Strahlen auf die dunklen Wände werfen; der mittlere Teil des Fensters besteht aus klarem Spiegelglas, so daß die schöne Gegend frei vor den Augen liegt und nur um so wirksamer hervortritt aus dem bunten Glasrahmen und der Holztäfelung des dunklen Zimmers. Sowohl in der Halle als dem daranstoßenden kleinen Eckzimmer laufen den Wänden entlang braune Holzbänke, die sich mit der Holzvertäfelung zu einem schönen Ganzen fügen.«[41]

Schloss Hegne, Allensbach-Hegne (1879–82)

Art des Baues: historistischer Ausbau eines Renaissanceschlosses zum großbürgerlichen Wohnsitz mit drei dominierenden Türmen (in der Substanz renaissancezeitlich).
Bauherr: Werner De Weerth (Elberfeld bzw. Neuwied/Rhein).
Architekt: namentlich nicht bekannter Architekt, wohl aus Köln.

40 Groszheim, Karl, zitiert nach Zernin, Gebhard: Erinnerungen an Dr. Josef Victor von Scheffel. 1987, S. 59

41 Stöckle, Joseph: Die Mettnau bei Radolfzell. In: SVGB 20, 1891, S. 75–103

Allensbach-Hegne, Schloss Hegne, historistischer Ausbau 1879–82 (Fotos: Verfasser)

Durch Schriftquellen belegt ist das Schloss Hegne erst ab 1570.[42] Ende des 16. Jahrhunderts diente es nach Um-/Ausbau als Sommersitz (villa suburbana) des Konstanzer Bischofs Kardinal Andreas von Österreich (reg. 1589–1600). Nach der Säkularisation 1803 bestimmten zahlreiche Besitzerwechsel und Nutzungen (Landwirtschaft; »Erziehungs- und Bildungsanstalt«, 1866/67–78) die Schlossgeschichte.

1879 erwarb Werner de Weerth das Schloss, um es als Wohnsitz zu nutzen. Er ließ dazu 1879/82 einen Umbau vornehmen, der einem Neubau gleichkam. Emil Reisser (1926) berichtet: »Als […] 1879 der Herr Werner de Weerth aus Neuwied das Schloß dem Staat abkaufte, um ein ›Patrizierhaus vornehmsten Stils‹ daraus zu machen, da hatte auch für diesen Bau die Sterbestunde geschlagen. De Weerth riß den Innenbau vollständig heraus, einschl. der Kapelle mit ihren prächtigen Stukkaturen und Täfelungen, und machte aus drei Stockwerken zwei übertrieben hohe. Die schlichten Außenseiten des Gebäudes wurden im Stile der deutschen Renaissance,

42 Zu Schloss Hegne vgl. Vomstein, Karl: Schloß Hegne am Bodensee. Sein Werdegang bis zur Gegenwart. Ein Stück Heimatkunde und Charitasgeschichte. Zum silbernen Jubiläum des Provinzhauses vom hl. Kreuz zusammengestellt von Karl Vomstein, Spiritual. Konstanz 1922; Losse, Michael: »sitz, burggesäss und schlößle« zu Hegne. Anmerkungen zur Geschichte, Baugeschichte und kunsthistorischen Bedeutung von Schloss Hegne bis 1892, in: Hegner Kulturverein e.V. (Hg.): Hegne: Dorf, Schloss, Kloster, Allensbach-Hegne 2003, S. 147–164; ders.: »burggesäss und schlößle« zu Hegne am Bodensee. Betrachtungen zur Geschichte, Baugeschichte und Bedeutung des Schlosses Hegne, der Sommerresidenz des Konstanzer Bischofs Andreas von Österreich (1589–1600). In: Zeune, Joachim (Hg.): Von der Burg zur Residenz. Braubach 2009, S. 105–115

wie sie die Gründerzeit verstand, verballhornt. Auch der Schloßgarten wurde zu einem Park mit ›Anlagen‹ verändert.«[43]

Werner de Weerth (geb. 1855)[44] stammte aus einer noch heute an verschiedenen Orten im Mittelrheingebiet und in der Eifel ansässigen Familie. 1875–76 studierte er in Freiberg (Sachsen) Bergwissenschaften. Anfang Oktober 1876 trat er seinen Militärdienst an. Während der Militärdienstzeit kam es zum Ausbruch seines »späteren langjährigen Leidens, der Kopfschmerzen«. Auf ärztlichen Rat nahm er sein Studium in Freiberg nicht mehr auf und entschied sich statt dessen für die Landwirtschaft. Von 1877–79 zog er auf die Domäne Rommersdorf bei Neuwied am Rhein, um sich auf die Bewirtschaftung seines eigenen Gutes vorzubereiten. 1879 erwarb er schließlich Schloss Hegne, das er nach Entwürfen eines bisher namentlich nicht bekannten Kölner Architekten bis 1882 umbauen ließ.

1892 verkaufte de Weerth das Schloss an den Orden der Barmherzigen Schwestern vom heiligen Kreuz im schweizerischen Ingenbohl, die eine Filiale zur Ausbildung von Krankenschwestern in Deutschland errichten wollten. Verkaufsgrund war die Notwendigkeit, »in einer Stadt den Kindern einen geregelten Unterricht ermöglichen zu können« (de Weerth); sie waren zuvor von einer Privatlehrerin unterrichtet worden. Im Oktober 1892 zog die Familie nach Freiburg (Breisgau).

Die Gartenfassade des mehrfach veränderten Herrenhauses wird eingerahmt von zwei schlanken oktogonalen Türmen mit hohen Helmen. Die stark profilierten Fensterrahmungen der Türme entstanden, ebenso wie die Loggia (im 19. Jahrhundert Wintergarten), der Volutengiebel und die Dekoration erst beim Neorenaissance-Ausbau 1879/82. Die Umgestaltung der runden Türme zu Oktogonen erfolgte vermutlich anläßlich des Umbaues, denn Schuster (1908) kannte noch die Rundtürme.[45] Die beim Umbau weniger veränderte Hofseite wird geprägt von dem hohen, mittig vor der Fassade stehenden achteckigen Treppenturm; dessen geschweifte Haube mit Laternen entstand in der Zeit de Weerths.[46]

Bürgle (Schloss Windeck), Insel Reichenau (1880er Jahre und 1912)

Art des Baues: historistischer Ausbau einer mittelalterlichen, frühneuzeitlich veränderten Niederungsburg in mutmaßlich mehreren Phasen zum großbürgerlichen Wohnsitz.
Bauherr: ungeklärt, möglicherweise Sanitätsrat Dr. Benzinger.
Architekt: ungeklärt.

Die Domänenverwaltung verkaufte die Burg 1817 in private Hand, danach gab es mehrere Besitzerwechsel. 1860 war Windeck Mietshaus für mehrere Familien und

43 Reisser, Emil: Burgen und Schlösser am Untersee. In: Badische Heimat. Zeitschrift für Volkskunde, ländliche Wohlfahrtspflege, Heimat- und Denkmalschutz, 13. Jg., 1926: Der Untersee. Freiburg (Breisgau) 1926, S. 168–209, hier S. 186

44 Archiv Simons-de Weerth; hiernach alle Zitate, soweit nicht anders belegt

45 Schuster, Eduard: Die Burgen und Schlösser Badens. Karlsruhe 1908, S. 50: »zwei runde Ecktürme flankieren den Bau auf der Seeseite«

46 Kraus, a. a. O. 1887, S. 69

Konstanz, Schloss Seeheim (Scholz'sches Schlösschen), erbaut 1889/90 (Foto: Verfasser)

Ludwigshafen, Spitalschlössle, Umbau um 1917 (Foto: Verfasser)

dabei weitgehend »verwahrlost«[47]. Spätestens seit den 1880er Jahren war das Gebäude in bürgerlichem Besitz, um 1886 gehörte es dem Sanitätsrat Dr. Benzinger. Wohl um 1912 Bau der neuen Gartenmauer als Ringmauer mit Zinnen und Eckrondellen, welche die 1860 abgebrochene Mauer ersetzte.

Schloss Seeheim (Scholz'sches Schlösschen), Konstanz (1889/90)

Art des Baues: historistische Burg-Villa in Formen der Neogotik und Neorenaissance (Stilpluralismus) anstelle eines älteren Landhauses am Bodenseeufer nahe dem Hörnle. Umbau nach dem Vorbild englischen Landhausbaues; Turm (als Bergfried-Zitat), Erker und Stufengiebel sind zeitgenössische Burgelemente.
Bauherr: Adolf von Scholz (1833–1924) preußischer Finanzminister.
Architekt: Georg Peter Hermann Eggert (Straßburg).

Nachdem das Landhaus, der Vorgängerbau des Schlosses, im 19. Jahrhundert verschiedenen adeligen und bürgerlichen Besitzern gehört hatte, erwarb es 1885 Adolf von Scholz, der es 1889–90 durch den heutigen Bau ersetzen ließ. Zur Einweihung besuchten Fürst Otto von Bismarck und Ferdinand Graf von Zeppelin die Familie von Scholz. Das Schloss besaß bzw. besitzt eine aufwendige, stilpluralistische Innengestaltung und –ausstattung, unter anderem im Stil des Neo-Barock und Neo-Empire.

Spitalschlössle, Ludwigshafen (um 1917)

Art des Baues: zurückhaltende späthistoristische Umgestaltung einer spätmittelalterlichen, frühneuzeitlich veränderten Niederungsburg.
Bauherr: Hermann Carl Callenberg (Hamburg), Architekt.
Architekt: Hermann Carl Callenberg (Hamburg)?

1829 gelangte das aus einer Wasserburg hervorgegangene Schloss an den lokalen Spediteur Johann Jakob Geiselbrecht. Zum Besitz gehörte umfängliches Garten- und Ackerland, dem Geiselbrecht 1852 weitere Ländereien hinzufügte. 1856 entstand ein neuer Wohnbau. 1884 erwarb Callenberg das Schloss, 1918 kaufte es der Attaché und Hauptmann Dr. jur. Oskar Philippi. 1917 war der Seeseite des Schlosses die neoklassizistische Veranda angefügt worden.[48] Auch der barockisierende Dachreiter könnte 1917 entstanden sein.

Friedinger Schlössle, Singen-Friedingen (ab 1919)

Art des Baues: zurückhaltender späthistoristischer Ausbau einer mittelalterlichen, frühneuzeitlich veränderten Gipfelburg unter Einfluss des Heimatschutzgedankens.
Bauherr: Dr. Hans Curtius (Duisburg 1878–1959 Weiherhof/Böhringen)
Architekt: Vicol Hartmann (Schweiz)

47 Schmitt, a. a. O. 1998, S. 238
48 Ebenda, S. 83

Friedinger Schlössle, späthistoristische Umgestaltung ab 1919, unter anderem mit neoromanischen Fensteröffnungen und Einbau eines pompejanischen Zimmers (Fotos: Verfasser)

Östlich von Friedingen steht die gleichnamige Gipfelburg,[49] im Volksmund »Schlössle« genannt. Der Burgberg bietet faszinierend weite Ausblicke. Zwar wurde die Burg lange Zeit ins 10. Jahrhundert datiert, doch dürfte sie erst um 1180 von den Herren von Friedingen-Krähen gegründet worden sein. Im Spätmittelalter war sie eine Ganerbenburg, 1539/44 erwarb diese die Stadt Radolfzell. Im 30-jährigen Krieg teils zerstört, wurde die Burg durch die Stadt wohl (ab?) 1651 neuaufgebaut. Seit jener Zeit bis 1915 war sie Sitz eines Rebmannes. Der letzte auf der Burg ansässige Rebmann beantragte eine Konzession für eine Wirtschaft, denn das Friedinger Schlössle war nicht zuletzt wegen der schönen Aussicht vom Burgberg spätestens seit Beginn des 20. Jahrhunderts ein beliebtes Ausflugsziel.

Dr. Hans Curtius stammte »aus einer alten Chemikerfamilie«[50]. 1904 übernahm er nach dem Tod des Vaters, erst 26-jährig, die Führung der chemischen Werke der Familie am Niederrhein, die von seinem Urgroßvater gegründet worden waren. 1905 heiratete er Ida Schmid aus Zürich, und nach der Veräußerung des Unternehmens erwarb die Familie 1916 den Weiherhof bei Böhringen, um dort Landwirtschaft zu betreiben. 1919 pachtete Curtius zudem Burg Friedingen mit Rebgut und Schlosshof auf 25 Jahre von der Stadt. 1932 schrieb er rückblickend: »[...] das Schlößchen war bei der Übernahme 1919 eine Ruine. Es war so baufällig, daß primitive Reparaturen sich als unmöglich herausstellten und mir nichts anderes übrig blieb, als alles von Grund auf neu zu machen. Ich habe für die baulichen Umänderungen an allen Gebäuden mehr wie 40000 Mark aufgewendet.«[51]

Curtius nutzte die Burg als Sommersitz und ließ sie auf seine Kosten instandsetzen bzw. nach Vorstellungen durch den Architekten Hartmann umgestalten. Es entstanden der überdachte Laubengang, fälschlich Wehrgang genannt, und die zwei neoromanischen Zwillingsfenster als »Aussichtsöffnungen in der Ringmauer«, aus denen der Blick in Richtung Südwesten geht.[52] Das Innere der Burg wurde nach Vorschlägen Hartmanns gestaltet und teils mit »wertvollen Kachelöfen ausgestattet und sehr geschmackvoll bemalt«.[53] Stilistisch stehen Umgestaltung und Ausstattung zwischen Späthistorismus (neoromanische Fenster; pompejanisches Zimmer) und Heimatstil (rustikale Wandbemalungen).

49 Zur Burg Friedingen vgl. Losse, Michael: Das »Friedinger Schlößle« im Hegau. In: Burgen und Schlösser, 2002/I, S. 36–47; ders.: »Friedingen, still-stolze Feste« – Anmerkungen zum sog. »Friedinger Schlößle« bei Friedingen im Hegau, in: SVGB 126, 2008, S. 3–26

50 Hirscher, Peter: Böhringen. Geschichte einer Landgemeinde zwischen Untersee und Hegau. Radolfzell 1994, S. 173 (hiernach alle weiteren Angaben zur Biographie von Curtius)

51 Curtius äußerte sich 1932, als er den Pachtpreis ermäßigt haben wollte, in einem Brief an die Stadt Radolfzell, zitiert nach Hubenschmid, Alfred: Neuere Geschichte von Friedingen (19. und 20. Jahrhundert). Singen 1986, S. 8

52 Zur Korrektur dieser Einschätzung vgl. Losse, a. a. O. 2002; Losse, a. a. O. 2008

53 Hubenschmid, a. a. O. 1986, S. 8

August 1914 – Mehr Angst und Unsicherheit als Kriegsbegeisterung?

Von Alexander Röhm, Konstanz

Erlösung! Mit diesem Wort lässt sich vielleicht am besten erklären, wie die Bilder auf den heutigen Betrachter wirken. Eine jubelnde Menge, Männer, die ihre Hüte schwenken, eine spielende Musikkapelle, dazwischen in dieser Masse von Menschen: der junge Adolf Hitler. Dieses Bild hat sich tief ins kollektive Gedächtnis eingebrannt und scheint das Bild für den Ausbruch des Ersten Weltkriegs schlechthin zu sein. Krieg als Erlösung!

Zahllose Kriegsfreiwillige – von bis zu zwei Millionen wird gesprochen – marschierende Soldaten mit Blumen geschmückt und Eisenbahnwaggons, die die Richtung angeben: »Auf nach Paris!!« Ein Land, ein Kontinent im kollektiven Freudentaumel. Krieg als Erlösung. Heute muten diese Bilder befremdlich an. Viele empfinden vielleicht sogar Abscheu oder ungläubiges Staunen. Heute, nach zwei Weltkriegen und einem langen kalten Krieg, zahllosen Stellvertreterkriegen, Revolutionen und vielem mehr, kann einem dies nur ein fassungsloses Kopfschütteln abringen. Krieg als Erlösung?

Doch die Frage nach der wirklichen Stimmung im deutschen Volk muss gestellt werden. Trotz aller Dokumentationen, zum Beispiel von Guido Knopp, die unermüdlich von einem massenhaften Jubel beim Kriegsausbruch 1914 zu berichten wissen, fragt man sich, ob diese Bilder und Filme[1] über den Ausbruch des Kriegs die breite Meinung der europäischen Bevölkerung widerspiegeln. Nein, lautet die Antwort, um bereits vorzugreifen.

Kaum eine Vorstellung von einem historischen Ereignis wie die des Enthusiasmus beim Kriegsausbruch 1914 hat sich so hartnäckig gehalten wie diese. Sie gehört zu den Geschichtsmythen des 20. Jahrhunderts. Dieser Mythos ist das Ergebnis »selektiver Wahrnehmung« durch bestimmte Teile der Politik, Presse und anderer Meinungsträger. Sie war ein Bestandteil der schnell einsetzenden »geistigen Mobilmachung«, die sich bald als herrschende Meinung etablierte.

1 http://www.youtube.com/watch?v=MxP9ekjWzTM

Die Stimmung im Ausland

Vor dem Krieg bestand Europa aber aus heterogenen Gesellschaften, die oft politisch, wie sozial tief gespalten waren. In Frankreich hoffte man im Juli auf ein Ende der Krise. Diese Hoffnung wurde durch die Reise von französischen Regierungsvertretern nach Russland bestärkt, was ein Bild von Unbesorgtheit demonstrierte. Vielmehr war ein ganz anderes Thema in den Medien präsent als die Gefahr eines aufziehenden Kriegs: Der Prozess gegen die Frau des ehemaligen Finanzministers Caillaux, die den Chefredakteur des »Figaro« erschossen hatte und deren Freispruch am 28. Juli 1914 erfolgte. Dies sorgte in Frankreich für Aufsehen. Zwar gab es Ende Juli Kundgebungen für den Frieden, aber auch für den Krieg, und die Grundstimmung war eher von Sorge und Resignation bestimmt. Die Stimmung schlug zwar in den ersten Augusttagen um und ein einnehmender Patriotismus lässt sich verzeichnen, doch von Hurra-Patriotismus kann man nicht sprechen.

Im Vielvölkerstaat Österreich-Ungarn war die Kriegsstimmung unter den Deutschsprachigen groß und eine Strafexpedition gegen die Serben wurde begrüßt, doch bei den Polen, Tschechen, Slowenen, Kroaten und Ungarn war davon nur wenig zu spüren. Widerstand gegen den aufziehenden Krieg oder Verweigerung gegen die Mobilmachung bzw. Einberufung gab es kaum.

In Russland beschränkte sich die Kriegsbegeisterung nur auf eine kleine städtische Schicht, die sogenannte »Intelligenzija«. Man wollte sein Prestige als Großmacht in dieser Krise verlieren und steigerte sich in einen alles überhöhenden Nationalismus. Dieser verdammte z.B. alles Deutsche, sodass zum Beispiel schon nach kurzer Zeit St. Petersburg in Petrograd umbenannt wurde. Doch der Großteil des Riesenreichs, vor allem die Landbevölkerung, stand dem Krieg skeptisch oder ablehnend gegenüber. Aber auch hier kam es zu keinen offenen Aktionen gegen die Mobilmachung.

In fast keinem anderen Land in Europa war die Ablehnung des bevorstehenden Kriegs so ausgeprägt wie in Großbritannien. Hier rechnete im Juli 1914 niemand mit einer möglichen Kriegsteilnahme. Allgemein stand die Irlandfrage im Vordergrund, die die Bevölkerung beschäftigte, weniger Serbien. So war auch bei Kriegsausbruch die Kriegsbegeisterung nur auf eine kleine Gruppe – meist aus dem bürgerlichen Milieu – beschränkt. Erst als das britische Expeditionsheer bei Mons eine Niederlage einstecken musste und eine Invasion als möglich erachtet wurde, stiegen die Freiwilligenmeldungen.

Die Stimmung in Deutschland

Wie sah es aber in Deutschland aus? In einer Zeit des Militarismus und Imperialismus, der Glorifizierung von Kaiser, Volk und Vaterland. In einem Land, in dem der Mensch erst beim Leutnant beginnt (Zuckmayer) und das Militär als Schule der Nation galt? Im Juli 1914 organisierte die SPD Anti-Kriegs-Demonstrationen, bei denen sich im ganzen Reich mehr als 750000 Menschen beteiligten. Damit gingen in Deutschland mehr Menschen gegen den drohenden Krieg auf die Straße als in

Eine Menschenmenge versammelt sich zum Kriegsausbruch vor der Feldherrenhalle in München – darunter auch der junge Adolf Hitler. (Wiki Commons)

irgendeinem anderen Land in Europa. Insbesondere die Arbeiter waren gegen den Krieg.

Aber wer waren dann die jubelnden Massen, die wir von den Fotos und aus den Filmen kennen? Es waren zuerst einmal Menschen aller Schichten und Parteien, die sich Ende Juli und Anfang August 1914 auf den Straßen fanden. Man wusste von den internationalen Spannungen und suchte nach Informationen. In einer Gesellschaft, in der es kein Internet, keine Livesendungen und kein Radio gab, konnte man nur auf das Verteilen von Extrablättern und Depeschenmeldungen warten, die auf der Straße verkauft wurden. Es handelt sich also um ein Informationsbedürfnis, das die Menschen auf die Straßen und Plätze der Städte trieb.

Als es am 1. August zum Kriegsausbruch kam, entstanden die bekannten Bilder. 50 000 Menschen standen vor dem Berliner Stadtschloss, hörten die Reden und Ansprachen, sangen Lieder und ließen den Kaiser hochleben. Die Presse schien beeindruckt gewesen zu sein, denn im ganzen Land wurde über diesen Freudentaumel berichtet. Doch kann man von einer wirklich allumfassenden Kriegsbegeisterung sprechen? 50 000 Menschen in einer Stadt mit 3,7 Millionen Einwohnern scheinen doch eine eher kleine Gruppe zu sein. Betrachtet man den Film aus München, auf dem auch der junge Adolf Hitler zu sehen ist, so kann man im Hintergrund erkennen, dass die Straßenbahn ihren gewohnten Weg fährt, Menschen auf dem Gehweg flanieren bzw. neugierig auf eine jubelnde Menge starren. Erst später füllte sich der Platz vor der Feldherrenhalle.

Neueste Studien haben gezeigt, dass diese Wahrnehmung sehr selektiv ist und man mit Sicherheit nicht von einer europaweiten Begeisterung sprechen kann. Die Stimmung stieg, als die ersten Erfolgsmeldungen von der Front die Heimat erreichten. Doch blieb in den Arbeitervierteln die Stimmung eher gedrückt. Die Arbeitslosigkeit sprang im August von 3 % auf 23 %, die Lebensmittelpreise stiegen an und große Teile der Bevölkerung fielen unter die Armutsgrenze. Auch müssen die Freiwilligenmeldungen – von bis zu zwei Millionen Männern wird berichtet – kritisch hinterfragt werden. In einem Land, in dem eine allgemeine Wehrpflicht herrschte, wäre dies eine enorme Zahl. Die Forschung spricht von maximal 300 000 Freiwilligen bis Ende des Jahres 1914. Hierbei handelte es sich meist um Gymnasiasten und Studenten aus dem bürgerlichen Milieu, das sich am meisten bei der Kriegsbegeisterung hervortat und den gesellschaftlichen Konventionen zu entfliehen versuchte.

Wie sah es aber abseits von Kaiser, Diplomaten, Politikern oder der Generalität aus? Außerhalb der wichtigen Zentren wie Berlin, Wien, Belgrad, Paris, Sankt Petersburg oder London? Wie war die Stimmung hier im Hegau? Was berichten die Zeitungen? Wie war die Stimmung auf dem Land, wo gerade die Erntezeit in vollem Gang war?[2]

Presse

Für den Hegau ist insbesondere die in Engen gedruckte Zeitung »Hegauer Erzähler«[3] von großer Bedeutung. Diese Zeitung wurde 1842 von Anton Ross in Engen gegründet und hieß zuerst »Höhgauer Wochenblatt«, ab 1845 dann »Höhgauer Erzähler« und ab 1899 schließlich »Hegauer Erzähler«. Sie gehört zu den wichtigsten Quellen des Hegau des 19. und frühen 20. Jahrhunderts. 1936 wurde der »Hegauer Erzähler« mit anderen Blättern zur »Deutschen Bodensee-Zeitung« vereinigt.

Der »Hegauer Erzähler« brachte noch am Tag der Ermordung des Thronfolgerpaares am 28. Juni 1914 ein Extrablatt heraus, um von diesem Ereignis zu berichten. Er schildert das Entsetzen, das das Attentat ausgelöst hatte und verurteilt es scharf. Aber schon ab dem 1. Juni bekamen die Ereignisse auf dem Balkan und in Österreich-Ungarn eine gewisse Sachlichkeit. Die Vorgänge in Sarajevo wurden dargestellt und analysiert und es wurde ein geschichtlicher Rückblick den Balkan betreffend gegeben. Berichtet wurde von der aufgeheizten Stimmung in Österreich, aber von einem Überschwappen in den Hegau sei nichts zu spüren, sondern es könne eher von einer distanzierten Betrachtung gesprochen werden.

In der Zeit zwischen dem 3. und 8. Juli standen noch einmal die Trauerfeier und

2 Für einen allgemeinen Überblick und die Forschungslage siehe: Münkler, Herfried: Der Große Krieg. Die Welt 1914 bis 1918. 4. Auflage, Berlin 2014, S. 222–229; Janz, Oliver: 14 – Der große Krieg. Frankfurt (Main) 2013, S. 179–223; Kruse, Wolfgang: Die Kriegsbegeisterung im Deutschen Reich zu Beginn des Ersten Weltkriegs. Entstehungszusammenhänge, Grenzen und ideologische Strukturen. In: van der Linden, Marcel, und de Lange, Herman (Hg.): Kriegsbegeisterung und mentale Kriegsvorbereitung. Interdisziplinäre Studien. Berlin 1991, S. 73–88

3 Vgl. Gschlecht, Alfred: Der »Hegauer Erzähler« – Die Zeitung aus Engen. In: HEGAU 57, 2000, S. 192–198. Der einzige noch komplett erhaltene Bestand befindet sich im Stadtarchiv Engen.

die Bemühungen um Aufklärung der Hintergründe des Attentats im Fokus. Ab dem 9. Juli wurden die Ereignisse auf dem Balkan aber langsam wieder von tagespolitischen Themen verdrängt. Von einem Krieg oder Kriegsstimmung in Deutschland war nirgends die Rede, eine deutliche Parteinahme zu Gunsten Österreichs ließ sich hingegen nicht leugnen.

Am 14. Juli wird von einem Vortrag des Alldeutschen Verbandes berichtet, der die Wichtigkeit des Balkans für Deutschland betonte, aber ansonsten ist von keinen Kriegsstimmen zu lesen. Erst ab dem 20. Juli wird zum ersten Mal von »Wetterleuchten« berichtet. Dabei wird auf die Teilmobilisierung italienischer Truppen und die Einberufung serbischer Reservisten verwiesen und am Folgetag von einer österreichischen Note in einem kleinen Neunzeiler geschrieben. Auf die Möglichkeit eines bewaffneten Konflikts wird erstmals am 23. Juli in einem kleinen Siebenzeiler eingegangen. Dennoch habe die österreichische Regierung kein Interesse daran, das »offizielle Serbien« zu demütigen – die Entscheidung liege aber bei Russland – so der »Hegauer Erzähler«.

Mit dem 25. Juli ist eine merkliche Verschärfung der Situation zu erkennen. »Österreich zeigt Serbien die Zähne«, titelte der »Hegauer Erzähler«. Gleichzeitig ging man davon aus, dass alles eine Sache zwischen Österreich und Serbien sei, aber man sei bereit, seine Verbündeten zu unterstützen, sollte eine andere Macht Druck ausüben. Vom großen Kampf des Germanentums gegen das Slawentum ist nun zu lesen. In den letzten Tagen des Juli 1914 überschlugen sich die Nachrichten, von der Annahme der österreichischen Note wird berichtet und der Erleichterung darüber. Gleich darauf hoffte man auf eine friedliche Haltung in Petersburg. Österreich und Serbien seien eine eigene Sache, wurde immer wieder betont.

Mit der Kriegserklärung Österreichs kamen erste Kriegsberichte in die Zeitung. Für viele schien nun ein Krieg nicht mehr abwendbar und sie wollten so schnell wie möglich ihre Ersparnisse von der Bank holen. In der Zeitung wurde immer wieder davon berichtet und zur Mäßigung und Geduld aufgerufen.[4] Man bekommt aus den Zeitungsartikeln den Eindruck einer Krise, die aber doch weit entfernt zu sein schien. Als am 1. August der Krieg auch für Deutschland begann, war nichts von großer Begeisterung zu lesen, sondern in der Ausgabe des 1. August: »Was nicht mehr zu ändern ist, ziemt sich, mit männlicher Festigkeit und Würde zu tragen.«

Mit dem Kriegsausbruch ist nun eine Veränderung zu erkennen. Im ersten Monat wird von den Erfolgen an der Front berichtet, so zum Beispiel von der Einnahme Lüttichs am 8. August. Aber von einer allgemeinen Kriegsbegeisterung wird auch hier nicht berichtet. Zwar wird eine Szene der Kriegsbegeisterung für Engen beschrieben, doch sie ist so allgemein und patriotisch überfrachtet, dass die beschriebene Szene überall hätte stattfinden können, weshalb der Wahrheitsgehalt bezweifelt werden kann. Es gibt patriotische Aufrufe für den Krieg, doch sind sie sehr spärlich. Von regional verortbarer Kriegsbegeisterung im Hegau ist noch weniger zu lesen.

4 Vgl. StA Engen, Hegauer Erzähler, Monat Juli 1914

Eher wird man von der Sorge ums Geld unterrichtet oder der Bitte zum freiwilligen Ernteeinsatz.[5]

Neben dem »Hegauer Erzähler« spielte die »Freie Stimme« aus Radolfzell eine bedeutende Rolle in der Hegauer Presselandschaft. Die 1865 gegründete Zeitung,[6] die unter dem langjährigen Schriftleiter und ultramontanen Radolfzeller Stadtpfarrer Friedrich Werber[7] große Verbreitung fand, war die einzige katholische Zeitung im Hegau und am Bodensee. Die »Freie Stimme« berichtet über die Mobilmachung: »Die Kunde von der Mobilmachung traf hier [Radolfzell] kurz nach ½ 7 Uhr ein. 7.45 Uhr verkündete der Herr Bürgermeister die inhaltsschweren Worte und schloß mit einer begeisternden, von Lieb zu Vaterland und Heimat druchdrungenen Ansprache. Die Anwesenden sangen entblößten Hauptes die ›Wacht am Rhein‹.«[8] Die »Freie Stimme« berichtet auch von der Verabschiedung der Soldaten mit Hurra-Rufen, erwähnte aber zugleich, dass der Abschiedsschmerz oft »erschütternd«[9] war.

Insgesamt gesehen ist auch hier eine zwiespältige Gemütslage herauszulesen. Zum einen ging mit dem Kriegsausbruch eine große Welle des Patriotismus einher, zum anderen aber auch ein schwerer und herzzerreißender Abschiedsschmerz und die Angst um die ins Feld ziehenden Männer. Sowohl »Hegauer Erzähler« als auch »Freie Stimme« bezogen ihre nahezu identischen Leitartikel von denselben Depeschendiensten.

Zeitzeugen

Dass ein Ereignis oft unterschiedlich wahrgenommen und interpretiert wird, ist nichts Neues. Der Ursprung liegt in der individuellen, subjektiven Wahrnehmung des Geschehenen. So berichtet der Radolfzeller Zentrum-Reichstagsabgeordnete Carl Diez parallel zur Nachricht in der »Freien Stimme« oben: »Abends wurde der Mobilmachungsbefehl bekannt, er löste eine furchtbare Spannung aus. Um 5 Uhr etwa verkündete ihn Bürgermeister Blesch vor dem Rathause auf einem Stuhle stehend, vor einer Ansammlung von etwa 100 Männern. Tiefernst werden seine wenigen ermunternden Worte entgegengenommen und mit trutziger Entschlossenheit stimmen sie die ›Die Wacht am Rhein‹ an. Eine Schar Kinder steht dabei, lachend und sich freuend des ungewohnten Auftrittes, aber schon eilen Frauen weinend über die Straße – sie waren die ersten, die den Ernst der Stunde ganz erfaßten. Willig eilten Reservisten und Landwehrleute zu ihren Truppenteilen, Freiwillige stellten sich in großer Zahl dem Heere. Militärtransportzüge durchfahren schon am gleichen Abend die Station, die Radolfzeller begrüßen sie mit stürmischer Begeisterung. Der Abschied

5 Ebenda, Monat August

6 StA Radolfzell, Südkurier Nr. 17 vom 22.1.1962

7 Vgl. Ottnad Bernd: Badische Biographien. Neue Folge Band III. Stuttgart 1990, S. 287–289

8 Götz, Franz: Der erste Weltkrieg und die Weimarer Republik. In: Götz, Franz (Hg): Geschichte der Stadt Radolfzell. Hegau-Bibliothek Band 12. Radolfzell 1967, S. 264

9 StA Radolfzell, Freie Stimme vom 3.8.1914

Die Rekruten des in Konstanz stationierten Infanterieregiments 114 werden vor dem Torkelbau der Klosterkaserne (heute Benediktinerplatz) vereidigt. (Foto: Stadtarchiv Konstanz)

der Krieger von Frau und Kind ist schwer, der Alltag des Kriegs mit seinem furchtbaren Ernste macht sich langsam geltend.«[10]

Aber nicht nur die Männer zogen in den Krieg: So wurden gleich zu Beginn des Kriegs Pferde gemustert und ebenfalls in den Krieg geschickt. Dies löste inbesondere auf dem Land Entsetzen aus, da nun nicht nur die Männer, sondern auch die Arbeitstiere bei der Ernte nicht mehr helfen konnten. Die zurückgebliebenen Frauen mussten ihre Kühe und Ochsen vor den Wagen oder Pflug spannen. Während der arbeitsintensivsten Zeit in der Landwirtschaft fehlten nun der Bauer als Ernährer der Familie und die Knechte und Erntehelfer als Arbeitskräfte. Diese Situation konnte weder bei dem eingezogenen Landwirt noch bei der zurückgelassenen Ehe- und Bauersfrau Begeisterung auslösen. Hier standen die Sorge um die Existenz und das Fortkommen des landwirtschaftlichen Betriebs im Vordergrund.

Gleichzeitig begann man damit, die noch nicht wehrfähigen Jungen auf ihre Zukunft als Soldaten vorzubereiten. Überall wurden Jugendwehren gegründet, wo die Jugendlichen zwischen 16 und 19 Jahren durch Lehrer und Polizisten einer paramilitärischen Ausbildung unterzogen wurden. Auch beteiligten sich diese Gruppen an Sammlungsaktionen oder wurden in der Landwirtschaft eingesetzt.[11]

10 Diez, Karl: Radolfzell in Vergangenheit und Gegenwart. Radolfzell 1916, S. 65–66

11 Vgl. Hegau-Geschichtsverein (Hg.): Quellen zum Ersten Weltkrieg 1914–1918 im Hegau und am See, zusammengestellt von Hildegard Bibby. Reihe Regionalgeschichte in der Schule 3, 2014, S. 31

Die Situation des Kriegsausbruches kann mit einer Mischung aus Euphorie, Abschiedsschmerz und Angst beschrieben werden. Von einer grenzenlosen Freude, die die Filme und Bilder oft zeigen, kann nur bedingt die Rede sein. Hinzu kommen Erscheinungen von Panik und Hysterie. Die Bevölkerung leerte nicht nur ihre Bankkonten, sondern fing auch an, Lebensmittel zu horten – ein Zeichen von Angst. Die Schließung der Grenze zur Schweiz unmittelbar nach dem Kriegseintritt Deutschlands sorgte ebenfalls für Unsicherheit im Hegau und am See. Freundschaftliche, familiäre oder berufliche Beziehungen waren plötzlich unterbrochen. Dies gilt als radikale Zäsur im deutsch-schweizerischen Verhältnis.

Ein freier Gang über die Grenze, wie bisher, war nicht mehr möglich. Die Straße Ramsen–Singen wurde mit Baumstämmen und Stacheldraht verbarrikadiert, Wachdienste eingerichtet. Eine Sperrlinie verlief von Bietingen über Gottmadingen, Rielasingen, Überlingen am Ried, Radolfzell und dann entlang der Bahnlinie bis Ludwigshafen. Diese Situation konnte die Bevölkerung in der Grenzregion nur in Angst und Unsicherheit versetzen, nicht aber in Begeisterung.[12]

Auch in der Zeit zwischen der Ermordung des österreichischen Thronfolgerpaares und dem Kriegsausbruch herrschte im Hegau eher eine distanzierte Betrachtung und keine ausufernde Kriegsstimmung. In den kommenden Wochen kam der Krieg in den Hegau und zeigte nun die Wirklichkeit. Mit den ersten Verwundeten- und Gefallenenmeldungen, die in den Zeitungen zu finden waren, aber auch mit der Ankunft der Lazarettzüge war nichts mehr von einer Kriegsbegeisterung zu lesen.

Dr. Otto Mader sen., Leiter des Radolfzeller Krankenhauses, hat dies so beschrieben: »Von Lazarettzügen hatte man gehört, mit allen Vorkehrungen aufs beste eingerichtet, wie sie dann ja auch in der Folgezeit immer kamen. Aber der erste Zug! Auf ½ 12 Uhr nachts war er angemeldet. Eine trübe, regnerische, naßkalte Nacht. Da schlich er auf dem fast unbeleuchteten Bahnhof herein, schwarz, düster, schauerlich. [...]. Und er hielt. Eine lange Reihe von Güterwagen, die Schiebetüren alle einen Spalt offen, und darin beim trübseligen Schein einer Erdöllampe unterschied man sie kaum, die Gestalten, die da auf dem Stroh lagen in voller Uniform, wie sie vom Schlachtfeld gekommen, verstaubt, verschwitzt, erschöpft, notdürftig verbunden. Und zwischendrin, auf einem Stuhl sitzend, wie eine Lichtgestalt in dem Dunkel ringsum, eine Schwester. Etwa 37 Stunden waren sie so gerollt aus der Gegend von Lunéville, fort nur fort, um Platz zu schaffen für Schwerverletzte. Da kriegten wir einmal ein Stück Krieg aus der Nähe zu sehen und da ward uns klar, schauerlich klar, womit all das Große, Glänzende erkauft war, das der tägliche Heeresbericht meldete.«[13]

Von den mehr als 1200 Kriegsteilnehmern aus Radolfzell kamen 215 Gefallene und Vermisste nicht zurück; Musketier Josef Schrägle war der erste gefallene Soldat. Bei seiner Beerdigung am 25. September 1914 gaben ihm die in Radolfzell untergebrachten Verwundeten das letzte Geleit. Das Konstanzer Regiment 114 hatte am

12 Ebenda, S. 69

13 Götz, a. a. O. 1967, S. 265

Am 25. September 1914 wird Musketier Josef Schrägle als erster Radolfzeller Gefallener beerdigt. Die in Radolfzell genesenden Verwundeten begleiten den Trauerzug zum Stadtfriedhof. (Foto: Stadtarchiv Radolfzell)

9. August 1914 in der ersten Schlacht bei Mühlhausen seine erste Feindberührung und zählte nach dem darauf folgenden Nachtgefecht die ersten Toten und Verwundeten. Das Infanterieregiment 114, das während des ganzen Kriegs an der Westfront stand, hatte in den vier Kriegsjahren über 3000 Gefallene und etwa das Dreifache an Verwundeten zu beklagen. Insgesamt zählte die Stadt Konstanz über 1000 Gefallene, das war ein knappes Fünftel der Einberufenen. Das erste Kriegsopfer der Gemeinde Gottmadingen war Ferdinand Kederer, der bei der Bahnwache Dienst tat. Er stürzte am 23. August 1914 von der Katzentalbrücke auf den darunter liegenden Weg und erlitt tödliche Verletzungen. Am 18. August 1914 starb der erste Stockacher Soldat, der Dragonergefreite August Aicheler, in der Gegend von Lützelhausen im Elsaß.[14]

Der abschließende Zeitzeugenbericht aus Stockach soll einerseits die euphorische Stimmung, gleichzeitig aber auch die Angst um die Angehörigen, noch einmal verdeutlichen: »Wir Burschen haben beim Josefsheim, dem damaligen Bezirkskommando, zugeschaut, wie Soldaten Seitengewehre verladen haben, um sie in die Firma Fahr zu bringen. Dort wurden sie auf Schmirgelscheiben scharf gemacht. Jeden Tag sind Einberufungsbefehle gekommen; dann sind die Soldaten durch die Stadt gezogen, vorneweg die Regimentsmusik, vom Schlachthof bis zum Bahnhof. Sieg-

14 Bibby, a. a. O. 2014, S. 88

reich wollen wir Frankreich schlagen, so war die Stimmung bei den Jungen. Darunter war auch mein Cousin, der Karl Hermann. Ich wollte ihn zum Bahnhof begleiten, aber der Vater hat es nicht erlaubt. So bin ich bis zur Kirchhalde mitgegangen, habe ihm noch zugerufen und bin wieder heimgegangen. Dann habe ich mich in meinem Zimmer eingeschlossen, habe geweint und später zu meinen Eltern gesagt: ›Der Karl kommt nicht wieder!‹ Und tatsächlich war er am 20. August schon tot. Das war eine seltsame Vorahnung!«[15]

Fazit

Vor dem Ausbruch des Ersten Weltkriegs, im Juli 1914, war nur sehr wenig von einem drohenden Krieg zu spüren. Erst in den letzten Julitagen war eine merkliche Zuspitzung der politischen Lage zu erkennen. Eine Kriegsbegeisterung zwischen Sarajevo und Kriegsausbruch, eine kollektive Steigerung, blieb aber aus. Die Ereignisse auf dem Balkan schienen weit weg gewesen zu sein und berührten den Alltag der Hegauer kaum. Erst mit dem Ausbruch des Kriegs war eine gewisse Kriegsbegeisterung bemerkbar, doch eher im bürgerlichen städtischen Milieu. In den Hegaudörfern war solch eine Begeisterung nicht oder kaum erkennbar.

Patriotismus war in dieser Zeit allgegenwärtig, auch im Hegau. Im ganzen Deutschen Reich identifizierte sich die Bevölkerung mit Kaiser und Vaterland. Dies zeigte sich beispielhaft anhand der vielen, gut besuchten vaterländischen Gedenktagen, wie dem Sedanstag, und der Tätigkeit der mitgliederstarken Traditionsvereine, wie den Militärvereinen. Der umherreisende Kaiser war omnipräsent. Dieser Patriotismus zeigte sich besonders beim Kriegsausbruch 1914. Es wurden patriotische Lieder gesungen, schwarz-weiß-rote Flaggen geschwenkt und man ließ den Kaiser hochleben.

Überschattet wurden dieser Patriotismus und die Kriegsbegeisterung von der Angst. Die Ungewissheit über die Zukunft machte nicht nur den Frauen zu schaffen, sondern zeigte sich auch in der großen Zahl an Geldabhebungen nach dem Kriegsausbruch um nur ein Beispiel zu nennen. Die allgegenwärtigen Bilder der Kriegsbegeisterung von 1914 zeigen nur eine beschränkte Detailaufnahme aus jener Zeit.

15 Rathke, Hartmut, und Dahlhoff, Rolf: Jahrhunderthälfte. Zeitzeugen aus dem Raum Stockach erinnern sich. Nellenburg-Gymnasium Stockach o. J., S. 89

Julius Maggi – Ein deutscher Spion in Frankreich?

Von Reiner Ruft, Rielasingen-Worblingen

Der Literatur-Nobelpreis des Jahres 1937 ging an den französischen Schriftsteller Roger Martin du Gard, der im Jahr zuvor den siebten Band seines großangelegten Familienromans »Die Thibaults« veröffentlicht hatte. Er trug den Titel »L'Été 1914« (»Der Sommer 1914«). In ihm gibt es eine Passage, in der Jenny, eine der Hauptgestalten des Romans, am 2. August 1914 mit der Straßenbahn durch Paris fährt. Am Tag der allgemeinen Mobilmachung richtet sich der Volkszorn der Pariser Bevölkerung gegen eine Niederlassung der Firma Maggi: »Auf der Place Maubert gab es einen neuen Aufenthalt. Eine Menschenmenge behinderte den Verkehr. An der Ecke der Rue Monge hatten sich einige Fanatiker zusammengerottet und liefen mit einer langen Stange Sturm gegen ein Geschäft, dessen Rollladen heruntergelassen war. Jenny las auf dem Firmenschild die Worte ›Meierei Maggi‹.

Die Leute im Wagen gerieten in Aufregung. ›Tüchtige Burschen!‹ – ›Dieser Maggi ist ein Preuße‹, sagte der Herr mit dem Kneifer. ›Er ist sogar Kavallericoberst [...]! Die Action Française hat schon vor längerer Zeit darüber berichtet. Er hat nur auf die Mobilmachung gewartet, um seinen Gaunerstreich auszuführen.‹ – ›Es heißt ja, daß er allein in Belleville über hundert Kinder mit seiner Milch vergiftet hat!‹ Jenny sah, wie die Stange immer wieder gegen den Rollladen prallte, sie hörte das dumpfe Geräusch der Stöße. Plötzlich gab das Wellblech nach. Die Fensterscheiben zersplitterten. Die Zuschauer, die sich vor dem Geschäft angesammelt hatten, schrien: ›Nieder mit Deutschland! Tod den Verrätern!‹ Auf dem Platz standen Polizisten neben ihren Fahrrädern; sie sahen von weitem untätig zu. Immerhin war Frankreich angegriffen worden; die Leute verhalfen sich selber zu ihrem Recht; man mußte sie also gewähren lassen!«[1]

Der deutsche Leser wird überrascht sein, dass der Name Maggi in diesem Text mit Milch und »Meierei« (im französischen Originaltext heißt es »Laiterie«) in Verbindung gebracht wird, und fragt sich, ob es sich dabei wohl um das gleiche Unternehmen handeln kann, das in dieser Zeit in Singen die Maggi-Würze produzierte.

1 Martin du Gard, Roger: Die Thibaults – Die Geschichte einer Familie, Siebenter Roman (»Sommer 1914«), Dritter Teil: »2. August 1914«, übersetzt aus dem Französischen von Frederick Lehner, Berlin, 1979, S. 198–199. Der französische Originaltext findet sich in Roger Martin du Gard, Les Thibault, III, L'Été 1914, chapitre LXXVII.

Kampf gegen die grüne und die weiße Gefahr

In der Tat war Julius Maggi schon seit 1897 verstärkt in Frankreich tätig geworden und hatte seinen Hauptarbeitsplatz im Jahr 1901, im Alter von 51 Jahren, definitiv nach Paris verlegt, wo die Firma an der prestigeträchtigen Adresse »8, Place de l'Opéra« residierte. Diese Adresse ließ sich Julius Maggi die »Kleinigkeit« von 4,6 Millionen Francs kosten, für die er 465 Quadratmeter auf vier Etagen erwarb. Es war ihm wichtig, während der Weltausstellung von 1900 und darüber hinaus an dieser Stelle in Paris präsent zu sein.[2]

1889 war er bereits Mitglied der Jury bei der Weltausstellung gewesen, die zum 100. Jubiläum der Französischen Revolution in der französischen Hauptstadt stattfand. Zur Weltausstellung im Jahr 1900 war er in Paris dann schon mit einem eigenen kleinen Pavillon vertreten, der anschließend als Pförtner-Loge bis ins Jahr 1924 am Eingang der Singener Maggi-Fabrik stehen sollte.[3]

Zunächst war Julius Maggi in Frankreich mit seinen bereits in der Schweiz und in Deutschland erfolgreichen Produkten (Leguminosen-Suppen, Würze, Bouillon-Granulate) präsent und führte eine beispiellose Werbekampagne, für die er zahlreiche Grafiker und Plakatkünstler einspannte.[4] Bald jedoch entwickelte er neue Initiativen speziell für den französischen Markt. Dabei zeigte sich seine philanthropische Ader, denn er wollte den ungesunden und übermäßigen Konsum von Absinth (die »grüne Gefahr«)[5] mit einem »boisson hygiénique« (»gesunden Getränk«) bekämpfen, einer »tonischen, stärkenden, erfrischenden Kraftbrühe«.[6] Die wirklich große Herausforderung kam aber, als er den Aufruf der Tageszeitung »Le Matin« vom 15. Januar 1902 unter der Überschrift »Pour la vie humaine« (»Für das menschliche Leben«) zum Anlass nahm, in die Milchproduktion und die Milchversorgung der französischen Hauptstadt einzusteigen.

2 Pivot, Monique: MAGGI et la magie du Bouillon KUB. Paris 2002, S. 40. Alle Briefköpfe, Rechnungen, Lieferscheine der Fa. Maggi aus dieser Zeit zeigen die Inschrift »Maggi« am Gebäude neben der Opéra Garnier.

3 Vinçon, Hartmut: Das Unternehmen Maggi. In: Pharus IV (Editions- und Forschungsstelle Frank Wedekind, Darmstadt) (Hg.): Frank Wedekinds Maggi-Zeit. Darmstadt 1992, S. 250

4 u. a. Eugène Ogé (1861–1936), Firmin Bouisset (1859–1925), Alphonse Mucha (1860–1939), B. Moloch (=Hector Colomb) (1849–1909), Leonetto Cappiello (1875–1942), Benjamin Rabier (1864–1939), Gustave Fraipont (1849–1923), Auguste Vimar (1851–1916), Maurice Mahut (1878–1929), siehe Pivot, a. a. O. 2002, S. 38–47

5 Absinth gehört zu den Kräuter-Spirituosen mit hohem Alkoholgehalt (45–85 %). »Auf dem Höhepunkt seiner Popularität stand das Getränk in dem Ruf, aufgrund seines Thujon-Gehalts abhängig zu machen und schwerwiegende gesundheitliche Schäden hervorzurufen. 1915 war das Getränk in einer Reihe europäischer Staaten und den USA verboten. Moderne Studien haben eine Schädigung durch Absinthkonsum nicht nachweisen können; die damals festgestellten gesundheitlichen Schäden werden heute auf die schlechte Qualität des Alkohols und die hohen konsumierten Alkoholmengen zurückgeführt. Seit 1998 ist Absinth in den meisten europäischen Staaten wieder erhältlich.« (http://de.wikipedia.org/wiki/Absinth, abgerufen am 9.1.2014).

6 Die französischen Ausdrücke lauten: »Boisson hygiénique«, »consommé tonique, fortifiant, rafraîchissant«, Pivot, a. a. O. 2002, S. 38–39

Zerstörtes Maggi-Laboratorium in der Rue Condorcet, Paris. Foto vom August 1914 (Wiki Commons)

Paris verbrauchte zu Beginn des 20. Jahrhunderts 600 000–700 000 Liter Milch pro Tag. Die Lieferung und Verteilung lag jedoch in Händen einer Mafia, die von der satirischen Wochenzeitschrift »L'Assiette au beurre« in einer Sondernummer im Februar 1902 als »empoisonneurs patentés« und »falsificateurs de lait« (»ausgemachte Giftmischer« und »Milch-Fälscher«) bezeichnet wurde. 90 000 Kleinkinder waren in Frankreich, davon 20 000 allein in Paris, an infantiler Cholera aufgrund verdorbener und gepanschter Milch gestorben.[7] Die Milch galt als »le péril blanc« (»die weiße Gefahr«).

Zwanzig Jahre zuvor (ab 1882) hatte Julius Maggi in enger Zusammenarbeit mit Fridolin Schuler und der Schweizerischen Gemeinnützigen Gesellschaft die nahrhaften preisgünstigen Suppenkonzentrate aus dem Mehl von Hülsenfrüchten (Leguminosen) entwickelt. Nun bot sich ihm zum zweiten Mal in seinem Leben die Gelegenheit, Organisation, Geschäftssinn und Wohltätigkeit miteinander zu verbinden. In Frankreich ging es ab 1902 Schlag auf Schlag: Am 24. Dezember 1902 wurde die »Société laitière Maggi« (»Milchgesellschaft Maggi«) als Tochterunternehmen der »Société des boissons hygiéniques« (»Gesellschaft für gesunde Getränke«) gegründet.[8] In kürzester Zeit entstand eine Anlieferungsstelle und Verarbeitungsfabrik für

7 Pivot, a. a. O. 2002, S. 53. Auf S. 52 ist das Titelblatt der Zeitschrift L'Assiette au beurre wiedergegeben, auf dem der Tod als Milchkannenträger dargestellt wird.

8 Pivot, a. a. O. 2002, S. 54–55

Milch aus der Normandie und der Bretagne in St. Omer-en-Chaussée sowie ein Verteilersystem für pasteurisierte Milch, deren Qualität durch ein von ihm gegründetes Labor (»Institut du lait«) kontrolliert wurde.[9]

In Galicet-Bonnières (Normandie) erwarb Maggi eine Domäne, wo unter der Aufsicht von Schweizer Kuhhirten 400 Kühe gehalten wurden. Französische Bauern wurden in Hygiene und rationeller Landwirtschaft ausgebildet. Es gab jährlich stattfindende Wettbewerbe um den saubersten Stall. In Rolleboise entstand ein Musterbauernhof.[10] Der Verkauf in Paris und Umgebung stieg von 900 000 Litern im ersten Jahr auf 61 Millionen Liter im Jahr 1912 (Julius Maggis Todesjahr), fast eine Versiebzigfachung. Es fing mit acht eigenen Verkaufsstellen (»dépôts de vente«) an, 1905 waren es schon zweihundert und 1911 sechshundert.[11] Das Zentrallager (»dépôt central«) lag hinter dem Pariser Nordbahnhof. Schließlich wurden auch Milchnebenprodukte wie Käse und Joghurt hergestellt.[12]

Wer Erfolg hat, hat auch Neider

Julius Maggi hatte Singen nicht verlassen, um sich anschließend um die Milchversorgung der französischen Hauptstadt zu kümmern, wie es einer Gruppe von französischen Schülern am Ende einer Besichtigung des Maggi-Museums in Singen vor etwa zehn oder zwölf Jahren einmal von der Führerin gesagt wurde. Er drang vielmehr mit einem besseren und billigen Produkt in einen bestehenden Markt ein und verdrängte natürlich dabei seine Konkurrenten. Die Autorin Monique Pivot spricht in ihrem Buch »Maggi et la magie du bouillon Kub« (»Maggi und die Magie des Brühwürfels« – bisher nicht ins Deutsche übersetzt) von einem Guerilla-Krieg mit der Konkurrenz, der 1905 begann und 1907 voll ausbrach.

In einer Ansprache am 8. Januar 1907 in der Pariser Warenbörse (»Bourse de commerce«) erklärte Joseph Raguet, Generalsekretär des »Syndicat des crémiers« (Verband der Milch- und Käsehändler): »Wen finden wir an der Spitze dieser Gesellschaft? Sechs oder sieben deutsche Kapitalisten. Wir sind nicht chauvinistischer als andere, aber wir müssen doch feststellen, dass diese deutschen Kapitalisten – auch wenn sie in ihren Geschäften französische Geschäftsführer eingestellt haben – andererseits nur deutsche Ingenieure beschäftigen, die in ihren Automobilen die Landschaft durchstreifen und so schließlich die Topographie des Landes, den Verlauf des Geländes besser als wir selbst kennen. Leicht können sie die Position unserer Verteidigungsbauten festhalten. Und kann man denn behaupten, dass sie nicht herumspionieren? Denn ich könnte mir gut vorstellen, dass, wenn ein Krieg mit unseren Nachbarn ausbräche, diese jungen Leute, die gerade die Hochschule in Ber-

9 Ebenda, S. 59
10 Ebenda, S. 58–59
11 Ebenda, S. 57
12 Ebenda, S. 57

Maggi-Milchfabrik in St. Omer-en-Chaussée, Postkarte (Wiki Commons)

Maggi-Reklame an einem Kiosk in Rouen zu Beginn des 20. Jahrhunderts, Postkarte (Wiki Commons)

lin absolviert haben, sich beeilen würden, in ihr Land zurückzukehren und die Kenntnisse, die sie erworben haben, gegen uns zu verwenden.«[13]

Auf diese Weise wurde die Société laitière Maggi beschuldigt, ein Vorposten ausländischer Interessen zu sein und unter dem Deckmantel kommerzieller Interessen gegen Frankreich zu spionieren.[14] Zwar konnte Raguet weder französische Politiker für seine Anschuldigungen interessieren noch die französische Justiz gegen Maggi einspannen. Es gelang ihm jedoch, die nationalkonservative Tageszeitung »L'Action française« auf seine Seite zu ziehen. Deren Chefredakteur war Léon Daudet, ein Sohn des auch in Deutschland gern gelesenen Schriftstellers Alphonse Daudet (»Briefe aus meiner Mühle«). Er sollte in acht Jahren 75 Artikel gegen Julius Maggi und seine Firma schreiben.[15]

Die Kampagne des Tageszeitung »L'Action française« gegen Maggi

Léon Daudet wurde 1867, also wenige Jahre vor dem Deutsch-französischen Krieg von 1870/71, geboren und gehörte der »génération de la défaite« (Generation der Niederlage gegen Deutschland) an. Er entwickelte einen abgrundtiefen Hass gegen alles Deutsche, den er in verschiedenen Buchpublikationen zum Ausdruck brachte: »L'Avant-Guerre: Etudes et documents sur l'espionnage juif-allemand en France depuis l'Affaire Dreyfus« (1913),[16] »De Kant à Krupp – Contre l'esprit allemand« (1915),[17] »La vermine du monde – Roman de l'espionnage allemand« (1916).[18] Seine ab 1911 mit absoluter Häme geführte Kampagne gegen Maggi liest sich wie ein Warmlaufen zu diesen während des Kriegs veröffentlichten Titeln hin.

Währenddessen war Julius Maggi von staatlicher französischer Seite höchste Anerkennung zuteil geworden. Schon 1902 war er zum Ritter der Ehrenlegion ernannt worden, 1907 folgte die Beförderung zum Offizier der Ehrenlegion. Auch die französische Presse – »Le Figaro«, »La Croix«, »Le Petit Parisien«, natürlich »Le Matin« und selbst die kommunistische »L'Humanité« – berichteten durchweg positiv.[19]

Im Januar 1913, also wenige Monate nach Julius Maggis Tod, begann eine Kampagne von »L'Action française« gegen Maggi, die bis zum Ausbruch des Kriegs im August 1914 dauern sollte.[20] In einem besonders gehässigen Leitartikel vom 16. März

13 Ebenda, S. 61–62 (Übersetzung von Reiner Ruft)

14 Ebenda, S. 62

15 Bleton, Paul: »Des yeux dans le bouillon – Espionnage et affichage, cubisme et patriotisme – Des fictions qui créent le monde?«, Les cahiers du GRIT (Groupe de Recherche sur l'Image et le Texte) t. 1. Louvain-la-Neuve 2011, S. 66

16 »Die Vorkriegszeit: Studien und Dokumente über die jüdisch-deutsche Spionage seit der Dreyfus-Affäre«

17 »Von Kant bis Krupp – Gegen den deutschen Geist«

18 »Das Ungeziefer der Welt – Roman über die deutsche Spionage«

19 Die Beiträge der genannten Tageszeitungen zu Maggi lassen sich exzellent digital am heimischen Computer über das Programm »Gallica« der Bibliothèque nationale de France recherchieren.

20 Siehe den Artikel »Maggi, bouillon d'espions!« im Internet: http://maurras.net/2013/01/02/maggi-nid-despions (abgerufen am 29.12.2013). Der Autor, der sich nur als »Nicolas« identifiziert, spricht von einer »vaste campagne de dénonciation« (»riesigen Denunzierungskampagne«).

Julius Maggi um das Jahr 1900 (Wiki Commons)

Antideutscher Roman von Léon Daudet aus dem Jahr 1916 (Wiki Commons)

1913 (»L'Espionnage allemand MAGGI – Jules Maggi et son entourage« – »Die deutsche Spionage durch Maggi – Julius Maggi und seine Umgebung«) wurde der verstorbene Julius Maggi persönlich verunglimpft, sein schweizerdeutscher Akzent im Französischen der Lächerlichkeit preisgegeben.[21]

Im Juli 1914, also unmittelbar vor Kriegsausbruch, wurde auch Singen in mehreren Artikeln jeweils auf der ersten Seite von »L'Action française« erwähnt und herausgestellt, dass Maggi als deutsche Gesellschaft dort ihren Sitz habe. Am 12. Juli 1914 titelte »L'Action française«: »Les aveux des espions Maggi –Nous sommes une entreprise allemande« (»Die Geständnisse der Maggi-Spione – Wir sind ein deutsches Unternehmen«). Nebeneinander wurden auf der ersten Seite der Zeitung ein deutscher Text (in Frakturschrift) und seine französische Übersetzung abgedruckt, in dem der angebliche Beweis erbracht wurde, dass Maggi ein vollkommen deutscher und damit für Frankreich feindlicher Betrieb sei. In dem von »L'Action française« als Beweismittel »entdeckten« und vorgelegten Text wehrte sich Maggi

21 In dem Artikel wird ihm u.a. folgender Satz in den Mund gelegt: »En dehors de l'Eglise, mossié, deux puissances se partagent le monte: L'Etat-Machor de sa Machesté l'Embereur Guillaume et la maison Maggi.« (»Neben der Kirche, meine Herren, teilen sich zwei Mächte die Welt: der Generalstab seiner Majestät Willhelms II. und das Haus Maggi.«). Die Wörter »messieurs«, »monde«, »major«, »majesté« und »Empereur« sind bewusst falsch geschrieben, um Julius Maggis Akzent im Französischen nachzuäffen.

Deutschland gegen den Vorwurf, seine Würze überteuert an das deutsche Heer geliefert zu haben.

Der als besonders verräterisch herausgehobene Satz lautete: »Wir sind ein völlig selbständiges deutsches Unternehmen in Singen am Hohentwiel (Baden) und der Zweigniederlassung in Berlin.« In der französischen Übersetzung wurde »Hohentwiel« falsch getrennt als »Hohent-wiel«, und die Aussage, die an sich richtig mit »Nous sommes une entreprise allemande entièrement indépendante« übersetzt wurde, erschien in der marktschreierischen Überschrift als verkürzt zu »Nous sommes une entreprise allemande«, so als ob sich hier das Eingeständnis finden ließe, dass Maggi France auch eine deutsche Firma sei. Eine Woche später, am 19. Juli 1914, wurde die Behauptung wiederholt, dass Maggi gestanden habe, eine vollkommen deutsche Firma zu sein (»côté Singen« – »in der Gegend von Singen«), aber gleichzeitig behaupte, eine französische Firma zu sein. Die Nähe des Musterbauernhofes von Maggi in der Normandie wird in dem Artikel als gefährliche Bedrohung des Eisenbahntunnels von Rolleboise[22] gesehen, von dem die Mobilmachung im Westen Frankreichs entscheidend abhänge.

Der Brühwürfel sollte in Frankreich »cube« heißen und wurde dann zu »KUB«. (Emaille-Schild)

Am 30. Juli 1914 erschien ein Artikel »En cas de guerre – Contre l'espionnage allemand« (»Im Kriegsfall – Gegen die deutsche Spionage«), in dem es heißt: »Maggi, eine schweizerisch-deutsche Gesellschaft, deren dreifacher Angelpunkt sich in Kemptal [sic!], Singen und Berlin befindet, besitzt fast ein Monopol auf die Milch in Paris.«[23] Besonders empört zeigte sich Léon Daudet in seinem Artikel, dass das französische Heer zu diesem Zeitpunkt immer noch die Lebensmittelprodukte von Maggi bezog: »Außerdem toleriert die französische Armee in ihren Kasernen, Kantinen und Quartieren nach wie vor die Lebensmittelerzeugnisse Kub und Maggi, die im Übrigen ekelhaft und oft auch schädlich sind.«[24]

22 Dieser 1843 eröffnete Eisenbahntunnel von 2,6 km Länge liegt auf der Strecke Le Havre–Paris.

23 Der französische Text lautet: »Les MAGGI, compagnie suisse-allemande dont le triple pivot est à Kemptal, Singen et Berlin, ont presque monopolisé le lait à Paris.« Alle Ausgaben von L'Action française in dieser Zeit haben lediglich vier Seiten. Die Texte gegen Maggi erscheinen jeweils auf der ersten Seite. Leider hat die Bibliothèque nationale de France die Ausgaben von L'Action française bisher nur teilweise digitalisiert ins Internet gestellt. Die Ausgaben für die Zeit vor dem Ersten Weltkrieg sind (noch) nicht dabei. Die Universitätsbibliothek Freiburg besitzt jedoch »L'Action française« vollständig auf Mikrofilm.

24 Im französischen Originaltext heißt es: »infects et même fréquemment pernicieux«.

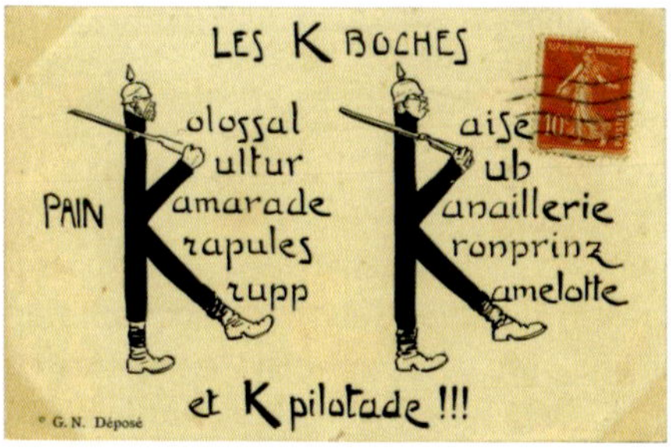

Verhöhnung des K als Angriff auf Maggis Brühwürfel »KUB«, Postkarte

Von diesen hässlichen Unterstellungen und Anschuldigungen bekam der 1912 verstorbene Julius Maggi nichts mehr mit.[25] Allerdings zirkulierten in Paris unglaublicherweise Gerüchte, wonach er mit dem Vermögen der Firma von 40 Millionen Francs – in Milchkannen versteckt – auf der Flucht in Richtung schweizerische oder deutsche Grenze sei.[26] Seine Firma ging aber gerichtlich gegen die Verleumdungen vor und bekam Recht, freilich erst nach Ende des Ersten Weltkriegs und nachdem sie sich vorsichtshalber in SISA (Société industrielle des spécialités alimentaires) umbenannt hatte. 1920 wurde »L'Action française« zu 10 000 Francs Schadenersatz verurteilt.[27]

Kub – das Produkt mit dem K

1907, als Joseph Raguet vom »Syndicat des crémiers« seine ersten Attacken gegen Julius Maggi als angeblichen deutschen Spion von sich gab, hatte dieser noch an einer ganz anderen Front zu kämpfen. Das Aushängeschild der Firma, die Maggi-Würze, wurde von einem Konkurrenten bedroht. Das Rückgrat der Firma Maggi war getroffen. Ein Chemiker aus München namens Graf ließ in Ungarn, Belgien, England, Spanien, Frankreich, Italien, Schweden und Kanada eine Würze patentieren, die mit der Maggi-Würze quasi identisch war. Juristische Schritte blieben erfolglos. Graf tauchte mit seinem Konkurrenzprodukt in Österreich auf.[28] Erst nach dem Ersten

25 Zu seinem 100. Todestag am 19. Oktober 2012 erschienen in Deutschland und Österreich würdigende Beiträge in der Wirtschaftswoche, in der Frankfurter Rundschau, in der Main-Post, in der Badischen Zeitung, im Magazin Focus, in der Berliner Zeitung, im Standard, in der österreichischen Presse und in den Vorarlberger Nachrichten, verwunderlicherweise jedoch nicht im Südkurier. In den audiovisuellen Medien gab es Beiträge im Nachrichtensender N24, im Deutschlandfunk, im WDR, im Hessischen Rundfunk und im Bayerischen Rundfunk. Eine Schweizer Journalistin veröffentlichte eine Youtube-Reportage im Internet: http://www.youtube.com/watch?v=DXMj6DtIueo (auf Schwyzerdütsch). Eine französische Künstlerin (Jacqueline Matteoda) fertigte ein Kunstwerk mit dem Titel »Les mag(g)iciens« an (eine Art kleiner Strauch, an dessen Zweigen Bouillon-Würfel hängen), das vom Musée Auguste Escoffier in Villeneuve-Loubet erworben wurde. In Singen beschränkte sich die Erinnerung an Julius Maggi auf ein nicht näher spezifiziertes Gedenken; siehe Singen-Jahrbuch 2013, S. 287.

26 Comment ont échoué les manœuvres pour la destruction des Sociétés Maggi et Kub, soit par la violence, soit par les moyens juridiques, août 1914 à fin 1920. Paris, 1921, S. 1–19. Diese Publikation befindet sich in zwei Exemplaren in der Bibliothèque nationale de France. Die Hegau-Bibliothek Singen besitzt eine Kopie.

27 Pivot, a. a. O. 2002, S. 97

28 Die Firma Stadlauer Malzfabrik Aktiengesellschaft, Wien, vermeldet auf ihrer Internet-Seite unter »Historie«: »1909 wurde die Graf GmbH gegründet. »Graf-(Suppen-)Würze« und andere Suppenartikel eroberten in der Folge bedeutende Marktanteile.« (http://www.malzfabrik-ag.at/historie.htm)

Weltkrieg konnte die Firma Maggi diesen Konkurrenten aufkaufen und damit beseitigen.

Wütend stellte Julius Maggi seine Chemiker zur Rede, darunter Dr. Rudolf Brüggemann in Singen, und warf ihnen Untätigkeit vor. Er selbst habe die Würze damals in drei Jahren als »Laie« entwickelt. Nun sei sie seit 20 Jahren unverändert. Von ihm angestellte studierte Chemiker hätten sich nichts Neues einfallen lassen.[29]

Etwas Neues musste her, und es wurde der Brühwürfel, der in Frankreich den Namen KUB erhielt. »Maggi« sollte er nicht heißen, auch um den Anfeindungen auszuweichen, die gegen die Firma und ihren Chef lanciert wurden. Eigentlich sollte er »Cube« heißen, was das französische Wort für einen mathematischen Würfel ist; aber dies wurde vom Tribunal de commerce (Handelsgericht) untersagt. Eine Markenbezeichnung konnte kein Wort des allgemeinen Wortschatzes sein.[30] So wich Julius Maggi auf die Schreibung mit K aus, was freilich seine Folgen haben sollte.

Es dauerte nicht lange, bis seine Gegner entdeckt hatten, dass der KUB-Brühwürfel auch aus dem Hause Maggi stammte. Und wegen seiner unfranzösischen Schreibweise (k ist ein im Französischen und anderen romanischen Sprachen kaum benutzter Buchstabe) wurde KUB bald Zielscheibe des Spottes und in eine Reihe gestellt mit deutschen Wörtern, die auch mit k beginnen: »Kaiser«, »Kronprinz«, »Krupp«. Trotz der Anfeindungen war der neue Brühwürfel kommerziell ein gewaltiger Erfolg: 1912 wurden 6 Millionen dieser Würfel pro Monat in Frankreich verkauft.[31] 1914 allerdings, nach Ausbruch des Kriegs, wurden die überall in Frankreich verbreiteten und heute als Sammelobjekte geschätzten Emaille-Werbeschilder für KUB und andere Maggi-Produkte abgeschraubt, nachdem sich das Gerücht verbreitet hatte, sie dienten dem deutschen Feind bei einem Einmarsch in französisches Gebiet als Hinweise. In einem Telegramm vom 4. August 1914 ordnete die Regierung an: »Äußerste Dringlichkeit. Innenministerium Sicherheitsabteilung an Präfekten. Bitte, alle Plakate von Bouillon Kub, die sich entlang der Eisenbahnlinien und besonders in der Nähe von Ingenieurbauten, Viadukten, Gabelungen usw. befinden, völlig zu vernichten.«[32]

Spionitis

In seinen letzten Lebensjahren gönnte sich Julius Maggi eine Kur in Biarritz und einen Aufenthalt in Djerba in Tunesien. Der Schweizer Schriftsteller Alex Capus hat bei seinen Recherchen im Nestlé-Archiv in Vevey herausgefunden, dass es auch eine Pariser Schauspielerin in Maggis Leben gab und dass er mehrere Schiffe an der französischen Küste besaß.[33] Er starb am 19. Oktober 1912 zwar in der Schweiz, war

29 Pivot, a. a. O. 2002, S. 65
30 Ebenda, S. 68
31 Ebenda, S. 68
32 http://maurras.net/2013/01/02/maggi-nid-despions (Übersetzung von Reiner Ruft)
33 Capus, Alex: »Julius Maggi«. In: Patriarchen: Zehn Portraits. München, 2006, S. 60–61

Stanislas Boireau vor seinem Lebensmittelgeschäft in Ligueil, vor und nach dem Ersten Weltkrieg – das »Maggi«- und das »Bouillon-Kub«-Emailleschild wurden entfernt. (Fotos: Privatbesitz)

aber ab August 1912 zunächst noch in Paris von mehreren medizinischen Koryphäen behandelt worden.[34]

So musste Maggi nicht mehr miterleben, was die französische Autorin Nicole Vidal[35] »espionnite aiguë« (»akute Spionitis«) nennt und folgendermaßen beschreibt: »Es war nur zu bekannt, dass es in Paris von Spionen wimmelte, die man unter den Ärmsten wie unter den Reichen fand und in allen Berufen. ›Schweigt, seid misstrauisch, die Ohren des Feindes hören mit!‹ verkündete das Plakat, das an den Wänden der Hauptstadt klebte, und jeder war darauf bedacht, seinen Nachbarn zu überwachen, vor allem, wenn dessen Name einen ausländischen Klang hatte. Denn in der Tat, Ausländer gab es in Paris! Portugiesen, Spanier, Italiener, Griechen, Polen und sogar Kabylen, Annamiten, Chinesen! Und wo arbeiteten sie zum größten Teil? In den Fabriken, wo sie sich der Geheimnisse unserer Rüstungsindustrie bemächtigen konnten. Und wenn sie dort nicht waren, besaßen sie Geschäfte und verkauften unter einem unscheinbaren Äußeren schreckliche Fallen, um den Tod zu säen, zum Beispiel vergiftete Konserven oder Buntstifte, die explosive Stoffe enthielten. Schon hatte man dank der Kampagne der Action Française die ›Maggi‹-Läden zerstört, die

34 Pivot, a. a. O. 2002, S. 81

35 Nicole Vidal (Jahrgang 1928) erhielt 1972 den »Prix Jeunesse«. Sie schreibt vor allem Jugendbücher (Siehe: http://fr.wikipedia.org/wiki/Prix_Jeunesse)

zweihundert Kinder mit schlechter Milch vergiftet hatten. Die feindlichen Schandtaten gingen noch weiter. Es genügte ihnen nicht, zu spionieren und zu morden. Sie informierten ihre Kumpane vor den Augen der Franzosen, durch Botschaften in den Kleinanzeigen der Zeitungen, durch Radiosender in den Kellern, durch Taschenlampensignale in der Nacht oder durch einen Vorhang, der gemäß einem Code halb geöffnet blieb. Hatten die berühmten »Bouillon Kub«-Würfel nicht ihre Reklametafeln entlang der Landstraßen aufgestellt, als Orientierungszeichen für den deutschen Vormarsch? Und so kursierten in Paris die unglaublichsten Gerüchte, die man fieberhaft und leidenschaftlich weiter erzählte, nicht ohne das persönliche Detail hinzuzufügen, das ihre Wahrhaftigkeit zu betonen schien. In jenem März 1915 litt Paris an einer akuten Spionitis.«[36]

In Singen am Hohentwiel, wo doch der nationalistischen Zeitung »L'Action française« zufolge sich so etwas wie eine Spionage-Zentrale der Deutschen gegen Frankreich befand, bekam man von all den turbulenten Pariser Ereignissen im August 1914 nichts mit. In der »Singener Zeitung« vom August 1914 findet man keine Notiz über die Zerstörung des Maggi- Laboratoriums und etlicher Maggi-Filialen in Paris. Solche Nachrichten drangen damals nicht durch. Was man über Vorgänge in Frankreich wusste, stammte aus italienischen oder holländischen Zeitungen, die man übersetzte.

Stattdessen findet man mit Datum vom 24. September 1914, also fast zwei Monate nach Ausbruch des Kriegs, einen Bericht über die Zufriedenheit von französischen Kriegsgefangenen mit der Behandlung durch deutsche Ärzte und Krankenpfleger sowie auch mit ihrer Verpflegung in Deutschland. So wird » J.S. aus Marseille« zitiert, der aus einem süddeutschen Garnisonslazarett nach Hause schreibt: »Ich habe einen Riesenappetit und will Dir sagen, daß man mich wirklich zu sehr verwöhnt [...] Ich persönlich bekomme eine Speisenfolge, um Lucullus neidisch zu machen. Kurzum, wir werden gut behandelt und verpflegt.« Vielleicht war in dieser Verköstigung auch das eine oder andere Maggi-Produkt dabei.

36 Vidal, Nicole: Le fil rouge. Arles, 2000, S. 69–70. Dieses französische Jugendbuch, das die Erlebnisse des kleinen Jérôme in den Jahren 1914–1918 erzählt, ist nicht ins Deutsche übersetzt worden. Die obige Übersetzung stammt vom Autor dieses Beitrags.

Stahlguss, Suppen, Unterhosen – Schweizer Firmen im Ersten Weltkrieg

Von Adrian Knoepfli, Zürich

Die Präsenz von Schweizer Firmen im süddeutschen Raum hat eine lange Tradition. Bereits vor Mitte des 19. Jahrhunderts überwanden Schweizer Textilproduzenten die Zollschranken durch die Gründung von Zweigfirmen. Auch die gute Konjunktur im Gebiet des Deutschen Zollvereins, vorhandene Wasser- und günstige Arbeitskraft lockten zur Ansiedlung. Im Großherzogtum Baden verfügten die Schweizer Baumwollindustriellen 1840 über eine massive Präsenz. Bald folgten die Maschinen- und Metallindustrie, die Nahrungsmittelindustrie und die Chemie. Trotz der Zölle war der Wirtschaftsraum vor dem Ersten Weltkrieg sehr offen: Es gab keine Schlagbäume, und im Grenzverkehr herrschte eine große Freizügigkeit.[1]

»Der imposante Anblick der Gardekürassiere«

Der engen wirtschaftlichen Verflechtung entsprach die Verbandelung der Bevölkerung. Nach dem starken Zuzug aus Deutschland in die Schweizer Industrie und Haushalte im 19. Jahrhundert gab es zahlreiche deutsch-schweizerische Mischehen, und nicht wenige Deutschschweizer hatten letztlich deutsche Wurzeln. Mit beinahe 40 % stellten die Deutschen 1910 vor den Italienern mit rund 37 % die größte Ausländergruppe. Insgesamt machten die Ausländerinnen und Ausländer nicht ganz 15 % der Bevölkerung aus. Enge Bande gab es aber nicht nur bei den Arbeitern und Dienstboten, sondern auch in der Oberschicht. Der Schweizer General im Ersten Weltkrieg, Ulrich Wille, dessen Familie lange in Hamburg gelebt hatte, war zum Beispiel mit einer von Bismarck verheiratet. Viele Gründer oder Mitgründer von Schweizer Unternehmen stammten aus Deutschland,[2] wie die Schweiz im 19. Jahrhundert auch großzügig politische Flüchtlinge aus Deutschland aufgenommen hatte. Ganze Generationen von Akademikern, vor allem Juristen, Mediziner und Ingenieure, hatten in Deutschland studiert.

1 Siehe auch Schröter, Harm G.: Etablierungs- und Verteilungsmuster der schweizerischen Auslandsproduktion von 1870 bis 1914. In: Bairoch, Paul, und Körner, Martin (Hg.): Die Schweiz in der Weltwirtschaft (15.–20. Jh.). Schweizerisches Jahrbuch für Wirtschafts- und Sozialgeschichte Bd. 8, 1990, S. 391–407. Zum Raum Konstanz/Kreuzlingen Engelsing, Tobias: Die Nachbarn jenseits der Grenzen. In: Engelsing, Tobias (Hg.): Die Grenze im Krieg. Der Erste Weltkrieg am Bodensee. Konstanz 2014, S. 78–107

2 Urner, Klaus: Die Deutschen in der Schweiz. Von den Anfängen der Kolonienbildung bis zum Ausbruch des Ersten Weltkrieges. Frauenfeld 1976, S. 443–463

Schön illustriert wird die geradezu innige Verbindung zwischen dem Deutschschweizer Bürgertum und dem kaiserlichen Deutschland im Bericht der Aarauer Bankiersgattin Olga Frey über eine einmonatige Reise, die sie mit ihrem Mann im Jahr 1900 nach Berlin und an die Ostsee unternahm. Die Ferien brachten nicht nur Großstadtluft und Meereslust, sondern auch Verwandtenbesuche und viel kaiserlichen Pomp inklusive die große Herbstparade, zu der man Zutritt erhielt, weil der Herr Bankdirektor auch noch schweizerischer Oberstlieutenant war. Sie werde nie »den imposanten Anblick der heranreitenden Gardekürassiere vergessen«, hielt Olga Frey in ihren Erinnerungen fest. In Heringsdorf auf der Ostsee-Insel Usedom hatte das Paar dann auch noch das Glück, die Flottenmanöver verfolgen zu können.[3]

Diese Einstellung eines Großteils des Deutschschweizer Bürgertums führte im Ersten Weltkrieg zu nicht geringen Spannungen mit der französischsprachigen Schweiz.[4] Erwartet wurde im Übrigen ein schneller deutscher Sieg, und in der Schuldfrage nahm man eine eindeutige Haltung ein: »Die schon so oft in hervorragendem Maße bestätigte Friedensliebe Wilhelm II. ist es nicht zum wenigsten, die ihm das volle Vertrauen und die Achtung seiner Untertanen entgegenbringt«, war im »Steiner Anzeiger« im Januar 1914 zu lesen.[5] Der Schaffhauser Maler Hans Sturzenegger schrieb am 31. März 1915 aus München an seinen Onkel Eduard Morstadt: »Hier ist die Stimmung wegen des Kriegs absolut zuversichtlich, wenn es auch noch vieler Anstrengungen u. Opfer bedarf, um ihn bis zum Siege durchzuringen.«[6] Und der Kriegsverlauf tat der Deutschfreundlichkeit bei den meisten Deutschschweizern keinen Abbruch.[7]

Rüstungsgüter statt Fittings – Georg Fischer

Wie verhielten sich nun die Schweizer Firmen auf deutschem Boden im Krieg? Georg Fischer (GF), die mit ihren Produkten in der Schweiz eine monopolartige Stellung einnahm und sich traditionell stark nach Deutschland orientierte, hatte 1895 – auch hier ging es um die Umgehung der Zölle – in Singen eine Fittingsfabrik errichtet. Die Firma wurde in Singen daher auch »Fitting« genannt. Nach Kriegsausbruch machte sich GF sofort den neutralen Status der Schweiz zu Nutze. So wandte sich die Firma einerseits an die deutsche Gesandtschaft in Bern mit der Bitte, Generaldirektor Ernst Homberger und Oberingenieur Fritz de Boor Pässe zu verschaffen, damit die beiden in der Filiale Singen, deren Weiterbetrieb »sich auch im allgemeinen Landes-Interesse sehr empfehle«, nach dem Rechten sehen könnten. Andererseits ersuchte man den Schaffhauser Stadtpräsidenten Carl Spahn, zuhan-

3 Frey, Olga: Grossstadtluft und Meereslust. Eine Reise nach Berlin und an die Ostsee 1900. Das volkskundliche Taschenbuch 12. Zürich 1997

4 Mettler, Jon: Als die Schweiz ihre Sprachgrenze befestigte. In: Landbote vom 12.8.2014

5 Steiner Anzeiger, 28.1.1914. Zur Haltung der Deutschschweizer Zeitungen Engelsing a. a. O. 2014, S. 82–85 und 95–97

6 Stadtarchiv Schaffhausen D IV 01.34.01/2985

7 Stadtarchiv Schaffhausen D IV 01.34.01; Roda, Hortensia von, und Wipf, Hans Ulrich: Hans Sturzenegger. Persönlichkeit, Reisen und Werk. Zürich 2007, S. 68–71

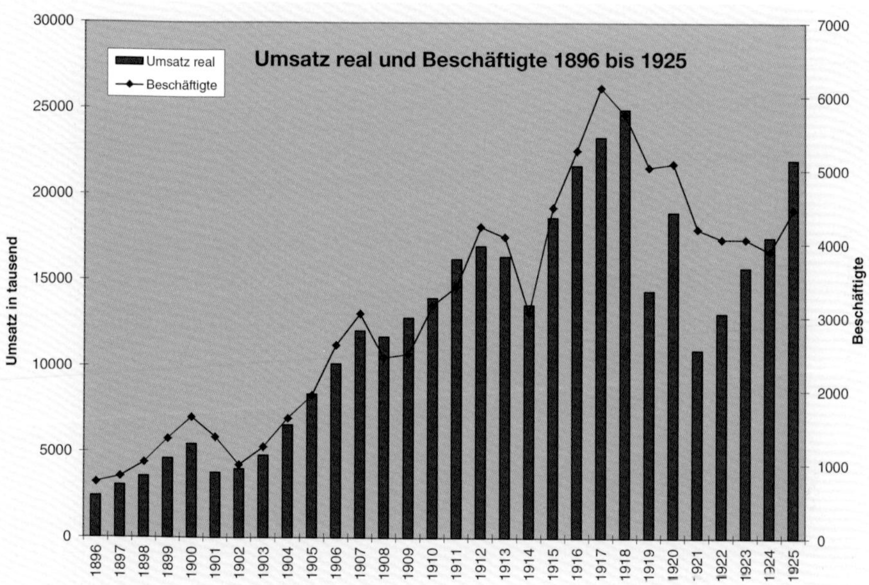

Die Georg Fischer mit ihren Werken in Schaffhausen und Singen erlebte während des Ersten Weltkriegs eine gewaltige und sehr profitable Ausdehnung des Geschäfts. (Quelle: Konzernarchiv GF, HFA 1/0821)

den der englischen und französischen Kundschaft Erklärungen zu unterschreiben, dass es sich bei GF um »ein rein schweizerisches Unternehmen« handle.[8]

Die Produktion von Georg Fischer verschob sich alsbald von den Fittings zu kriegsrelevanten Gütern sowie vom Temper- zum Stahlguss. Die Tatsache, dass GF in nächster Nähe über eine Filiale auf deutschem Boden verfügte, erwies sich als großer Vorteil. Bei der Sicherstellung der Liquidität stellte sich allerdings das Problem, dass Gelder zwischen Singen und Schaffhausen nicht beliebig transferierbar waren. Der Umsatz des Konzerns erreichte 1918 seinen höchsten Punkt, der ausgewiesene Ertrag hingegen bereits 1916. Bis zu diesem Zeitpunkt holte GF mit geringen Investitionen aus den Anlagen ein Maximum heraus. Ab 1917 stiegen dann Investitionen und Kapitalbedarf rasant an, wobei die Rohstoffsicherung immer mehr Mittel verschlang.

Von 1914 bis 1918 lieferte GF an Deutschland Teile für U-Boote, M.-S. Boote, Lokomotiven, Kriegsschiffe, Haubitzen, Maschinengewehre, Pulverpressen, Teleskopmasten, Feldküchen, Kraftwagen, Richtmittel, Minenwerfer, Feldbäckereien,

8 Stadtarchiv Schaffhausen, Firmengeschichte D III 02, Georg Fischer, Akten 1902–1928, Brief GF an die Gesandtschaft des deutschen Reiches, Bern, 6. August 1914, (Abschrift); Briefe GF an den Stadtpräsidenten, 31.10., 3. und 5.11.1914. Knoepfli, Adrian: »... das äusserste herausgeholt«. Die Eisen- und Stahlwerke Georg Fischer im Ersten Weltkrieg. In: Rossfeld, Roman, und Straumann, Tobias (Hg.): Der vergessene Wirtschaftskrieg. Schweizer Unternehmen im Ersten Weltkrieg. Zürich 2008, S. 171–199

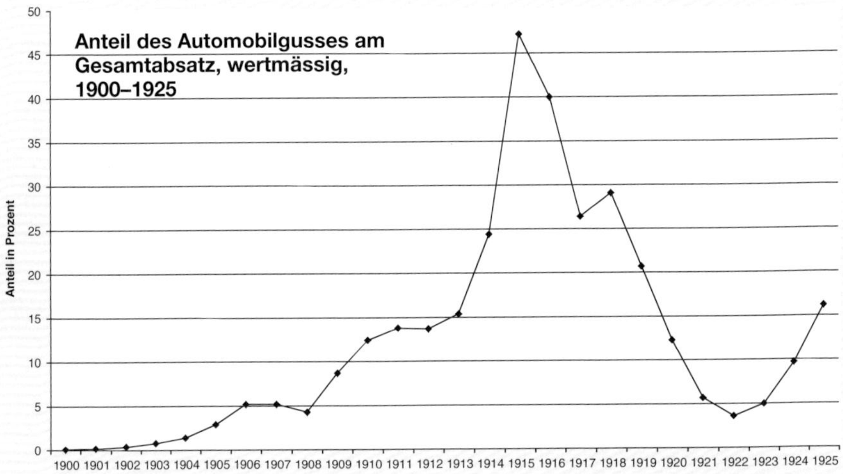

Der Anteil des Automobilgusses am Gesamtabsatz nahm bei Georg Fischer massiv zu. Dies war auch ein Ausdruck der Motorisierung (und Industrialisierung) des Kriegs. (Quelle: Konzernarchiv GF, HFA 1/0821)

Flugzeuge, Motoren und Wasserkasten. »In Bälde wurden uns sowohl vom Inland als auch vom Ausland ganz bedeutende Stahlgussaufträge überschrieben, und so bekamen wir Gelegenheit, speziell sehr schwierige und komplizierte Stahlgussteile zu liefern, namentlich für den Flugzeug- und U-Bootbau, sowie für Luftschiffe.«[9]

1917 richtete GF auch in Singen, wo sie bislang nur eine Tempergießerei betrieben hatte, eine Stahlgießerei ein. Dies geschah praktisch auf Befehl der deutschen Behörden: »Als zu Beginn 1916 noch eine gewisse politische Spannung zwischen der Schweiz und Deutschland eintrat, verlangten unsere Auftraggeber die Herstellung ihrer Bestellungen auf deutschem Boden.«[10] Hauptabnehmerin von GF war damals die Artillerie-Werkstätte München. Im Verwaltungsrat wurde die Investition im Dezember 1916 wie folgt erläutert: »Für den Fall, dass es uns gelinge, mit der Fabrikation etwa im April 1917 anzufangen, sind uns Aufträge für die Gesamtproduktion der Anlage Singen bis Ende Januar 1918 fest erteilt, und zwar zu Preisen, welche nicht nur die Abschreibung der Hälfte der Erstellungskosten im Jahre 1917 ermöglichen, sondern auch darüber hinaus noch einen bedeutenden Geschäftsgewinn gewährleisten.« Die Leitung des neuen Stahlwerks, das seinen Betrieb im Mai 1917 aufnahm und ihn noch vor Kriegsende wieder einstellte, unterstand der Kontrolle des deutschen XIII. Armeekorps.[11]

9 Konzernarchiv GF HFA 1/0738, Sieber, E.: Zum Jubiläum 1802–1952, Erinnerungsschrift. Schaffhausen 1950, S. 12

10 Konzernarchiv GF HFA 1/1580, Waeffler Heinrich: Der Kleinstahlguss +GF+ 1900–1950, S. 81–82

11 Konzernarchiv GF HFA 2, Protokolle Verwaltungsrat 121 vom 12.9.1916, 122 vom 13.12.1916 und 130 vom 23.9.1918

Singen (Hohentwiel) auf einer Postkarte, um 1900 – rechts oben die Fabriken von Georg Fischer und Maggi (Kreisarchiv Konstanz, Z 9 Bildsammlung)

Französische Kriegsgefangene und ihre Bewacher in Singen (Konzernarchiv Georg Fischer AG)

Ab Frühjahr 1915 wurden in der deutschen Wirtschaft Kriegsgefangene – insgesamt rund 1,1 Mio. Menschen – und ausländische Zivilarbeiter eingesetzt.[12] Auch GF wurde so mit Arbeitskräften versorgt, vor allem für die neue Stahlgießerei. »Das 13. Armeekorps musste mir für Leute sorgen«, schrieb Betriebsleiter Alfred Schneckenburger in seinen Erinnerungen. »Die Gefangenen [Franzosen und Russen] wurden unter militärischer Deckung vom Gefangenenlager Singen ins Werk geführt und wieder abgeholt. Wir haben sie alle als Gussputzer verwendet, um sie in einer Halle zu haben.«[13] Schon sehr früh im Krieg mussten in Singen – wie andernorts – Frauen die Lücken füllen, die Mobilisierung und Kriegsverluste in die Belegschaft gerissen hatten. In der Maschinen- und Metallindustrie war dies ein neues und bei den Arbeitern unbeliebtes Phänomen.[14] Im März 1917 arbeiteten bei GF Singen 792 Frauen. Nach Kriegsende wurde die kriegsbedingte Frauenarbeit im gesamten Reichsgebiet innert wenigen Monaten wieder abgebaut.[15]

Aluminium und Karbid

Die 1888 gegründete Aluminium-Industrie-Aktien-Gesellschaft (AIAG, später Alusuisse) war von Anfang an ein Großunternehmen und schon bald ein internationaler Konzern. Zur Hütte in Neuhausen am Rheinfall kamen weitere Produktionsstätten in Lend (Österreich), im deutschen Rheinfelden sowie im Wallis hinzu. In den Kriegsjahren erzielte die AIAG, die in Deutschland nach dem Wegfall der französischen, englischen und kanadischen Anbieter plötzlich ohne Konkurrenz dastand, Rekordergebnisse. Neben der Produktion von Rheinfelden ging auch der gesamte Absatz der Schweizer Werke – vom Inlandbedarf abgesehen – ins nördliche Nachbarland und nach Österreich, die deutschen AIAG-Betriebe standen unter Kontrolle der deutschen Kriegsmetall AG. Im Krieg diente Aluminium »der von Importen abgeschnittenen Elektroindustrie des Deutschen Reichs als Kupferersatz, erlangte aber auch große Bedeutung als Konstruktionsmaterial für Fahrzeuge zu Lande und zur Luft und wurde als Material für Geschirrausrüstungen der Truppe benötigt«. Die Nachfrage stieg sprunghaft an.

Nach der Beschlagnahmung ihrer Bauxit- und Tonerdegesellschaften in Frankreich, welche die AIAG von ihrer Rohstoffbasis abschnitt, kaufte sich der Konzern neue Bauxitgruben in Siebenbürgen. 1916 nahm das Martinswerk in Bergheim bei Köln, eine AIAG-Tochter, die Tonerdeversorgung von Rheinfelden und Chippis auf. »Am Ende des Krieges war die Leistungsbilanz, die das Schweizer Unternehmen für die deutsche Kriegswirtschaft erbracht hatte, ebenso wie seine Gewinnbilanz, be-

12 Waibel, Wilhelm J.: Schatten am Hohentwiel. Zwangsarbeiter und Kriegsgefangene in Singen. Zweite erweiterte Auflage, Konstanz 1997, S. 16–17

13 Konzernarchiv GF HFA 1/0738, Schneckenburger Alfred: Erinnerungen eines alten Betriebsleiters, 1892–1936. Oberstammheim 1944, S. 41–42

14 Das war auch in Schaffhausen so. Stadtarchiv Schaffhausen D VI 037, Arbeitersekretariat Schaffhausen, Jahresbericht 1916, S. 3

15 Siehe dazu ausführlich Leise, Britta: Da wurde die Sache noch ärger – Arbeiterinnen bei Georg Fischer im Ersten Weltkrieg. In: HEGAU 66, 2009, S. 183–192

»Werke der A.-G. der Eisen- und Stahlwerke vormals G. Fischer in Singen«, Postkarte, um 1925 (Kreisarchiv Konstanz, Z 9 Bildsammlung)

achtlich«, stellt Cornelia Rauh fest. »Mit seinen vier Hütten (Neuhausen, Chippis, Rheinfelden und Lend) hatte es in den Jahren 1915 bis 1918 61354 Tonnen Aluminium hergestellt, wovon schätzungsweise rd. 50000 Tonnen den staatlichen Einrichtungen der deutschen bzw. österreichischen Metallbewirtschaftungsorganisation zugeflossen waren.«[16]

Weil die Materialschlachten und die fortschreitende Technisierung der Kriegsführung den Bedarf gewaltig steigerten, hatten die Kapazitäten der AIAG aber nicht mehr genügt. Der deutsche Staat bemühte sich, das Unternehmen zur Errichtung einer neuen Hütte beim Martinswerk zu bewegen. Die AIAG lehnte jedoch ab, weil sie eine solche Hütte mit Energie aus Braunkohlekraftwerken als langfristig unrentabel einstufte. Als der Staat den Aufbau einer eigenen Aluminiumindustrie forcierte, mahnte das Kriegsministerium 1915, »die Rücksicht auf die Neuhausener Aluminium-Industrie-Aktiengesellschaft« lasse es »als zweckmässig erscheinen, den Bau von Aluminiumanlagen in Deutschland nach Möglichkeit geheim zu halten«.[17] Innert drei Jahren entstanden, im Wesentlichen vom Staat finanziert, nicht weniger als fünf

16 Rauh, Cornelia: Schweizer Aluminium für Hitlers Krieg? Zur Geschichte der »Alusuisse« 1918–1950. München 2009, S. 32–33; Mayer, Rupert: Chronik des Martinswerks in Bergheim. Bergheim 2002

17 Rauh, a. a. O. 2009, S. 34. BA, R 2 (Reichsschatzamt) 1243, Schreiben des Kriegsministeriums vom 31.10.1915 und 10.3.1917

neue Elektrolysen, »deren Gesamtkapazität die sämtlicher AIAG-Hütten weit in den Schatten stellte«.[18]

Der Erste Weltkrieg bescherte der Alusuisse also satte Gewinne, gleichzeitig aber auch eine neue Konkurrenz und zudem, wie erwähnt, die Beschlagnahmung ihres französischen Besitzes. »Die Konfrontation mit einer so starken, noch dazu staatseigenen Konkurrenz [Vereinigte Aluminium Werke (VAW)] auf ihrem bis dahin wichtigsten Absatzmarkt musste die AIAG nach Ende des Ersten Weltkriegs vor grosse Probleme stellen«, schließt Cornelia Rauh ihre Ausführungen über den Ersten Weltkrieg.[19]

Einen Boom brachte der Krieg auch dem Chemieunternehmen Lonza, das 1913 in Waldshut eine Tochtergesellschaft gegründet hatte, die Kalkstickstoff und Karbid produzierte. Sie profitierte »von der sprunghaft gestiegenen Nachfrage nach Karbid, dem als einem der Ausgangsstoffe für die Herstellung von Schiesspulver, Sprengstoff und Kalkstickstoff grosse militärische Bedeutung zukam«. Auf Wunsch des Reichs wurde bei Kriegsausbruch das neue Werk beschleunigt ausgebaut.[20]

Zuerst Folien, dann Schrott – Neher

In derselben Branche wie die AIAG, aber in der Verarbeitung, war die 1910 in Emmishofen (Kreuzlingen) gegründete Dr. Lauber, Neher & Co. tätig. Deren Hauptinitiant war Robert Viktor Neher. Der Kommanditgesellschaft würden »mehrere Schaffhauser Herren angehören«, hieß es bei der Bank in Schaffhausen, als man sich im Bankvorstand anlässlich einer Kapitalerhöhung 1911 über eine Kreditgewährung orientierte.[21] 1912 errichtete die Firma eine Filiale in Singen zur Herstellung von Alufolien und Vorwalzblechen. Der Anfang war vielversprechend. Am 18. Dezember 1912 schrieben die »Singener Nachrichten«: »Das hier vor einigen Monaten in Betrieb genommene Aluminium-Walzwerk erfreut sich eines raschen Aufblühens, so dass das Werk schon in Tag- und Nachtschicht arbeitet, um den Aufträgen auf Aluminiumfolien nachzukommen, die anstelle des bisherigen Stanniols [Zinn] in den verschiedensten Stärken Verwendung als Umhüllung für Schokolade und sonstige Konsumartikel finden.« Zu den ersten Kunden zählte die benachbarte Maggi, deren Suppenwürfel jetzt ebenfalls in Alufolie eingepackt wurden.

Noch im gleichen Jahr schluckte Neher die 1910 von Emil Tscheulin gegründete Aluminium GmbH in Teningen und schloss diese mit der Schweizer Muttergesellschaft und der Firma in Singen in einer Holding, der Aluminium-Walzwerke AG (AWAG) mit Sitz in Schaffhausen, zusammen. Bereits Ende 1913 gründete Tscheulin mit der Aluminium-Folien-Fabrik GmbH in Teningen aber wieder ein eigenes Unternehmen, das Anfang Mai 1914 die erste Folie produzierte. Doch nach Kriegs-

18 Rauh, a. a. O. 2009, S. 34

19 Ebenda, S. 37

20 Ruch, Christian; Rais-Liechti, Myriam; Peter, Roland: Geschäfte und Zwangsarbeit: Schweizer Industrieunternehmen im »Dritten Reich«. Hg. von der Unabhängigen Expertenkommission Schweiz – Zweiter Weltkrieg. Zürich 2001, S. 124

21 GLTA UBS AG, Archiv Bank in Schaffhausen, Protokoll Bankvorstand vom 3.3.1911

ausbruch musste das Werk wegen der Einberufungen geschlossen werden. »Erst Anfang 1917 kehrt wieder Leben in das verwaiste Fabrikgebäude ein«, schreibt Robert Neisen in seiner Firmengeschichte. Nun wurden, im Rahmen der massiven Ausweitung der Rüstungsproduktion durch das Hindenburg-Programm, in Teningen Granatzünder hergestellt. »Frauenarbeit und schlechte Arbeitsbedingungen«, so Neisen, »prägten die Fabrikation in der ›Munitioni‹.«[22]

Auch bei Neher in Singen führten die Mobilisierung vieler Beschäftigter sowie der Rohstoffmangel dazu, dass der Folienwalzbetrieb ab November 1914 still stand. 1916/17 wurde hauptsächlich Aluminiumschrott für Heereszwecke eingeschmolzen.[23] 1921 übernahm die schon zuvor beteiligte AIAG die Aluminium-Walzwerke AG und baute den Standort Singen – später bekannt geworden als Alusingen – sogleich aus. Die AIAG stieg nach dem Krieg, als mit dem Wegfall der Kriegslieferungen die Umsätze einbrachen, verstärkt in die Verarbeitung ein und trieb wie andere Konzerne die Vertikalisierung voran.

Saurer fährt an allen Fronten

Die Lastwagen- und Stickmaschinenproduzentin Saurer in Arbon produzierte im Krieg Fahrzeuge sowohl für Frankreich als auch für Deutschland und zählte wie die gesamte Schweizer Metall- und Maschinenindustrie zu den Gewinnern der Kriegswirtschaft. Die Produktion verlagerte sich von den Stickmaschinen zu den Lastwagen, die bereits im ersten Kriegsjahr 77 % des Gesamtumsatzes ausmachten.[24] Im Dezember 1914 gelangte die Maschinenfabrik Augsburg-Nürnberg (MAN) an Saurer. Sie suchte einen Kooperationspartner, weil sie von staatlicher Seite aufgefordert worden war, die Produktion von Lastwagen aufzunehmen. Während die MAN ein Lizenzabkommen wünschte, wollte sich Saurer direkt an der zu gründenden deutschen Gesellschaft beteiligen und ihr kleines Werk, über das sie seit 1910 in Lindau verfügte, in die neue Firma einbringen. »Der Krieg beschleunigte die nationale Exklusivität der nun schärfer voneinander getrennten Märkte, so dass eine eigene Produktionsbasis im Ausland wünschbar schien«, schreibt Mario König in der Saurer-Geschichte.[25] Für Saurer, die seit 1909 auch in Frankreich (Suresnes) in einem eigenen Werk produzierte, war es zudem wichtig, »in Frankreich als französische, in Deutschland als deutsche Firma auftreten [zu] können«.[26] So wählte man eine Konstruktion, welche die 50 %-Beteiligung von Saurer an der Kommanditgesellschaft MAN-Saurer-Kraftwagenwerke nicht sichtbar werden ließ.

22 Neisen, Robert: Von der Aluminium-Folien-Fabrik zur Tscheulin-Rothal GmbH. 100 Jahre Aluminiumfolien aus Teningen. Bötzingen 2014, S. 25–31

23 Boelcke, Willi A.: Industrie im Raum Singen. In: Berner, Herbert (Hg.): Singen – Ziehmutter des Hegaus. Singener Stadtgeschichte, Bd. 1. Konstanz 1987, S. 239

24 Staatsarchiv des Kantons Thurgau, Firmenarchiv Saurer, 8/B/1 Bilanz mit Gewinn- und Verlustrechnung per 30.6.1915

25 Wipf, Hans Ulrich/König, Mario/Knoepfli, Adrian: Saurer. Vom Ostschweizer Kleinbetrieb zum internationalen Technologiekonzern. Baden 2003, S. 126

26 MAN (Hg.): Leistung und Weg. Zur Geschichte des MAN-Nutzfahrzeugbaus. Berlin 1991, S. 77

Produziert wurde anfänglich vor allem in Lindau, dann zunehmend und ab 1916/17 ausschließlich in Nürnberg. Die zunächst noch beträchtlichen Lieferungen aus Arbon schrumpften infolge der Auswirkungen des Kriegs mehr und mehr zusammen. Die technische Unterstützung Arbons habe auch nicht voll im zugesicherten Maß gewährt werden können, »weil Herr Saurer persönlich und auch teilweise sein maßgebendes Personal nicht nach Deutschland kommen konnten, wenn sie sich nicht Schwierigkeiten bezüglich ihrer französischen Niederlassung in Suresnes aussetzen wollten«, heißt es in einem Bericht der MAN vom August 1917.[27] Im Frühjahr 1918 zog sich Saurer aus Deutschland zurück, die Verträge wurden aufgehoben, wobei die Zusammenarbeit mit der MAN aber bis 1932 fortgesetzt wurde. Von 1913 bis 1918 verkaufte Saurer in Frankreich 4569 Lastwagen, größtenteils in Suresnes gefertigt, der Rest kam aus Arbon. In Deutschland waren es – Daten sind allerdings erst ab 1916 vorhanden – 818, mehrheitlich in Deutschland hergestellt. Das wirtschaftliche Hauptinteresse von Saurer lag klar in Frankreich. 1917 kamen zur Verstärkung der Produktion aus Suresnes noch 400 in den USA gefertigte Saurer-Lastwagen hinzu.[28]

Schiesser – Wäsche für das Heer

Zu den Textilindustriellen, die im 19. Jahrhundert den Sprung über die Grenze gewagt hatten, gehörte auch Jacques Schiesser, der im thurgauischen Eschlikon eine Trikotfabrik betrieb. Er gründete 1875 in Radolfzell ein deutsches Unternehmen, wobei er zunächst den Standort Königsberg ins Auge gefasst hatte. Die Firma wuchs, unter anderem dank ihrem Original Schiesser Knüpftrikot, schnell und exportierte in alle Welt. In Stockach und Engen[29] entstanden weitere Fabriken. Ab den 1890er Jahren produzierte Schiesser auch für das Heer Trikothemden und -unterhosen. Um 1900 brachte er eine Abhärtungswäsche aus indischen Nesselfasern (Ramie), welche ein Dr. Sturm erfunden hatte, auf den Markt. »Das Geheimnis dieser Art von Unterkleidung war (laut Katalog) ›eine ruhige, gleichmässig-energische Reibung der Haut zur Anregung und Belebung derselben‹«, heißt es dazu in der Schiesser-Festschrift von 1975.[30]

In der Krise ab 1907, für welche Schiesser die japanische Konkurrenz verantwortlich machte, boten die Militärlieferungen »etwas Ersatz«, wie der Firmengründer im Geschäftsbericht 1910 erklärte.[31] Im Vorfeld des Ersten Weltkriegs – Schiesser besaß damals den größten Maschinenbestand der deutschen Trikotagenindustrie – stritt

27 Ebenda, S. 107

28 Wipf/König/Knoepfli, a. a. O. 2003, S. 124–131; Thurgauer Zeitung, 7.8.2014. Zum Werk in Lindau www.edition-inseltor-lindau.de/Saurers Lastwagenfabrik in Lindau.pdf, Aufruf vom 23.8.2014. Cimander, Stefan: Die Wiege der MAN-LKW liegt am Bodensee, www.fwnetz.de/2011/04/14/die-wiege-der-man-lkw-liegt-am-bodensee, Aufruf vom 14.4.2011

29 Probst-Lunitz, Sibylle: Engen wird badisch. In: Kramer, Wolfgang (Hg.): Engen im Hegau. Stadtgeschichte Bd. 3, Stuttgart 2000, S. 99–101

30 Palm, Gerd: Schiesser 1875–1975, S. 15

31 Wirtschaftsarchiv Baden-Württemberg B 127 Bü 127

Deutsche Soldaten marschieren vor den Markthallen in Radolfzell, 1915 (Stadtarchiv Radolfzell)

sich Schiesser mit den Bekleidungsämtern des Heeres über die Ausgestaltung der Verträge herum, die im Falle der Mobilisierung zur Anwendung kommen sollten. In einem Brief an das Königliche Bekleidungsamt des XVI. Armeekorps in Montigny bei Metz ärgerte sich Schiesser Ende Januar 1912, dass von ihm vorab eine Probelieferung verlangt wurde, »da ich schon seit dem Jahre 1896 ununterbrochen grosse Quantitäten Militärhemden an fast alle Bekleidungsämter zur vollsten Zufriedenheit und ohne Anstand gehabt zu haben liefere«. Er habe an seinen Hemden »nicht das Mindeste geändert« und beziehe seinen Besatzstoff »seit langen Jahren Jahrein Jahraus immer von derselben Weberei und in ein- und derselben Qualität«.

Anfang Oktober 1912 beschied Schiesser dem Königlichen Bezirks-Kommando Saargemünd, dass er die von ihm vorgeschlagenen Pulswärmer nicht in der feldgrünen Farbe, wie sie vorgeschrieben sei, liefern könne, und sie würde auch im Mobilmachungsfalle »nur mit grossem Zeitverlust geliefert werden können, da dieselbe aus einem Spezialgarn hergestellt wird, welches jeweils erst besonders eingefärbt werden muss & vorrätig nirgends erhältlich ist«. Als Ersatz für die gewünschten Ohrenklappen schlug er Kopfschützer vor, »wie sie jetzt allgemein im deutschen Heere eingeführt sind & die ich auch regelmässig herstelle«. Er würde möglichst rasch zu liefern versuchen, »ohne indessen den kurzen Termin von nur 4 Tagen einhalten zu können«. Schiesser riet dem Königlichen Bezirks-Kommando, »die benötigten Sachen schon in Friedenszeiten an[zu]schaffen«.[32] 1907 wurden im gesamten

32 Wirtschaftsarchiv Baden-Württemberg B 127 Bü 360 Bekleidungsamt, Copir-Buch No. 5, 26.1.1912 bis 22.1.1913

deutschen Heer feldgraue Uniformen mit braunem Lederzeug eingeführt, und im Ersten Weltkrieg stellten die beteiligten Armeen – und die Schweizer Armee ebenfalls – ihre Uniformen allgemein auf Tarnfarben um, was auch den chemischen Fabriken viel Arbeit bescherte.

Am 16. November 1912 offerierte Schiesser dem Kaiserlichen Bekleidungsdepot der Schutztruppen in Berlin-Schöneberg Tropenhemden mit langen und mit kurzen Ärmeln sowie Tropenunterhosen. Am 2. Januar 1913 lehnte er in einem Schreiben an das Großherzogliche 7. Badische Infanterie Regiment No. 142 in Mühlhausen im Elsass (Mulhouse) die gewünschte Änderung des Mobilmachungsvertrags ab: Er hätte im Mobilmachungsfalle alle Hände voll zu tun, »um die im 1. & 2. Monate zu liefernden Waaren rechtzeitig zum Versandt zu bringen«. Auf Lager produzieren wolle er nicht, »da ich mit zu grossem Zinsverlust event. rechnen müsste & zudem die Sachen durch längeres Lagern an gutem Aussehen kaum gewinnen dürften«. Ähnliche Wünsche anderer Truppenteile habe er schon öfters abgelehnt. »Unser heute zu Kraft bestehendes Mobilmachungslieferungs-Übereinkommen sieht für Sie eine Lieferung in der 4. Woche voraus, & für das Ersatzbataillon in Müllheim i. B. sogar 6–7 Wochen & könnte ich hieran leider keine Änderung in für Sie günstigerem Sinne in Aussicht stellen«, beschied Schiesser dem Regiment.[33]

Brennnesseln statt Baumwolle

Im ersten Kriegsjahr wurde bei Schiesser noch normal produziert. Zwar waren die Exportmärkte praktisch vollständig weggebrochen, aber dafür war der Bekleidungsbedarf von Heer und Marine riesig. Entfiel vor dem Krieg der Großteil des Umsatzes auf den Export, so machte gemäß der Wirkereistatistik die Militärware 1915 81 %, 1916 63 % und 1917 79 % der Produktion aus.[34] »Infolge grosser Aufträge für die deutsche Militärverwaltung hat die Firma im letzten Geschäftsjahre ein sehr gutes Resultat erzielt«, wurde am 7. Mai 1915 im Bankvorstand der Bank in Schaffhausen mitgeteilt. Am 11. Januar 1916 hieß es bei der Bank im Zusammenhang mit dem fallenden Markkurs, Schiesser, seit 1885 ein gewichtiger Kunde der Bank, sei »kapitalkräftig«.[35]

Lief die Produktion zu Kriegsbeginn noch auf Hochtouren, so machte sich, insbesondere wegen der Blockade der Alliierten, bald ein gravierender Rohstoffmangel bemerkbar. Um die Baumwolle zu ersetzen, stellte man Versuche mit Papiergarnen, Brennnessel- und Torffasern an.[36] Waren 1912 in der Wirkerei 626 Maschinen in Betrieb, so sank diese Zahl 1915 auf 375 und 1917 auf 123 Maschinen. 1918 wurden noch 359 Personen beschäftigt.[37] 1917 gründete Schiesser, der bereits über Filialen

33 Ebenda

34 Wirtschaftsarchiv Baden-Württemberg B 127 Bü 310

35 GLTA UBS AG, Archiv Bank in Schaffhausen

36 Wirtschaftsarchiv Baden-Württemberg B 127 Bü 767. Die Muster eines Papier- bzw. Torffasergewirks finden sich in Bü 134 und 259

37 Wirtschaftsarchiv Baden-Württemberg B 127 Bü 310 und 668

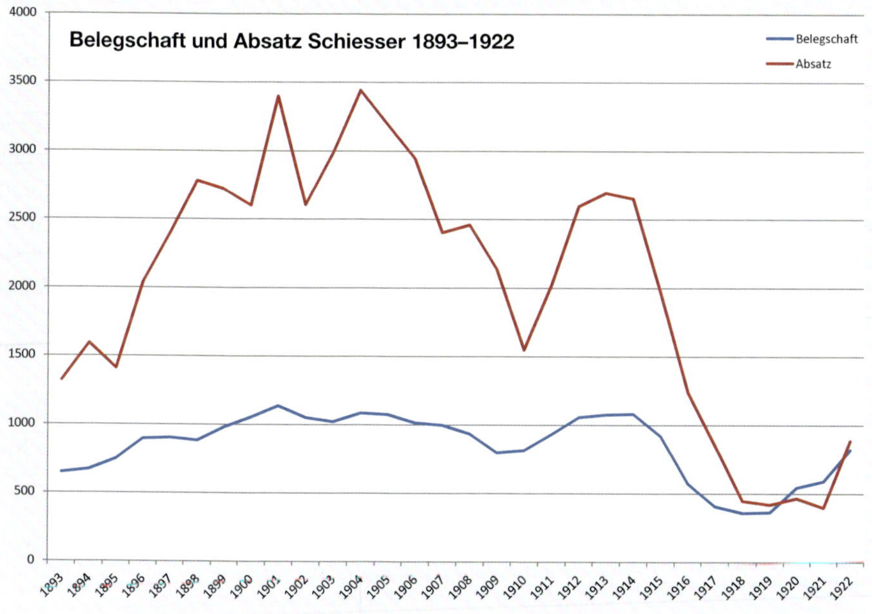

Bereits in der Vorkriegszeit erlitt Schiesser vorübergehend einen Einbruch. Der Rückgang im Krieg war dann drastisch. Der mengenmäßige Absatz wird in Dutzend angegeben, wobei er für die Grafik um den Faktor 100 gekürzt wurde. In den Angaben zur Belegschaft sind die Heimarbeiterinnen und Heimarbeiter mit großer Wahrscheinlichkeit nicht eingeschlossen. (Quelle: Wirtschaftsarchiv Baden-Württemberg B 127 Bü 668)

in Stockach und Engen verfügte, eine weitere im schweizerischen Kreuzlingen, die in der Folge bis 1927 bestand.

Schiesser lieferte aber nicht nur an die Bekleidungsämter, sondern man ließ den Truppen auch direkt Kleiderspenden zukommen. So bedankte sich der Radolfzeller Bürgermeister in einem Brief an die Firma vom 23. November 1914 für den Empfang folgender Gegenstände: »1. Für Radolfzeller Krieger bestimmt: 24 Stück warme Unterjacken, 24 Stück warme Unterhosen, 30 Stück Kopfschützer, 20 Paar Pulswärmer, 10 Paar Handwärmer, 2. Für die badischen Truppen: 60 Stück warme Unterhosen, 40 Stück warme Unterjacken, 50 Stück Kopfschützer, 30 Paar Pulswärmer, 20 Paar Handwärmer, 6 Flaschen Schwarzwälder Kirschwasser.«[38] Jean Schiesser, der Neffe des 1913 verstorbenen Firmengründers, und dessen Witwe Malwine Schiesser-Vogler unterstützten Belegschaftsangehörige und Bevölkerung während der ganzen Kriegsdauer in großem Maße. Davon zeugen auch die vielen Briefe im Firmenarchiv, welche Schiesser-Beschäftigte von der Front oder aus der Kriegsgefangenschaft an die Firma richteten. »Fürsorglich widmete sich Frau Schiesser

38 Wirtschaftsarchiv Baden-Württemberg B 127 Bü 549

auch den Frontsoldaten, liess in einem einzigen Monat gar über 2000 Pakete ins Feld versenden«, heißt es dazu in der Firmengeschichte.[39]

1919 übernahm der Ustermer Textilunternehmer Jakob Heusser-Staub Schiesser, womit das Unternehmen – Schiessers Witwe war badische Staatsbürgerin geworden – wieder in Schweizer Besitz überging. Heusser-Staub war es 1916 gelungen, eine Schiffsladung ägyptische Baumwolle zu kaufen, und eine größere Menge des aus dem begehrten Rohstoff gesponnenen Garns lieferte er an die Firma Schiesser, mit der er schon lange befreundet war. Weil Schiesser jedoch nicht zahlen konnte, wurde der Garnlieferant schließlich auch Besitzer. Heusser-Staub, einer der einflussreichsten Schweizer Industriellen jener Zeit, hatte 1918 bereits die Mehrheit an der Schweizer Firma Zellweger erworben, die elektrische Maschinen und Apparate herstellte. Und in diesen Jahren baute er zusammen mit dem Bankier Albert Hofmann und weiteren Aktionären eine Beteiligung an der AIAG auf, in deren Verwaltungsrat die beiden 1924 einzogen. 1923 wurde Schiessers Schuld für laufende Garnlieferungen aus Uster in ein Darlehen umgewandelt, das von der Bank des erwähnten Albert Hofmann übernommen und zwischen 1923 und 1954 Schritt für Schritt zurückgezahlt wurde.[40] Kriegsproduktion war auch bei der Mechanischen Weberei und Kleiderfabrik Friedrich Straehl in Konstanz angesagt, deren Besitzer ebenfalls Schweizer war: Sie lieferte im Ersten Weltkrieg Uniformen.[41]

Maggi kauft Bauernhöfe

Julius Maggi errichtete 1887 in Singen eine Abfüllstation für seine berühmte Würze. 1897 erfolgte der Ausbau zum rechtlich verselbständigten Fabrikationsbetrieb, und die Würzeherstellung wurde in der Folge um die Bouillon- und Suppenwürfelfertigung erweitert. Weitere Töchter besaß die Maggi in Frankreich, Österreich-Ungarn und Italien. 1914 beschäftigte das Singener Werk 1866 Personen. Nach Kriegsausbruch reduzierten auch bei Maggi die Einberufungen und zudem die Abreise eines Großteils der italienischen Arbeitskräfte die Belegschaft. Neu eingestellt wurden vor allem Frauen, »da man allen zum Militärdienst Einberufenen garantiert hatte, sie nach Kriegsende wieder einzustellen«.

Die Rohstoffversorgung war anfänglich noch gut, dafür ergaben sich sogleich massive Transportschwierigkeiten.[42] Als die Rohstoffbeschaffung 1915 zunehmend schwieriger wurde, erwarb Maggi in der Gemeinde Dettighofen im badischen Klettgau alle fünf Bauernbetriebe auf Albführen sowie die zwei vom Häuserhof und richtete auf Albführen ein Hofgut ein. Dieses sollte der Versorgung mit Gemüse, Kräuter und

39 Palm, Gerd: Schiesser 1875–1975, S. 23

40 Wirtschaftsarchiv Baden-Württemberg B 127 Bü 668; Rentsch, Hans U.: Jakob Heusser-Staub (1862–1941). Ein Wirtschaftspionier des Zürcher Oberlandes. Schweizer Pioniere der Wirtschaft und Technik Bd. 51, Meilen 1988, S. 52–57

41 Burchardt, Lothar/Schott, Dieter/Trapp, Werner: Konstanz im 20. Jahrhundert. Die Jahre 1914 bis 1945. Geschichte der Stadt Konstanz Bd. 5. Konstanz 1990, S. 262

42 Buschak, Willy: Die Geschichte der Maggi-Arbeiterschaft, 1887–1950. 2. überarbeitete Auflage, Hamburg 1989, S. 52

Das Singener Maggi-Werk, Architektenzeichnung von Ludwig Ehrlich, 1914 (Stadtarchiv Singen)

Rindfleisch, »aber wohl auch als Jagdrevier und Anlageobjekt« dienen.[43] Trotz Versorgungs- und Qualitätsproblemen wollte die große Heeresnachfrage gedeckt werden. Dabei blieb Maggi darauf bedacht, beim Einsatz von Ersatzprodukten Imageschäden möglichst zu vermeiden. »Lieferungen für die Militärbehörden wurden nicht im traditionellen gelb-roten Maggi-Papier, sondern in elfenbeinfarbenem Papier verpackt, das einen braunen Aufdruck trug: ›Für die Kriegsnährmittelgesellschaft Berlin nach deren Vorschrift hergestellt von der Maggi-Gesellschaft in Singen-Hohentwiel.‹«[44]

Der Mangel wurde auf allen Gebieten immer größer. »Im November 1916 wurde in der Kantine das Geschirr knapp, Suppenesser mussten ihre eigenen Löffel mitbringen.« Viele Produkte mussten aus dem Sortiment genommen werden, weil sie dem Markenimage wegen zu schlechter Rohstoffe nicht mehr gerecht werden konnten.[45] Kurzarbeit wechselte mit Überstunden ab, Unzufriedenheit und Unruhe nahmen zu. Wegen den langen Arbeitszeiten und viel zu niedrigen Löhnen kam es zu ersten Protestaktionen.[46] »Arbeiterinnen, die bis 20 Uhr tätig waren und anschliessend noch den Haushalt versorgen mussten, hatten eine Nachtruhe von nicht mehr als drei oder vier Stunden.«[47]

Als multinationaler Konzern geriet Maggi wie andere Schweizer Unternehmen »unweigerlich in das Spannungsfeld der Kriegsparteien«, welche gegenüber Unternehmen aus neutralen Ländern misstrauisch waren.[48] In Frankreich überstand Maggi Attacken, bei denen es jedoch mehr um Aktionen des traditionellen Einzelhandels

43 Hauenstein, Kurt, und Lüönd, Karl: Natur, Kultur, Qualität. Hofgut Albführen, Geschichte und Gegenwart. Dettighofen (Hofgut Albführen) 2004, S. 125

44 Buschak, a. a. O. 1989, S. 53

45 Zur Entwicklung der Marke Maggi siehe Seifert, Annatina (Hg.): Dosenmilch und Pulversuppen. Die Anfänge der Schweizer Lebensmittelindustrie. Vevey 2008

46 Buschak, a. a. O. 1989, S. 55

47 Ebenda, S. 58

48 Seifert, a. a. O. 2008, S. 357

gegen das moderne Massenvertriebssystem als um nationale Auseinandersetzungen ging, indem sie schon bald nach Kriegsausbruch ihre gesamten Einrichtungen an den Verband der sozialistischen Konsumgenossenschaften vermietete.[49] Die Unternehmensleitung des Konzerns zog im Dezember 1918 aber auch ein positives Fazit: »In allen Ländern, wo die Maggi-Produkte auf dem Markt geblieben sind, hat der Krieg zu ihrer Verbreitung und Popularisierung sehr stark beigetragen. Die durch den Krieg geschaffenen Lasten werden die breiten Bevölkerungsschichten auf Jahre hinaus überall zu sparsamer Lebensweise nötigen, ein Bedürfnis, dem unsere Produkte wie keine andern entgegenkommen.«[50]

Strom und Bankkredite

Das Elektrizitätswerk des Kantons Schaffhausen (EKS), das 1908 seinen Betrieb aufnahm, hatte unter anderem das Problem, dass sein Versorgungsgebiet relativ klein war. Auf der anderen Seite waren die benachbarten badischen Gemeinden, abgesehen von einem Teil des Dorfes Stühlingen, alle noch ohne Elektrizität, und sie hatten auch keine Aussicht, in nächster Zeit an ein badisches Stromnetz angeschlossen zu werden. So stieß das EKS mit seinem Angebot, Strom auch über die Grenze zu liefern, auf offene Ohren. Bis 1911 wurden 26 Gemeinden ans EKS angeschlossen, zwei weitere kamen bis 1914 hinzu. Im Unterschied zum schweizerischen Absatzgebiet baute und finanzierte das EKS in den badischen Gemeinden die Leitungen aber nicht bis zum Endabonnenten, sondern es verlegte nur das Hochspannungsnetz bis zu den Ortstransformatorenstationen. Die Station selbst und das örtliche Niederspannungsnetz hatten die Gemeinden, die als sogenannte Wiederverkäufer auftraten, auf eigene Kosten zu errichten und zu unterhalten.

Während der ganzen Kriegszeit, wie übrigens auch während des Zweiten Weltkriegs, erfolgte die Stromversorgung der deutschen Gemeinden und Industriebetriebe ohne Komplikationen, obwohl Mobilisierung und Rohstoffmangel auch die Tätigkeit des EKS erschwerten. Weder erließ der Bundesrat ein Ausfuhrverbot für Strom, noch störten kriegerische Auswirkungen die Stromlieferung. Wie in der Schweiz nahm auch im deutschen Versorgungsgebiet der Stromkonsum im Verlauf des Kriegs zu. Dass die Rechnungen in Franken zu bezahlen waren, führte im Krieg und in der Inflationszeit zur Verschuldung der meisten deutschen Grenzgemeinden.[51]

49 Frei, Alfred G., und Schmidt, Susanne B.: Julius Maggi (1846–1912) – von der Mühle zur Lebensmittelfabrik. In: Berner, Herbert (Hg.): Singen – Dorf und Herrschaft. Singener Stadtgeschichte Bd. 2. Konstanz 1990, S. 543–556, hier 550–551

50 Archives Historiques Nestlé, Allgemeine Maggi Gesellschaft, Protokoll Verwaltungsrat 19.12.1918, zitiert nach Seifert, Annatina: Rohstoffmangel und Hetzkampagne. Der Nahrungsmittelkonzern Maggi 1913–1923. In: Rossfeld, Roman, und Straumann, Tobias (Hg.): Der vergessene Wirtschaftskrieg. Schweizer Unternehmen im Ersten Weltkrieg. Zürich 2008, S. 356

51 Knoepfli, Adrian, und Wüst, Mark: Strom ohne Grenzen. 100 Jahre Elektrizitätswerk des Kantons Schaffhausen 1908–2008. Schleitheim 2008, S. 21, 38–39 und 68; Brosig, Reinhard: Singen im Ersten Weltkrieg. In: Berner, Herbert; Brosig, Reinhard (Hg.): Singen, die junge Stadt. Singener Stadtgeschichte Bd. 3. Sigmaringen 1994, S. 43

Arbeiterinnen und Arbeiter des Singener Maggi-Werks, 1918 (Stadtarchiv Singen)

Eine rege Tätigkeit in Süddeutschland entwickelten auch die Bank in Schaffhausen und die Spar- und Leihkasse Stein am Rhein. Letztere ging nach dem Krieg in der deutschen Inflation unter, weil sie ihre Gelder ganz überwiegend in (rentableren) deutschen Hypotheken angelegt hatte. Die Bank in Schaffhausen, auf Industriefinanzierungen spezialisiert, hatte im grenznahen Süddeutschland eine ausgedehnte Kundschaft, insbesondere in der Schuh-, der Trikotagen- und der Uhrenindustrie, die Ende 1914 »infolge von Militärbestellungen gute und lohnende Beschäftigung« verzeichneten. Seit dem Jahre 1908 sei der Kundenkreis jenseits der Grenze immer größer geworden, hält Otto Meister in seiner Dissertation über die Bank fest. Größere Blankokredite erhielten zum Beispiel Schiesser, die Maschinenfabrik Fahr, die Schuhfabrik Rieker in Tuttlingen, die Brauereien Bilger und Graf in Gottmadingen, die Vereinigten Zwirnereien Erne & Fatzer in Nenzingen, die Kleiderfabrik Friedrich Straehl in Konstanz und die Uhrenfabrik Müller & Co. Mühlheim an der Donau.[52] Weil auch ihre Bilanz in Schieflage geraten war, verlor die Bank in Schaffhausen 1920 ihre Selbstständigkeit. Sie wurde vom Schweizerischen Bankverein übernommen.

Schluss

Wie überlebten die Schweizer Unternehmen in Süddeutschland den Krieg? Was das operative Geschäft im Inland betraf, herrschte insofern ein »Courant normal«, als sie weiterhin wie deutsche Unternehmen funktionierten und sich mit denselben

52 Meister, Otto: Die Bank in Schaffhausen, 1862–1920. Zürich 1922, S. 153–154

Schwierigkeiten wie die einheimischen Firmen konfrontiert sahen. Der Einschränkung der unternehmerischen Freiheit durch staatliche Diktate konnten sie sich ebenso wenig entziehen wie ihre deutschen Konkurrenten. Bei ihren Lieferungen aus der Schweiz nach Deutschland hingegen, und das galt auch für die grenzüberschreitende Versorgung ihrer deutschen Töchter mit Rohstoffen, sahen sich Schweizer Unternehmen bald dem Überwachungssystem und den Pressionen der Entente ausgesetzt, und sie liefen ständig Gefahr, auf die »Schwarze Liste« gesetzt zu werden.[53] Umgekehrt wurde die Verwendung der Schweizer Importe aus Deutschland und Österreich-Ungarn von der Überwachungsgesellschaft der Zentralmächte kontrolliert. Beide Kriegsparteien wollten so verhindern, dass von ihnen gelieferte Waren über die Schweiz zum Feind gelangten.

Von den im vorliegenden Beitrag behandelten Firmen war Schiesser insofern ein Sonderfall, als sie über kein Schweizer Mutterhaus mehr verfügte und erst 1919 wieder in Schweizer Besitz kam. Wie heikel die Gratwanderung für Firmen war, die sowohl in Deutschland als auch in Frankreich tätig waren, zeigen die Beispiele Saurer, Maggi und Alusuisse. In den Grenzbeziehungen zwischen der Schweiz und Deutschland, deren wirtschaftliche Verflechtung weiterhin eng blieb, war der Erste Weltkrieg ein tiefer Einschnitt. Die danach anhaltende Nationalisierung ließ nie mehr die frühere Unbeschwertheit aufkommen, und die Inflation in Deutschland führte unter anderem dazu, dass der Grenzgängerstrom von der Schweiz nach Deutschland völlig versiegte. Mit einem deutschen Lohn ließ sich in der Schweiz nicht mehr leben. Die Krise der 1930er Jahre und der Nationalsozialismus legten der Normalisierung weitere Hindernisse in den Weg.

53 Zum speziell gelagerten Fall Schoeller vgl. Knoepfli, Adrian: Schoeller kam auf die Schwarze Liste. Die Affäre Schoeller brachte 1917/1918 die Kammgarnspinnerei in eine bedrohliche Lage. In: Schaffhauser Mappe 2000, S. 61–63. Zur Alusuisse vgl. Wipf, Hans Ulrich, und Knoepfli, Adrian: Wirtschaft. Strukturen und Konjunkturen, Kapital und Arbeit. In: Schaffhauser Kantonsgeschichte des 19. und 20. Jahrhunderts Bd. 1. Schaffhausen 2001, S. 228–495, hier S. 394

»Ein Christ tötet nicht. Amen« – Der Pazifist und Friedensmaler Otto Marquard (1881–1969)

Von Manfred Bosch, Konstanz

Seine Bilder sind es für gewöhnlich nicht, deretwegen Otto Marquard Interesse erregt. Seine Stillleben, Porträts und Landschaften – Wiesen mit Baumgruppen, Häusern, Berge, und vor allem immer wieder der Bodensee, dem er ein Leben lang treu geblieben ist – sind von der Moderne noch völlig unberührt, nicht einmal der Impressionismus scheint diesen Maler beeinflusst zu haben, welcher der letzte Schüler von Hans Thoma gewesen ist. Was nicht heißt, dass er als Maler nicht zu schätzen sei – es sind Marquard viele Bilder von eigenartiger Schönheit gelungen, von kühner Farbigkeit auch, und dem Urteil Hans Thomas, dass sie »in Bezug auf Technik [...] von großer Solidität«[1] sind, kann man auch heute noch zustimmen. Gegen die Bezeichnung Heimatkunst, unter den man Marquards Arbeiten gemein subsumiert, hätte er wohl selbst keine Einwendungen gemacht. Und doch ist das Abschätzige, das dem Begriff anhängt, bei diesem Maler fehl am Platz. Dazu ist es freilich notwendig, seine Bilder als adäquaten Ausdruck einer Sehnsucht zu lesen, des Verlangens nach einer anderen Welt. Doch damit sind wir schon mitten in seiner Biographie. Es ist die eines Querständigen.

Geboren wurde Otto Adolf Marquard am 28. Juli 1881 in Konstanz als ältester von drei Söhnen des Johann Marquard und seiner Frau Berta geb. Billig, einer Schweizerin aus Zihlschlacht. Der Vater stammte aus Stetten a. k. M. und war Schneider, »aber dieser Beruf füllte sein Leben nicht aus – das Politische lag ihm mehr [...]. Er bekannte sich zur Sozialdemokratie. Noch spielten Namen, wie Bismarck und Moltke, Caprivi, Kaiser Wilhelm, Marx und Bebel in täglichen, oft gar hitzigen Debatten eine große Rolle«.[2] Seinen Vater, der dem Trunk ergeben war, verlor Marquard früh, und auch die Mutter, die sich für ihre Kinder als Wasch- und Putzfrau »zu Tode geschunden«[3] hat, starb 1901 40-jährig an Auszehrung. So wurde Marquard seinen Brüdern »Vater und Mutter zugleich«,[4] ging »mit dem Bettelkratten Speiseabfälle

1 Karlsruhe, 1. März 1911. Unverzeichneter Nachlass Otto Marquard im Stadtarchiv Konstanz. Sofern nicht anders angegeben, entstammen ihm alle folgenden Zitate.

2 »Geboren mitten im Bodensee«. Undatierter autobiographischer Abriss. Manuskript, S. 1

3 »Weltfieber oder die Erlebnisse eines deutschen Künstlers im ›Ewigen Reich‹«. Allensbach: Privatdruck 1947, S. 1

4 Ebenda, S. 2

von Hotels und Pensionen sammeln« und »ließ jeden etwas lernen; der eine Kaufmann, der andere Friseur«.[5] »Bin überhaupt in recht traurigen Verhältnissen aufgewachsen, wenn ich daran denke«, resümierte Marquard Jahre später seine Jugend gegenüber Amalie Vanotti,[6] einer Konstanzer Malerin, die ihm während seiner künstlerischen Anfänge Mentorin, Unterstützerin und mütterliche Freundin war, »aber ich tröste mich es war eine sehr harte Schulung, aber auch Belehrung«.[7]

Bereits in der Volksschule, die er mit durchweg guten Noten absolvierte, war Marquards zeichnerische Begabung aufgefallen, und als seine beiden Brüder versorgt waren, konnte er »daran denken, den Weg meiner Sehnsucht zu gehen, alles zu versuchen, Maler, Künstler zu werden«.[8] Nach einer vierjährigen Lehre als Dekorationsmaler, die er 1896 angetreten hatte, befürworteten sowohl sein Konstanzer Lehrherr als auch ein Lehrer der Gewerbeschule Marquards Aufnahme in die Akademie der bildenden Künste in Karlsruhe; 1903 wurde Marquard dort aufgenommen und besuchte die Zeichenklassen Ernst Schurth und Ludwig Schmid-Reutte; dann galt es für ihn, zwischen Wilhelm Trübner und Hans Thoma zu wählen. Marquard entschied sich für den letzteren: Dessen heimatlich-stimmungsvolle Sujets waren ihm doch näher als die impressionistisch beeinflusste Malweise Trübners; außerdem fühlte er sich Thoma auch menschlich näher, der eine vergleichbar harte Jugend mit einem ähnlich schweren Weg zur Malerei gehabt hatte wie er selbst. Dies war, neben der offensichtlichen Begabung Marquards, auch der Grund, weshalb Thoma überhaupt noch bereit war, ihn als Schüler aufzunehmen.

»Hauptsächlich gefiel ihm eine größere Radierung mit Bäumen, die ich in der Radierschule Conz gemacht hatte«, erinnerte sich Marquard einer Begegnung mit Thoma. Er möge nur so weitermachen, meinte der – eigentlich brauche Marquard ihn gar nicht; auch sei er, Thoma, schon zu alt, als dass seine Schüler noch viel von ihm hätten. »Soll ich Ihnen gleich ein Zeugnis ausstellen, dass Sie was können?«,[9] habe Thoma gefragt, und in Marquards Abschlusszeugnis sollte er am 1. März 1911 schreiben: »[...] ich bin überzeugt daß derselbe ein höchst beachtungswerthes Talent ist, das sehr verdient, beachtet und befördert zu werden«.[10] Umgekehrt ließ Marquard gegenüber Thoma durchaus Distanz erkennen. »Er hat wirklich schon schönes geleistet z. B. seine Landschaften und sollte er nach meiner Meinung auf diesem Gebiete bleiben, hauptsächlich seine Schwarzwald-Landschaften«, schrieb er 1905. »Aber auch schon viel Schlechtes habe ich gesehen, hauptsächlich im Figürlichen. Wahrhaftig schon angeekelt haben mich seine Steinzeichnungen, die scheußlich ausgeführten Köpfe, seine Putten, Akte usw. oft ganz und gar verzeichnet. Aber schadet nichts, alles wird aufgekauft wenn nur HT darauf steht.«[11]

5 Ebenda, S. 2
6 1853–1936; Studium in Karlsruhe und München. Vgl. Thieme-Becker Bd. 34, S. 106
7 11. März 1906
8 Wie Anm. 2, S. 1
9 »Der Tragikomiker«. Undatiertes Manuskriptheft, o. S.
10 Original im Nachlass
11 5. Mai 1905 an Vanotti

Die freimütige Äußerung findet sich in einem der zahlreichen Briefe an die Konstanzer Malerin Amalie Vanotti, die die wichtigste Selbstauskunft seiner Entwicklungs- und Akademiejahre darstellen. In ihnen sieht sich Marquard als gesellschaftsscheuen Solitär, der an seiner Mandoline Genügen findet und seinen Mitstudenten durch manche Eigenheit auffällt; auf der anderen Seite berichtet er von Teilnahmen an Künstlerfesten, auf denen er sich als leidenschaftlicher Tänzer erweist und als gewandter Silhouettierer Beachtung findet. Auch der Bezug auf Christus, der mit den Jahren immer stärker wurde, fand in dieser Zeit seine Ausprägung. »O ich lese sehr viel in der Bibel, die mir Herr Pfarrer Maurer geschenkt hat, nur denke ich manches anders. Es werden deren viele kommen, die es verschieden auslegen! Ja, lieber Christus, was haben sie aus Deinen schönen Gleichnissen gemacht!«[12]. Erstaunlich auch mancher überraschende seelische und geistige Gleichklang mit der um so Vieles älteren Kollegin, der jedoch gerade in religiösen Fragen seine Grenzen findet: »Beten!? kann ich auch nicht mehr, als Sie das letzte Mal mit mir beteten, ich betete nicht – ich konnte nicht!«[13] Marquard war zwar katholisch getauft, doch sein Verständnis von Christentum erinnert eher an Luther: Nicht nur alles Dogmatische, auch die Kirche und ihre Hierarchie lehnte er entschieden ab. Christus verehrte Marquard nicht als Gott, sondern »als einen der grössten Menschen [...]. Aber dass man mit ihm einen Götzenkultus treibt, wie er heute besteht, wollte er nicht! – Er sagte: Folget mir nach!«[14]

Nach einem Reise-Stipendium nach Paris, das er Thoma zu verdanken hatte, unternahm Marquard 1907 mit seinen Malerfreunden Adolf Martin und Hans Sprung eine längere Italienreise, die ihn über Mailand, Genua, Pisa und Florenz nach Rom und Korsika führte. Seinem Bedürfnis nach Ferne und Begegnung mit alter europäischer Kunst scheinen diese beiden Reisen genügt zu haben – jedenfalls brachte er sein ferneres Leben in der Bodenseeheimat zu. Nach Abschluss der Akademiezeit, die er dank mehrerer kleiner Stipendien seiner Heimatstadt sowie durch eifriges Kopieren von Bildern in Museen und Galerien mühsam genug zu fristen hatte, verließ Marquard 1911 die badische Hauptstadt und suchte per Inserat in den »Konstanzer Nachrichten« ein »Kleines Haus auf dem Land mit etwas Garten oder Feld ev. auch altes Bauernhäusle am Bodensee«.[15] Im thurgauischen Gottlieben wurde er fündig: Dort bezog er das »Steinhaus« samt einem Atelier im Gasthof Rheineck, »das der Maler Robert Weisse [richtig: Weise] in den Gasthof Rheineck einbauen ließ«[16] und betrieb auch eine Zeichen- und Malschule. »Ich wurde sesshaft«, beschreibt Marquard diese Lebensphase, »verheiratete mich mit der ›Dorfschönen‹ und blieb zehn

12 14. Juli 1907 an Vanotti

13 Ebenda

14 27. Februar 1909 an Vanotti

15 Zeitungsausschnitt o. D.

16 »Warum habt ihr meine Lehre nicht befolgt?« Mahnruf von Omar. Den Märtyrern für deutsche Freiheit gewidmet. O. O., o. J., S. 16

Jahre«.[17] Es handelte sich um Clara geb. Hummel, deren Eltern im Ort eine kleine Roßhaarfabrik betrieben.

In Gottlieben gehörte Marquard einem kleinen Kreis von Malern und Schriftstellern an, zu dem u. a. die Dichter Emanuel von Bodman und Ludwig Finckh sowie die Maler Karl Einhart und Achenbach zählten. Auch Hermann Hesse lernte Marquard dort anlässlich einer Tagung der »Künstler und Kunstfreunde in den Ländern am Rhein« kennen. Seine engsten Beziehungen jedoch unterhielt er zu Alfred Huggenberger, dessen Bücher er kongenial illustrierte. »Dem Huggenberger war ich sein Hofmaler«,[18] beschrieb Marquard sein Verhältnis zu dem aufstrebenden Thurgauer Bauerndichter hintersinnig. Dass der deutschfreundliche Huggenberger sich später auf die ausgelegte Leimrute der Nazifreundlichkeit locken ließ, zog die Freundschaft stark in Mitleidenschaft.[19]

Hier verkehrte auch Walter Jerven, der als Herausgeber und Lektor für den Verlag Reuß & Itta, den Buchverlag der »Konstanzer Zeitung«, tätig war und die gesamte heimische Künstlerschaft für die Buchgestaltung und Illustration seiner Titel heranzog – so auch Marquard, der die Monatsbilder im Kalenderteil des ersten Jahrgangs des »Bodenseebuchs« 1914 gestaltete. Dass Marquard einen noch viel weiter reichenden Anteil an der Gründung des beliebten Jahrbuchs mit seinen 40 Ausgaben hatte, war bislang unbekannt. »Nachträglich erfuhr ich, dass Sie einer der geistigen Gründer des Bodenseebuches waren«, schrieb Karl Hönn, der Marquards Malerei »die Stille und Ländlichkeit eines sonntäglichen Bauerntums« attestierte,[20] und ein zweiter Beleg für diesen Sachverhalt findet sich in der Abschrift einer undatierten Gratulationskarte zum 80. Geburtstag des Verlegers Alfred Reuss: »[...] ich war der Gründer des ersten Bodenseebuches. Warum wird das verschwiegen?«. Ein weiterer Mitarbeiter am »Bodenseebuch« war der Berlinger Adolf Dietrich. Zu ihm ergaben sich nach dem Ersten Weltkrieg ebenfalls Beziehungen, Marquard ermunterte ihn in seiner Arbeit und zeichnete ihn auch.[21]

Zum einschneidenden Erlebnis, ohne das Marquards weiteres Leben und sein konsequentes Eintreten für Frieden und Gewaltlosigkeit unverständlich bleiben müssten, wurde der Erste Weltkrieg. Sohn einer Schweizerin, mit einer solchen verheiratet und dazuhin damals selbst in der Schweiz lebend, wäre es ihm ohne weiteres möglich gewesen, deren Staatsbürgerschaft anzunehmen und sich dem Kriegsdienst in Deutschland zu entziehen. Dass er dies nicht tat, sah er bald als Fehler ein, mehr noch: Das Versäumnis wurde zum größten Ärgernis seines Lebens. Selbst die Karlsruher Kollegen hätten Marquard ausgelacht und gesagt, »jetzt kommt der Mar-

17 Wie Anm. 3, S. 2

18 »Das neue Tagebuch (1962)«. Typoskript, S. 32

19 Vgl. hierzu Brändle, Rea, und König, Mario: Huggenberger. Die Karriere eines Schriftstellers. Hg. vom Historischen Verein des Kantons Thurgau. Frauenfeld 2012, vor allem S. 259, 350 und 357–358

20 14. Dezember 1941 an Marquard

21 Vgl. die Abb. In: Rosenbusch, Magda: Das Haus am See. Als Manuskript vervielfältigt. o. O. [Ulm], 1999, nach S. 37

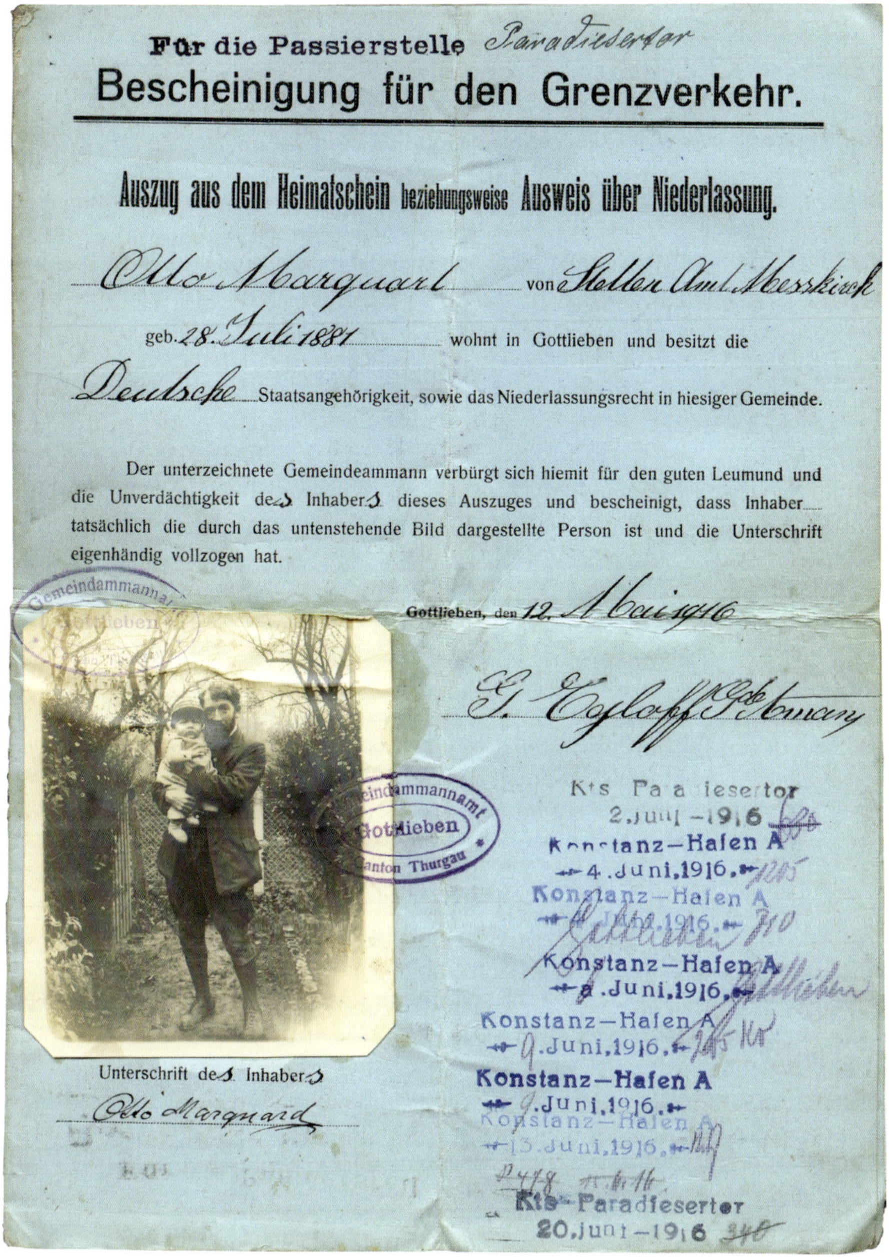

Für die Passierstelle Paradiesertor

Bescheinigung für den Grenzverkehr.

Auszug aus dem Heimatschein beziehungsweise **Ausweis über Niederlassung.**

Otto Marquart von Stetten Amt Meßkirch

geb. 28. Juli 1881 wohnt in Gottlieben und besitzt die

Deutsche Staatsangehörigkeit, sowie das Niederlassungsrecht in hiesiger Gemeinde.

Der unterzeichnete Gemeindeammann verbürgt sich hiemit für den guten Leumund und die Unverdächtigkeit des Inhabers dieses Auszuges und bescheinigt, dass Inhaber tatsächlich die durch das untenstehende Bild dargestellte Person ist und die Unterschrift eigenhändig vollzogen hat.

Gottlieben, den 12. Mai 1916

Gemeindammannamt Gottlieben Kanton Thurgau

Kts Paradiesertor 2. Juni 1916

Konstanz-Hafen A 4. Juni 1916

Konstanz-Hafen A [illegible] Juni 1916

Konstanz-Hafen A 9. Juni 1916

Konstanz-Hafen A 9. Juni 1916

Konstanz-Hafen A 9. Juni 1916

Konstanz-Hafen A 13. Juni 1916

Kts Paradiesertor 20. Juni 1916

Unterschrift des Inhabers

Otto Marquard

Leumundszeugnis der Gemeinde Gottlieben für Marquard mit Bescheinigungen seiner Grenzübertritte, 1916. Das Foto zeigt Marquard mit seinem zweijährigen Sohn Hans. (Stadtarchiv Konstanz, Nachlass Marquard)

quard aus der Schweiz heraus – und wir möchten hinein«.[22] Die Folgen dieses Versäumnisses beschrieb Marquard in dem Heft »Anklageschrift an die deutschen Militärärzte, die sich an mir vergangen im Kriege.«[23]

»Als der Krieg ins Land kam, stellte auch ich mich dem Vaterland, dreimal, & wurde immer wieder heimgeschickt, da der ungediente Landsturm noch nicht dran käme – doch dann im 2. Kriegsjahr bekam ich die Einberufung & wurde sofort vom Stabsarzt als k. v., als kriegsverwendungsfähig erklärt [...] Also ich kam in die militärische Maschine & wurde gedrillt!« Bereits bei seiner ersten Einberufung war Marquard am zehnten Tage zusammengebrochen und daraufhin entlassen worden; nicht anders erging es ihm bei seiner zweiten Einberufung ein halbes Jahr später: »Natürlich wurde alles gespannter, nachdem so viel Volk weggemäht war. Man nahm auch jetzt Leute, die nichts weniger wie tauglich aussahen & noch weniger waren [...] Ich wurde also mit dem großen Haufen wieder zum Bataillonsarzt geführt & natürlich wieder sehr kriegstüchtig befunden wie alle. Nun ging die Schinderei wieder los – natürlich nach 8 Tagen brach ich als körperlicher Schwächling wieder zusammen.« Marquard meldete sich daraufhin krank, denn seine schwächliche Konstitution war den Strapazen des militärischen Drills nicht gewachsen. Nach »8 Tage[n] im Revier« wurde er zusammen »mit den andern Krüppeln« dem Arzt erneut vorgeführt: »Nun stand ich wieder vor dem ›Richter über Leben und Tod‹ & gab ihm dann meine chronische Kniegelenkentzündung an, worauf er mir erwiderte, er könne mir nicht helfen & überwies mich dann zu einem Arzt der orthopädischen Abteilung. Da kam ich dann vom Regen in die Traufe ...«

Die Erfahrungen während der ersten beiden Einberufungen ließen Marquard von seinem persönlichen Fall mehr und mehr absehen; seine Kritik an Krieg und Militarismus zielten zunehmend ins Grundsätzliche. »Was schimpfen wir so über die Engländer, derweil wimmelt es in unserem Land von deutschen Engländern«, beobachtete Marquard. »Hier muss ich der Worte gedenken von einer hohen Offizierswitwe mit der ich sehr befreundet: ›Das Edle stirbt für das Gemeine!‹ Dass sich diese Frau, der der Krieg ihren Mann nahm, so ruhig damit abfand, gab mir wieder Kraft! [...] das gab mir auch einen Mut, Kampf gegen den inneren Feind, der schadet doch schließlich viel mehr wie der Äussere bei richtigem Zusehen, da wir die ja gar nicht zum Land herauskriegen. Was sind da die armen Russen dagegen – Volk wider Volk – was können die dafür, es ist das Spiel der Oberen, ein gewissenloses Gegeneinanderhetzen der Völker mit Musikbegleitung & Hurras & vive la France usw. Mit den Oberen meine ich die Mächtigen der Regierung & die Geldmächtigen, Heereslieferanten, Großkaufleute, die jetzt schon gerne täten wie England [...] Erste Weltmacht!! Ich bin überhaupt für keine Weltherrschaft, ich bin für Mächte, die friedlich wetteifern & nebeneinander arbeiten & aus diesem Grunde abrüsten! Die Unmassen Gelder für Volkswohl & nicht für Heereszwecke verwenden.«

22 Wie Anm. 18, S. 10

23 Diesen handschriftlichen unpaginierten Aufzeichnungen aus dem Jahr 1917 im Umfang von 36 Seiten sind alle folgenden Zitate entnommen.

Gleichzeitig empfand sich Marquard ohnmächtig und »gegen diese gemeine rücksichtslose Militärmaschine [...] elendiglich klein & schwach – was hätte ich armes Menschlein als einzelner machen können – ach, ich wünschte mir die Kraft eines Riesen – aber eben dann müsste ich oder wäre ich schon im Schützengraben – d. h. jetzt kommt bei mir der springende Punkt – dann hätte ich vielleicht erst recht den Mut gehabt das Gewehr wegzuwerfen & als Dienstverweigerer & Christ aufzutreten: Du sollst nicht töten! anstatt ›das Vaterland ist in Gefahr‹, ›die Menschheit ist in Gefahr!‹ zu rufen [...] wenn nur kein Frank[24] gewesen wäre – der hat das ›Internationale‹ der deutschen Sozialdemokratie zuschanden gemacht, durch seinen Heldentod für die Regierung – begreiflich dass Russland keinen Frieden mit solchen Sozialisten will – den Satz: ›ich kenne keine Parteien mehr, ich kenne nur noch Deutsche!‹ hat der Teufel dem Wilhelm eingegeben, auf dass das ganze deutsche Volk zu einem willenlosen Spielball würde – jetzt (1917) sehnt es sich heraus & kann nicht mehr, eine Revolution könnte helfen, aber – die furchtbare militärische Organisation macht es bereits unmöglich, diese Selbsthilfe des Volkes ...«

Bei alledem war und blieb Marquards Schicksal ein »Leidensweg hinter der Front«. Zwar erhielt er von einem seiner beiden Brüder, der später fiel, »Briefe aus dem Schützengraben [...] & lauteten diese nicht sehr erbaulich« – doch es war nicht das Grauen des Kriegs selbst, das den allein innerhalb der Garnison Eingesetzten zu seinen Einsichten brachte. Vielmehr war es das Unsinnige des Kasernenlebens, der tägliche geistfeindliche Trott, das Abstumpfen durch militärischen Drill, das Vergeuden von Zeit und Energie, von Gütern und Menschenleben, die allesamt zu Besserem geschaffen waren, die Marquard zum Pazifisten machten. »[...] durch die vielen Papiere, die ich in die Hände bekam«, erhielt Marquard, inzwischen als Schreiber in einer Genesenen-Kompanie eingesetzt, »einen neuen Einblick in das Elend der Menschheit; ich gebrauche absichtlich das Wort Menschheit, weil es überall so zugeht, in jedem Land, wo die Militärmaschine anfängt zu rasseln! ich weiß das, drum lehne ich mich niemals gegen mein Vaterland auf, sondern gegen das Militärwesen [...]. Ich sagte daher oft in Gesellschaft von Offizieren, wenn sie mir vorwarfen, ich sei ein schlechter Deutscher: Ich sei ein Göthe-Deutscher! kein Wilhelmdeutscher – meistens hiess es, ich sei ein verrückter Künstler & hätten dieselben bekanntlich einen Sparren zu viel usw. & man täte allerdings am besten mich wieder heim zu schicken«.

Stattdessen legte man Marquard nahe, »Kriegsmaler« zu werden, was er empört ablehnte: »Ich & Kriegsmaler – das glaubt ja, wie man so sagt, der stärkste Mann nicht – ich der Kinder- und Blümlesmaler soll auf einmal den Krieg im Bilde festhalten. Da hätte man mir müssen mein Gehirn rausnehmen.« Von einem kunstverständigen Vorgesetzten erhielt er Gelegenheit, Verwundete im Zeichnen und Malen zu unterrichten und deren Arbeiten auszustellen, um sie zugunsten des Roten Kreuzes

24 1874–1914; sozialdemokratischer Politiker aus Nonnenweier, der sich zunächst um eine Verständigung mit Frankreich bemühte, sich bei Kriegsbeginn jedoch freiwillig meldete und in den ersten Kriegswochen fiel.

zu verkaufen. Doch sobald seine Schützlinge wieder einsatzfähig waren, wurden sie versetzt.

»Herrgott, war das ein Aufatmen, als ich die Zwangsjacke ausziehen durfte«, notierte Marquard nach seiner abermaligen Entlassung. »Ich fühlte mich in meinem Zivilanzug wieder neu geboren – konnte wieder als freier Mensch durch meine Heimatstadt laufen, ohne fortwährend aufpassen zu müssen, dass ich irgendeine farbige Borte vergaß zu grüssen – kurz gesagt: es war mir wie einem aus dem Zuchthaus Entlassenen. Was ich empfand als ich über die Grenze meinem lieben Schweizerdörflein zuschritt, kann ich nicht in Worte fassen – nur immerfort sang es in mir ›Friedensland‹.«

Die Freude sollte nicht lange währen: 1917 erreichte Marquard seine dritte Einberufung. Diesmal gedachte er sich mit dem ganzen Gewicht der gesundheitlichen Argumente zur Wehr zu setzen: »Ich war ja mein halbes Leben krank [...] Meine Eltern sind an Schwindsucht gestorben ich erbte die Krankheit & war einige Male in der Heilanstalt Friedrichsheim, doch muss ich heute noch die Liegekuren fortsetzen indem ich nur ½ Tag arbeiten kann; ich hatte schwere Darmleiden & bin auch am Blinddarm operiert, ich bin engbrüstig & habe zudem einen Kropf, der mir oft Schwindelanfälle verursacht. Dann leide ich schon seit ungefähr 10 Jahren an einem Beinleiden, chronische Kniegelenkentzündung & kann kaum 2 Stunden hintereinander gehen.«[25]

Und doch rückte Marquard ein drittes Mal ein – mochte er sich auch geschworen haben: »Ich wollte nicht mehr gehen. Lieber Alles auf der Welt tragen, Alles Alles nur nicht dieses.« Doch damit kam er bei seiner Frau schlecht an. Obschon Schweizerin, fand er es begreiflich, dass sie nicht als Frau eines Deserteurs gelten wollte und Gefahr lief, ohne gültige Papiere zu sein. So ließ Marquard ein drittes Mal »mit blutendem Herzen« Frau und Kind zurück – er war im ersten Kriegsjahr Vater eines Sohnes geworden – um sich beim Kreiskommando zu melden. Auf der Fahrt nach Stockach redete er ununterbrochen auf einen ebenfalls einrückenden Lehrer ein, der ihn immer wieder anstieß, denn »die andern hörtens auch, was ich sagte von Massenmord – Volksvernichtung & Wahnsinn – von der mordenden Christenheit – aber sie stimmten mir alle bei – und des Schulmeisterleins Ängste reiteten mich immer mehr zur Herauskehrung der ›Wahrheit‹ über diesen ›Schwindel‹. Er gestand mir ja auch, dass es ›Schwindel‹ sei, aber er meinte das nur unter ›vier Augen‹[...] Übrigens waren die meisten nicht mehr so dumm & es fiel auch manches gewagte Wort – dann stiegen Verwundete ein, d. h. ›Krüppel‹ & [ich] sagte zu meinem Lehrer sarkastisch: Herrgott, sogar die braucht man, ›Deutschlands letzte Hoffnung‹. Sie waren allerdings nicht einberufen, sie kamen ungerufen wie das Elend, sie wollten neue Stelzen & Holzbeine, die ihrigen waren ›durchgelaufen – was diese armen Teufel erzählten, das schrie zum Himmel – zur Bekräftigung‹ seiner Rede zeigte der eine das rohe Fleisch seines aufgelaufenen Beines [...].«

25 Abschrift eines Schreibens, datiert »14. d. M.«, an das Kaiserliche Deutsche Generalkonsulat, Zürich

Nach der ärztlichen Untersuchung (»der Schlächtermeister mit Dr.-Titel schrieb fast alle wieder k. v.«) hatte sich Marquard ohne Fahrtunterbrechung nach Rastatt zu seiner Landsturmkompanie zu begeben. Doch als es in einen Nebenraum zum Empfang der Militärpapiere und des Fahrscheins ging, antwortete Marquard auf die Frage, wohin es gehen solle, prompt: nach Gottlieben. »[…] sofort stund das Gewünschte auf dem Zettel, Stempel darauf & ich konnte gehen […]. Also! nun hatte ich die Wahl, entweder nach Rastatt (Krieg) oder nach Gottlieben (Frieden) zu fahren«. Angesichts der vielen Leidensgenossen, »darunter treuherzige alte Landsturmmänner«, wurde Marquard in seinem Entschluss wieder wankend und schämte sich, als Drückeberger zu gelten. Auf seine Äußerung, dass er ebenfalls nach Rastatt müsse, aber das Glück habe, nicht kriegsverwendungsfähig zu sein, erntete er nur Spott: »[…] die Ärzte dort werden Ihnen dann schon sagen, zu was man Sie brauchen kann, viele von ihnen seien früher auch untauglich gewesen, man hätte sie dann schon tauglich gemacht«. Dies nun war entscheidend für Marquards nächste Schritte: In Singen erbat er vom wachhabenden Feldwebel die Erlaubnis zur Fahrtunterbrechung, um sich von der Familie zu verabschieden – und erhielt sie mit der Auflage, am nächsten Morgen den ersten Zug nach Rastatt zu nehmen. »Ich wäre ihm am liebsten um den Hals gefallen – der ahnungslose gutmütige Deutsche, wie liebe ich diese alle so sehr.«

Das Auferstehungsmotiv symbolisiert für den Christen Marquard die Hoffnung auf eine erneuerte, friedliche Menschheit. Radierung von Otto Marquard, 1918 (Stadtarchiv Konstanz, Nachlass Marquard)

Damit war Marquard in die eigentümliche Lage geraten, bei den deutschen Militärbehörden als fahnenflüchtig zu gelten, während er zwischenzeitlich von der Kaiserlichen Botschaft in Bern bis Jahresende 1917 vom Kriegsdienst zurückgestellt worden war (und später, zuletzt am 19. September 1918, noch mehrfach zurückgestellt werden sollte). Hiervon unterrichtete Clara Marquard im August 1917 einen Karlsruher Fabrikdirektor, der auf dem Umweg über Clara Marquard an den Patriotismus ihres Mannes zu appellieren versuchte. Das Schreiben ist es wert zitiert zu werden:

»Warmes freundschaftliches Interesse ist es, das mich dazu drängt, an Sie die innige Bitte zu richten, Ihren Gatten zu bewegen in die Heimat zurückzukehren. Viele seiner Freunde haben seinen Schritt unbegreiflich und für seine künstlerische Entwicklung unheilvoll gefunden. Ich habe mich bemüht seine Handlungsweise aus seiner komplizierten psychologischen Veranlagung aus idealem Freiheitsdrang, und der Sehnsucht nach ausschließlich künstlerischer Betätigung zu erklären. Ursachen, die es ihm unmöglich und unerträglich erscheinen liessen, sich einem Zwang zu unterwerfen, der für normale Menschen etwas selbstverständliches und natürliches ist, durch dessen Druck aber seine überempfindliche Natur ihr seelisches und körperliches Gleichgewicht verlor. In dieser Verwirrung tat er jenen verhängnisvollen Schritt, der ihn der Heimat dauernd entfremden muss, in deren Boden sich seine künstlerischen Kräfte so verheissungsvoll entwickelt hatten.

Nun reicht sie dem Verirrten noch einmal die Hand zur Versöhnung; es ist die letzte Möglichkeit, zu seinen Freunden zurückzukehren. Sie alle bitten Ihren Gatten inständig darum, diese Gelegenheit nicht ungenutzt vorübergehen zu lassen [...]. Wenn auch der vom Kriegsministerium festgesetzte Zeitpunkt [zur Rückkehr zum Heer, M. B.] bereits überschritten ist, so dürfte man doch auf die besondere Lage des Falles soviel Rücksicht nehmen, und Ihr Gatte besitzt in Deutschland so viele gute einflussreiche Freunde, dass es ihnen gelingen dürfte, Nachsicht für ihn zu erwirken.

Ihr Gatte kann sich doch nie als freier Mann in einem freien Lande fühlen, in das er sich geflüchtet hat, weil er den Schritt nicht aus einer sittlichen Notwendigkeit, sondern in seelischer und geistiger Verwirrung getan hat; er wird sich immer als ein Entwurzelter vorkommen, auf dem immer der Makel ruhen wird, dass er nicht aus politischer Überzeugung wie die Achtundvierziger, sondern aus Schwäche und Mangel an Pflichtbewusstsein sein Vaterland in den schwersten Zeiten seiner Not im Stich gelassen hat.«[26]

Diesmal jedoch widerstand Clara Marquardt solchem Ansinnen: »Wir haben schwere Zeiten hinter uns«, ließ sie den wohlmeinenden Freund wissen, »mein Mann war furchtbar aufgeregt, in seinen Nerven unten und konnte lange nicht mehr arbeiten – von all dem Elend, das der Krieg bringt – und meint jetzt noch in Deutschland warte [auf] ihn nur Irrenhaus oder Festung. Nichtwahr, wir wollen ihm doch keines von beidem wünschen. Ich war auch erst Ihrer Meinung – und mache mir heute Vorwürfe, daß ich mein[en] Mann so viel geplagt. Nein in diesem Zustande ihn nochmals hinaus schicken, bringe ich als mitfühlende Frau nicht übers Herz. Er ist nun genug ungerecht an seiner zarten Seele und schwachen Körper probiert worden – 3 mal brach er zusammen bei der Eindrillung.«[27]

Erwartungsgemäß hatte Marquards künstlerische Tätigkeit unterdes gelitten; kontinuierliche Arbeit war ihm während des Kriegs nur zeitweise möglich. Teils belastete ihn der Krieg über seine persönlichen Belange hinaus, ja, er warf ihn regelrecht aus der Bahn; andererseits fand er in der Malerei Halt und Trost. Über seinen Illustrationen zu Huggenbergers »Aus meinem Sommergarten« schrieb er 1916 aus Gottlieben: »[...] hab ich mich an das Buch ganz hingegeben & verausgabt [...] dann kann ich mich an der Freude wiederaufrichten & den fürchterlichen Krieg vergessen, an dem ich schier zu Hause daran verzweifle, denn ich sehe kein Ende – so

26 Eugen Geiger an Clara Marquard, 27. Juli 1917
27 Clara Marquard an Eugen Geiger, 8. August 1917

nicht, mit der Waffe nicht, denn jedes Jahr wächst ein neuer Jahrgang zum gegenseitigen Abschlachten der besten Rasse! Wahnsinn – wann hört der Hass auf? dieser blinde – alle müssen nachgeben mit ihren Forderungen & nur die diplomatische Verständigung kann den Krieg beendigen oder aber ›Christus‹ wird neu auferstehen, wir werden wieder ›wirkliche Christen‹ wie im Anfange.«[28]

Selbstportrait aus dem Jahr 1927 (Foto: Stadtarchiv Konstanz, Nachlass Marquard)

Es erreichten Marquard damals aber auch Zeichen der Ermutigung. So war er in mehreren Ausstellungen mit großen Bildern vertreten – etwa 1916 im Kunstverein Hamburg mit »Herbst im Donautal«. Um Bilder für eine Ausstellung im Heidelberger Kunstverein ging es im selben Jahr: Es war niemand anderer als Wilhelm Fraenger,[29] der sich auf einen Hinweis von Josef August Beringer[30] mit der Bitte um Bilder an den »sehr geschätzten Herrn Marquard« gewandt hatte. Und aus dem darauf folgenden Frühjahr stammt ein Brief, in dem Fraenger seine Freude bekennt, Marquards Kunstschaffen begegnet zu sein: »Dies in Ihren trefflichen Bildern zu Huggenbergers ›Sommergarten‹. Ich habe diese Bilder mit viel Vergnügen gesehen.« Zugleich stellte er Marquards Schaffen in einen neuen Kontext: »Mit besonderer Teilnahme verfolge ich alle die Kunst, die märchenhafte Stoffe aus Tier- und Blumenleben pflegt, und die ganze Linie, die von den gotischen Tierbildnern über die Ornamentisten zu William Blake, Ph. O. Runge, Grandville, Disteli, Pocci bis herauf zu dem sehr verehrten Ernst Kreidolf führt, ist mir von aller Kunst ganz besonders wertvoll. So brauche ich nicht erst viel Worte zu verlieren, um Ihnen zu sagen, daß das Bekanntwerden mit Ihren Bildern zu Huggenbergers Buch mir eine angenehme Überraschung war. Ich wäre Ihnen sehr dankbar, wenn Sie mir gelegentlich mitteilten, wo sonst ich Blätter von Ihnen finden kann.«[31]

Auch in politischer Hinsicht verlieh die Erfahrung des Weltkriegs Marquards Persönlichkeit schärfere Konturen. Das allgemeine Unbehagen, das als Reaktion auf die entstehende Industrie- und Massengesellschaft seit der Jahrhundertwende Teile der

28 Aus Gottlieben an die »liebe Mutter Roedenbeck«, 12. November 1916

29 1890–1964; Autor grundlegender kunstgeschichtlicher Werke, z. B. über Hieronymus Bosch und die Zizenhauser Terrakotten.

30 In »Badische Malerei 1770–1920«, Karlsruhe 1922, S. 164, geht Beringer auch auf Marquard ein und hält ihm zugute, sein Verhältnis zur Tradition auf eine neue, eigene Weise zu bekunden.

31 Wilhelm Fraenger aus Heidelberg an Marquard, 25. April 1917

Gesellschaft ergriffen und eine Fülle antibürgerlicher Lebensformen begünstigt hatte, war auch an Marquard nicht vorübergegangen. Ihm genügten Lebensreform und ein privatistischer Rückzug ins abseitige Idyll, wie es sich in seiner Bildwelt schon immer ausdrückt hatte, zusehends weniger, sodass die krisenhafte Atmosphäre der Nachkriegszeit mit ihrer Erosion staatlicher Autorität auch Marquard zu gesellschaftlicher Neubestimmung drängte. Er bezeichnete sich nun expressis verbis als Friedensmaler, eine Bezeichnung, die er fortan als feststehenden Namenszusatz in seiner gesamten Korrespondenz verwendete.

Der kritische Schub, den Marquard die Erfahrung von Kriegs- und Nachkriegszeit verliehen hatte, wird in einem Schreiben an Heinrich Schmidt-Pecht, den Leiter der Konstanzer Wessenberg-Galerie, sichtbar, in dem er seine Mitgliedschaft im Kunstverein Konstanz kündigte. Als Gründe gab er an: weil »die Zeitschriften immer alte sind [...], zweitens: Weil mir der neue Geist darin mangelt & habe mir daher solche Zeitschriften abonniert, unter anderem auch den Kunstwart, Simplicissimus etc. Drittens: Haben Sie mich zur diesjährigen Versammlung des Kunstvereins nicht eingeladen [...] & ich hätte doch so manches vorzubringen gewusst, im Geiste der neuen Zeit! Im Sinne der Alldeutschen ist es natürlich nicht was ich anstrebe – ich möchte nur ›Allmenschliches‹ nach so viel ›Unmenschlichem‹, es ist auch in dem Geiste, dessen Namen [gemeint: Ignaz Heinrich von Wessenberg, MB] die Gallerie trägt!«[32]

Exemplarisch wird hier erneut jene für Marquard typische Verbindung von Tradition (Wessenberg) mit dem »Geiste der neuen Zeit« sichtbar, die schon J. A. Beringer in dessen Malerei angelegt sah. Von jenem »neuen Geist« zeugen nicht zuletzt die erhalten gebliebenen Zeitungsexemplare aus der Nachkriegszeit im Nachlass. Sie reichen von deutschen und schweizerischen überregionalen Zeitungen und der Lokalpresse über die »Schweizerische Friedenszeitung« und die »Neuen Wege« des religiösen Sozialisten Leonhard Ragaz, das »Genossenschaftliche Volksblatt« und das sozialdemokratische Zürcher »Volksrecht« bis hin zum »Freidenker« und zur »Sonntags-Zeitung« des Sozialisten Erich Schairer. Auch wenige Exemplare des anarchistischen »Syndikalist« finden sich, und die »Öffentliche Anfrage eines Konstanzer Geistigen an die Konstanzer Geistlichen« – abgedruckt in einem Exemplar der Konstanzer »See-Fackel«, das wohl als Rarissimum zu gelten hat – war Marquard zweifellos aus dem Herzen gesprochen: »1. Warum habt Ihr bei dem 4 ½ jährigen Morden nicht gepredigt: Ihr sollt nicht töten! 2. Warum habt Ihr nicht von Euern Kanzeln gerufen: Liebet Eure Feinde! 3. Warum habt Ihr bei dem Wahnsinnskampfe nicht verkündet: Wer mit dem Schwert kämpft, wird durch das Schwert umkommen.«[33]

Die Aufzählung dieser Periodika (von anderen Lektüren abgesehen) lässt erkennen, wie grundsätzlich und intensiv sich Marquard mit den politischen und sozialen Fragen der Zeit auseinandergesetzt hat. Begleitet wurde dieser Prozess von einer

32 Eigenhändige Abschrift des Schreibens an Heinrich Schmidt-Pecht, 1. Mai 1919
33 1921, Nr. 8, S. 2

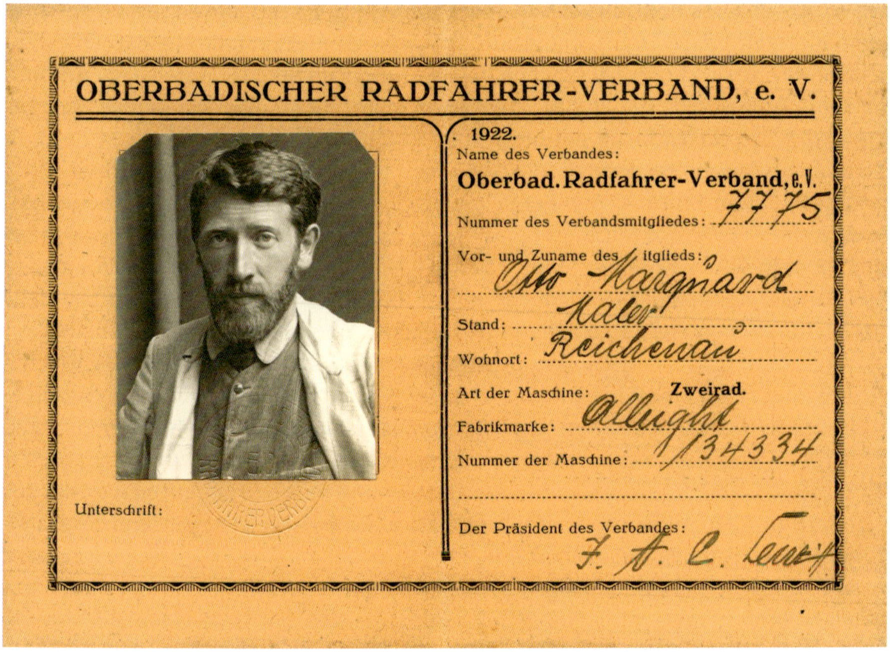

OBERBADISCHER RADFAHRER-VERBAND, e. V.

1922.

Name des Verbandes:

Oberbad. Radfahrer-Verband, e. V.

Nummer des Verbandsmitgliedes: 7775

Vor- und Zuname des Mitglieds: Otto Marquard

Stand: Maler

Wohnort: Reichenau

Art der Maschine: Zweirad.

Fabrikmarke: Allright

Nummer der Maschine: 1/134334

Unterschrift:

Der Präsident des Verbandes:

Mitgliederausweis des Oberbadischen Radfahrer-Verbands, 1922 (Stadtarchiv Konstanz, Nachlass Marquard)

umfangreichen Korrespondenz und daraus entstandenen persönlichen Kontakten; als Beispiele seien Leonhard Ragaz,[34] das Ehepaar Julie und Jakobus Weidenmann[35] sowie Max Daetwyler[36] erwähnt. Ragaz suchte Marquard in Zürich auf – »wir redeten lange Stunden bis in die Nacht hinein und er meinte, ich sei eigentlich sein bester Schüler«.[37] Auch Jakobus Weidenmann war evangelischer Pfarrer; als er mit seiner Frau, der Dichterin Julie Weidenmann-Bösch, 1918 ins Pfarrhaus Kesswil zog, ergab sich für beide Seiten eine lebendige Freundschaft. In ihrem sozialen Empfinden und ungestümen Temperament kamen sich Marquard und Weidenmann recht nahe. In Max Daetwyler schließlich traf Marquard auf sein Pendant von der Schweizer Seeseite – nur dass der Kriegsdienstverweigerer, Pazifist und Abstinent aus Arbon sein Leben dem Kampf für Frieden noch konsequenter und radikaler unterstellte als Marquard.

34 1868–1945; Schweizer Theologe und Pazifist; eine der führenden Figuren des Religiösen Sozialismus

35 Mit dem Ehepaar Weidenmann stand Marquard seit dem Ersten Weltkrieg in enger Verbindung. Jakobus W. (1886–1964), Pfarrer und Schriftsteller, war durch die Wandervogelbewegung und das Werk Pestalozzis geprägt und vertrat ein gelebtes Christentum; seine Frau Julie (1887–1942) trat als Verfasserin animistisch inspirierter Lyrik hervor.

36 1886–1976; erster Schweizer Kriegsdienstverweigerer, Pazifist und Anhänger der Abstinentenbewegung

37 Wie Anm. 18, S. 11

Wie so viele andere Deutsche zwangen die Währungsverhältnisse bei Kriegsende auch Marquard nach Deutschland zurück. Unter Hinweis auf die Heimat seines Vaters bewarb er sich zunächst um eine freie Wohnung im Schloss Gutenstein; schließlich entschied er sich 1920 für die Insel Reichenau. Hier fand er ein kleines Bauernhaus, das er »Rosendorn« nannte. »Also unter St. Pirmins Schutz hast du dich begeben«, schrieb ihm der Konstanzer Freund und Ornithologe Georg Alfred Jauch »nebst Frau und Bule« – »nun banne die bösen Geister und rufe die guten und halte sie fest«.[38] Hier lebte Marquard »fünf Jahre in Armut«[39] – ein Schicksal, das er mit den meisten seiner Kollegen teilte. Allein 1904 waren an der Karlsruher Akademie 108 Schüler ausgebildet worden, davon fast die Hälfte aus Baden, die »nicht mehr hoffen konnten, an den staatlichen Institutionen Arbeit zu finden oder gar sich von privaten Aufträgen ernähren zu können«.[40] Auch Hans Thoma hatte Marquardt eine Befähigung zum Lehramt attestiert; ob dieser davon Gebrauch zu machen versuchte, ist ungewiss. So blieben Marquard nur schmale Aufträge, einige Bildverkäufe und Illustrationen; gelegentlich brachten angesehene Kunstanstalten und Verlage wie Täubner, Voigtländer oder Orell-Füssli Drucke und Farbreproduktionen seiner Arbeiten heraus. Hinzu kamen graphische Blätter, die in der Kunstdruckerei des Karlsruher Künstlerbundes erschienen.

Da Marquards Haus kein eigenes Atelier besaß, verkaufte er »Rosendorn« nach wenigen Jahren »mit etwas Gewinn«[41] und baute sich mit Hilfe des Geldes seiner Frau im gegenüberliegenden Allensbach (das in seinen Aufzeichnungen meist als »Aletbach« figuriert) ein kleines Haus, das 1926 bezugsfertig wurde. Das Beispiel seiner Karlsruher Kollegen vor Augen, von deren Not er wusste, eröffnete er hier am Seeweg 11 eine bescheidene Pension, für die ihm der in nächster Nachbarschaft lebende Martin Andersen-Nexö den Text für einen Hausprospekt schrieb.[42] Das Haus bot »neuzeitlich vegetarische Ernährung [...].Wir schliefen in den Speicherräumen auf Stroh, um die Zimmer vermieten zu können.«[43]

Unterdes zeigten sich bei Clara Marquard die Folgen einer ererbten Schwermut immer deutlicher; bald war sie nicht mehr imstande, den Haushalt zu führen. »Wir drei Menschen verzweifelten fast aneinander und so rieten meine Freunde zu einer Trennung, Scheidung.«[44] »Es spielten sich deprimierende Szenen ab«, urteilt Magda Rosenbusch in ihren Erinnerungen an das Haus Marquard. »Für Clara, die schwerblütige Schweizerin, war es sicher auch nicht einfach, die Künstlerallüren ihres Mannes zu ertragen.«[45] Durch Anzeige in einer Reformzeitschrift kam Marquard zu ei-

38 Georg Alfred Jauch an Marquard, »am Weihnachtsabend 1920«

39 Wie Anm. 3, S. 2–3

40 Zit. nach Bezirksverband Bildender Künstler Karlsruhe (Hg.): »Um 1900. Das alte Karlsruher Künstlerhaus«. Katalog zu Ausstellung 19. 3.–26. 4. 1987. Karlsruhe 1987, S. 119

41 Wie Anm. 3, S. 3

42 Wie Anm. 19, S. 181

43 Wie Anm. 3, S. 3

44 Ebenda

45 Wie Anm. 21, S. 30

Otto Marquard bei seiner Arbeit, 1932. Rechts im Hintergrund ein Porträt von Ludwig Finckh. (Foto: Stadtarchiv Konstanz, Nachlass Marquard)

ner Haustochter, die »fabelhaft Küche führte. So war das Haus immer voll Gäste.«[46] »Im Sommer wurde an die unterschiedlichsten Gäste vermietet, Freunde des Hauses, ›Gesinnungsgenossen‹, wie Otto Marquard zu sagen pflegte. Sie hingen oft reformerischen Ideen an.«[47] Im Mai 1935 heirateten Marquard und Elisabeth Himmler (1910–1984) trotz des beträchtlichen Altersunterschieds.

Mit Beginn des »Dritten Reiches« ging »das Leiden um Wahrheit & Gerechtigkeit von vorne an & ich litt Tag & Nacht unter diesem braunen Bluthund Hitler«.[48] 1935 erreichte Marquard ein Berufsverbot, das eindeutig politisch motiviert war. Schließlich war seine traditionsverhaftete Malweise so »unverdächtig« wie »harmlos« und so weit von jeglicher Modernität oder gar »Entartung« entfernt, dass Marquard eher den Beifall von der falschen Seite hätte fürchten müssen. Der Beitritt zur Fachgruppe Maler und Graphiker in der Reichskulturkammer, Voraussetzung für die Erlaubnis zur Ausübung eines künstlerischen Berufes, wurde Marquard verweigert, weil ihm »die erforderliche Zuverlässigkeit« abgesprochen wurde, »an der För-

46 Wie Anm. 3, S. 3
47 Wie Anm. 21, S. 12
48 Wie Anm. 3, S. 3

derung deutscher Kultur in Verantwortung gegenüber Volk und Reich mitzuwirken«.[49] Gehalten hat sich Marquard an das Berufsverbot nicht, wie Datierungen seiner Bilder, die ihm freilich leicht zum Verhängnis hätten werden können, belegen, doch erforderte die fortwährende Bespitzelung besondere Vorsicht. »[...] unsere Hütte wurde uns selbst zum Gefängnis, 10 Jahre lang«.[50]

Diese Situation hielt Marquard nicht davon ab, »bei Nacht & Nebel mit der Gondel Flüchtlinge in die Schweiz« zu schaffen – »Künstler, Lehrer, Pfarrer, Arbeiter, Kommunisten, Sozialisten, religiös Verfolgte usw. [...] Wenn nächtlicherweise das Stichwort ›Cacao‹ auf dem See erscholl, wussten wir, jetzt wird wieder einer von unseren ›Pensionären‹ geholt«.[51] Marquard versah diese Aufgabe mit hohem Geschick als Rädchen innerhalb der »Transportkolonne Otto«, die zwischen Basel und Bodensee antifaschistische Flugschriften aus der Schweiz ins Reich schmuggelte und gefährdete Personen in Sicherheit brachte. Hierfür war Marquard der richtige Mann: Mit den örtlichen Gegebenheiten bestens vertraut, bot seine direkt am Ufer gelegene Pension zumindest bis Kriegsbeginn beste Voraussetzungen für diese Tätigkeit; auch war er durch seine kleine Pension mit zahlreichen Gleichgesinnten gut vernetzt. Wer bei ihm anlief und in Sicherheit gebracht werden musste, wurde entweder tagsüber oder im Schutze der Dunkelheit in die Schweiz gerudert. Agathe Kunze, eine Tochter des befreundeten Publizisten und Zeitungsherausgebers Erich Schairer, war bei einer dieser als Ausflugsfahrten getarnten Rettungsaktionen dabei: Marquard ruderte eine kleine gesellige Gruppe, darunter der Flüchtige, ans andere Ufer, und bei der Rückfahrt saß dann eine Person weniger im Boot.[52]

Es mag mit der zur Gewohnheit gewordenen Geheimhaltung illegaler Arbeit zu tun haben, dass Marquards Aufzeichnungen wenig konkret sind, was Namen der Geretteten und Umstände seiner Aktionen betrifft. Nur sehr bruchstückweise rückte Marquard mit entsprechenden Angaben heraus. In einem seiner Notizkalender findet sich ein Eintrag mit dem Titel »Flüchtlinge, die ich gerettet habe«. Neben drei namentlichen Fällen enthält er den pauschalen Hinweis auf »viele andere«: »Einer war ein italienischer Maler namens Pfau, sein Pseudonym war: ›Quelkind‹ – Er ist aus einem Irrenhaus entwichen & kam zu mir, ich schiffte ihn in die Schweiz – von dort ging er in seine Heimat Italien, & zwar nach Fiume zum D'Annunzio, der dort residierte (hat mich in Öl gemalt). Dann Dr. Kuno Fiedler Pastore, jetzt pensioniert

49 16. Juni 1935; beglaubigte Abschrift

50 Wie Anm. 3, S. 3

51 Ebenda, S. 3–4

52 Persönliche Befragung Agathe Kunzes, Stuttgart. – Weshalb ausgerechnet das offizielle Heimatbuch der Gemeinde Allensbach die Rettungstätigkeit Marquards gleich zweimal in Zweifel zieht, bleibt unerfindlich. »Klare Beweise dafür gibt es allerdings bis heute keine, obwohl von der Universität Konstanz danach geforscht wurde.« (»Allensbach am Bodensee. Die Geschichte der Gemeinde von den Anfängen bis heute«. Allensbach 2010, S. 129 und 361)

Marquard in seinem Boot vor Allensbach, 1936. Aufnahme von Agathe Schairer, Stuttgart, zeitweise Hausmädchen bei Marquard und Zeugin seiner Fluchthilfen. (Foto: Privatbesitz)

in Purasca.[53] Dann ein religiöser Sozialist aus München namens Lienert [richtig: Lehnert, M. B.], wegen dem wurde ich verdächtig & hat mich die Gestapo geholt. Dann viele Kommunisten und Sozialisten, deren Namen ich nicht weiß, dann ein Jude, den die Schweizer wieder abschoben – aber nach Frankreich u.s.w.«[54]

Dass noch weitere Gefährdete Marquard ihre Rettung verdanken, ist gesichert. So brachte er beispielsweise den Schriftsteller und »Vagabundenkönig« Gregor Gog über den See, der vor seiner Weiterreise ins Exil eine Zeitlang in St. Gallen bei Julie und Jakobus Weidenmann unterkam; andere Rettungsaktionen finden sich in der Korrespondenz Marquards. So nahm beispielsweise der Stuttgarter Sozialist und Naturfreund Fritz Lamm den 70. Geburtstag Marquards zum Anlass, ihm für seine Rettung zu danken: »Ich bin jener Herr ›Kakao‹, der angemeldet durch unseren Freund Dr. Richard Schmid, der damals allerdings für mich Wägeli hieß, Mitte Januar 1936 zu Ihnen kam – und den Sie dann, weil die Grenzscheinbesorgung schon zu riskant erschien, bei Kälte und Dämmerung über den Bodensee gerudert haben. Ich wurde

53 Dieser Fall schaffte es sogar in die Korrespondenz Thomas Manns – auch wenn der Name Marquards dabei nicht fiel. Als Mann von dem befreundeten Kuno Fiedler die Umstände seiner Rettung erfuhr, schrieb er an Heinrich Mann, Fiedler sei »[...] von einem wackeren Tell über den Untersee gerudert worden. Um Gottes willen, Fährmann, eueren Kahn!« (Zit. nach: »Aus dem Briefwechsel Thomas Mann – Kuno Fiedler«. Hg. von Hans Wysling. In: Blätter der Thomas Mann-Gesellschaft 1971, H. 11, S. 5)

54 Notizkalender der frühen sechziger Jahre, o. S.

in Berlingen gleich verhaftet, nach Steckborn gebracht, aus der Schweiz ausgewiesen – und schwarz nach Österreich abgeschoben, von wo aus ich nach sechswöchigem illegalem Aufenthalt in der Tschechoslowakei entkommen konnte.«[55]

Im Sommer 1937 (Marquard war gerade Vater eines Sohnes geworden, dem er den sprechenden Namen Wilfried gab; und dass ihm Elisabeth Marquard 1941 eine Tochter schenkte, die er Christa nannte, sollte wohl so sein: Einen Jungen hätte er schlecht Christus nennen können) wurde die Gestapo erstmals auf Marquard aufmerksam. Nach einem Aufenthalt in der Schweiz, wo er künstlerische Arbeiten übernommen hatte, wurde er bei der Rückkehr am Konstanzer Bahnhof von Beamten in Empfang genommen und nach Hause eskortiert. Bei der folgenden Hausdurchsuchung, »die 1937 ausgerechnet an seinem Geburtstag stattfand, wurde nichts ernstlich Belastendes gefunden«, erinnert sich die Nichte Magda Rosenbusch, die damals 17-jährig von der Schulsiedlung Vogelhof auf der Schwäbischen Alb frisch als Hausmädchen nach Allensbach gekommen war. »Die Gestapo, die ›Häscher‹, wie er sie nannte, beschlagnahmten viele Bücher, deren Titel ihnen verdächtig erschienen. Es waren zumeist Werke freiheitlich denkender Autoren. Dass sie auch so manchen Klassiker mitnahmen, entlockte dem Maler ein mitleidiges Lächeln.«[56] Und er selbst erinnert sich der Bemerkung eines Gestapomannes, der die Bücher von Marquards ehemaligem Nachbarn Martin Andersen-Nexö einpackte: »Na, da sind wir ja beim Richtigen gelandet.«[57]

Noch wenige Tage vor dieser Hausdurchsuchung – am 7. Juli 1937 – hatte Marquard seinem Sohn Hans auf einer Ansichtskarte aus Brannenburg am Inn geschrieben: »Es lebe die Freiheit! des wird mer no sage derfe.« Mit solcher Offenheit war es bald vorbei. Ziemlich genau ein Jahr nach der Hausdurchsuchung war Marquards Fluchthilfetätigkeit anlässlich der Rettung des religiösen Sozialisten Hans Lehnert – »übrigens ein sehr feiner hochgeistiger und lieber Mensch [...]. Ich hatte ihn damals in meinem Atelier gezeichnet«[58] – ruchbar geworden, ohne dass konkrete Beweise gegen ihn vorlagen. Am 30. Juli 1938 wurde Marquard von der Gestapo »wegen dringenden Verdachts auf Vorbereitung zum Hochverrat«[59] in Schutzhaft genommen und ins Konstanzer Landgerichtsgefängnis gebracht, doch schon hier brachten die Beamten nichts aus ihm heraus. Anderntags wurde er über Lindau nach München »verschubt« und »etwa 1 Monat in Einzelhaft in der dortigen Stapoleitstelle (Wittelsbacher Palais) festgehalten«. Weiter heißt es in der eidesstattlichen Erklärung Marquards vom 16. April 1951: »Später erfolgte Überstellung in das Gerichtsgefängnis München-Stadelheim, wo ich in einer Einzelzelle – mit kurzer Verbringung in das Gefängnis ›Cornelius‹ und wieder zurück – etwa 2 Monate in Haft gehalten wurde. So-

55 Fritz Lamm an Marquard, 26. Juli 1951

56 Wie Anm. 21, S. 33

57 Wie Anm. 18, S. 37

58 Wie Anm. 21, S. 24

59 Schreiben der Gestapo Berlin vom 22. 10. 1938; StAF, Fasz. F 196/1

Portraitkarte Otto Marquard, vor 1936 (Stadtarchiv Konstanz, Nachlass Marquard)

Radierung von Otto Marquard. »Cacao« war in der NS-Zeit das Erkennungswort für »Gäste«, die von Allensbach aus in die Schweiz gerettet werden sollten. (Stadtarchiv Konstanz, Nachlass Marquard)

dann wurde ich wiederum in das ›Wittelsbacher Palais‹ zurückgebracht und war dort in einer Gemeinschaftszelle bis zum 20.12.1938 [...] inhaftiert.«[60]

Während Marquard »in qualvoller Ungewissheit und Angst vor dem Kommenden«[61] einsaß und sich nicht sicher sein konnte, dass seine Haft nicht die Vorstufe zur Einweisung in ein KZ war, musste er »Guggele falten« und »Servietten zusammenlegen für Gaissmeier«.[62] Auch in München bewährte sich die Begabung Marquards zu entwaffnender Naivität: Einem alemannischen Schweijk gleich, verstand er es, sich bei den Verhören ahnungslos zu geben und kritischen Fragen die Spitze zu nehmen, indem er monoton mit »Ich bin halt ein Maler« oder »Hitler ist doch auch Vegetarier« antwortete. Diese gespielte Harmlosigkeit und vorgeschützte Unbedarftheit scheint die Verhörer richtiggehend hilflos gemacht zu haben; im Oktober 1938 stellte der Oberreichsanwalt beim Volksgerichtshof das Verfahren gegen Marquard ein.[63] Kurz vor Weihnachten nach Hause entlassen, hatte er sich bis März 1939 alle zwei Tage

60 Ebenda, Fasz. F 196/1 Nr. 884, S. 123
61 Wie Anm. 21, S. 33
62 Wie Anm. 16, S. 26
63 Schreiben vom 13. 10. 1938 – Geschäftszeichen 10 J 303/38; StAF F 196/1

bei der Gendarmerie in Allensbach zu melden. Wie er wirklich dachte, verrät sein »Gebet in der Zelle im Gefängnis Stadelheim«:

»Lieber Gott mach mich stumm,
daß ich nicht nach Dachau kumm.
Lieber Gott mach mich taub,
daß ich allen Unsinn glaub.
Lieber Gott mach mich blind,
daß ich alles glänzend find.
Taub und stumm und blind zugleich,
paß ich in das Dritte Reich.«[64]

Nach seiner Entlassung zeigte sich Marquard zutiefst gekränkt. Er »fühlte sich von da an als Märtyrer für sein Vaterland und bezeichnete sich selbst als ›Reserve-Christus‹«.[65] Zwar ließ er sich auch jetzt durch das Malverbot nicht einschüchtern und wagte sogar das Malen in Öl, dessen Geruch ihn leicht hätte verraten können. Aber er hatte oft nicht den rechten Sinn dafür; seine Gedanken kreisten um die Politik, der er auch im Alltag gewitzt und schalkhaft Ausdruck gab. »Wer mus-soll-ini«, stand mit unzweideutigem Bezug auf den Duce auf einem Schildchen an der Toilettentür,[66] und das Zitat Baldur von Schirachs auf einer Ansichtskarte mit Hitlerporträt (»Seine Arbeitsleistung ist ungeheuer«) stellte Marquard handschriftlich richtig: »Er ist ein Ungeheuer.«

Dass sein Sohn Hans aus erster Ehe eingezogen wurde, obwohl er ihm zur Schweiz geraten hatte, konnte er nicht verhindern. Hans hatte die künstlerische Begabung des Vaters geerbt und studierte an der Kunstgewerbeschule Stuttgart sowie an der Kunstakademie München, fürchtete aber nicht ohne Grund, durch Ausweichen in die Schweiz seine Familie in Gefahr zu bringen. Wenn er auf Urlaub war, spielte er »mit Vorliebe Bach, Mozart und Haydn. Kam er während des Kriegs in den Urlaub, übte er stundenlang und befreite dabei sein Gemüt von den Schreckensbildern, die er von der Front mitbrachte.«[67] Seit 1944 galt er als vermisst; von seinem Tod bei Murmansk erfuhr Marquard erst später. Noch Ende 1945 hatte er gehofft, dass Hans wiederkäme; er vermutete ihn »in finnischer oder russischer Gefangenschaft«.[68]

Wenige Allensbacher dürften den Einmarsch der französischen Truppen so sehr herbeigesehnt und als Befreiung empfunden haben wie Marquard. Ob sein Haus wirklich das einzige war, das von den Alliierten verschont wurde, mag dahingestellt bleiben – doch Marquard meinte gegenüber einem Bekannten: »Wir haben es auch verdient! Was haben wir jahrelang gelitten und in Ängsten geschwebt, jedesmal wenn

64 Wie Anm. 16, S. 27. Ob der Text von Marquard selbst stammt, konnte nicht eruiert werden.

65 Wie Anm. 21, S. 35

66 Ebenda, S. 39

67 Ebenda, S. 11

68 An den Fabrikdirektor Dr. Dauner, 9. November 1945. Zu Hans Marquard vgl. die Angaben in »Allensbach. Die Geschichte einer Gemeinde« (wie Anm. 52), S. 365–366

Skizze Marquards für die Ausgestaltung der Dorfkapelle Hegne zur Friedenskapelle, 1946. Die Ausmalung fiel 1960 einer Renovation zum Opfer. (Stadtarchiv Konstanz, Nachlass Marquard)

ein Auto vorfuhr, jetzt werde ich wieder geholt, dann geht es um meinen Kopf; denn was ich als Vater der Verfolgten auf dem Gewissen habe, das werde ich Ihnen mal beichten. Wenn das herausgekommen wäre, hätten die braunen Bluthunde uns umgelegt! Das sind herrliche Gefühle – nun also viel Gnade am Gnadensee.«[69]

1946 wurde Marquard aus Anlass seines 65. Geburtstags eine Ausstellung seiner Gemälde und Zeichnungen in Konstanz ausgerichtet. An seiner prekären finanziellen Lage änderte dies wenig; noch im Oktober 1949 ließ Marquard das Kreiswohlfahrtsamt wissen, dass er seit einem Jahr kein Bild mehr verkauft habe[70] und von 1945 bis 1948 praktisch ohne Einkommen gewesen sei. Dies freilich war allgemeines Künstlerschicksal nach 1945; selbst die großen Namen, die es an den Bodensee verschlagen hatte, lebten bis zur Währungsreform hauptsächlich vom Tauschhandel. Umso wichtiger wurde für Marquard eine Haftentschädigung in Höhe von 700 Mark; ein Vielfaches machte er als Wiedergutmachung für Schaden im beruflichen Fortkommen geltend. Erst nach der Währungsreform verbesserte sich seine Situation, sodass er mit Hilfe eines Aufbaudarlehens an eine Erweiterung seines Hauses denken konnte, was mehr Komfort für die Gäste, aber auch das Ende der alten Ruhe und Beschaulichkeit bedeutete. Doch Marquard »verbaute« sich, geriet erneut in finanzielle Bedrängnisse und musste beim Landesamt für Wiedergutmachung auf unverzügliche Auszahlung seiner ausstehenden Wiedergutmachungsleistungen drängen.[71]

Persönlich fand sich Marquard nur schwer in den erweiterten Betrieb von Pension und Café und »verkroch sich noch mehr hinter seinen politischen Ideen und erweiterte seinen Schriftwechsel, wie er sagte, ›weltweit‹«.[72] Nach einem achtseitigen Faltblatt mit dem »Titel Weltfieber« (1947), in dem er die »Erlebnisse eines deutschen Künstlers im ›Ewigen Reich‹« beschrieb, brachte er das kleinformatige Buch »Mahnruf von Omar« (Omar = Akronym für den Verfassernamen) heraus.[73] Es enthält im ersten Teil wiederum Marquards Lebensgeschichte, im zweiten neben vielen Zitaten eine bunte Sammlung seiner Einlassungen, Gedanken, Ansprachen und Leserbriefe, die von Politik und Pazifismus über Hans Thoma und Thomas Mann bis hin zu Kunst und Sexualität für Marquards querständige Gedankenwelt stehen. Aus alldem spricht ein Künstler, dem viel Unrecht angetan wurde und dem die Gesellschaft manches schuldig blieb – ein stetes Kreisen um Marquards Rolle als Opfer, die er in allerhand Aufzeichnungen und autobiographischen Anläufen mantrahaft immer neu beschwor. So blieb er der Gefangene seiner traumatischen Erlebnisse – ohne zu bemerken, wie sehr er damit beförderte, was zu beklagen er nicht müde wurde und ihn in den Augen seiner Umwelt zum wunderlichen Kauz machte.

69 Wie Anm. 68

70 Mitteilung vom 21. 10. 1949, StAF, Fasz. F 196/1

71 Finanzamt Konstanz an das Landesamt für Wiedergutmachung, Freiburg, 15. Juni 1953, StAF, Fasz. F 196/1

72 Wie Anm. 21, S. 57

73 Die Buchbanderole »Otto Marquard – Mein Kampf« steht für den eigenen Humor des Autors.

»Ich mahle jetzt Kaffee«. Das Strandcafé Marquard in Allensbach, um 1960 (Foto: Privatbesitz)

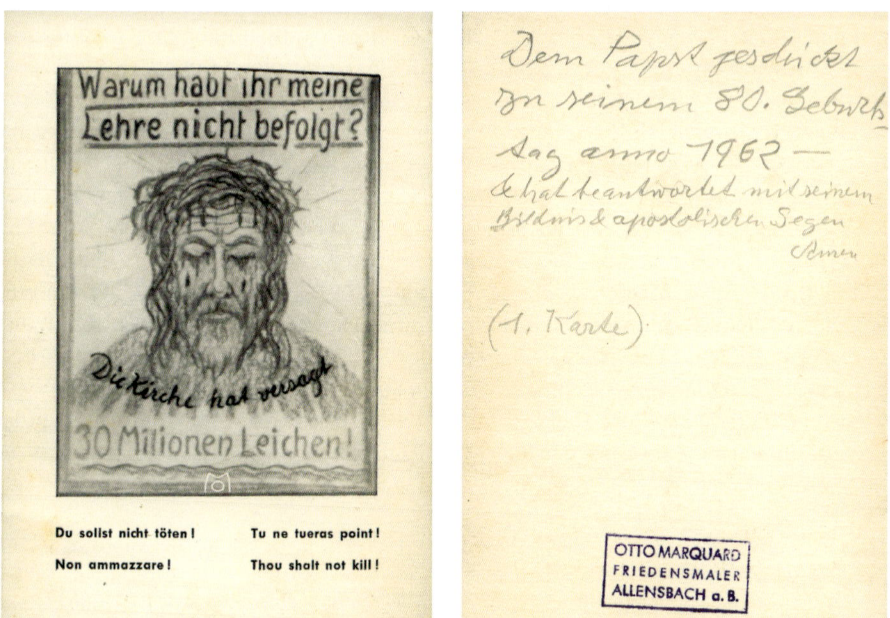

Karte mit eigenhändigen Angaben Marquards auf der Rückseite. Demnach schickte er eine solche Karte 1962 an Papst Johannes XXIII. (Stadtarchiv Konstanz, Nachlass Marquard)

Dazu trug auch bei, dass Marquard seine mangelnde Anerkennung durch eine Selbstdarstellung kompensierte, die ihn wenn schon nicht in die Nähe, so doch in die Nachfolge seiner Idole rückte – mochte es sich nun um Christus handeln, um Jan Hus oder Mahatma Gandhi.[74] Marquard scheute sich auch nicht, die Trommel in eigener Sache zu rühren, und Hemmungen, Freunde für seine Sache einzuspannen, waren ihm ebenfalls fremd. So auch im Fall des Thoma-Preises, auf den er schon als letzter Meisterschüler ein Anrecht zu haben glaubte. In diesem Falle ließ sich sogar Hermann Hesse vor seinen Karren spannen, der nach Stuttgart schrieb:

»Hochgeschätzte Herren!

Bei der Verleihung des Thoma-Preises ist bisher ein Lieblingsschüler von Thoma unbeachtet geblieben, der weit über siebzigjährige Maler Otto Marquard in Allensbach am Bodensee. Da Marquard nicht nur von seinem Lehrer Thoma gelobt und empfohlen wurde, sondern auch in den schrecklichen Hitlerjahren von der Reichskulturkammer abgelehnt und im Jahre 1935 mit Verbot der Ausübung seines Berufs als Maler und Graphiker belegt wurde, schiene mir hier durch Verleihung des Thoma-Preises die Möglichkeit einer wohlverdienten Wiedergutmachung gegeben.

Mit vorz[üglicher] Hochachtung Ihr ergebener Hermann Hesse.«[75]

Marquard war nun Mitte 70. Nach wie vor musste neben einer kleinen Rente aus Wiedergutmachungsansprüchen die Allensbacher Pension seine Existenz sichern; doch kam er nun wieder vermehrt zum Malen, auch wenn er nach der Erweiterung des Cafés mit dem Spruch warb: »Ich mahle jetzt Kaffee.« Er beteiligte sich an den jährlichen »Allensbacher Kunstausstellungen«, die das »künstlerische Schaffen rund um den Untersee« präsentierten; zu seinen Kollegen jedoch blieb er eher auf Distanz. Unvermindert war sein Engagement für Frieden, dem die Wiederbewaffnung ebenso Stoff bot wie der Kalte Krieg mit Wettrüsten und atomarer Bedrohung.

Bereits 1946 hatte Marquard die Dorfkapelle von Hegne mit dem Altarbild »Ächtung des Kriegs« und einem Fries mit der Losung »Friede sei mit Euch. Du sollst nicht töten« ausgemalt. Das Feld über dem Altar zeigte eine rauchende Trümmerlandschaft; die Bilder rechts und links des Tabernakels beschrieb der Künstler so: »Im Vordergrund [...] stehen zwei Soldaten. Sie zerbrechen ihre Gewehre. Der Deutsche links, der Franzose rechts, beide in völlig beherrschter Haltung. Nicht in der leidenschaftlichen Aufregung des Kampfes oder im Affekt des Gemütes werfen sie die Kriegswerkzeuge von sich, sondern mit der Ruhe klarer Willensentscheidung bekunden sie, nicht mehr zu töten, sondern dem Heldentum des Friedens zu dienen.«[76] Zu sehen ist die Darstellung nicht mehr, sie fiel der Renovation von 1960 zum Opfer. Und während sein Schweizer Kollege Max Daetwyler in den Hauptstädten der Welt höchstselbst mit weißer Fahne als Apostel des Weltfriedens aufmarschierte und so-

74 Als Beispiel für die Verehrung Gandhis möge der Wortlaut einer Karte vom 30. Januar 1963 an den indischen Professor Gokale gelten: »Heute ist der 15. Todestag von dem edlen Friedenskämpfer Mahatma Gandhi! Ich habe ihm zu Ehren gefastet.« (Nach der Abschrift in einem Notizkalender Anfang der 1960er Jahre)

75 Datiert »im Mai 1955«; zit. nach »Das neue Tagebuch (1962)« (wie Anm. 18), S. 35–36

76 »Die Dorfkapelle in Hegne bei Konstanz als Kriegergedächtnis- und Friedensstätte«. Typoskript, S. 2

Marquard malt einen Eisfischer, möglicherweise anlässlich der Seegfrörne 1963. (Foto: Stadtarchiv Konstanz, Nachlass Marquard)

gar auf dem Roten Platz in Moskau für Aufsehen sorgte, wandte sich Marquard mit seinen Friedensbotschaften an die Mächtigen der Welt. In seinen Notizkalendern finden sich die Abschriften von Kartenbotschaften an Präsident Lyndon B. Johnson, Nikita Chrustschow und die Päpste, von denen ihm Johannes XXIII. der sympathischste war. Den »liebwerten« Ministerpräsident Ben Gurion lud er einfachheitshalber gleich zu sich ein: »Ich bin Vegetarier also auch koscher ich bin jetzt 82 Jahre alt & habe immer für den Frieden & Menschlichkeit gekämpft dafür gelitten. Wenn Sie kommen will ich Sie malen!«[77]

77 Karte vom 22. Juni 1963

Solch mangelnder Respekt vor Autoritäten, solche Direktheit waren typisch für Marquard. Auch an Kurt Georg Kiesinger richtete er die Frage, ob er sich nicht von ihm malen lassen wolle – »es steht Ihnen alles zur Verfügung – Tisch & Bett auch Linsen mit Spätzle«.[78] Nicht weniger direkt war Marquard, wo ihm Kritik am Platze schien. »Das hätten Sie nicht tun sollen von dem Arbeitermörder Franko in Spanien einen Orden anzunehmen«[79], tadelte er Kiesinger; dann wieder dankte er ihm auf einer Bildkarte mit Bodenseeufer für seinen Einsatz im Kampf gegen »die Verunreinigung unseres schönen Sees – ich habe 30 Jahre gekämpft um mein [!] Uferplatz das ganze Ufer war nur noch Müllabfuhr für die Bauern – jetzt kann nur noch ein Millionär anbauen – dieses Ufer (Bild) ist noch sauber leider in der Schweiz – Gottlieben wo ich 10 Jahre wohnte & hätte bleiben sollen«.[80] Mit der Schweiz, die er sein ›Mutterland‹ nannte, fühlte sich Marquard so verbunden, dass er an jedem ersten August ein »ganz privates Sympathie-Feuerwerk«[81] zu entzünden pflegte.

Wo es um Ironisierung seiner Kollegen und Gegner ging, legte der stets zu Späßen Aufgelegte allerhand Phantasie an den Tag. So sprach er nur vom »Süsskurier«, nannte den Konstanzer Oberbürgermeister Bruno Helmle »Strohhälmle«[82] und beschied Wilhelm von Scholz, der ihm zu seinem 70. Geburtstag sein »Buch des Lachens« geschickt hatte: »Während Sie den Hitler-Altar pflegten, war ich im Gefängnis für das Gegenteil und war mir nicht zum Lachen«.[83] »Als Mensch zürnt er, als Künstler liebt er«, so brachte der Journalist Günter Wandel den Zwiespalt in Marquards Leben in einem Porträt anlässlich des 80. Geburtstags nicht übel auf den Punkt.[84] Beidem – dem unversöhnten Zürnen wie der Malerei – blieb Marquard bis ins höchste Alter treu. Er starb am 30. Mai 1969 mit 87 Jahren auf der Reichenau, seine Frau Elisabeth überlebte ihn um 15 Jahre. Im Frühjahr 1987 erinnerte die Galerie des Bodenseekreises mit einer Einzelausstellung im Landratsamt Friedrichshafen an den außergewöhnlichen Menschen und Künstler.

78 Notizkalender Anfang der 1960er Jahre
79 Ebenda
80 Ebenda
81 Wie Anm. 21, S. 22
82 Beides in einem undatierten Schreiben an den Bürgermeister von Allensbach
83 Wie Anm. 18, S. 38
84 »Das Porträt der Woche: Otto Marquard«, in: Südkurier, 28. Juli 1961

Die Befestigungskontinuität am Rhein vom Untersee bis Schaffhausen – Die Befestigungen des Zweiten Weltkriegs

Von Thomas Bitterli-Waldvogel, Basel

Betrachten wir die Grenzkarte des Thurgaus – also das Gebiet, das südlich des Rheins an den Hegau grenzt – so fallen uns zwei potentielle Einfallsachsen auf: die See-Enge bei Konstanz sowie der Abschnitt von Stein am Rhein bis Schaffhausen. Unter dem Aspekt der Grenzsicherung sind uns in beiden Bereichen Reste von Befestigungen hauptsächlich aus zwei ganz unterschiedlichen Epochen erhalten: die Wachtürme aus der spätrömischen Zeit (3.–5. Jahrhundert) und die Bunker aus dem Zweiten Weltkrieg (1939–1945) und der nachfolgenden Zeit des Kalten Kriegs (1947–1989).

Der Rhein als nicht leicht überquerbares Hindernis war aber auch immer eine natürliche Grenze. Als südlich des Rheins noch Reste der eiszeitlichen Gletscher weite Flächen bedeckten, lagerten im Kesslerloch bei Schaffhausen bereits Rentierjäger. Während am Nussbaumersee im Stammheimertal noch Jäger und Fischer in Zelten wohnten, ackerten auf den Lössböden des Klettgau bereits jungsteinzeitliche Bauern und wohnten in festen Häusern. Im Laufe des 1. Jahrtausends v. Chr. wichen keltische Stämme dem Druck der Germanen über den Rhein aus. Linksrheinisch entstand eine Pufferzone zwischen den Germanen im Norden und den Römern im Süden. Dass Cäsar den Wert dieses Puffers kannte, zeigt der Umstand, dass er die Helvetier nach der Schlacht bei Bibracte 58 v. Chr. eher zuvorkommend behandelte und sie zur Rückkehr in ihr Land und an den Rhein nötigte.

Der Rhein als Grenze in der Römerzeit

In römischer Zeit war die Nordgrenze der heutigen Schweiz von St. Margrethen bis Basel zweimal Reichsgrenze, einmal kurz um Christi Geburt, dann wieder in der Zeit ab 259 n. Chr. bis zu Beginn des 5. Jahrhunderts.[1] Die wirren Zeiten der Soldatenkaiser und die starke Beanspruchung der militärischen Kräfte an der Ostgrenze des Reiches schwächten die Besatzungen am Rhein-Donau-Limes, was die Germanen wiederholt zu zeitlich begrenzten Stößen über den Rhein nutzten. So drangen 259/260 Franken und Alemannen über die Alpen bis in den oberitalienischen Raum vor. Nur mit großer Anstrengung gelang es Rom, die Germanen aus Italien und dem

1 Stehlin, Karl: Die spätrömischen Wachttürme am Rhein von Basel bis zum Bodensee. Schriften zur Ur- und Frühgeschichte der Schweiz 10, 1957

linksrheinischen Gebiet wieder zu vertreiben. Die in jahrhundertelanger Arbeit ausgebaute Rhein-Donau-Linie war und blieb jedoch zerschlagen.

Die Lage beruhigte sich erst, als Diokletian und Maximian 291 die Befestigung der Rhein-Bodensee-Iller-Donau-Grenze anordneten. Zahlreiche Kastelle wurden neu errichtet oder wiederhergestellt; in unserem Raum die Anlagen von Vitudurum (Oberwinterthur), Tasgetium (Eschenz), Arbor Felix (Arbon) und Ad Fines (Pfyn).[2] Die von Diokletian eingeführte und von Constantin I. revidierte Truppenordnung glich der uns vertrauten aus der jüngsten Kriegs- und Nachkriegszeit: Stationär eingesetzte Truppen, »limitanei«, sicherten die Grenzen, während ein mobiles Feldheer, »comitatenses«, bestehend aus Kavallerieabteilungen von 500 Reitern, Infanterieformationen von 1000 Mann und Hilfstruppen von je 500 Mann, für Gegenschläge bereitstand.

Im späten 4. Jahrhundert n. Chr. schloss man zwischen Stein am Rhein und Basel die Lücken zwischen den am Rhein errichteten Befestigungswerken mit zusätzlichen Wachtürmen und befestigten Brückenköpfen. Im Hinterland entstand ein tief gestaffeltes Netz von zusätzlichen Stützpunkten. Neben dem »Normbau«, meist rechteckige oder rautenförmige Türme, gab es auch den »Truppenbau«, der Rücksicht auf den Geländeverlauf, die vorhandenen Mittel oder die Launen der lokalen Befehlshaber nahm.

Zwischen Stein am Rhein und Schaffhausen sind bis heute sechs römische Wachtürme bekannt: Burstel bei Rheinklingen, Diessenhofen Unterhof, Galgenholz/Galgenacker Diessenhofen, Mörderbuck bei Diessenhofen-Langriet, Schaarenwiese und Lindenbuck bei Feuerthalen (ZH).[3] Nach dem Abzug der römischen Feldtruppen im Jahre 401 n. Chr. boten die Wachtürme der Bevölkerung noch eine Weile Schutz, verloren aber mit der langsamen, relativ friedlichen germanischen Landnahme ihre Bedeutung.

Vom frühen bis ins hohe Mittelalter war der Rhein in unserem Raum kein völkertrennendes Hindernis. Klöster, aber auch die Kyburger und die Habsburger besaßen beidseitig Ländereien. Erst mit der Eroberung des Thurgaus durch die Eidgenossen 1460 minderten sich die engen Verbindungen zum Hegau und zum süddeutschen Raum. Der Rhein wurde allmählich zur klaren Grenze, deren Schutz immer wieder Probleme stellte. Zum Beispiel gelang es im 30-jährigen Krieg den schwachen eidgenössischen Grenztruppen nicht, den schwedischen General Gustav Horn 1633 daran zu hindern, seine Truppen über die Brücke bei Stein am Rhein zum Zangenangriff auf Konstanz zu führen.

Die taktischen Anforderungen an die Standortwahl von Befestigungen änderten sich im Laufe der Zeit nur wenig. Wohl wechselten die Waffen, deren Einsatzweise und Wirkung, nicht aber die Einsatzorte. Am Rhein finden sich die Bunker des Zwei-

2 Vgl. dazu ausführlich Drack, Walter, und Fellmann, Rudolf: Die Römer in der Schweiz. Stuttgart 1988

3 Nach Burgenkarte der Schweiz, Blatt Ost, hg. vom Generalsekretariat des Eidgenössischen Departementes für Verteidigung, Bevölkerungsschutz und Sport VBS, dem Bundesamt für Landestopographie swisstopo und dem Schweizerischen Burgenverein. Wabern 2007

Rheinklingen »Burstel«. Auf dem kleinen Plateau stand einst ein römischer Wachtturm. In den Abhang zum Rhein ist 1937 ein Infanteriebunker eingebaut worden. (Foto: Inventar ADAB)

ten Weltkriegs oft in unmittelbarer Nachbarschaft römischer und/oder mittelalterlicher Befestigungen. Die römischen Kastelle von Arbor Felix (Arbon) und Tasgetium (Eschenz) sind zu mittelalterlichen Befestigungen umgebaut und im Zweiten Weltkrieg in die Bunkerkette einbezogen worden. Auf dem von einem spätrömischen Graben umgebenen »Burstel« von Rheinklingen baute man im Mittelalter einen Turm, dessen Ausmaße genau denjenigen des in den 1930er Jahren dort errichteten Maschinengewehrstandes entsprechen, und beim Unterhof von Diessenhofen folgte der spätrömischen Warte die Burg des 12. Jahrhunderts und in unserer Zeit der Bunker »Schifflände«.

Inventar der Kampf- und Führungsbauten ADAB

Während die römische und die neuzeitliche Epoche schon gut erforscht und dargestellt sind, ist über die Wacht am Rhein zwischen Untersee und Schaffhausen aus der jüngsten Zeit erst wenig bekannt. Das hängt natürlich mit der Eigenschaft der Objekte zusammen, die seit der Zeit vor dem Zweiten Weltkrieg bis zur Jahrtausendwende der militärischen Geheimhaltung unterlagen.

Seit 1991 beschäftigt sich das Eidgenössische Militärdepartement (EMD, ab 1997 VBS)[4] mit der Liquidation einer großen Zahl von Objekten aus der Zeit des Zweiten Weltkriegs und des Kalten Kriegs. Bereits 1992 setzte sich deshalb eine departe-

4 Eidgenössisches Departement für Verteidigung, Bevölkerungsschutz und Sport VBS

mentsinterne Arbeitsgruppe für den teilweisen Erhalt von Objekten als geschichtliche Zeugnisse ein.[5] Daraus folgte 1995 der Beschluss, die außer Dienst gestellten Objekte mittels eines Inventars zu erfassen und als Denkmale zu klassifizieren: Das »Inventar der Kampf- und Führungbauten (ADAB VBS)« nahm seine Arbeit auf.[6] Der Autor des vorliegenden Beitrages war 1998–2006 maßgebend an den Inventararbeiten beteiligt und Mitverfasser zahlreicher Broschüren zu den Inventaren der einzelnen Kantone.[7]

Das Inventar der Kampf- und Führungsbauten des VBS umfasst im Kanton Schaffhausen rund 50 Objekte und im Kanton Thurgau ca. 900 Objekte. Diese Befestigungen sind typisch für das Verteidigungsdispositiv, das man an der Grenze zu Deutschland errichtet hat. Es besteht aus betonierten Bunkern, Beobachtungsposten und Unterständen sowie aus Panzerbarrikaden (auf Straßen, an Schienen und im Gelände) und Sprengobjekten; hingegen findet man hier keine Artilleriewerke. Die Anlagen stammen aus drei unterschiedlichen Zeiträumen:

1. Während der Vorkriegsperiode 1935–1939 entstand die Grenzbefestigung, die sich aus einer ersten Serie von Bunkern zusammensetzte. Geplant wurden diese Bauten vom Büro für Befestigungen Bern (BBB), einer Institution, die nach dem Ersten Weltkrieg »auf Eis gelegt« worden war und 1932 wieder aktiviert wurde.
2. Während des Aktivdienstes 1939–1945 wurden die letzten Bauten der Grenzbefestigung fertiggestellt und das Verteidigungsdispositiv durch neue Truppenbauten verstärkt.
3. In der Nachkriegszeit wurde das Dispositiv der Grenzbrigaden massiv ausgebaut. Charakteristisch ist die Vorfabrikation der Bauelemente.

Taktische Situation am Rhein zwischen Eschenz und Schaffhausen

Der Raum zwischen Eschenz und Schaffhausen war seit dem Zweiten Weltkrieg bis zur »Armeereform 95« den Truppen der Grenzbrigade 6 (Gz Br 6) zugeteilt. Dieser Einsatzraum galt als einer der am meisten gefährdeten Stellen entlang des Rheins, sowohl im Zweiten Weltkrieg, als auch im Kalten Krieg.

5 Auch in Deutschland erhalten Befestigungen aus der Zeit des Kalten Kriegs allmählich Denkmalstatus, vgl. dazu den jüngst erschienenen Beitrag von Conrad, Mathias: Sperren des Kalten Krieges in der bayerischen Denkmalliste. In: ARX 2014, Heft 1, S. 45–50 (mit älterer Literatur)

6 Vgl. dazu Keller, Silvio, und Bitterli, Thomas: Das Denkmalpflegeinventar der Kampf- und Führungsbauten der Schweizer Armee. In: Konold, Werner, und Regnath, R. Johanna (Hg.): Militärische Schichten der Kulturlandschaft. Landespflege – Denkmalschutz – Erinnerungskultur. Veröffentlichung des Alemannischen Instituts Freiburg (Breisgau). Ostfildern 2014

7 Erschienen sind in chronologischer Reihenfolge die nachstehenden Broschüren: TI (1997), NE/JU (1998), SH/TG (1999), NW/OW/LU (2000), SO/BL/BS (2001), VS (2002), GR (2003), ZH (2004), UR/SZ/ZG (2005), AI/AR/GL/SG, AG, BE/FR und VD/GE (2006) sowie ein Spezialheft über das ehemalige Artilleriewerk Foppa Grande im Tessin (2004) und zu San Carlo (2007). Herausgeber und Vertrieb: Eidgenössisches Departement für Verteidigung, Bevölkerungsschutz und Sport VBS, Abt. armasuisse, Bereich Bauten, Blumenbergstrasse 39, 3003 Bern. Die Broschüren können im Internet angeschaut und im Format pdf heruntergeladen werden: http://www.ar.admin.ch/internet/armasuisse/de/home/themen/Immobilien/historische.htm.

Während östlich der Grenzbrigade 6 der Bodensee (Gz Br 7) und der Alpstein (Gz Br 8) einen schnellen Panzervorstoß unmöglich machen sollten, gab es hier »nur« den Rhein. Dieser galt zwar als respektables Geländehindernis, welches allerdings durch künstliche Mittel (Rheinabsenkung, lage- und zeitgerechte Sprengung von Rheinbrücken und Kraftwerkbauten) sowie durch massives Feuer der Rheinbunker, der Festungsminenwerfer, der mobilen Artillerie und der Flieger auf den Fluss und vor allem auf die gegnerischen Bereitstellungen und Feuerbasen verstärkt werden musste. Als besonders günstig für den Angreifer und damit gefährlich für die Schweizer Grenztruppen galten die Übersetzmöglichkeiten bei Eschenz, Stein am Rhein, Rheinklingen, Diessenhofen und Dörflingen-Büsingen. Dort und auf den anschließenden Vorstoßachsen befanden sich denn auch die meisten Befestigungsanlagen.

Als Schlüsselraum galt die Rheinlinie mit Eschenz, Stein am Rhein, Wagenhausen, Diessenhofen und Paradies. Südlich des Rheins waren rückwärtige Stützpunkte in Herdern, Stammerberg, Schlattingen-Stammheim-Rodenberg, Dickihof-Wildensbuch-Trüllikon und Ossingen-Gisenhard eingerichtet. Wichtige Sperren auf Straßen in diesem Raum, wurden nicht mit verbunkerten, sondern mobilen Waffen (Pak, PAL, Rak Rohr, Panzerfaust)[8] bekämpft.

Mit der Einführung der »Armee 95« wurde die Grenzbrigade 6 zusammen mit allen anderen Grenzbrigaden aufgelöst. Geblieben sind aber die permanenten Einrichtungen, welche man auch heute noch im ehemaligen Brigaderaum in großer Zahl finden kann. 2012 wurden die letzten Sperrstellen und permanenten Befestigungen aufgegeben und entklassifiziert. Der Bau von Befestigungen gehörte damit endgültig der Vergangenheit an.[9]

Sperrstellenkonzept

Aus taktischen Überlegungen war ein einzelner Bunker kaum mehr in der Lage, einen Abschnitt der Rheingrenze zu sichern. Bei der Massierung der Feuerkraft damaliger Waffen, etwa von Panzern, sind sogenannte Sperrstellen nötig geworden, in der mindestens zwei eingebunkerte Waffen auf eine bestimmte Passage wirkten; in der Regel sind es mehrere Bunker und lineare Hindernisse, die zusammen wirken. In diesem Sinne gliedert sich das ADAB-Inventar an dem Sperrstellenkonzept, die einzelnen Sperrstellen wiederum wurden durch eine Arbeitsgruppe nach bestimmten Kriterien in drei Inventargruppen eingeordnet: Sperrstellen von nationaler, regionaler oder lokaler Bedeutung. Unter diesem Aspekt sind dann die Erhaltungsziele der den einzelnen Sperrstellen zugeordneten Objekte formuliert: 1. integral erhalten, 2. teilweise oder Bauhülle erhalten, 3. nur dokumentieren.

8 Pak = Panzerabwehrkanone; PAL = Panzerabwehrlenkwaffe; Rak Rohr = 8,3 cm Raketenrohr 1958/80

9 Obwohl die Objekte entklassifiziert sind, unterliegen die dazu gehörenden Akten im Bundesarchiv Bern per 1.1.2014 einer 80-jährigen (!) Sperrfrist ab Abgabedatum ans Archiv. Der Autor konnte für den Amtsauftrag bis 2006 noch ungehindert damit arbeiten; für den vorliegenden Text hingegen sind die Akten nicht mehr zugänglich. Alle Angaben zu den einzelnen Werken stammen deshalb aus der Datenbank ADAB-Inventar, die ebenfalls nur amtsintern einsehbar bleibt.

Von Kreuzlingen entlang dem Untersee und dem Rhein bis nach Schaffhausen enthält dieser Raum 36 Sperrstellen mit einer Unmenge an Objekten! Sieben Sperrstellen sind von nationaler, 13 von regionaler und 16 von lokaler Bedeutung. Wir beschränken uns hier auf die Betrachtung der Sperrstellen von nationaler und regionaler Bedeutung.

Sperrstelle Kreuzlingen

Bereits die ersten Rekognoszierungen ab 1935 durch diverse »Ingenieur-Offizier-Kurse« ergaben klar, dass den Sperrstellen um Kreuzlingen erste Priorität zusteht. Dazu gehören heute die Sperrstellen Triboltingen westlich, Lengwil südlich und Bottighofen östlich von Kreuzlingen.[10]

Die Deutschen haben die Rheinbrücken von Konstanz in Besitz, können also schon vor Ausbruch eines Angriffs Truppen und Material links des Rheins verschieben. Konstanz ist ein kleiner deutscher Offensiv-Brückenkopf, der mit infanteristischen Mitteln im Häusergewirr von Kreuzlingen nicht bekämpft werden kann. Die Verteidigungs- und Sperrlinie von rund 11,5 km Länge muss deshalb in die Wälder um Kreuzlingen gelegt werden. Da das gesamte Gelände um Kreuzlingen gutes Panzergelände ist, müssen die Maschinengewehr-Stände mit 4,7 cm Infanteriekanonen (IK) ergänzt werden, um Panzerdurchbrüche abwehren zu können. Da der Vorderhang gegen Kreuzlingen zahlreiche tote Winkel enthält, wird die Hauptlinie der Bunker auf die Plateaukante des Seerückens zurückgenommen.

Es besteht jedoch die große Gefahr, dass die an den See angelehnte Linie bei Triboltingen und Bottighofen durch Übersetzaktionen umgangen werden kann. Aus diesem Grunde wurden ursprünglich eine Reihe von Artilleriewerken mit 10,5 cm Turmhaubitzen im rückwärtigen Raum bei Weinfelden geplant, die diese Bereiche unter Feuer nehmen konnten. Der Ingenieur-Offizier-Kurs von 1937 hatte jedoch unter der Prämisse von Einsparungen auf die Ausführung der vorgesehenen Artilleriewerke verzichtet. Man glaubte, die Umgehungsgefahr durch den Bau weiterer Infanteriewerke entlang des Seeufers verringern zu können.

Bemerkenswert ist die Äußerung eines Kurskommandanten, der im Bericht zum Ingenieur-Offizier-Kurs 1935 festhält: »Gegen eigentliche Annektionsgelüste einer dem Rassenkult und Imperialismus huldigenden Grossmacht werden diese Mittel [Befestigungen] als Prophylaxe nicht mehr genügen [...]. Nun ist aber die Befestigung von jeher der treueste Verbündete des Schwächeren gewesen«. Dementsprechend sollte für Kreuzlingen ein umfassendes, großzügiges Befestigungsprogramm ausgeführt werden: So wurde 1937 für dieses ein großer Teil aus dem 61-Millionen-Franken-Kredit bewilligt. 1939 waren 42 Werke im Rohbau fertig und konnten armiert werden. Das Sap Bat 6 begann bereits 1937 mit dem Bau von Geländepanzerhindernissen.

Mit der zunehmenden Bedrohung durch einen Einfall von Norden drängten sich 1941 weitere Maßnahmen zur Verstärkung des Werkgürtels Kreuzlingen auf. Die

10 Zur Lage der einzelnen Bunker vgl. die Übersichtskarte unter www.festungsguertel.ch

Triboltingen »Brunnen« (1938–40). Als Riegelhaus getarnt ein Infanteriebunker mit einem Maschinengewehr. Dass die beiden überbreiten Torflügel keine Einfahrt verschließen, sondern die Scharte verdecken, ist nur an dem Schwellenabsatz erkennber. (Foto: Franz Hofmann, Konstanz)

Triboltingen »Werk Süd« (1941/42). Infanteriebunker für eine Infanteriekanone und ein Maschinengewehr, mit dazwischen liegender Beobachterscharte. Die Scharten sind mit Bretterläden getarnt, die als Anzeigetafel der Gemeinde genutzt werden. (Foto: Inventar ADAB)

Truppen der Grenzbrigade 7 bauten weitere Infanteriebunker zwischen die schon bestehenden Anlagen, alle Werke und Unterstände waren durch ein von Triboltingen bis Bottighofen fast durchgehendes Infanteriehindernis im Nahbereich geschützt, und zahlreich sind auch die in dieser Zeit vorgenommenen Verstärkungen der Panzerbarrikaden auf Straße und Schiene. Nach Beendigung des Kriegs behielten die Sperrstellen ihre Bedeutung und wurden bis in die 1980er-Jahre durch Maßnahmen vor allem im Bereich der Barrikaden und Geländehindernisse ergänzt und erneuert.

Sperrstelle Triboltingen

Der Sperrstelle im Bereich des Dorfes Triboltingen war die Aufgabe zugedacht, einen von Kreuzlingen herankommenden Gegner am Weitermarsch entlang des Untersees zu hindern. Dazu hatte man vom Ufer des Untersees bis in den Tägerwiler Wald 15 Bunker und 26 Unterstände älterer und moderner Bauart errichtet, die von zahlreichen Panzersperren und Geländehindernissen begleitet sind. Bemerkenswert ist die geschickte Tarnung zweier Werke mitten im Dorf Triboltingen, die als Riegelbauten (Fachwerk) kaum zu erkennen sind. Unter dem Aspekt der Haager- und Genfer Konventionen sind Kampfanlagen mitten im Siedlungsgebiet allerdings eher problematisch, da nicht mehr zwischen Kampftruppen und Zivilbevölkerung unterschieden werden kann.[11]

Sperrstelle Lengwil

Die Sperrstelle Lengwil hatte die Einfalls- und Verkehrsachsen gegen Süden über den flachen Seerücken zu blockieren. Sie umfasst derzeit noch 25 Werke und Unterstände sowie neun Panzerbarrikaden. Die Sperrstelle zeichnet sich durch eine Anzahl typologisch bemerkenswerter Bauten wie den »Zuckerstock« beim Grossweier oder das Infanteriewerk im Bahndamm nördlich von Lengwil aus. Erwähnenswert ist auch das als Holzstapel getarnte Werk beim Bahnhof Lengwil.

Sperrstelle Bottighofen

Die Sperrstelle Bottighofen erstreckt sich vom Seeufer bis zur Liebburg auf der Höhe des Seerückens. Sie hatte die Aufgabe, einen von Konstanz aus eingedrungenen Gegner am Weitermarsch entlang des Bodenseeufers zu hindern. Zurzeit gehören dazu 24 Werke, Bunker und Unterstände sowie sieben Panzerbarrikaden und Geländehindernisse. Bemerkenswert ist bei Bottighofen zum einen die gekonnte Tarnung zweier Anlagen als Riegelhäuser, zum anderen die Bachverbauung des Stichbaches, die als Ganzes unter dem Gesichtspunkt »Panzergraben« noch 1989–91 durchgeführt wurde.

11 Haager Konvention zum Schutz von Kulturgut bei bewaffneten Konflikten 1954 mit Zusatzprotokoll 1999; 1. Genfer Konvention 1864; das Genfer Abkommen IV 1949 mit Zusatzprotokoll von 1977 regelt den Schutz der Zivilpersonen im Konfliktfall.

Lengwil »Bahndamm« (1938–40). Infanteriebunker im Bahndamm der Mittelthurgau-Bahn mit insgesamt vier Feuerlinien für Infanteriekanonen und Maschinengewehr beidseits des Dammes (Foto: Inventar ADAB)

Lengwil »Station« (1940–42). Der Infanteriebunker für ein Maschinengewehr und ein Leichtmaschinengewehr mit Beobachterscharte ist perfekt als Holzstapel getarnt. (Foto: Inventar ADAB)

Sperrstelle Steckborn

Entlang dem Ufer des Untersee sind zwar in regelmäßigen Abständen Sperrstellen verteilt, aber erst ein Blick auf die darin enthaltenen Objekte und Elemente zeigt, dass man im Zweiten Weltkrieg kaum mit einer marinegestützen Landung rechnete. Die Sperrelemente richten sich als Straßenbarrikaden und Minenkammern vor allem auf die Seeuferstraße, stehen also »quer« zum Ufer; gebunkerte Waffenstellungen sind hier keine zu finden. Die einzig größere Sperrstelle mit drei Bunkern befindet sich südlich hinter Steckborn und hat zum Ziel, in diesem Bereich den Übergang vom See über den Seerücken ins Thurtal zu behindern.

Sperrstelle Eschenz

Die weitläufige Sperrstelle erstreckt sich vom Eschenzerhorn am Untersee südwärts bis ins Bornhausertobel und nach Osten bis Fennenbach. Die Befestigungskontinuität wird durch die Burg Freudenfels (1359 erstmals erwähnt) und durch die Hochwacht Klingenzell/Büel (17. Jahrhundert) erkennbar. An permanenten Einrichtungen der jüngeren Zeit sind erhalten der Infanteriebunker »am Staad«, der Lmg-Stand »Eschenz Zoll« und zwei so genannte Infanteriekanonen-Schilde (IK-Schild »Fennenbach 1« und »Fennenbach 2«) im Umfeld von Schloss Freudenfels, diverse eingegrabene Unterstände und die Reste des Geländepanzerhindernisses »Fennenbach« zwischen Straßen und Bahnlinie; die dazugehörende Straßenbarrikade ist in der Fahrbahn der Hauptstraße Mammern–Eschenz noch erkennbar. Der BBB-Bunker »am Staad« war im November 1938 im Rohbau fertig, der Lmg-Stand »Eschenz Zoll« wurde 1941 und die weiteren Permanenzen wurden bis Juni 1944 erstellt. Das Geländepanzerhindernis »Fennenbach« wurde noch 1988/89 modernisiert.

Sperrstelle Stein am Rhein/Burg

Die Sperrstelle Stein am Rhein/Burg befindet sich am südlichen Ufer des Rheins, unterhalb der Kirche Auf Burg, und erstreckt sich über die Kantonsgrenze hinaus. Im Kanton Schaffhausen besteht sie aus fünf Objekten, darunter einem Infanteriewerk und einer Straßenbarrikade an der Rheinbrücke, im thurgauischen Teil aus einem Bunker und einem Unterstand. Die Vorteile eines Rheinüberganges am Westende des Untersees hatten schon die Römer erkannt, die hier am Südufer das Kastell Tasgetium errichteten; Mauerreste davon wurden 1936 beim Bau des Infanteriewerks entdeckt.[12] Der nördliche Brückenkopf wurde im 11. Jahrhundert zur Stadt Stein am Rhein ausgebaut und entsprechend befestigt. Um 1200 wurde nördlich über der Stadt die Burg Hohenklingen errichtet. Im 30-jährigen Krieg überquerten schwedische Truppen die Rheinbrücke von Stein für ihrem Angriff auf Konstanz. Im Zweiten Koalitionskrieg 1799 benutzte die Armee Nauendorf den Rheinübergang. Also ge-

12 Höneisen, Markus (Hg.): Frühgeschichte der Region Stein am Rhein. Archäologische Forschungen am Ausfluss des Untersees. Antiqua 26/Schaffhauser Archäologie 1, Basel 1993. Im Schutze mächtiger Mauern. Spätrömische Kastelle im Bodenseeraum. Frauenfeld 2005

Bottighofen »Stichbach«. Infanteriehindernis mit eingerammten Eisenschienen in fünf Reihen und Stacheldraht (Foto: Inventar ADAB)

Eschenz »Fennenbach 1«. Schild für eine Infanteriekanone. In den betonierten Seitenwänden befinden sich Munitionsnischen. Für die Mannschaft gab es in der Nähe geschützte Stollen im Sandsteinfelsen. (Foto: Inventar ADAB)

nung Ereignisse, die eine erneute Befestigung des Brückenkopfes im Vorfeld des Zweiten Weltkriegs erforderten.

Der Bau einer Panzerbarrikade 1935 am südlichen Widerlager der Rheinbrücke gehörte daher zur ersten Phase der Rheinbefestigungen. 1936 folgte der Bau des Infanteriebunkers »Burg«, der im März 1938 kampfbereit den Truppen der Grenzbrigade 6 zur Verfügung stand. Er hatte die Aufgabe, die Rheinbrücke und den östlich angrenzenden Abschnitt des Ufers unter Beschuss zu nehmen. Das Werk weist als Besonderheit eine Gewehrgalerie auf, mit der die rückwärtige Zugangsseite verteidigt werden konnte. Auf dem Gebiet des Kantons Thurgau befindet sich am Rheinufer bei Wagenhausen der Infanteriebunker »Rötelacker«, der nach achtmonatiger Bauzeit im März 1939 bezugsbereit war.

Sperrstelle Hemishofen Brücke

Die Sperrstelle liegt am südlichen Brückenkopf der Bahnbrücke von 1875 und der neuen Straßenbrücke von 1989 bei Hemishofen. Genügte für die Verteidigung der Bahnbrücke ein Infanteriebunker, so musste nach dem Bau der neuen Straßenbrücke die Sperrstelle durch zehn Unterstände neuerer Bauart verstärkt werden.

Sperrstelle Hemishofen/Rheinklingen

Die Sperrstelle Hemishofen/Rheinklingen am Ufer des Rheins erstreckt sich von der Hemishofer Brücke bis nach Rheinklingen. An dieser Stelle befand sich im bereits 3. Jahrhundert eine römische Warte, aus der sich im 9. Jahrhundert die Siedlung »Richlingen« (Rheinklingen) entwickelte. Um 1800 benutzte der französische General Lecourbe den hier flachen Rhein als Übersetzstelle; seine Armee war bekannt für die meist mit Erfolg eingesetzten Kampfschwimmer. 1937 wurde direkt unter der römischen Warte »Burstel« der Bunker »Burgstelle« in das Rheinufer eingebaut. Zusammen mit zwei weiteren Bunkern in diesem Abschnitt war er im Oktober 1938 bezugsbereit; bis 1944 folgten noch drei gebunkerte Mannschaftsunterstände.

Sperrstelle Unterstammheim

Die ausschließlich modernen Anlagen befinden sich an beiden Flanken des Etzwiler Riets und verstärken die potentielle Haupteinfallsachse Stein am Rhein–Andelfingen. Hier finden wir die jüngste Generation von gebunkerten Waffen: die sogenannten Centi-Bunker.[13] Diese Bezeichnung erhielten sie vom Geschütz, dem demontierten Turm des Centurion-Panzers, das hier als ortsfeste Waffe eingebaut ist. Im Gegensatz zu den Infanteriebunkern des Zweiten Weltkriegs sind diese Bunker

13 Reglementarische Bezeichnung: 10,5 cm Panzerabwehr-System Centurion. Der britische Centurion-Panzer war eine erfolgreiche Konstruktion aus der Zeit nach dem Zweiten Weltkrieg; in der Schweiz eingesetzt waren die Versionen Mark V (1955) und Mark VII (1957–1960). Der Einsatz von Panzertürmen in ortsfesten Anlagen ist am Atlantikwall als Regelbau anzutreffen; während diese als Ringstand (auch Tobruk genannt) einen 360°-Wirkungskreis hatten, weisen die Schweizer Centi-Bunker aus der Zeit des Kalten Kriegs als Schartenstand einen sehr begrenzten Wirkungskreis auf, der meist unter einen Viertelkreis (< 90°) lag.

Stein am Rhein »Burg« (1936–38). Der Infanteriebunker für eine Panzerabwehrkanone und zwei Maschinengewehre verbirgt sich heute unter Efeu-Bewuchs oberhalb der Häuser am Rhein. (Foto: Inventar ADAB)

Hemishofen Brücke »Rheinhalde« (1938/39). Infanteriebunker für zwei Leichtmaschinengewehre (Foto: Inventar ADAB)

mit Erde überdeckt, so dass nur noch die Scharte erkennbar ist. Dazu gehören auch entsprechende Geländepanzerhindernisse (GPH) wie Unterstammheim Egelsee.

Während des Zweiten Weltkriegs befanden sich im Stammheimertal keine permanenten Befestigungen. Hingegen erhob sich bereits im 11. Jahrhundert auf dem Stammheimer Berg eine Burg mit Holz-Erde-Befestigungen.[14] Im 13. Jahrhundert entstanden als Herrschaftssitze die beiden Burgen Girsberg und Schwandegg, die beide heute noch gut erhalten dastehen.

Sperrstelle Diessenhofen

Um den südlichen Brückenkopf von Diessenhofen breitet sich eine lang gestreckte Sperrstelle mit heute noch acht erhaltenen Bunkern, vier Straßensperren und sechs Unterständen aus. Die strategisch günstige Lage am Rhein nutzten wiederum bereits die Römer. So stammt aus spätrömischer Zeit eine Warte des Rhein-Limes, aus der sich im Frühmittelalter eine Siedlung entwickelte, die um 1170 zur Stadt Diessenhofen erhoben wurde. Der »Unterhof« ist die durch einen Graben von der Stadt getrennte Stadtburg.[15] 1499 setzten die Zürcher im Rahmen des Schwabenkriegs über die Brücke von Diessenhofen und fielen in den Hegau ein. 1799 zerstörte der französische General Masséna die hölzerne Rheinbrücke, um das Übersetzen eines österreichischen Heeres zu verhindern; allerdings vergeblich, wie wir bei der Beschreibung der Sperrstelle Schaaren sehen werden.

Da an dieser Stelle die Landesgrenze im Rhein verläuft, wurde im Rahmen der Befestigungsplanungen der Rheinlinie 1936 in die Holzbrücke von Diessenhofen ein Fallgatter der besonderen Art eingebaut: Unter das Dach der Brücke wurde ein horizontal drehbares Fallgatter aus massiven Balken eingebaut, dessen feindseitiges Ende bei Bedarf heruntergeklappt werden konnte. 1937 wurde mit dem Bau von Bunker »Lände« begonnen, der im Juni 1938 bezugsbereit war. Einzelne Anlagen wie Bunker »Rheingut« wurden 1940 von der Truppe (Gz Br 6) begonnen, mussten dann aber nach der Teil-Demobilisation im September 1940 von Bauunternehmern fertig gestellt werden.

Nach 1953, zur Zeit des Kalten Kriegs, wies die Landesverteidigungskommission (LVK) darauf hin, dass die Befestigungen von Diessenhofen den neuen Bedingungen angepasst werden müssten. So wurde die Sperrstelle mit den damals modernen Kugelbunkern verstärkt. Auf engem Raum entstand ein Ensemble an unterschiedlichen Befestigungen, das vom mittelalterlichen Burgturm bis zum vorfabrizierten Unterstand (KUBU, VOBAG, ASU)[16] reicht.

14 Schneider, Hugo: Stammheimerberg ZH. Bericht über die Forschungen. In: Pfostenbau und Grubenhaus. Zwei frühe Burgplätze in der Schweiz 1974–1977. Olten 1991

15 Vgl. Baeriswyl, Armand, und Junges, Marina: Der Unterhof in Diessenhofen. Von der Adelsburg zum Ausbildungszentrum. Archäologie im Thurgau 3. Frauenfeld 1995

16 Die Militärsprache lebt von Abkürzungen: KUBU = Kugelbunker (kugelförmiger Unterstand im Boden mit abhebbarem Deckel). VOBAB = Der Firmenname Vobag AG für vorgespannten Beton Hergiswil NW wird zum militärischen Kürzel für alle Arten von vorfabrizierten Unterständen. ASU = Atomsicherer Unterstand aus vorfabrizierten Betonelementen.

Rheinklingen »Burgstelle« (1937/38). Infanteriebunker für ein Maschinengewehr (Foto: Inventar ADAB)

Diessenhofen »Rheinbrücke«. Straßenbarrikade der besonderen Art: ein schwenkbares Gatter aus Eisenträgern, im Juni 1936 eingebaut (Foto: Inventar ADAB)

Das bereits etwas abseits liegende Kloster St. Katharinental westlich von Diessenhofen wurde mit eigener Befestigung ausgestattet. Der klösterliche Annexbau am Rheinufer ist in Wahrheit ein getarnter Infanteriebunker. Zu den ungewöhnlichsten Straßenbarrikaden gehört die Torsperre beim Klostertor: zwei tonnenschwere Doppel-T-Träger lagern auf Rollen und können bei Bedarf durch die Torwangen in die Durchfahrt gestoßen werden.

Sperrstelle Unterschlatt

Westlich von Diessenhofen verläuft bei Büsingen die Landesgrenze im Rhein, und der Fluss ist an dieser Stelle besonders leicht zu überqueren. Im Zuge des Kalten Kriegs erachtete die Landesverteidigungskommission (LVK) diese Stelle als besonders gefährdet durch einen Angriff von Nordosten. So wurde ab 1959/60 zur Unterstützung der Sperrstellen von Diessenhofen und Schaarenwald im Bereich von Unterschlatt-Buechberg der Stützpunkt Schlatt mit 8,1 cm Minenwerfern gebaut und ausgerüstet. Derzeit besteht er aus einem Minenwerfer, acht Unterständen und einer Panzerbarrikade in der Straße auf dem Buechberg. Vom Minenwerfer »Türni« sind nur noch die Rohrmündungen, die Lüfter und die Zugangsschächte im Gelände sichtbar, alles andere ist in vorfabrizierten Elementen in den Boden eingegraben: die Waffe selbst, die Munitionskammern, die Lüftung und die Mannschaftsräume.

Sperrstelle Schaaren

Am Rheinknie oberhalb von Schaffhausen, dem Schaaren, bestand bereits in der späten Bronzezeit um 1000 v. Chr. eine befestigte Siedlung. Im 4. Jahrhundert n. Chr. errichteten die Römer einen Wachturm zur Überwachung des Flusses. Im Zuge des Zweiten Koalitionskriegs (1797–1802) wählte der österreichische Gegenspieler Napoleons, Erzherzog Karl, die Flussbiegung entsprechend der damaligen taktischen Doktrin als Übersetzstelle.[17] Ende Mai 1799 führte er seine Truppen über zwei Schiffsbrücken in die Ausgangsstellungen zur Ersten Schlacht bei Zürich (4.–7. Juni 1799), die mit dem Sieg über die Franzosen endete. Den Brückenkopf ließ der Erzherzog von der einheimischen Bevölkerung mit aufwändigen Schanzen, Gräben und Verhauen sichern. Die österreichischen Truppen wurden Ende August durch russische unter Korsakow abgelöst, die zum Teil wieder über die Brücken beim Schaaren einmarschierten. Die zeitweilige Schwäche, die jede Umgruppierung mit sich bringt, nutzten die Franzosen geschickt. Es gelang ihnen, Suwarow am Austritt aus den Alpentälern und am Zusammenschluss mit Korsakow zu hindern. Am 24. September 1799 setzte Masséna bei Dietikon über die Limmat und zwang mit seinem Sieg in der Zweiten Schlacht bei Zürich die Russen zum Rückzug – so auch über die Brücken im Schaaren. Noch bis zum 11. Oktober wurde um den Brückenkopf gekämpft. Dieselben Leute, welche auf Befehl der Österreicher Gräben ausgehoben und Wäl-

17 Vgl. dazu Kessinger, Roland: Büsingen und der Brückenkopf im Schaarenwald 1799/1800. In: HEGAU 57, 2000, S. 211–219; ders.: Der Brückenkopf im Schaarenwald zwischen Diessenhofen und Schaffhausen (CH) 1799/1800. In: Festungsjournal 15, 2003, S. 56–62

Diessenhofen »St. Katharinental Ost« (1938). Der Infanteriebunker ist als klösterlicher Wirtschaftsbau getarnt. Hinter dem Doppelflügeltor verbirgt sich die Scharte für ein Maschinengewehr. (Foto: Inventar ADAB)

Diessenhofen »St. Katharinental Südtor«. Eine seltene Form einer sogenannten Zugschienenbarrikade in einem historischen Gebäude. Die massiven DIN-Träger ruhen auf Rollen und können bei Bedarf durch die Torwange in die Durchfahrt geschoben werden. (Foto: Inventar ADAB)

le aufgeschüttet hatten, mussten ihr Werk auf Befehl der Franzosen wieder einebnen, was nicht ohne Zwang und hohe Kosten geschah.

Zur Planung von Sperrstellen setzte das EMD seit Ende des 19. Jahrhunderts so genannte Militärgeographen ein, die die historischen Erfahrungen – wie oben beschrieben – mit den aktuellen strategischen und taktischen Planungen kombinierten. So war es eigentlich zwingend, dass vor dem Zweiten Weltkrieg die Sperrstelle Schaaren wieder befestigt werden musste. Nachdem im April 1937 die Standorte für die künftigen Befestigungen rekognosziert waren, wurde im Februar 1938 mit dem Bau des Bunkers »Brüggenchopf« begonnen; nach viermonatiger Bauzeit war er bereits einsatzfähig. Es folgten weitere Kampfbunker, die zunächst von BBB geplant und durch Bauunternehmer, ab 1939/40 auch durch Truppen der Grenzbrigade 6 ausgeführt wurden. Mit der zunehmenden Bedrohung durch den nördlichen Nachbarn wurde die Sperrstelle 1941 durch weitere Infanteriebunker und Unterstände verstärkt.

In der Nachkriegszeit ist die Sperrstelle Schaaren durch rückwärtige Sperrstellen wie »Ziegelei Paradies-Rodenberg« und »Mett-Oberschlatt/Hochwacht« verstärkt worden. Hier befinden sich auch die ersten 8,1 cm Minenwerfer, die das Rheinufer und den Raum nördlich davon unter Beschuss nehmen konnten. Die Anlagen im Schaarenwald werden heute von »Rheinkastell«, dem Trägerverein für die Befestigungsanlagen im Schaaren betreut.[18]

Sperrstelle Kloster Paradies (TG)

In der Sperrstelle im Umkreis des ehemaligen Klosters Paradies wurden entlang des Rheinufers im Dezember 1938 die beiden Maschinengewehr-Bunker »Auwiese« und »Paradies« und der Leichtmaschinengewehrstand »Paradies« gebaut.

Schluss

Die heute im Gelände noch erkennbaren Befestigungsanlagen dokumentieren auf eindrückliche Weise die großen Anstrengungen und Leistungen der Soldaten aus dem Zweiten Weltkrieg, welche alles Mögliche taten, damit die »braunen« und später »roten Horden« nicht von Norden in die Schweiz einfallen konnten. Befestigungsbauten sind Zeugen unruhiger Zeiten. Den Anlagen aus der Zeit der Römer (Wachttürme), der Napoleonischen Kriege (Schanzen) oder des Zweiten Weltkriegs (Bunker) kommt demnach immer wieder die gleiche ideelle Bedeutung zu: die Wacht am Rhein.

18 www.rheinkastell.ch

Ein nicht identifiziertes Ziel im strategischen Bombenkrieg – Der britische Luftangriff auf Liggeringen vom 21. Juni 1943

Von Jürgen Klöckler, Konstanz

Der Luftkrieg ist keine Erfindung des Zweiten Weltkriegs.[1] Bereits im Ersten Weltkrieg wurden Städte bombardiert, und zwar nicht nur durch Flugzeuge, sondern auch durch die in Friedrichshafen seit der Jahrhundertwende gebauten Zeppeline. So wurden zwischen Januar 1915 und April 1918 durch Zeppeline des Heeres insgesamt 51 Luftangriffe auf Großbritannien geflogen, denen 556 Menschen zum Opfer fielen.[2] Und umgekehrt griffen Flugzeuge der Entente deutsche Städte vor allem im Südwesten aus der Luft an – wie etwa Karlsruhe. Nach Kriegsende und Abschluss des Friedensvertrags von Versailles war allen europäischen Regierungen bewusst, dass ein zukünftiger Krieg erneut – und aufgrund der Weiterentwicklung des Flugzeugbaus und des technologischen Fortschritts in der Kriegsführung wahrscheinlich sogar verstärkt – aus und in der Luft geführt werden würde.

Noch herrschte Friede in Europa, doch nach der sogenannten Machtergreifung durch die NSDAP im Frühjahr 1933 und der nachfolgend durch den »Führer« und Reichskanzler Adolf Hitler betriebenen aggressiven Außenpolitik, die auf Schaffung eines großdeutschen, völkisch ausgerichteten Staates zielte, rückte eine erneute kriegerische Auseinandersetzung in Europa seit Mitte der 1930er Jahre in greifbare Nähe. Bereits im Vorfeld der Entfesselung des Zweiten Weltkriegs wurde daher im Deutschen Reich mit dem Ausbau des Luftschutzes begonnen. Man rechnete Jahre vor Kriegsbeginn mit dem möglichen Bombardement deutscher Städte – ohne sich über die Dimension des späteren Bombenkriegs auch nur entfernt bewusst sein zu können. Ein reichsweit erlassenes Luftschutzgesetz vom 26. Juni 1935[3] übertrug den Ge-

1 Bei dem Text handelt es sich um die überarbeitete und erweiterte Fassung eines Vortrags, der am 30. Juni 2013 anlässlich des 70. Jahrestages des Luftangriffs im Torkel in Liggeringen im Rahmen einer Gedenkveranstaltung gehalten worden ist. Vgl. die Artikel »Erinnerung an eine Bombennacht« in: Südkurier – Ausgabe R – vom 2. Juli 2013 und »Als es Bomben hagelte. Gedenkfeier zum Luftangriff vom 21. Juni 1943« in: Radolfzeller Wochenblatt vom 10. Juli 2013. Vgl. auch den zusammenfassenden Artikel von Klöckler, Jürgen: Als die Bomben fielen, in: Südkurier – Ausgabe R – vom 21. Juni 2013.

2 Hug-Biegelmann, Raimund: Friedrichshafen im Luftkrieg. Schriftenreihe des Stadtarchivs Friedrichshafen, 4. Friedrichshafen 2003, S. 15

3 Für den Wortlaut vgl. RGBl 1935, I, S. 827–828

meinden – auch im Kreis Konstanz – zahlreiche Aufgaben, wenngleich sich die Umsetzung der gesetzlichen Vorgaben als schwierig erwies.[4]

In den damaligen Kreisen Konstanz-Stadt und Konstanz-Land, also in den Städten Singen, Radolfzell und Konstanz sowie in den Gemeinden im Hegau, wurde daraufhin eine Luftschutzabteilung mit Untergliederungen eingerichtet, deren Stab in der Kreishauptstadt unter Stabs-Luftschutzführer Alfred Krüger seinen Sitz nahm. Ihm unterstanden insgesamt 12 Gemeinde- und Reviergruppen, darunter auch die Gruppe 3 Hegne unter dem Volksschullehrer Hugo Wilhelm Mayer,[5] bei Kriegsende lakonisch als »Bomben-Mayer« tituliert. Mayer ist deshalb erwähnenswert, weil viele der erhaltenen Fotografien des Luftangriffs auf Liggeringen von ihm stammen und heute in der Bildsammlung des Stadtarchivs Konstanz verwahrt werden. Er war an jenem 21. Juni 1943 als einer der ersten vor Ort.

Die einzelnen Revier- und Gemeindegruppen unterteilten sich wiederum in Untergruppen, so auch in Liggeringen. Untergruppe 4 der Gemeindegruppe Radolfzell-Land wurde von Hauptlehrer Josef Bücheler[6] geführt. Vor allem mit den Schülern der Volksschule wurden entsprechende Übungen abgehalten. Der Wert dieser Luftschutzgruppen sollte sich freilich im Ernstfall als gering erweisen. Der Luftschutz diente vielmehr zur psychologischen Beruhigung der Bevölkerung.

Welche Aufgaben hatten diese Luftschutzgruppen konkret? Sie dienten offiziell zur Vorbereitung auf den Ernstfall, also Feuerlöschen, Bergung von Verletzten und Weitergabe von Meldungen. Darüber hinaus diente die Präsenz der Luftschutzgruppen dazu, die Bevölkerung psychologisch auf einen zukünftigen Krieg einzustimmen. Zusätzlich wurden die Menschen in Merkblättern über die im Falle eines Luftangriffs zu ergreifenden Maßnahmen aufgeklärt.[7] Selbst mit diesen Informationen versehen, war die deutsche Gesellschaft jedoch keineswegs auf die (letztlich unvorstellbaren) Realitäten des Bombenkriegs vorbereitet.

Der Luftkrieg im Zweiten Weltkrieg

Es sollen vorweg einige kurze Überlegungen zu Dimension und Bilanz des Bombenkriegs angestellt werden. Fakt ist, dass der Luftkrieg in Europa mit der Entfesselung des Zweiten Weltkriegs von Deutschland aus begann. Die Luftwaffe bombardierte mit Stukas im Herbst 1939 Warschau und kleinere polnische Städte wie etwa Wieluń, es folgte im Rahmen des Westfeldzugs die Zerstörung der Altstadt von Rotterdam in den Niederlanden. Doch die sogenannte Luftschlacht um England ging im Sommer

4 Vgl. dazu weiter: Burchardt, Lothar: Konstanz im Zweiten Weltkrieg. In: Ders./Schott, Dieter/Trapp, Werner: Konstanz im 20. Jahrhundert. Die Jahre 1914 bis 1945. Geschichte der Stadt Konstanz, 5. Konstanz 1990, S. 348–428, hier S. 371–372

5 Zur Biographie von Hugo Wilhelm Mayer (1890–1969) vgl. Klöckler, Jürgen: Abendland – Alpenland – Alemannien. Frankreich und die Neugliederungsdiskussion in Südwestdeutschland 1945–1947. Studien zur Zeitgeschichte, 55. München 1998, S. 216, Anm. 6

6 Zu Joseph Bücheler (1890–1972) vgl. Schule in Liggeringen 1907–2007. Bearbeitet von Klöckler, Bettina u.a., Radolfzell 2007, S. 28–29, sowie StaatsA Freiburg D 180/2 Nr. 464

7 Burchardt, a. a. O. 1990, S. 372

Der Lehrer Hugo Wilhelm Mayer von der Luftschutzabteilung Konstanz am Morgen des 21. Juni 1943 in Liggeringen (Stadtarchiv Konstanz Z I Sammlung Mayer)

1940 verloren. Zeitgleich rüsteten Großbritannien und (nach der Kriegserklärung des Deutschen Reiches vom Dezember 1941 an die USA) auch die Vereinigten Staaten von Amerika in erheblichem Maße auf, mit dem Ziel eines strategischen, auch gegen die Zivilbevölkerung gerichteten Bombenkriegs. Die Aufgabenteilung ab der zweiten Kriegshälfte war offensichtlich: die englische Royal Air Force griff nun bei Nacht, die amerikanische US Air Force bei Tag an.

In einer Rundfunkrede bei Kriegsbeginn erklärte der für die Luftverteidigung zuständige Reichsminister Hermann Göring, selbst hochdekorierter Jagdflieger des Ersten Weltkriegs und Oberbefehlshaber der Luftwaffe: »Wenn auch nur ein feindliches Flugzeug unser Reichsgebiet überfliegt, will ich Meier heißen!« Bald schon wurde hinter vorgehaltener Hand Göring mit dem Spitznamen »Meier« belegt und fast gleichzeitig Adolf Hitler sarkastisch als »Gröfaz« bezeichnet, als »Größter Feldherr aller Zeiten«.[8]

Spätestens ab 1942 hatten die Alliierten ein produktionsbedingtes Übergewicht im Luftkrieg vorzuweisen, wovon etwa der erste Tausend-Bomber-Angriff der Royal Air Force am 30. Mai 1942 zeugt: Das Ziel war Köln. Für den südwestdeutschen Raum sind ebenfalls schwere Angriffe zu verzeichnen, etwa elf Angriffe auf das Rüstungszentrum Friedrichshafen[9] und unter anderem der Luftangriff vom 27. November

8 Müller, Rolf-Dieter: Der Zweite Weltkrieg 1939–1945. Stuttgart 2004, S. 262
9 Hug-Biegelmann, a. a. O. 2003

1944 auf Freiburg[10] mit der totalen Zerstörung der Innenstadt und der Beschädigung des Münsters sowie der verheerende Angriff vom 28. Februar 1945 auf Pforzheim.[11]

Welche unterschiedlichen Strategien standen dahinter? Nach der verlorenen Luftschlacht um England baute das Deutsche Reich seine aktive und passive Luftverteidigung aus. Deutschland schuf neben den Tag- und Nachtjägerverbänden die größte Flakarmee der Welt. Eine Flakbatterie stand zumindest zeitweise unweit von Liggeringen auf einem der höchstgelegenen Punkte des westlichen Bodanrücks, nahe dem Hofgut Bodenwald. Gleichzeitig wurde mit dem gigantischen Bau von Luftschutzbunkern begonnen, später kamen unterirdische Fabrikationsanlagen dazu, ein Beispiel hierfür ist der Überlinger Stollen.[12] Die deutsche Strategie nach der verlorenen Luftschlacht um England hieß daher eindeutig Luftverteidigung.

Die alliierte Strategie verfolgte ab Frühjahr 1942 den systematischen Aufbau zweier strategischer Bomberflotten, nämlich der 8. US Air Force und dem britischen Bomber Command unter General Arthur T. Harris; beide Bomberflotten waren in England stationiert. Nach den Erfahrungen des Ersten Weltkriegs rechneten weder Großbritannien noch die USA mit einem schnellen Kriegsende. Beide passten daher ihre Luftkriegsstrategie an eine längere Kriegsdauer an. Das britische Konzept lautete »Terror Bombing«, also gezielte Angriffe auch gegen Wohngebiete und damit gegen die Zivilbevölkerung. In der zeithistorischen Forschung ist unstrittig, dass der strategische Bombenkrieg zwar furchtbare Verwüstungen hervorgerufen hat, er allein aber den Krieg nicht entschieden hat. Die Konzentration der alliierten Bombenlast auf militärische und industrielle Ziele hätte die deutsche Kriegswirtschaft wesentlich schwerer getroffen und hätte wahrscheinlich schneller zum Zusammenbruch des Deutschen Reiches geführt. Aber das muss Spekulation bleiben. Der strategische Bombenkrieg an sich hatte für Großbritannien und die USA unzweifelhaft Vorteile: Die Kriegsführung aus der Luft war zwar kapital- und materialintensiv, aber eben nicht personalintensiv und belastete folglich die eigene Bevölkerung psychisch weniger stark.[13]

Welche Dimension hatte der Bombenkrieg? Die deutsche Luftwaffe warf über Großbritannien 1940 37 000 Tonnen Bomben, 1941 22 000 Tonnen, 1942 3000 Tonnen, 1943 2300 Tonnen, 1944 9000 Tonnen (einschließlich der sogenannten V[ergeltungs]-Waffen) und 1945 schließlich 700 Tonnen ab. Hingegen betrugen die alliierten Bombenabwürfe über Deutschland 1940 15 000 Tonnen, 1941 36 000 Tonnen, 1942 54 000 Tonnen, 1943 227 000 Tonnen, 1944 1 189 000 Tonnen und bis Mai

10 Das Freiburger Münster und der 27. November 1944. Augenzeugenberichte herausgegeben von Götz, Franz unter Mitarbeit von Adler, Bernhard, und Götz, Irmtraud. Freiburg (Breisgau) 1984

11 Moessner-Heckner, Ursula: Pforzheim, Code Yellowfin. Eine Analyse der Luftangriffe 1944–1945. Quellen und Studien zur Geschichte der Stadt Pforzheim, 2. Sigmaringen 1991

12 Weiterführend: Burger, Oswald: Der Stollen. 10. Auflage, Eggingen 2012

13 Boog, Horst: Die strategische Bomberoffensive der Alliierten gegen Deutschland und die Reichsluftverteidigung in der Schlußphase des Krieges. In: Der Zusammenbruch des Deutschen Reiches. Erster Halbband: Die militärische Niederwerfung der Wehrmacht. Hg. von Müller, Rolf-Dieter. München 2008, S. 777–876, hier S. 869

1945 schließlich nochmals 470 000 Tonnen. Im Kriegsjahr 1943 fielen somit rund einhundertmal mehr Bomben auf Deutschland als auf England, eben die bereits genannten 227 000 Tonnen Bombenlast. 0,002 Prozent dieser Bomben gingen am 21. Juni 1943 auf Liggeringen nieder, insgesamt rund vier Tonnen. Die Luftüberlegenheit der Alliierten lag 1943/44 bei 14:1, also auf 14 alliierte Kampfflugzeuge kam eine deutsche Maschine.[14]

Was kann zu den Verlusten des Bombenkriegs ausgesagt werden, ohne ein bloßes Aufrechnen der Opferzahlen zu betreiben? Eine Einordnung der mörderischen Dimension des Luftkriegs sieht folgendermaßen aus: Bis heute kann die Zahl der Bombenopfer nicht exakt angegeben werden, doch dürften über 400 000 deutsche Zivilisten getötet worden sein, dazu rund 32 000 Ausländer und alliierte Kriegsgefangene sowie rund 23 000 Angehörige von Polizei und Wehrmacht,[15] insgesamt fast eine halbe Million Menschen, davon acht aus Liggeringen. In Großbritannien wurden etwa 60 000 Menschen durch deutsche Bomben getötet. Zudem verlor die Royal Air Force von 125 000 Besatzungsmitgliedern rund 56 000 Mann,[16] davon gerieten rund 10 000 Soldaten in deutsche Kriegsgefangenschaft, die restlichen 46 000 sind gefallen. Die Gefallenenrate der Royal Air Force betrug 37 %. Mindestens 350 abgeschossene Besatzungsmitglieder, die sich mit Fallschirmen retten konnten, wurden nach Ergreifen in Lynchjustiz ermordet;[17] ein solcher Fall ereignete sich etwa am 20. Juli 1944 im Wollmatinger Ried, drei amerikanische Soldaten wurden dabei erschossen.[18]

Das heißt konkret: Für die alliierten Flugzeugbesatzungen war der Einsatz über Deutschland durch Flak, Jagdflieger und Nachtjäger zumindest 1942/43 extrem riskant und mit großer Gefahr für Leib und Leben verbunden. Das sollte Folgen für Liggeringen haben – wie noch zu zeigen sein wird.

Der Luftkrieg selbst war eine kollektive Erfahrung, die in unterschiedlicher Intensität fast ganz Europa gemacht hat. Er war ein zerstörerisches und vernichtendes kriegerisches Mittel, das sich tief in die Lebensgeschichte und den Alltag der europäischen Kriegsgesellschaften, besonders der deutschen, eingebrannt hat.[19] Zwar fielen mit 50,3 Prozent aller alliierten Bomben tatsächlich rund die Hälfte der insgesamt abgeworfenen Bomben auf das Deutsche Reich, doch das besetzte Frankreich folgte bereits mit 21,8 Prozent, dann Italien mit 13,7 Prozent und Österreich mit Ungarn und dem restlichen deutsch besetzten Balkan mit 6,7 Prozent der alliierten Ge-

14 Müller, a. a. O. 2004, S. 265

15 Blank, Ralf: Kriegsalltag und Luftkrieg an der »Heimatfront«. In: Echternkamp, Jörg (Hg.): Die Deutsche Kriegsgesellschaft 1939 bis 1945. Erster Halbband: Politisierung, Vernichtung, Überleben. München 2004, S. 357–461, hier S. 459

16 Ebenda, S. 460

17 Ebenda, S. 450

18 Engelsing, Tobias: Sommer '39. Alltagsleben am Anfang der Katastrophe. Konstanzer Museumsjournal 2009. Weiler im Allgäu 2009, S. 88

19 Zum Luftkrieg insgesamt vgl.: Friedrich, Jörg: Der Brand. Deutschland im Bombenkrieg 1940–1945. Hamburg 2007

samtbombenlast.[20] Der Luftkrieg des Zweiten Weltkriegs wurde zu einem gesamteuropäischen Trauma. Das drückt sich bis heute in einer generationenübergreifenden Erinnerungs- und Gedenkkultur aus.

Der Luftangriff vom 21. Juni 1943: Warum wurde Liggeringen bombardiert?

In der Ortsgeschichte aus dem Jahr 1987 schrieb Peter Hirscher, Liggeringen sei »aus völlig unerklärlichen Gründen« bombardiert worden.[21] Doch die Gründe sind mittlerweile bekannt und auch publiziert.[22] Mittelbare Ursache war die auf der Konferenz von Casablanca im Januar 1943 beschlossene alliierte Bomberoffensive, und zwar durch Bildung zweier Bomberflotten, die dann im Rahmen der Luftschlacht um die Ruhr[23] unter anderem zum Angriff auf Friedrichshafen in der Nacht vom 20./21. Juni 1943 führte. Dieser allererste Luftangriff auf Friedrichshafen bildete den Auftakt zum Bombenkrieg am Bodensee. Das Oberkommando der britischen Bomberflotte erhielt Anfang Juni 1943 den Auftrag, die Hersteller des sogenannten Würzburg-Radargeräts, das in den deutschen Nachtjägern eingebaut war, zu bombardieren. Größte Produktionsstätte für die mechanischen Teile dieses Radargeräts war die Luftschiffbau Zeppelin GmbH in Friedrichshafen. Zudem durchliefen nach alliierten Recherchen rund 60 Prozent der deutschen Panzermotoren im Rahmen des Produktionszyklus die Friedrichshafener Rüstungsbetriebe. Entsprechend war das Rüstungszentrum Friedrichshafen auf den zehnten Platz der englischen Prioritätenliste aufgestiegen.[24]

Es war ein lauer Sommerabend, jener 20. Juni 1943, als die Besatzungen von 56 Bombern des Typs Lancaster und vier Lancaster-Pathfindern (also Flugzeuge, welche die sogenannten Christbäume zur Zielmarkierung setzten) ihre Maschinen bestiegen. Die insgesamt 60 Flugzeuge der 5. Bombergruppe der Royal Air Force starteten im mittelenglischen Scampton mit Angriffsziel Friedrichshafen. Die Flugroute führte sie über den Kanal nach Nordfrankreich, wo sie die Stadt Orléans überflogen und in ein Gewitter gerieten. Eine Maschine verlor dabei den Anschluss an den Verband. Die britischen Bomber überflogen das Elsass und den südlichen Schwarzwald, immer entlang der deutsch-schweizerischen Hochrhein-Grenze, um möglichst dem deutschen Radar und den Nachtjägern zu entgehen. Um 2.00 Uhr am Morgen des

20 Zu den Prozentangaben vgl. Boog, a. a. O. 2003, S. 869

21 Hirscher, Peter: Dorf, Vogtei und Gemeinde Liggeringen. Hegau-Bibliothek, 47. Stockach 1987, S. 94

22 Vgl. dazu die Broschüre, die anlässlich des 50. Jahrestages des Luftangriffs als Begleitheft zu einer Ausstellung im Bürgersaal des Rathauses in Liggeringen erarbeitet worden ist: Fenner, Achim (Hg.): Der Luftangriff auf Liggeringen am 21. Juni 1943. Radolfzell 1993

23 Das britische Bomber Command schlug 1943/44 insgesamt drei große Luftschlachten, nämlich um die Ruhr, um Hamburg und um Berlin. Vgl. dazu weiter: Boog, Horst: Strategischer Luftkrieg in Europa und Reichsluftverteidigung 1943–1944. In: Das Deutsche Reich in der Defensive. Hg. von Boog, Horst, Krebs, Gerhard und Vogl, Detlef. Stuttgart 2001, S. 3–415, hier S. 16 ff.

24 Vgl. die Angaben zu Friedrichshafen in der zweiten Auflage des Bomber's Baedeker, Guide to the Economic Importance of German Towns and Cities (Januar 1943, ²1944). Der entsprechende Abschnitt ist ins Deutsche übersetzt bei: Hug-Biegelmann, a. a. O. 2003, S. 125 ff.

DIE KARTE ZUM ANGRIFFSPLAN: Night Raid Report No. 356, 318.

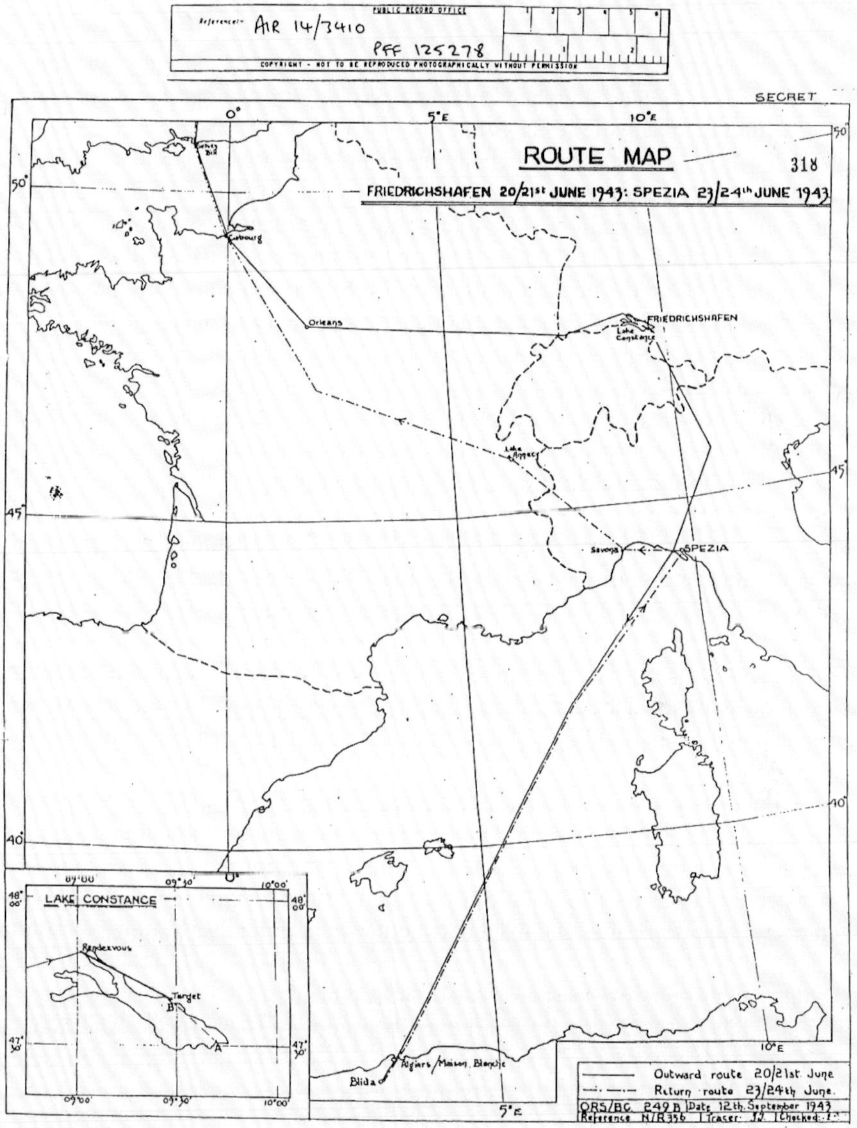

Britischer Angriffsplan für den 21. Juni 1943 (aus: Hug-Biegelmann, 1993, S. 3)

21. Juni 1943 erreichten 59 Maschinen bei sternenklarer Nacht den Sammlungsraum am westlichen Ende des Überlinger Sees bei Espasingen, der auf der erhaltenen Flugroutenkarte als »Rendez-vous« vermerkt ist. Von dort erfolgte der gemeinsame Weiterflug zum Angriffsziel, dem als »Target« bezeichneten Friedrichshafen. Ab 2.15 Uhr begann die Bombardierung des Rüstungszentrums durch 59 Flugzeuge mit einer Bilanz von 44 Toten und erheblichen Zerstörungen – verursacht durch die Sprengkraft von 175 Tonnen abgeworfener Bomben.

Von den 5000 Bomben trafen freilich nur neun Prozent das eigentliche Ziel, nämlich die Werke der Luftschiffbau Zeppelin. Der Weiterflug des Verbandes, der keine eigenen Verluste zu verzeichnen hatte,[25] erfolgte über das Rheintal und die Alpen, bei La Spezia wurde das Mittelmeer erreicht und überquert, bis die Maschinen auf dem Flughafen Blida in Algerien landen konnten. Drei Nächte später flog der Verband, neu munitioniert und betankt, in umgekehrte Richtung zurück, wobei nun die italienische Stadt La Spezia bombardiert wurde. Liggeringen, Friedrichhafen und La Spezia teilen somit das Schicksal, in einer Aktion von ein und demselben englischen Bomberverband angegriffen worden zu sein. Damit war Liggeringen, entgegen den Angaben in der Kreisbeschreibung,[26] die erste Gemeinde im Landkreis Konstanz-Land, die im Zweiten Weltkrieg aus der Luft angegriffen worden ist.

Wo war der sechzigste Bomber geblieben?

Im Night Raid Report Nr. 356 vom 20./21. Juni 1943, dem offiziellen Einsatz-Bericht aus dem Public Record Office in London, heißt es – hier ins Deutsche übersetzt: »Die sechzigste Lancaster, die durch das Gewitter über Nordfrankreich vom Kurs abgekommen war und dadurch den Anschluss an die Gruppe verloren hatte, warf ihre Bomben im Notwurf über eine nicht identifizierte Stadt, nachdem sie 3 ½ Minuten von Scheinwerfern erfaßt war. [...] Diese Maschine flog dann auch nach Nordafrika.«[27]

Diese Quelle lässt folgende Rekonstruktion plausibel erscheinen: Da der sechzigste Bomber wegen eines Gewitters über Frankreich den Anschluss an seinen Verband verloren hatte und rund eine halbe Stunde zu spät am Sammlungspunkt am westlichen Ende des Überlinger Sees eingetroffen war, konnte die Besatzung heftiges Flakfeuer über Friedrichshafen wahrnehmen. Mit Blick auf die hohen Abschussraten englischer Bomber in der ersten Kriegshälfte und dem verspäteten Eintreffen im Sammlungsraum entschloss sich die Besatzung, nicht nach Osten Richtung Friedrichshafen zu fliegen, sondern sofort nach Süden abzudrehen. Die viermotorige Lancaster flog daher in Richtung Bodman und überquerte die bewaldeten Anhöhen des westlichen Bodanrücks. Die Bombenschützen der RAF hatten eindeutigen Befehl: Die Bombenlast war unter allen Umständen abzuwerfen. Zudem hätte der Lancas-

25 Boog, a. a. O. 2001, S. 17 bzw. S. 34

26 In Band I ist zu lesen: »Bis zum Sommer 1944 blieb der Landkreis von Luftangriffen und direkten Kriegseinwirkungen verschont.«; KB KN, Band I, Konstanz 1968, S. 419

27 Public Record Office, London Air 14/3410 (PFF 125278); die Übersetzung ist zitiert nach Hug-Biegelmann, Raimund: Der Luftangriff in der Nacht vom 20. auf den 21. Juni 1943, in: Fenner, a. a. O.1993, S. 5

ter-Bomber aus flugstatischen Gründen mit den beladenen Bomben im Rumpf überhaupt nicht mehr landen können. Er war gezwungen, wegen des hohen Gewichts die Bombenlast abzuwerfen.

In der mondhellen Nacht lag das nicht identifizierte und zufällig gewählte »Alternativziel«[28] Liggeringen wie auf einem Präsentierteller – die Schweiz war bereits jenseits des Untersees in Sichtweite. Der Lancaster-Bomber umkreiste daher mehrfach das Dorf und setzte im Reihenwurf gegen 2.45 Uhr seine Bombenlast ab: Acht Tote, über 20 Verletzte, acht Häuser total, 25 schwerbeschädigt und 50 leicht beschädigt. Bei insgesamt 103 Häusern war fast jedes Haus mehr oder weniger in Mitleidenschaft gezogen worden, die nachträglich festgestellten Gebäudeschäden summierten sich auf rund 300 000 RM.[29] Mit 33 % total, beziehungsweise schwer beschädigter Häuser lag Liggeringen deutlich über dem Durchschnitt aller Gebäudeschäden in Deutschland, wo bei Kriegsende rund 20 % aller Wohneinheiten in diese beiden Kategorien fielen.[30]

Im Gegensatz zu dem zeitgleichen Angriff auf Friedrichshafen wurden die Ergebnisse am nächsten Tag weder von britischen Aufklärungsfliegern mit Luftbildkameras noch von den Auswertern dieser Luftbilder näher überprüft: Für das »unidentified target«, eben das nichtidentifizierte Angriffsziel Liggeringen, lautete der Eintrag lakonisch und kurz: »results unobserved« – Ergebnisse nicht überprüft.[31]

Wie verlief der Luftangriff?

In einem Bericht teilte der Konstanzer Landrat Fritz Kauffmann[32] dem Badischen Innenministerium in Karlsruhe am 28. Juni 1943 mit: »Der etwas ausserhalb des Dorfes aufgestellte Beobachtungsposten konnte wegen des überraschend einsetzenden Angriffs keinen Alarm mehr geben. Die Einwohner befanden sich infolgedessen auch nicht in den Luftschutzräumen. Abgeworfen wurden 3 Leuchtbomben und 2 Zielmarkierungsbomben sowie vermutlich im Reihenwurf 5 Sprengbomben, von denen eine nicht explodierte, wahrscheinlich ein Zeitzünder, der am 23. vorschriftsmässig ohne größeren Schaden anzurichten gesprengt wurde. 3 der Sprengbomben fielen in weichen Untergrund und richteten verhältnismäßig nur geringen Schaden an, während die vierte Sprengbombe auf die harte Dorfstrasse fiel und den Hauptschaden verursachte.«[33] Es handelte sich um eine sogenannte Luftmine, 4000 Pfund schwer, sarkastisch auch »Wohnblockknacker« genannt, die direkt auf der Dorfstraße aufschlagen war und die schwersten Zerstörungen verursacht hatte. Im General-

28 Hug-Biegelmann, a. a. O. 2003, S. 149

29 Vgl. eine Aufstellung des badischen Innenministeriums vom 16. Februar 1944; GLA Karlsruhe 236/28998

30 Boog, a. a. O. 2008, S. 869

31 Night operation sheet No. 1772 vom 20./21. Juni 1943; PRO London Air 2677 (XC 155127) 56. Reproduziert bei: Hug-Biegelmann, a. a. O. 1993, S. 5

32 Zu Kauffmann (1883–1956) vgl. Klöckler, Jürgen: Selbstbehauptung durch Selbstgleichschaltung. Die Konstanzer Stadtverwaltung im Nationalsozialismus. Konstanzer Geschichts- und Rechtsquellen, XLIII. Ostfildern 2012, S. 200–203

33 StaatsA Freiburg A 96/1 Nr. 5208

Zerstörte Gebäude beiderseits der Dorfstraße im Bereich Außerdorf (Stadtarchiv Konstanz Z I Sammlung Mayer)

landesarchiv in Karlsruhe hat sich eine Karte erhalten, in der alle Bombeneinschläge exakt verzeichnet sind.[34]

Landrat Kauffmann fuhr in seinem Bericht an das badische Innenministerium fort: »Die Nachricht von dem Angriff traf um 3.27 Uhr beim Landratsamt ein. Ich begab mich zusammen mit dem Kreisführer der Gendarmerie sofort nach Liggeringen. Bei meinem Eintreffen waren die schwerer Verletzten bereits durch das Sanitätsauto des DRK in das Krankenhaus Radolfzell überführt. Ein Kommando der SS-Unterführerschule Radolfzell, Feuerwehren, eine Anzahl serbischer Kriegsgefangener sowie Einwohner waren mit der Bergung der Verschütteten beschäftigt.«[35] Ein elfjähriger Knabe konnte lebend aus den Trümmern befreit werden.

Abschließend zog Landrat Kauffmann ein Resümee: »Die Haltung der Bevölkerung war untadelhaft. Nicht ein Wort der Klage habe ich gehört. Schon in den frühen Morgenstunden begann sie mit den Aufräumarbeiten, half und unterstützte sich gegenseitig und fügte sich willig in die getroffenen Maßnahmen und Anordnungen. [...] Die etwa 50 Obdachlosen konnten sämtlich im Dorfe zum Teil bei Verwandten und Bekannten untergebracht werden.«[36]

34 GLA Karlsruhe 236/28998
35 StaatsA Freiburg A 96/1 Nr. 5208
36 Ebenda

Die zerstörten Häuser der Familien Wieland (rechts) und Mayer (links) im Bereich Außerdorf (Stadtarchiv Konstanz Z I Sammlung Mayer)

Beerdigung der Opfer am 23. Juni 1943

Auf Bitten des Liggeringer Pfarrers Joseph Maier, einem schwerkranken ehemaligen Artillerieoffizier des Ersten Weltkriegs,[37] nahm der Radolfzeller Stadtpfarrer Josef Zuber die kirchliche Zeremonie vor, während neben Bürgermeister Mathias Späth[38] der NSDAP-Kreisleiter Emil Woll[39] für die Partei sprach und »auf das große Ziel« hinwies, »für das diese Opfer gebracht wurden und noch weiter gebracht werden müssen von den Soldaten an der Front wie von den Menschen an der Kriegsfront der Heimat«.[40] Unter großer Anteilnahme der Bevölkerung wurden die acht Opfer am 23. Juni 1943 in einem gemeinsamen Grab beerdigt: Die beiden 55-jährigen Eheleute Johann und Mathilde Hummel, die 15-jährige Maria Hummel, die 28-jährige Anna Nägele, die 65-jährige Albertine Gulde, die zehnjährige Rosa Gulde, die 15-jäh-

37 Der aus dem Hotzenwald stammende Joseph Maier (1893–1957) hatte im Ersten Weltkrieg als Leutnant in einer Gebirgsbatterie mit Mauleselbespannung auf dem Balkan gedient, was ihm den Spitznamen »Eselsmaier« eingebracht hatte. Er war, schwer erkrankt, seit 30. April 1941 als Pfarrer in Liggeringen investiert, und zwar bis zu seiner Pensionierung am 1. Oktober 1950. Vgl. die Angaben im Necrologium Friburgense in: FDA 82/83, 1962/63, S. 443

38 Zu dem 1876 geborenen Bürgermeister und Steuerassistent a.D., der seit 1935 amtierte und bereits 1930 der NSDAP beigetreten war, vgl. Hirscher, a. a. O. 1987, S. 92

39 Zu dem 1892 geborenen Woll vgl. Klöckler, a. a. O. 2012, S. 220–225

40 Vgl. den Artikel »Wir gedenken der Opfer des feigen Ueberfalls auf Liggeringen«. In: Bodensee-Rundschau vom 25. Juni 1943

rige Berta Weber und der 40-jährige Ernst Weidele, ein Wehrmachtssoldat auf Fronturlaub.

Der katholische Konstanzer Dekan und Münsterpfarrer Ernst Kuenzer berichtet über den Luftangriff an Erzbischof Gröber am 24. Juni 1943, wie in den Akten des Erzbischöflichen Archivs in Freiburg nachzulesen ist: »Hochwürdigster Herr Erzbischof, Exzellenz! Es wird Sie interessieren, zu hören, wie gross [das] Unglück ist, das vergangenen Sonntag Abend in unserem Liggeringen durch die englischen Flieger angerichtet worden ist. [...] Es scheint bloss ein Flugzeug einen Teil seiner Last abgeworfen zu haben, um sich zu erleichtern, als man von Liggeringen aus die Stärke der Flakabwehrtätigkeit in Friedrichshafen sah. In diesem Teil der Ortschaft ist das Pfarrhaus das letzte Haus, das noch steht. Von da an ostwärts wurde eine Gasse durch die Ortschaft hindurch gelegt, die in Trümmern ist. [...] Die Kirche ist – abgesehen von einigen Scheibenschäden – ganz intakt geblieben.«[41]

In Liggeringen wurden die Kirche sowie das Rathaus und der Torkel nicht getroffen, obwohl die Gebäude topographisch in exakter Verlängerung des Reihenabwurfs lagen; die Bomben schlugen davor im Bereich Außerdorf ein und dann erst wieder knapp dreihundert Meter westlich im Bereich Oberdorf. Man könnte mutmaßen, dass die englischen Bombenschützen zumindest 1942/43 die Bombenlast – wenn möglich – nicht direkt in die Gotteshäuser lenkten. Der Liggeringer Ortskern mit Kirche, Rathaus, Gasthaus Adler und Torkel wurde jedenfalls geschont.

Erzbischof Conrad Gröber reagierte prompt und schrieb am 25. Juni 1943 an die Bevölkerung des fast rein katholischen Dorfes ein Hirtenwort, das wohl von der Kanzel der Kirche St. Georg von Pfarrer Maier verlesen wurde: »Liebe Katholiken von Liggeringen! Von einer Firmreise in Mannheim zurückgekehrt, habe ich nun eben Näheres über das furchtbare Unglück erfahren, das Eure Gemeinde betroffen hat. In dunkler Nacht wurdet Ihr von den Feindfliegern angefallen, und zwar so schrecklich, daß eine größere Reihe von Gebäuden zerstört wurde. [...] Ich bedauere die Toten, die so unerwartet und plötzlich aus dem Leben scheiden mußten.«[42]

Wiederaufbau der Ortschaft

Um einen knappen Einblick in die Wiederaufbaumaßnahmen zu geben, sollen aus dem Bericht des Konstanzer Bezirksbaumeisters einige Passagen zitiert werden. Am 22. Juli 1943 schrieb Johannes Kühn zu den leicht bis mittelschwer geschädigten Häusern: »Bis heute sind nun alle Gebäude wieder regendicht eingedeckt. Der Arbeitereinsatz für die Aufräumarbeiten und für die Wiederinstandsetzungsarbeiten erfolgte befriedigend. Neben den Baufacharbeitern waren kurze Zeit die technische Nothilfe, Mannschaften der Waffen-SS und Militär aus Konstanz eingesetzt. [...] Erwähnt sei, dass in Liggeringen durch die Katastrophe viele Gebäude beschädigt wurden, die in einer baulich sehr schlechten Verfassung waren und es hat sich durch diesen Umstand der Zeit- und Materialaufwand eigentlich ungerechtfertigt erhöht.

41 EAF B4 Specialia Liggeringen Nr. 6927
42 Ebenda

Beerdigung der acht Opfer des Luftangriffs auf dem Friedhof in Liggeringen am 23. Juni 1943 (Stadtarchiv Konstanz Z I Sammlung Mayer)

[...] Nunmehr [werden] die nötigen Innen-Reparaturen in Angriff genommen und zur Durchführung gebracht. Über den Wiederaufbau der total zerstörten Gebäude ist noch nichts Näheres bestimmt. Alle Personen aus den total zerstörten Gebäuden sind wohn- und ökonomiesachlich so versorgt, dass sie in ihren Quartieren gut überwintern können. Für die Unterbringung der Ernte werden in allernächster Zeit 3 Feldscheunen aufgestellt.«[43]

Da die Heuernte in der Landgemeinde Ende Juni in vollem Gang war, wurden zügig drei sechs mal neun Meter große Feldscheunen südlich des Pfarrhauses errichtet, während die total zerstörten Gebäude beiderseits der Ortsstraße erst ab den 1950er Jahren wieder aufgebaut werden konnten. Das ist entlang der heutigen Bodanrückstraße in der Bebauung nur unschwer zu erkennen. So trägt auch Liggeringen eine dem kundigen Auge deutlich sichtbare Narbe des Zweiten Weltkriegs.

Zudem erinnert – neben dem pathosfreien, schlichten Mahnmal der frühen 1960er Jahre in der Ortsmitte[44] – eine vom Volksbund für Kriegsgräberfürsorge errichtete

43 Schreiben an das Landratsamt Konstanz; StaatsA Freiburg A 96/1 Nr. 5208

44 Auf zwei Stelen sind auf Metallplatten die Namen der Gefallenen des Ersten und des Zweiten Weltkriegs sowie die Namen der acht Opfer des Luftangriffs vermerkt. Daneben aufgestellt sind zwei freiplastische Figuren »Mann und Frau mit Kind«, denen das »Trennende und Zerstörende des Krieges, besonders im familiären Bereich, deutlich anzuspüren« ist; Blaschka, Martina: Kleindenkmale im Kreis Konstanz. Hegau-Bibliothek, 141. Radolfzell 2009, S. 106, Abbildung 16

Dieses Mahnmal in der Liggeringer Ortsmitte aus den frühen 1960er Jahren erinnert an den Luftangriff vom 21. Juni 1943. (Foto: Franz Hofmann, Konstanz)

Gedenktafel[45] auf dem Liggeringer Friedhof an den Luftangriff vom 21. Juni 1943. Dort haben am 21. Juni 2013, dem 70. Gedenktag des Bombardements, Ortsvorsteher Hermann Leiz und der Ortschaftsrat einen Kranz im Gedenken an die Opfer niedergelegt. Der Luftangriff selbst ist zwar mittlerweile in große zeitliche Distanz gerückt, dennoch ist er – wie der große Andrang anlässlich der Gedenkveranstaltung im überfüllten Torkel belegt – im kollektiven und generationenübergreifenden Gedächtnis der Bevölkerung bis heute fest verankert.

45 Der (inhaltlich und formal nicht ganz korrekte) Text der Bronze-Tafel lautet: »Zum Gedenken an die Toten des Fliegerangriffes auf Liggeringen am 21. Juni 1943. Um 2 Uhr 45 in der Nacht von Sonntag auf Montag wurden von britischen Bombern Sprengbomben über dem Dorf abgeworfen. Dabei wurden 8 Menschen getötet und 20 verletzt. [Absatz] Zum Gedenken an den im Reservelazarett Oldenburg verstorbenen Soldaten Karl Schatz Gefr. *1914 †1942«.

Miszellen

»So lang ein Tropfen Blut noch quillt« – 125 Jahre Rotes Kreuz in Engen[1]

Von Wolfgang Kramer, Konstanz und Engen

»Es tön' in kräft'gem Vollgesang,
Mit echtem deutschen, hellen Klang
So recht von Herzen hoch und hehr,
Ein Lied dem roten Kreuz zur Ehr!
Du rotes Kreuz auf weißem Grund
Stehst hilfsbereit zu jeder Stund';
Wankend und weichend nicht vor der Gefahr
Mitten in Kampfesnot steht Deine Schar.
So lang noch eine Kugel saust,
Noch heiß entbrannt die Fehde haust,
So lang ein Tropfen Blut noch quillt,
Heißt's mutig uns're Pflicht erfüllt.
Das rote Kreuz auf weißem Grund …«

Das waren noch Lieder, da konnte man noch mit bewegtem Herzen, voll Kampfesmut und mit der fliegenden Fahne des Roten Kreuzes voran in die Schlacht ziehen! Auf diese »herrlichen Zeiten«, wie sie damals genannt wurden, will ich mich hier auch beschränken und nur von den ersten Jahrzehnten des Roten Kreuzes in Engen berichten – doch Rotes Kreuz sagte damals noch niemand zu dieser Vereinigung.

Dieses kämpferische, so gar nicht zur humanen, völkerverbindenden Aufgabe des Roten Kreuzes passende Liedchen findet sich im »Liederbuch der Freiwilligen Sanitätskolonnen vom Roten Kreuz«. Es passt in das Jahr 1888, in jene Zeit, in der der Engener Ortsverein vom Roten Kreuz gegründet wurde, der natürlich damals ganz

1 Vortrag anlässlich des Festaktes zum 125-jährigen Bestehen des DRK-Ortsvereins Engen am 29. Juni 2013 im Bürgerhaus Anselfingen

anders hieß. Es war die Zeit des zweiten deutschen Kaiserreichs, die Zeit des »herrlich jungen« Kaiser Wilhelms II., auf den man unzählige Hurras überall und zu allen Zeiten ausbrachte.

Dieses kämpferische Lied der Freiwilligen Sanitätskolonnen wurde nach der Melodie der »Wacht am Rhein« von Karl Wilhelm2 gesungen, das die Kapelle mit Allegro Marcato (»schnell und markant«) zu spielen hatte. Es ist dieses Lied von »Donnerhall und Schwertgeklirr«, mit dem die preußisch-deutschen Truppen, »so lang ein Tropfen Blut noch glüht, fest und treu auf Wacht« am deutschen Rhein standen. Übrigens, dieses bluttriefende Lied hat einer aus unserer Nachbarschaft gedichtet: Max Schneckenburger,3 geboren in Talheim unterm Lupfen, Oberamtsbezirk Tuttlingen, zu dessen Erinnerung im Tuttlinger Stadtgarten ein Denkmal steht.

Auch die anderen Lieder in diesem Liederbuch sind keine Wiegenlieder für kleine Kinder, findet sich dort doch auf die Melodie »Sah ein Knab ein Röslein steh'n« der folgende Liedtext:

»Sah ein Knab' ein Gläslein steh'n
Gläslein edlen Bieres;
War so schwarzbraun, schäumend schön,
Wollt den Boden gern es seh'n
Dacht: ich nehm mir es.
Gläslein, Gläslein, Gläslein braun
Gläslein edlen Bieres.«

Das Büchlein ist eine wahre Quelle für »echtes, kerniges« deutsches Männerliedgut, man könnte noch vieles zitieren, doch das bringt uns etwas vom Thema ab. Übrigens, Männerliedgut! In den Liedern ist immer von Knäblein, Kameraden und wenn überhaupt von Sanitätern die Rede, doch nie von Mägdelein oder Kameradinnen oder gar Samariterinnen, dabei standen die Frauen ganz vorne am Beginn des Samariterdienstes in Engen, weit vor dem Jahr 1888.

Die erste Quelle, die ich im »Hegauer Erzähler« über eine irgendwie geartete Vorläuferinstitution des Ortsvereins Engen des DRK entdeckte, ist eine Danksagung des revolutionären Sicherheitsausschusses von Engen unter dem Vorsitz von Altbürgermeister Lueger für die Spenden des Frauen- und Jungfrauenvereins an die verwundeten Freiheitskämpfer der Badischen Revolution vom Juni 1849. Damals tobten die letzten Kämpfe der sich auf dem Rückzug befindenden Freiheitskämpfer der 48er Revolution in unserer Gegend. Die Männer kämpften und ein revolutionär gestimmter Frauen- und Jungfrauenverein nähte nicht nur schwarz-rot-goldene Fahnen für die Revolutionäre, mit denen sie in den Kampf zogen, sondern auch Verbandszeug, Handtücher, Bettwäsche, Socken und Unterhosen für die »im

2 Deutscher Chorleiter und Komponist, geboren 1815 und gestorben 1873 in Schmalkalden

3 Dichter der »Wacht am Rhein«, geb. 1819 in Talheim bei Tuttlingen, gestorben 1849 in Burgdorf bei Bern

Freiheitskampfe Verwundeten«, wie es im »Hegauer Erzähler« heißt. Wenn das kein wahrer Samariterdienst ist!

Doch nicht auf diese mutigen, zupackenden, revolutionären Engener Frauen, deren Vereinskassier immerhin der Kaplan von Engen war, beruft sich der Engener Ortsverein vom DRK als Gründungsverein – wahrscheinlich waren ihm die Revolutionärinnen nicht ganz geheuer. Er beruft sich auch nicht auf die 1876 gegründete Ortsgruppe des Badischen Frauenvereins in Engen. Dieser hatte durchaus soziale Aufgaben. Der Frauenverein war eine Art Mischung von Sozialstation mit Volkshochschule für Frauen in Engen. Er bot Flick-, Spinn-, Strick- und auch Kochkurse an, organsierte Vorträge über Gesundheit und Ernährung, beschäftigte zeitweise eine Wochenbettpflegerin und bescherte arme Kinder zu Weihnachten. Er unterhielt von Anfang an eine Kleinkinderschule, die aber 1899 wegen mangelnder Nachfrage schließen musste, obwohl es natürlich viel mehr Kinder gab als heutzutage. Doch gehobene Stände hatten damals auch in Engen eigene Kindermädchen und deren Kinder brauchten dann keine Kinderschule. Die Armen hatten kein Geld für diese Einrichtung und benötigten ihre Kinder für die Arbeit zuhause und schickten sie allenfalls nur kurz vor Weihnachten dorthin, damit sie an der Weihnachtsbescherung teilhaben konnten. Es bestand aber eine Verbindung des Badischen Frauenvereins zum Roten Kreuz, denn die badische Großherzogin Luise hatte schon in den 1860er Jahren den Badischen Frauenverein in den Dienst des Roten Kreuzes gestellt.

Das Engener Rote Kreuz ging auch nicht aus dem Frauenverein hervor – wahrscheinlich hätten sie auch andere Lieder gesungen –, sondern aus dem Männerhilfsverein. Zu diesem schlossen sich am 22. Mai 1888, im Dreikaiserjahr, angesehene Engener Männer zusammen. Wer im Engen der damaligen Zeit Rang und Namen hatte, der war dabei: Bürgermeister Distel, Oberamtmann (also der Landrat) Schaible, Kaufmann Dürrhammer, der Arzt Dr. Wollheim. Dass sich Prominenz an der Spitze des Roten Kreuzes versammelt, das hat sich bis heute nicht geändert.

Das Engener DRK beruft sich auf diesen Engener Verein mit dem seltsamen Namen »Männerhilfsverein« und deshalb kann 2013 das 125-jährige Jubiläum gefeiert werden. Dieser Männerhilfsverein war sicherlich ein toller Verein mit der Männer-Elite der Stadt Engen an der Spitze und somit etwas ganz anderes als der Verein der ewig strickenden und flickenden Frauen des Frauenvereins. Ein Verein, in dem die Männer die Ärmel hochkrempelten und zupackten! Dieser Engener Verein war so aktiv und lebendig, dass er bald wieder einschlief und sieben Jahre später, im Jahre 1895, noch einmal neu gegründet werden musste. Es war eher ein richtiger Schlafkappenverein, mit dem wahrlich kein Staat zu machen war.

Doch warum wurde dieser Verein eigentlich in jener Zeit gegründet? Angesichts der furchtbaren Lage der Verwundeten, die unversorgt auf dem Schlachtfeld bei Solferino im »Sardischen Krieg« von 1862 zwischen Österreich auf der einen Seite und dem Königreich Sardinien und Frankreich auf der anderen Seite zurückblieben, hatte der Genfer Kaufmann Henri Dunant die Rot-Kreuz-Organisation ins Leben gerufen. Das letzte Drittel des 19. Jahrhunderts war eine Zeit des Aufbruchs auf vielen Feldern der Naturwissenschaften und in der Medizin. Die großen Entdeckungen, wie Keimfreiheit, Äthernarkose und kurze Zeit später die Röntgenstrahlen, revolutionierten die Medizin und vervielfachten die Möglichkeiten der Ärzte. Die Deutschen waren damals auf vielen Feldern führend.

Die deutsche Wirtschaft florierte, die Gründerkrise der 1870er Jahre war überwunden, das Deutsche Reich, das Bismarck gegründet hatte und immer noch lenkte, stand fest da. Frankreich hatte man besiegt. Deutschland war im Begriff, ein wenn auch bescheidenes Kolonialreich zu gründen: Es bekam das, was die anderen Kolonialmächte übrig gelassen hatten. Deutschland war wie alle anderen europäischen Mächte stolz auf seine Armee. In jedem Dorf gab es Kriegervereine und Reservisten, die mit glänzenden Augen von den glorreich gewonnenen Schlachten gegen die Franzosen erzählten. Man errichtete Kriegerdenkmale, nicht zur Erinnerung an die Gefallenen, denn in diesem Krieg ist kaum einer gefallen, sondern zur Ehre der Teilnehmer.

Die Armeen begannen nach dem Krieg 1870/71 Sanitätseinheiten aufzubauen und auch der zivile Teil des deutschen Volkes wurde in militärische Übungen einbezogen. Wer etwas in jener Zeit gelten wollte, der musste, wenn er schon nicht Reserveoffizier war, wenigstens beim Militär gedient haben. Die Uniform galt etwas bei den Preußen, und die Preußen waren auch in Baden, denn die beliebte Großherzogin Luise, die Gründerin des Badischen Frauenvereins, war eine gebürtige Preußin: Sie war die Tochter Kaiser Wilhelms I. und dauernd unterwegs für ihren Frauenverein.

Das war das politische und gesellschaftliche Umfeld der Vereinsgründung vor 125 Jahren. Der 1895 zum zweiten Mal gegründete Engener Männerhilfsverein, der nun für ein paar Jahre offiziell Samariterverein genannt wurde, hatte die neuen Errungenschaften der Medizin »im Volke« zu verbreiten. Bei seiner zweiten Gründung 1895 sind ihm sofort 140 Leute beigetreten, wieder die Honoratioren der Stadt an der Spitze: vom Stadtpfarrer über den Feuerwehrkommandanten bis zu den Vorständen von Turn- und Kriegerverein. Die angeschlossenen Ortsvereine von Anselfingen, Bargen, Neuhausen u.a. waren durch ihre Lehrer im Vorstand vertreten. Die beiden Engener Ärzte waren erster und zweiter Vorsitzender und boten gleich Kurse an. Die Aufgabe des Vereins war, wie der »Hegauer Erzähler« schrieb, erste sachgemäße Hilfe bei Unglücksfällen. Weil es noch wenige Autounfälle gab, wurden andere aufgezählt: Ertrinken, Ersticken, Verbluten, Erhängen und Schussverletzungen.

Der nächste entscheidende Schritt auf dem Weg zum heutigen DRK-Ortsverein war dann zu Beginn des Jahres 1904 die Errichtung einer Sanitätskolonne. In dieser waren die Aktiven des Vereins zusammengefasst, der nun wieder Männerhilfsverein und nicht mehr Samariterverein genannt wurde. Die Sanitätskolonne war eine Bereitschaftstruppe, die bei Bränden und anderen Notfällen ausrückte. Hier waren die Aktiven tätig, die ihren Mitmenschen in Notfällen zu Hilfe kamen. Die Sanitätskolonne erhielt die modernen Krankentransportmittel der damaligen Zeit: So wurden gleich 1904 noch eine Krankentrage, 1911 ein Pferdewagen – wahrscheinlich in der Folge des Engener Stadtbrandes – und 1914 kurz vor Ausbruch des Ersten Weltkriegs zwei Schlitten für den Krankentransport angeschafft.

Die passiven Mitglieder des Männerhilfsvereins verblieben in demselben, die aktiven kamen in die Sanitätskolonne und die schloss sich 1904 dem Landesverband des Roten Kreuzes an. Es gibt also mehrere Anlässe für das DRK Engen, um ein Jubiläum zu feiern. Zunächst einmal galt es aber, die Engener Aktiven auf Vordermann zu bringen. Mit anderen Sanitätskolonnen wurden Übungen durchgeführt, wie 1912 mit der Tuttlinger bei der Talmühle. Praktischer und theoretischer Unterricht machte die Mitglieder der Engener Sanitätskolonne fit für ihren Dienst am Nächsten.

Apropos, theoretischer Unterricht. Auch ins Liedgut der Sanitätskolonne flossen die Fortschritte in der Medizin ein. So findet sich dort ein Lied mit dem Titel: »O, alte Wundbehandlungsweis'«, das nach der Melodie des Weihnachtsliedes »O, Tannenbaum« gesungen wurde:

»O, alte Wundbehandlungsweis'
Wohin bist du entschwunden?
Es heilen nun zu Listers[4] Preis
Beschleunigt alle Wunden!
Verduftet ist das böse Heer:
Wundros', Spitalbrand und noch mehr«
und dazu der Refrain:
»Das macht die Antisepsis.«

Die badischen Sanitätskolonnen sangen nicht nur recht stramm zackige Lieder nach gängigen Melodien, sie waren auch sonst, wie die ganze deutsche Gesellschaft, recht deutschnational gesinnt, bis auf ein paar »unverbesserliche Sozialdemokraten«, wie es damals hieß, und auf die passte man ganz besonders auf. Was wollte man auch mehr! Das Reich war vereint, es war stark. Man freute sich über den Großherzog und vor allem über den Kaiser und seine schimmernde Wehr, somit das von allen geliebte Militär. So lud der Männerhilfsverein selbstverständlich ein zu Kaisergeburtstagen, zur Feier der silbernen Hochzeit des badischen Großherzogpaars oder zu sonstigen vaterländischen Festen.

Doch in den Jahren vor dem Ersten Weltkrieg stand die Hebung des Ausbildungsstands der Sanitätskolonne Engen im Vordergrund. Es gab immer mehr Übungen, auch mit der Engener Feuerwehr, und als 1911 eine Flugmaschine einen sogenannten Zuverlässigkeitsflug am Ballenberg unternahm, war eine Bereitschaft der Sanitätskolonne selbstverständlich dabei.

Dann schlug wie ein Blitz aus heiterem Himmel in die zuversichtliche Stimmung des Kaiserreichs, wo alles machbar, beherrschbar und besiegbar erschien, der Kriegsausbruch vom 1. August 1914 ein. Nach vier Monaten, an Weihnachten, so hatte es immer geheißen, wollte man die Soldaten spätestens wieder zu Hause haben. Es wurden aber über vier bittere, entbehrungsreiche Jahre. Schon am 2. August 1914 rief der Männerhilfsverein zur Teilnahme an einem »Kriegskrankenpflege-Helferinnen-

4 Joseph Lister (1827–1912), engl. Mediziner, gilt als »Vater« der antiseptischen Chirurgie.

kurs« auf, und an Weihnachten 1914, als die Soldaten wieder zu Hause sein sollten, schickte der Männerhilfsverein Engen viele Päckchen an die Soldaten im Krieg: Sie wurden von Frauen gepackt und versandt, als ein Gruß aus der Heimat.

Nochmals zum Liederbuch. Wir wissen nicht, welche Lieder die in den Krieg eingerückten Sanitäter und Sanitätstruppen sangen, doch in Friedenszeiten sangen sie sicherlich entspannt dieses Lied »Unter rotem Kreuz« nach der Melodie »Prinz Eugen, der edle Ritter«

»Sanitäter lasst uns singen!
Lasst ein helles Lied erklingen
Zu des roten Kreuzes Ehr
Ja, dies heilig-ernste Zeichen
Macht uns glücklich ohnegleichen,
Denn wir lieben es gar sehr.«

Am Schluss hieß es dann im Festbrauch jener kaiserlichen Zeit vor dem Ersten Weltkrieg: »Kameraden, die Humpen zur Hand, dem roten Kreuz soll's gelten! Hurra! Hurra! Hurra!«

Kriegsgräberfürsorge – Gegen Gleichgültigkeit und Vergessen[1]

Von Martin Lunitz, Radolfzell

In den ersten Augusttagen vor genau 100 Jahren begann der Erste Weltkrieg. In unserem Nachbarland Frankreich, aber auch in weiteren europäischen Ländern bereitet sich die Politik seit langem schon auf ein internationales Gedenken vor. In dem Land aber, das im Zentrum der Katastrophe stand, schien noch im vergangenen Jahr auf höchster politischer Ebene der Erste Weltkrieg seltsam entrückt. Das hat seine Gründe.[2]

In Deutschland wird die Erinnerung an den Ersten Weltkrieg fast vollständig von jener an die Zeit der nationalsozialistischen Gewaltherrschaft, an den Zweiten Weltkrieg und an den Holocaust überlagert. Der Erste Weltkrieg scheint im Gedächtnis der Deutschen nur eine marginale Rolle zu spielen. Jede Umfrage zeigt, wie dünn die

1 Ansprache am 1. August 2014 in Radolfzell zur Erinnerung an den Beginn des Ersten Weltkriegs vor 100 Jahren

2 Verwendete Literatur und Quellen: Thomas Schmid: Was wir aus dem Ersten Weltkrieg lernen können. In: »Die Welt« vom 10.1.2013; Thomas Schmid: Warum Deutschland den Ersten Weltkrieg vergaß. In: »Die Welt« vom 11.1.2013; Gerd Krumeich: Den Krieg erinnern. In: Das Münchner Kunstjournal 55, 2014, S. 40–41; Volksbund Deutsche Kriegsgräberfürsorge e.V. (Hg.): Schicksal in Zahlen. Kassel 1997/98, S. 16

So sahen Gefallenendenkmale vor der NS-Zeit aus. Sie stellen den toten oder sterbenden Soldaten in den Mittelpunkt und in Beziehung zu Christus: Das Denkmal auf dem Nenzinger Friedhof (links) wurde 1924 errichtet, dasjenige bei der Kirche von Stockach-Hindelwangen um 1930. (Fotos: Franz Hofmann, Konstanz)

allgemeinen Kenntnisse über die Zeit vor den 1930er und 1940er Jahren sind, über die Weimarer Republik, das Deutsche Kaiserreich, Österreich-Ungarn, Preußen oder den 30-jährigen Krieg.

Die Einzigartigkeit der NS-Verbrechen, die ausschließlich Deutschland zu verantworten hat, das sich dieser Vergangenheit auch intensiv stellt, darf jedoch nicht den Blick dafür verstellen, dass der Erste Weltkrieg der Beginn der europäischen Katastrophe des 20. Jahrhunderts war. Daher müssen wir ihn in unser Geschichtsbild integrieren und nicht als graue Vorzeit abtun und sozusagen im Orkus der Geschichte verschwinden lassen.

Vielerorts, vor allem auf regionaler und kommunaler Ebene wurde dies erkannt, und es wird in diesem Jahr mit Ausstellungen, Publikationen, Exkursionen und Gedenkveranstaltungen an den Ersten Weltkrieg erinnert. Denn der Erste Weltkrieg, den man inzwischen etwas stereotyp als die »Urkatastrophe des 20. Jahrhunderts« (George F. Kennan) bezeichnet, dieser vier Jahre dauernde, erste industrialisierte Massenkrieg mit modernsten Waffen, mit Schlachten in einem ungeahnten Ausmaß und mit einer bis dahin nie dagewesenen Zahl an getöteten, verwundeten und zu Krüppeln geschossenen Soldaten veränderte die Gesellschaft und das Gesicht Europas und führte zum Untergang dreier Kaiserreiche. Und am Ende wurde mit dem Vertrag von Versailles 1919 nicht der Grundstein für Verständigung und Frieden, sondern für neues Unheil gelegt, so dass das mörderische Erbe des ersten großen Weltkriegs nicht zur Ruhe kam.

Uns an das historische Ereignis des Ausbruchs des Ersten Weltkriegs vor 100 Jahren zu erinnern ist die eine Sache, eine andere ist, des Ersten Weltkriegs zu gedenken: Sind uns die »für Deutschland gefallenen« Soldaten überhaupt noch bewusst? Was hat der »Große Krieg« noch mit unserer eigenen Geschichte und unserer Identität zu tun?

Für die anderen europäischen Nationen, aber auch für einige nichteuropäische bleibt der Erste Weltkrieg La Grande Guerre, The Great War. Und er gehört damit zum Kernbestand ihrer Geschichte. Die Millionen Toten, die im Kriege gefallenen Großväter und Urgroßväter sind dort keineswegs vergessen.

Bundespräsident Joachim Gauck gedenkt gemeinsam mit dem französischen Staatspräsidenten François Hollande der Opfer des Ersten Weltkriegs mit einer Zeremonie auf dem Hartmannswillerkopf im Elsass. Ihm werden sicherlich die passenden Worte einfallen, aber werden wir Deutsche deshalb endlich der Toten des Ersten Weltkriegs gedenken können? Nicht wenige unserer Gefallenendenkmäler sind im Gestrüpp verschwunden. Warum ist das so?

Zur Erklärung muss man auf das Kriegsende 1918 und die ersten Jahre der Nachkriegszeit zurückblicken. Es war damals für die allermeisten Deutschen unerträglich, dass nach der unverfrorenen »Sieg«-Propaganda der Krieg plötzlich verloren war und die Millionen Opfer umsonst gewesen sein sollten, und dass man zudem in Versailles einen Vertrag unterschreiben musste, der festlegte, dass Deutschland durch seine »Aggression« schuld sei an dem ungeheuren Leid, das Europa und die Welt überzogen hatte. Mehr als 10 Millionen Kriegstote, allein in Deutschland mehr als vier Millionen Verwundete waren zu beklagen, viele für ihr Leben gezeichnet.

In der Folgezeit konnte kein gemeinsames Gedenken an den Ersten Weltkrieg entstehen, weil die Rechte der Linken vorwarf, am unrühmlichen Ausgang des Kriegs schuld zu sein, und die Kommunisten sich damit brüsteten, diesen ungeheuerlichen imperialistischen Kapitalistenkrieg mit ihrer Revolution beendet zu haben. Den Zorn der bewaffnet heimkehrenden, frustrierten Krieger hat Alfred Döblin später im dritten Band seines Erzählwerks »November 1918« eindrucksvoll beschrieben.

Aus all dem ergab sich ein ungeheurer politischer Hass, der auch am Weltkriegsgedenken nicht Halt machte. Kein Denkmal mit der Aufschrift »Krieg dem Kriege«, das nicht von der Rechten zerschlagen wurde und kein Gedenkstein für »unsere Helden«, den die Linke nicht attackierte. Daran schuld waren keineswegs nur die äußerste Rechte und all diejenigen, die der Revolution vorwarfen, das siegreiche Heer »von hinten erdolcht« zu haben. Nein, auch die Linke und die Künstler der neuen Zeit trugen ihren Teil dazu bei, wenn etwa in der berühmten Dada-Messe von 1920 in Berlin ein großes Schwein mit der Uniform nicht etwa eines Generals, sondern eines Soldaten unter dem Dach des Ausstellungsraumes aufgehängt wurde.

Man tat sich schwer mit der Erinnerung an den Weltkrieg, insbesondere mit dem Thema Kriegsgedenken und den hierfür geeigneten Formen. Das galt sicherlich auch für die Frage der Gestaltung von Gefallenen-Denkmälern in den Städten und Gemeinden und eines angemessenen Gedenkens der Gefallenen. Vielfach verzögerten in den 1920er Jahren die Auseinandersetzungen darüber die Gestaltung und Errich-

Das martialische, im Geist der NS-Zeit gestaltete Ehrenmal für die Gefallenen des Kriegs 1914–1918 im Jahr seiner Einweihung 1938 (Stadtarchiv Radolfzell)

Das Standbild des Radolfzeller Gefallenendenkmals von 1938 (links) und mit der 1958 veränderten Sockelinschrift und der 2001 aufgestellten Stele (Fotos: Stadtarchiv Radolfzell und Franz Hofmann, Konstanz)

tung von allseits akzeptierten Gedenkanlagen, wenn sie diese nicht sogar ganz verhinderten.

Vielleicht muss man auch darin den Grund dafür sehen, warum das in Radolfzell erst sehr spät, in der NS-Zeit, für die Gefallenen des Ersten Weltkriegs errichtete Denkmal so aussieht, wie es besser nicht aussehen sollte. Denn die Nationalsozialisten haben diese Fehlstelle des Umgangs mit den Kriegsgefallenen und die Frustration der Deutschen über den so »ungerecht« verlorenen Krieg genau erkannt und sofort zu einem Hauptthema ihrer Propaganda gemacht. Nachdem sie 1933 an die Macht gekommen waren, gab es darüber nichts mehr zu diskutieren – wie in so vielen anderen Dingen auch. Nun wurden in ihrem Sinne Kriegerdenkmäler errichtet.

Kein Wunder also, dass mit dem Untergang des Nationalsozialismus nach 1945 auch das gerade von den Nazis beförderte Weltkrieg-I-Gedenken ebenfalls verschwand. Es ist seitdem nicht wieder erwacht. Aber wir Deutsche sollten wissen, dass die Kriegstoten, die unsere Nachbarn in Europa betrauern, mit uns und unserer Geschichte zu tun haben. Unsere Bundesregierung hat begonnen, das zu verstehen. Außenminister Walter Steinmeier hat weiterführende Initiativen entwickelt und Bundespräsident Gauck trifft sich mit Frankreichs Staatspräsident Hollande auf dem Hartmannswillerkopf, diesem im Weltkrieg so erbittert umkämpften Berg in den Vogesen, wo Zehntausende deutscher und französischer Soldaten umgekommen sind. Und ein Zeichen des Verstehens wird sein, dass nunmehr in der Krypta des französischen Monuments auch der deutschen Soldaten gedacht wird.

2 041 000 deutsche Soldaten sind in den mörderischen Schlachten und in den Schützengräben des Ersten Weltkriegs getötet worden. Bei weitem nicht alle konnten geborgen und menschenwürdig bestattet werden. Und die während des Kriegs entstandenen vielen tausend Gräber blieben zunächst unerreichbar in den Ländern der ehemaligen Gegner zurück. Vier lange Kriegsjahre und nicht zuletzt eine wirkungsvolle Propaganda hatten Hass und Ressentiments auf allen Seiten immer mehr geschürt. Dennoch – den Gräbern der Gefallenen des Besiegten versagte man bei der Formulierung des Versailler Vertrages von 1919 nicht den Respekt. Der Artikel 225, der die Erhaltung der Gräber auf Gegenseitigkeit bestimmt, ist vielleicht der einzige Artikel des Vertragswerks, der eine Bereitschaft zur Versöhnung wenigstens gegenüber den Toten des Gegners zeigt.

Ein deutscher Völkerrechtler äußerte sich in den 1930er Jahren so: »Durch Artikel 225 des Versailler Friedensvertrages sind die Kriegsgräber fast unbewusst zu Friedenssymbolen von völkerrechtlichem Charakter geworden. [...]. Jedenfalls gewöhnte man sich in der Kriegsgräberfürsorge daran, diese als versöhnliche Tätigkeit und als Friedensarbeit anzusehen.«

Der Volksbund Deutsche Kriegsgräberfürsorge e.V., der übrigens ebenfalls 1919 gegründet wurde, weil eine staatliche Gräberfürsorge angesichts der Unerreichbarkeit der Gräber damals kaum möglich erschien, pflegt allein in Frankreich 192 deutsche Soldatenfriedhöfe des Ersten Weltkriegs mit den Gräbern von 755 000 Gefallenen. In Belgien sind es vier Friedhöfe mit 134 000 Toten, in Italien drei Friedhöfe mit rund 16 000 Toten, in Rumänien sieben, auf denen etwa 10 000 der dort gefallenen deutschen Soldaten ruhen – um nur die Länder mit den höchsten Zahlen deutscher Kriegsgräber zu nennen.

In Polen, auf dessen Gebiet die meisten Toten der Ostfront des Kriegs 1914–1918 ruhen, ist die Zahl der deutschen Gefallenen mit etwa 400 000 zu beziffern. Es gibt in Polen 550 deutsche Kriegsgräberstätten des Ersten Weltkriegs und 450 Friedhöfe mit deutschen Gräberfeldern. Sie stehen unter Denkmalschutz und werden durch die zuständigen polnischen Behörden instand gehalten und gepflegt. Der Volksbund hilft dabei sowohl mit finanziellen Zuschüssen und mit fachlichem Rat, als auch mit Pflegeeinsätzen von Bundeswehr und Jugendcamps.

Wie die Gräber des Zweiten Weltkriegs, werden auch die des Ersten Weltkriegs auf Dauer erhalten. Ihre bisweilen kaum zu überblickenden Reihen von Kreuzen führen uns vor Augen, was wir von einem Krieg in unserer modernen Zeit mit ihren technischen Möglichkeiten mindestens zu erwarten hätten. Sie sind Mahnmale gegen den Krieg und für den Frieden, gegen Gleichgültigkeit und Vergessen.

Am Ende soll ein Zitat des nunmehrigen Kommissionspräsidenten der Europäischen Union, Jean-Claude Juncker, stehen, der 2008 beim Volkstrauertag in Berlin formulierte: »Wer an Europa zweifelt, ja wer an Europa verzweifelt, der sollte Soldatenfriedhöfe besuchen! Nirgendwo besser, nirgendwo eindringlicher, nirgendwo bewegender ist zu spüren, was das europäische Gegeneinander an Schlimmstem bewirken kann. Das Nicht-Zusammenleben-Wollen und das Nicht-Zusammenleben-Können haben im 20. Jahrhundert 80 Millionen Menschen das Leben gekostet.«

Absturz eines viermotorigen britischen Bombers bei Gottmadingen am 28. April 1944

Von Dietmar Geistmann (†), Singen

Es ist Donnerstag, der 28. April 1944, gegen ein Uhr in der Nacht. Ein viermotoriger britischer Bomber vom Typ Lancaster wird nach einem Bombenangriff auf Friedrichshafen von deutschen Nachtjägern verfolgt und beschossen. Das Flugzeug fängt teilweise Feuer, macht über dem heutigen Segelfluggelände in Hilzingen und dem damals noch selbstständigen Dorf Ebringen mehrere Vollkreise und stürzt etwa zwei Kilometer nordwestlich von Gottmadingen auf Ebringer Gemarkung in einen bewaldeten Hang des Heilsberges. Die sieben Mann Besatzung der Lancaster finden dabei den Tod.

In verschiedenen deutschen Quellen wird unterschiedlich über den Absturz berichtet. In offiziellen Archiven ist er so gut wie nicht vermerkt. Einige Original-Fotos sind vorhanden, Teile des Flugzeuges wurden gefunden. Durch die Flugtage der Segelfliegergruppe Singen bestanden gute Kontakte zum Luftwaffenattaché Oberst Morris von der Britischen Botschaft in Berlin. Dort wurden Verbindungen hergestellt zum Air Historical Branch der Royal Air Force beim Verteidigungsministerium in London. Mitglieder der Segelfliegergruppe Singen – die Platzrunde des erst 1962 eröffneten Fluggeländes führt exakt über die Absturzstelle – befragten Zeitzeugen, die die Toten geborgen und die Reste des Flugzeuges abtransportiert haben. Weitere Berichte von Augenzeugen wurden ausgewertet. So kann der Vorfall und das Schicksal der Besatzung recht vollständig dokumentiert werden.

In der Nacht vom 27. auf den 28. April 1944 führte die englische Luftwaffe einen großen Angriff auf die Stadt Friedrichshafen durch, an welchem 322 viermotorige Bomber vom Typ Lancaster und eine zweimotorige Mosquito beteiligt waren. Der Luftangriff galt der dortigen Rüstungsindustrie, die vorwiegend Panzermotoren und -getriebe herstellte. Der englische Bericht erwähnt eine starke Zerstörung der Fabrikationsanlagen. In Friedrichshafen wurden bei diesem Angriff 136 Personen getötet und 656 Häuser zerstört. Durch verschiedene Störmaßnahmen konnte der gewaltige Verband sein Ziel unbehelligt erreichen, wurde aber nach dem Bombenabwurf von deutschen Nachtjägern aus Memmingen angegriffen. Dabei gingen 18 Lancaster verloren.

Die bei Gottmadingen abgestürzte Maschine war nach diesen Angaben eindeutig die Avro Lancaster MK III mit dem Kennzeichen LL 805 LS-M, die von der englischen Basis Mildenhall, Suffolk, am 27. April 1944 um 21.45 Uhr gestartet war. Über die recht junge Besatzung – der Pilot war Kanadier, die weiteren Crewmitglieder waren Engländer – im Alter von 20–27 Jahren liegen folgende Angaben vor:

Pilot: Flight Lieutenant Sinclair Joseph Roberts Soper aus London/Ontario, Kanada, 26 Jahre alt; Navigator: Flying Officer Raymond Leslie Gibson, keine weiteren Daten bekannt; Bordmechaniker (Flight Engineer): Sergeant Bernard Henry Watts aus Neston, Chesire, geboren im August 1916 in London; Bombenschütze (Bomb Aimer): Sergeant Stanley Lee aus Beeston, Nottinghamshire, geboren im Juli 1916; Bordfunker (Wireless Operator): Sergeant William John Heward aus Wales, geboren im Juli 1923; Bordschütze (Air Gunner): Sergeant George Wood aus Yorkshire, geboren im Juni 1919; Bordschütze: Sergeant Desmond King aus Marke by Sea, Yorkshire, geboren im November 1923.

Am Morgen nach dem Absturz erschienen deutsche Wehrmachtsangehörige aus Radolfzell an der Unfallstelle und stellten einen Teil der Bordinstrumente sowie die ungeöffneten Fallschirme sicher. Teilweise wurde aus den unversehrten Tanks auch Flugbenzin abgepumpt. Die Besatzungsmitglieder sollten an Ort und Stelle im Wald begraben werden. Dem widersetzte sich der damalige Ebringer Bürgermeister Adolf Brachat (1900–1975) und verfügte, dass die Toten vom damaligen »Polizei« Albert Fahr (1897–1973) und vom später in Gottmadingen wohnhaften Walter Schlatter (geboren im September 1924 in Ebringen) in die Trotte (heute Feuerwehrhaus) nach Ebringen gebracht und tags darauf in der südwestlichen Ecke des Ebringer Friedhofs in einem Gemeinschaftsgrab bestattet wurden. Im Jahre 1947, in der französischen Besatzungszeit, wurden die sterblichen Überreste der Crew wieder ausgegraben und auf dem englischen Soldatenfriedhof in Dürnbach am Tegernsee in der Nähe von Bad Tölz, wo sich mehr als 3000 Kriegsgräber befinden, endgültig bestattet.

Die Avro Lancaster, ein viermotoriger britischer Bomber – ein solches Flugzeug stürzte am 28. April 1944 zwischen Ebringen und Gottmadingen ab (Wiki Commons)

Die Hauptaufschlagstelle des Flugzeuges befindet sich etwa einen Kilometer südlich des Ortsrands von Ebringen, oberhalb des Dorfes in der Nähe des früheren Schießstands. In eine große Buche ist in den Stamm eingeschnitten: »25.4.1944, 7 Tote, engl. Flieger« (Anmerkung: Das richtige Datum ist der 28.4.1944). Offensichtlich ist das Flugzeug vor dem Aufschlag zerbrochen, denn kleinere Teile davon, wie der Heckschütze mit einem Vierlings-Maschinengewehr, fanden sich in einem Ackerfeld in der Nähe der Verbindungsstraße Gottmadingen–Ebringen und in einem damals noch bestehenden Weinberg zwischen dieser Straße und dem Waldrand. Noch Jahre danach sind in diesem Acker und in dem Weinberg Teile des Flugzeuges sowie Munition gefunden worden.

Während mehrerer Tage haben damals die bereits erwähnten Albert Fahr und Walter Schlatter mit einem Pferdefuhrwerk größere Teile des Flugzeugs sowie die schweren Motoren aus dem Wald gezogen, zum Bahnhof von Gottmadingen gebracht und mit Hilfe eines von Hand zu bedienenden Krans auf drei Güterwagen verladen. Eine Ausstiegsluke der Lancaster ging auf ein Scheunendach mitten im Ort von Ebringen nieder, was auf einen versuchten Fallschirmabsprung hinweist, der aber offensichtlich nicht erfolgt ist.

Die viermotorige Avro Lancaster war eine Weiterentwicklung der zweimotorigen Manchester und flog zum ersten Mal im Januar 1941. Fast 10 000 Exemplare der Lancaster in vielen verschiedenen Baureihen sind gebaut worden. Die Spannweite der Avro 683 Lancaster beträgt 31,09 m, das Leergewicht fast 17 Tonnen und das maximale Fluggewicht über 31 Tonnen. Die Reisegeschwindigkeit liegt bei 340 km/h und die Reichweite bei über 4000 km. Triebwerke sind vier Rolls-Royce Merlin mit rund 1600 PS, wie sie auch bei der berühmten Supermarine Spitfire sowie der Mustang Verwendung finden. Die Bewaffnung bestand hauptsächlich aus drei Maschinengewehrständen im Bug, auf dem Rumpfrücken und im Heck.

»Häuslich, fleißig und schön« – Bemerkungen zu den Duchtlingern und ihrer Geschichte[1]

Von Wolfgang Kramer, Konstanz und Engen

Duchtlingen hat eine lange Geschichte.[2] Mit seinen 1250 Jahren seit der Ersterwähnung gehört es – außer den reichenauischen am Untersee – zu an am frühesten genannten Orten im Hegau. Doch diese 1250 Jahre schriftliche Geschichte sind wenig im Vergleich zur sogenannten Vorgeschichte, aus der jungsteinzeitliche Funde vorhanden sind.

Kreisarchäologe Dr. Jürgen Hald schreibt dazu: »Eine Siedlungstätigkeit in Duchtlingen ist bereits ab dem ausgehenden 6. Jahrtausend belegt. Es handelt sich um jungsteinzeitliche Siedlungsreste der ersten Ackerbauern (Linearbandkeramik), die etwa ab 5200/5000 v. Chr. am Hangfuß am nordwestlichen Ortsrand (Zehntgarten) und

1 Leicht überarbeiteter Vortrag vom Festakt zur 1250-Jahrfeier in der Gemeindehalle am 3. Mai 2014

2 Für diesen Vortrag verwendete Quellen und Literatur: Gemeindearchiv Duchtlingen im Gemeindearchiv Hilzingen; Hald, Jürgen: Weitere archäologische Untersuchungen in einem ur- und frühgeschichtlichen Siedlungsareal in Duchtlingen. In: Archäologische Ausgrabungen in Baden-Württemberg 2011, S. 77–79; Ehrle, J./Gutekunst, A./Hald, Jürgen: Ein neolithisches und bronzezeitliches Siedlungsterrain im Gewann »Lachen« bei Duchtlingen. In: Archäologische Ausgrabungen in Baden-Württemberg 2010, S. 76–77; Der Landkreis Konstanz. Amtliche Kreisbeschreibung, Band III, Sigmaringen 1979, S. 240 ff; Dobler, Eberhard: Burg und Herrschaft Hohenkrähen im Hegau. Sigmaringen 1986; Stoll, Franz: Der großherzogliche Amtsbezirk Blumenfeld (…). Karlsruhe 1855; Probst-Lunitz, Sibylle: Das Krähensche Dorf Duchtlingen. In: Kramer, Wolfgang: Hilzingen-Geschichte und Geschichten, Band III, Hilzingen 2005, S. 37–50; Bibby, Hildegard: Die Hilzinger Ortsteile im 19. und 20. Jahrhundert. In: Kramer, a. a. O. 2005, S. 131–208

Duchtlingen im Jahr 2014 (Foto: Franz Hofmann, Konstanz)

auf einem flachen Kiesrücken im westlich anschließenden Talgrund (Lachen) mehrere große Häuser errichtet haben (archäologische Untersuchungen der Bauvorhaben seit 2009). Die Siedlungstätigkeit dauerte dort bis etwa 4500 v. Chr. an. Aus demselben Areal sind auch einzelne Funde der ausgehenden Jungsteinzeit bekannt, die auf eine Siedlung des 3. Jahrtausends v. Chr. hinweisen. Spätestens um 1600/1500 v. Chr. wird der Platz während der mittleren Bronzezeit wieder besiedelt. Zeitgleiche Gräber wurden südöstlich des Ortes in den Gewannen Saffolderlohr/Hühneräcker bereits 1935 gefunden. Funde aus den steinzeitlichen und bronzezeitlichen Siedlungen kamen auch an mehreren Stellen weiter südlich im Ort zutage. Möglicherweise wurden sie durch einen Bachlauf aus dem Siedlungsareal Zehntgarten in diese Bereiche umgelagert. Auch westlich des Orts konnten bei der Überwachung der Arbeiten an der L190 im Winter 2013/Frühjahr 2014 Befunde festgestellt und dokumentiert werden, die zu vorgeschichtlichen Siedlungen gehört haben, deren genaues Alter sich noch nicht einschätzen lässt.«

Aber auch zur Römerzeit war der Ort besiedelt, und schließlich kamen die Alamannen. Wieder der Kreisarchäologe dazu: »Wenige Funde der römischen Kaiserzeit (1.–3. Jh. n. Chr.) aus dem Gewann Saffolderlohr beim Römersberg (auch Remersberg) weisen auf eine Niederlassung römischer Siedler südlich des Dorfes hin. Ob es sich um einen römischen Gutshof oder eine andere Siedlung handelte, ist bislang nicht klar zu beurteilen. Vermutlich schon kurz nach dem Rückzug der Römer aus dem Hegau haben frühe Alamannen spätestens ab dem 4. Jahrhundert n. Chr. wiederum am Zehntgarten ihre Häuser errichtet und dürften wohl die eigentlichen Gründer des heutigen Ortes gewesen sein. Neueste Funde aus einer Rettungsgrabung der Kreisarchäologie in der Grünenbergstraße (März 2014) zeigen, dass sich der mittelalterliche Ort im 10./11. Jahrhundert bereits bis in die Hangbereiche ausgedehnt hat. Dort konnten neben Fundamentgruben von Häusern in Pfostenbauweise auch zwei Grubenhäuser für handwerkliche Tätigkeiten (vermutlich Webhütten) dokumentiert werden.«

Was sind da schon die 1250 Jahre, die wir so feierlich begehen, gegen die 7000 Jahre, seit denen Menschen auf der Gemarkung Duchtlingen leben! Auf die Alemannen weist auch die Endung »-ingen« im Ortsnamen hin. Doch ob der Name von einem Alemannen Duhtaro oder Duhtari herzuleiten ist, wie die Kreisbeschreibung vermutet, kann nicht bewiesen werden.

Eines ist sicher: Aus der spätalemannischen Zeit stammt die Urkunde mit der Ersterwähnung. Die Duchtlinger haben Glück mit ihrer Urkunde gehabt, denn die berühmten St. Galler Urkunden, welche die ältesten Schriftdokumente für viele Orte im alemannischen Raum darstellen, wurden erst kürzlich mit neuen Methoden untersucht. So mancher Ort musste sich daraufhin auf ein neues Jahr seiner Ersterwähnung einstellen – nicht so Duchtlingen. Es bleibt bei 1250 Jahren seit der Erstnennung in der in Kirchen-Hausen (heute: Stadt Geisingen) ausgestellten Urkunde vom 1. September 764, auch wenn Monat und Tag nicht so ganz stimmig sind.

An jenem Tag übertrug Dutho alles, was er in Geisingen besaß, dem Kloster St. Gallen. Was hat das mit Duchtlingen zu tun? Das berühmte Bodenseekloster baute im 8. Jahrhundert eine Grundherrschaft im Hegau auf und verfügte hier über eine Reihe von Herrenhöfen, so in Mühlhausen, Schlatt unter Krähen, Hausen an der Aach, Ehingen, Welschingen, vielleicht auch in Weiterdingen und ganz sicher in Duchtlingen. Der Duchtlinger Hof gilt als der ältere und wichtigere unter diesen Höfen, denn nach Duchtlingen mussten, laut der Ersterwähnungsurkunde, vom über 20 km entfernten Geisingen die Abgaben für das Kloster St. Gallen gebracht werden. Duchtlingen hatte somit eine frühe übergeordnete Funktion im Hegau. Und was ist mit Hilzingen? Hilzingen wird erst Jahrhunderte nach Duchtlingen schriftlich ersterwähnt. Vielleicht gab es Hilzingen, vielleicht auch nicht, vielleicht war es nur eine sumpfige Stelle auf dem Weg von Duchtlingen nach St. Gallen, die man tunlichst umging – wer weiß?!

Duchtlingen ist nicht nur ein alter Ort, sondern hat auch eine alte Kirche, auf die schon das Gallus-Patrozinium hinweist. Der Kirchplatz Duchtlingen ist über tausend Jahre alt. Der aus Duchtlingen stammmende Pfarrer Tschacher sieht den Ursprung der heutigen Pfarrkirche in einer Kapelle für diesen St. Galler Herrenhof. Die Kirche steht auf einem kleinen Hügel und unweit davon lag dieser klösterliche Herrenhof, etwa an der Stelle des heutigen Gasthauses Linde. Duchtlingen war mit seinem klösterlichen Herrenhof somit ein bedeutender Ort im Hegau des Frühmittelalters. Diese klösterliche Zeit von Duchtlingen verliert sich bald im Nebel der versinkenden Schriftlichkeit. In der Zeit des Hochmittelalters ist kaum etwas über

Duchtlingen bekannt, deshalb sind die archäologischen Funde umso wertvoller für die Geschichtsschreibung des Ortes.

Die Herrschaft

Im 13. und 14. Jahrhundert finden wir Duchtlingen als Bestandteil der Herrschaft Krähen wieder. Zu dieser Herrschaft gehörten ursprünglich neben einer Hälfte von Duchtlingen die Dörfer Beuren an der Aach, Schlatt unter Krähen und ein Drittel von Mühlhausen. Der Mittelpunkt dieser Miniherrschaft, von denen es eine ganze Reihe im Hegau gab, war der Hohenkrähen, dessen Burg 1180–1190 entstand. Die Brüder Heinrich und Hermann von Krähen gelten als die Erbauer der Burg. Die Herren von Krähen waren ein Zweig der Herren von Friedingen und die Ortsherren über Duchtlingen. Diese erste Burg war eine recht schlichte Angelegenheit, die aus drei Teilen bestand wie übrigens alle Nachfolgebauten der Burg auf und am Hohenkrähen: der Oberburg auf dem Gipfel, der Zwischenburg mit den Pferdestallungen hinter dem oberen Torturm und schließlich der Vorburg mit den Wirtschaftsgebäuden. Schlicht ging es immer bei den Herren von Krähen und ihren Nachfolgern zu, selbst als der reiche Jakob Fugger seinen »Fugger-Bau« errichtete, war Sparsamkeit oberstes Gebot.

Mit dem Krähen, seiner Geschichte und seinen vielen wechselnden Burgherren blieb Duchtlingen immer verbunden und das, obwohl lange Zeit nur das halbe Duchtlingen zum Krähen gehörte. Duchtlingen war wie viele Dörfer im Hegau geteilt. Damals sahen die Hegau-Ritter in einem Dorf und in einer Herrschaft nur einen Teil einer Erbschaft oder gar nur eine Kapitalanlage, die verkauft, verpfändet oder vererbt werden konnte.

Es waren damals im 15. Jahrhundert recht unruhige Zeiten. Die Hegau-Ritter machten sich nicht wegen der heute sprichwörtlichen Ritterlichkeit einen Namen, sondern wegen ihrer Überfälle und Raubzüge, wegen Mord und Totschlag. Der Schwäbische Bund – eine Vereinigung des Adels und der Städte – musste eingreifen, um Sicherheit und Ordnung im Hegau wieder herzustellen. Unter den Unruhestörern waren auch die Herren von Friedingen zu finden. Eine Hälfte von Duchtlingen wurde zur Strafe eingezogen und landete bei Österreich. Doch dort blieb sie nicht: Dieser Teil ging weiter an die damalige österreichische Grafschaft Tengen und war 150 Jahre lang ein Lehen der Grafschaft Tengen.

Duchtlingen ist ein Paradebeispiel für einen Hegau-Ort, der einen dauernden Wechsel in der Ortsherrschaft erleben musste. Nach den Friedingern waren die Herren von Fulach, von Homburg, von Bodman, von Klingenberg, von Raitenau, von Hohenzollern-Sigmaringen, von Welsperg, von Horcher, die Grafen von Kufstein, die Herren von Reischach und natürlich die Fugger von Kirchberg und die Österreicher zeitweise allein oder mit anderen zusammen Inhaber der Herrschaft Hohenkrähen oder von Teilen davon.

Bemerkten es die einfachen Duchtlinger Untertanen überhaupt, wenn wieder einmal neue Herrschaftsinhaber auf dem Krähen aufzogen und es zu einem Herrschaftswechsel kam? Wenn sie den Huldigungseid auf den neuen Herrn leisten mussten, dann bekamen die Duchtlinger mit, dass sie es wieder mal mit einem neuen Ortsherrn zu tun hatten. So viel zur Herrschaftsgeschichte, die schon vielfach dargelegt wurde.

Das Dorfleben

Wie lebte der einfache Duchtlinger in seinem Dorf? Und wie viele gab es überhaupt von ihnen? Duchtlingen war stets eine relativ kleine Gemeinde im Hegau. 1560 werden 194 Leibeigene der Ortsherrschaft und 40 Leibeigene der Herrschaft Stoffeln genannt, weshalb man von rund 250 Einwohnern ausgehen kann. 1811 nach dem Übergang an Baden wohnten 366 Menschen im Dorf. Hilzingen hatte zum Vergleich in der Zeit vor 1800 drei- bis viermal so viele Einwohner und war stets eines der größten Dörfer im Hegau.

Die Duchtlinger waren vor allem Bauern, doch da galt es genau zu unterscheiden. Bauer wurde nur der genannt, der einen Zug, d. h. ein Gespann mit vier bis sechs Ochsen oder Pferden besaß, das einen Pflug ziehen konnte. Wer nur zwei Pferde oder Ochsen hatte, der war ein halber Bauer. Bei dem kein Zugtier im Stall stand, der galt als Tagelöhner. In Duchtlingen gab es im 18. Jahrhundert 13 Gespanne, also 13 Bauern, das ist eine recht hohe Zahl; der Rest waren Tagelöhner. Diese Unterscheidung war wichtig für die Fronarbeit, denn ein Bauer musste mit seinem Gespann und Wagen fronen, während der Tagelöhner mit Gabel, Hacke oder Rechen zur Handfron antreten musste.

Die dauernden Herrschaftswechsel förderten das Verhandlungsgeschick der Untertanen, die sich immer wieder auf neue Herren einstellen und mit ihnen auskommen mussten. Trotz aller Untertanenpflichten gab es auch schon vor 1800 einen gewissen Spielraum im Verhältnis zur Obrigkeit und den wussten die Duchtlinger Untertanen für sich zu nutzen. An der Fronpflicht, also der Arbeit auf den Äckern und Wiesen der Herrschaft, konnten die Duchtlinger nichts ändern, aber an der »Atzung«, der Verköstigung der fronpflichtigen Arbeiter. Die hungrigen Duchtlinger verhandelten zäh um ihre Verpflegung beim Fronen. So musste im 16. Jahrhundert jeder Herr und Besitzer des Schlosses Krähen morgens und zu Mittag eine »ziemliche Atzung und Essen, wie solches Bauersleuten geziemt und gebührt« reichen. Die Suppen und das Mus sollten eingebrockt – also vermutlich mit eingebrocktem Brot versehen – sein, damit sie nicht zu dünn waren. Zudem sollte auf jedem Tisch der Fronarbeiter ein Laib Brot liegen und abends, wenn es heimwärts ging, wieder ein »ziemlich Stück Brot« gegeben werden. Ein Brot gab es dazu nach Abschluss der Fronarbeit, die mehrere Tage dauern konnte. Brot war Nahrung und Entlohnung.

In der vormodernen Landwirtschaft waren die Nahrungs- und Futtermittel knapp. Man stritt zäh um jede Handvoll Gras und jeden Strohhalm. Deshalb gab es viele umfangreiche und umständliche Verträge, in denen alles geregelt wurde. Die herrschaftserfahrenen Duchtlinger gingen da vorneweg. So hatten im Krähen-Wald die Herrschaft und das Dorf Duchtlingen beim Weidgang die gleichen Rechte. Dort waren der »Äckerich« (die Waldweide für die Schweine) und das Recht zum Ernten von Wildobst, Kirschen und Erdbeeren beiden Seiten gemein. Den praktischen

Duchtlingern war diese Waldweide für ihre Schweine so wichtig, dass sie sogar drei Kreuzer pro Sau an die Herrschaft bezahlten, um dort ihre Rüsseltiere weiden lassen zu können.

Ausführlich sind in den zwischen Herrschaft und Dorf geschlossenen Verträgen die Regelungen für das dörfliche Wirtshaus beschrieben. Der Ortsherr bestimmte, wer Wirt in Duchtlingen sein durfte. Die Wirtschaft, die damals Tafern genannt wurde, war die heutige »Linde«. Doch nicht nur in der »Linde« wurde Wein ausgeschenkt. Jeder Duchtlinger, der Rebstöcke hatte, durfte bis zu einem Fuder (immerhin 1175 Liter) Wein in seinem Haus ausschenken und konnte Käse und Brot zum Essen seinen Gästen dazu geben. Die Sitten in Duchtlingen waren für diese Buschwirtschaften streng. Nach dem Betzeit-Läuten – das war um 19 Uhr – durfte kein Wein in einer solchen Buschwirtschaft mehr ausgeschenkt werden.

Der Weinbau

Früher, also im ausgehenden Mittelalter, muss der Weinbau in Duchtlingen bedeutsam gewesen sein. Es gab zwei Torkeln, eine war im Gemeindebesitz, später besaß die Gemeinde sogar beide. Wenn ein Duchtlinger Weingärtner seine gelesenen Trauben in die Torkel zum Keltern brachte, so gingen davon der Zehnt an den Zehntherrn und der Lohn des Torkelmeisters ab. Der Inhaber dieses hochangesehenen Amtes bekam von einem Eimer (39 l) gepressten Weines ein Maß (1,2 l), somit ca. 3 %.

In Duchtlingen wurde also Wein angebaut. 1855 immerhin noch auf 26 Morgen, das waren stattliche 9,4 ha Rebland in Duchtlingen. Amtsphysikus Franz Stoll vom zuständigen Bezirksamt Blumenfeld lobte 1855 den Wein in seinem Amtsbezirk und bewertet ihn mit »sehr gut und ausgezeichnet«. Aber Franz Stoll war Amtsarzt und musste deshalb den allzu reichlichen Alkoholgenuss in seinem Dienstbezirk rügen: »Sogar vom weiblichen Geschlecht und Kindern wird nebst dem Kaffee hie und da auch Branntwein getrunken, daher altern solche Weiber vor der Zeit und sehen ungesund und blaß aus. Cardialgien, Verdauungsbeschwerden, Leber-, Pfortader- und Menstrualbeschwerden, Gicht, Rheuma bleiben mit dem Alter nicht aus, als Folge dieser Lebensart. Magenschluss, Schwindsucht, Engbrüstigkeit, Delirium, Selbstmord und Geisteskrankheiten haben nicht selten ihren Grund in dem frühzeitigen und fortgesetzten Schnapstrinken.«

Die Gemeinde

Eine Gemeinde Duchtlingen wird erstmals 1478 genannt. Ein sogenannter Dorfmeister stand im Jahre 1540 dem Dorf vor. Das wichtigste kommunale Gremium im Dorf war das Gericht, in dem Duchtlinger saßen und über das Schicksal ihrer Mitbewohner und des ganzen Dorfes mitentscheiden konnten. Die Mitglieder des Gerichts wurden in einem komplizierten Verfahren gewählt, das man wohl nicht demokratisch, sondern eher oligarchisch nennen könnte: Der Ortsherr, das war beispielsweise 1583 Johann Ludwig von und zu Bodman und Hohenkrähen, bestimmte die ersten beiden Richter dieses Duchtlinger Gerichts. Diese zwei Richter beriefen noch zwei weitere hinzu, diese vier dann den Fünften, die Fünf den Sechsten, und so weiter, bis alle zwölf Richter beisammen waren.

Neben der Torkel hatte Duchtlingen mit der Schmiede noch ein weiteres Gemeindegebäude. Die Schmiede stand an der Kirchenmauer, sie war fast so wichtig für die ackerbautreibende Gemeinde wie die Torkel, deshalb wählten der Ortsherr und die Gemeinde gemeinsam den Duchtlinger Schmied aus. Ein Rathaus gab es im frühen Dorf nicht. Man traf sich im Wirtshaus zum Erledigen der Gemeindegeschäfte oder im Haus des Vogts, wie früher der Bürgermeister hieß.

Das Kartoffeldorf

Das heute berühmte »Kartoffeldorf« Duchtlingen war schon seit jeher ein Dorf des Ackerbaus. Im 18. Jahrhundert waren 68 % oder 578 Jauchert (190 ha) der Wirtschaftsfläche Ackerland, nur 18 % Wiesen, 10 % Wald und 2 % Reben. Sommergerste wurde fast auf der halben Fläche angebaut, auf einem Viertel der Fläche wuchs Weizen und auf einem Fünftel Dinkel. Nach der Einführung der Kartoffel stieg sie im Verlauf des 19. Jahrhunderts zum Hauptnahrungsmittel auf. In Duchtlingen wurden beispielsweise im Jahre 1893 auf 70 ha Kartoffeln angebaut. Die Ernte erbrachte in jenem Jahr bei einem Hektarertrag von 280 Zentnern insgesamt fast 20 000 Zentner dieser Knolle, und das trotz einer großen Dürre, wie es im Erntebericht heißt. Der Preis lag bei 2,25 Mark pro Zentner.

Auch unser Amtsphysikus Stoll war von der Kartoffel angetan. Er schreibt: »Der Kartoffelanbau erfreut sich auch in unserem Bezirk eines großen Vorzugs, es geräth diese Pflanze in allen Sorten, später und früher, gelben, rothen, weißen und blauen, reichlich und gut. Die Kartoffel bildet das Hauptnahrungsmittel, gleichsam das Brot der ärmeren Klasse, welche ihr Getreide theilweise verkaufen muß, um zur Befriedigung anderer Bedürfnisse baares Geld zu bekommen.«

Viehwirtschaft und Grünlandwirtschaft spielten bis ins 19. Jahrhundert nur eine geringe Rolle. Schweine und die Fleischproduktion waren bis ins 19. Jahrhundert keine Produktionsziele in der Landwirtschaft. Unser Amtsphysikus weist aber bei Duchtlingen ausdrücklich auf die Schweinezucht hin, was mit dem Kartoffelanbau in Zusammenhang stehen dürfte.

Das Handwerk beschränkte sich auf die Zweige, die man in einem Bauerndorf brauchte. Neben dem schon 1583 genannten Schmied gab es Schuhmacher, Metzger, Wagner, Schneider und Weber, ein Kramladen wollte 1856 im Dorf aufmachen.

Duchtlingen im 19. Jahrhundert

Die alte Zeit unter der Herrschaft der Freiherren von Reischach endete für Duchtlingen am 13. Februar 1806, als württembergische Truppen im Dorf erschienen und es in Besitz nahmen, indem sie das württembergische Wappen am »Gemeindehaus« anschlugen. Dieses Gemeindehaus war wahrscheinlich die oben erwähnte gemeindliche Dorfschmiede, die 1815 im Feuerversicherungsbuch als »zweistöckige Wohnung samt einer Hufschmidte« beschrieben wird. »1810, den 23. November, sind wir, Gott sei Dank, von Württemberg weiter abgegeben und an obigem Datum an das Großherzogliche Haus Baden übergeben worden und wären jetzt in der Hoffnung, badisch zu bleiben und dieses im Schutz Gottes des Allmächtigen und aller Heiligen.« Dies schrieb [modernisiert] der Vogt Aloisi Schneble in jenem bedeutenden Jahr 1810 ins Gemeindebuch.

Die Duchtlinger blieben badisch. Das Dorf entwickelte sich. Um 1820 baute sich die Gemeinde ein Schulhaus mit Scheuer und Stall. In der Schule kam dann auch endlich die Gemeindeverwaltung unter. Duchtlingen gehörte damals jedoch nicht zum Bezirksamt Konstanz, sondern kam 1810 zum badischen Bezirksamt Blumenfeld. In der winzigen Stadt Blumenfeld amtierte die Behörde, die wir heute als Landratsamt kennen, für die Gemeinde Duchtlingen. Dort amtierte auch Amtsphysikus Stoll, dem wir schon begegnet sind, ein tüchtiger Mann mit einer guten Beobachtungsgabe. Stoll reiste in seinem Amtssprengel umher und verfasste ein Buch über den Amtsbezirk Blumenfeld und seine Menschen. Er beschrieb die Einwohner des Bezirks klar und deutlich, ohne Rücksicht zu nehmen auf Empfindlichkeiten, denn er war ja Beamter: »Unsere Hegauer sind mittelgroß, mager, braunhaarig, braunäugig, mitunter robust und stark, junonische Fülle beim weiblichen Geschlecht ist selten, das Temperament ist vorherrschend sanguinisch-cholerisch. In Leipferdingen, Watterdingen, Weiterdingen, Hilzingen und Duchtlingen kann man den Menschenschlag schön nennen.« Stoll untersuchte natürlich als Arzt auch den Gesundheitszustand der Menschen in seinem Bezirk: »Blödsinn und Kretinismus sind selten, kommen nur als Folge acuter und chronischen Krankheiten vor.« Auffallend ist in seiner Statistik die große Zahl von Halbblinden in Duchtlingen, doch im etwa gleich großen Riedheim gibt es davon sogar die doppelte Zahl. Stoll hatte eine Schwäche für die Duchtlinger und charakterisierte sie als »sehr häuslich und fleißig«.

Die Duchtlinger waren immer schon geschäftstüchtige Leute und agierten – mit modernen Worten – marktkonform. Als 1814 im Zuge der sogenannten Befreiungskriege der Ort von Soldaten überschwemmt wurde, bemerkten sie den erhöhten Alkoholbedarf und wandten sich deshalb an das zuständige Blumenfelder Bezirksamt. Sie argumentierten, Duchtlingen hätte nur eine Tafernwirtschaft, was bei den vielen Soldaten im Dorf zu wenig wäre. Die Duchtlinger würden von den Soldaten beim Ausschank geschlagen und gestoßen werden und deshalb sollte ihr Mitbürger Andreas Schoch ein Schankrecht für Bier und Branntwein bekommen, was er auch bekam. Die »Linde« ist die alte Tafernwirtschaft, die seit »unvordenklichen Zeiten«, so heißt es im Jahre 1835, besteht. Der Kampf um eine zweite Wirtschaft, den späteren »Kranz«, war hart und zäh, doch die Duchtlinger haben ihn gewonnen. Am Hohenkrähen gab es ab 1847 zudem eine »Sommerwirtschaft« mit Kegelbahn, die der Lindenwirt Auer betrieb.

Duchtlingen benötigte auch diese Wirtschaften, wo sich das dörfliche Leben abspielte, denn es gab stets ein recht lebendiges Vereinsleben. Schon ab 1862 wird im »Hegauer Erzähler« von einer Theatergesellschaft in Duchtlingen berichtet, die damals das Stück »Hedwig, die Banditenbraut« aufführte. Es gab im Dorf einen Gesangsverein (ab 1887), einen Schnupfverein und einen Radfahrerverein. Schon 1885 wird von einer Narrengesellschaft berichtet, 1899 wurde der Narrenverein »Kamelia« gegründet. Bereits 1862 gab es an Fastnacht die Aufführung eines Theaterstücks, das »Renaldo Renaldini« hieß. Auch der Kirchenchor führte Theaterstücke auf, die zu ihm passen mussten, wie »Das goldene Kreuz an Mariens Herzen«. Dieses Stück könnte den Fußballclub ein Jahr später bewogen haben, das weniger fromme Stück »Mathilde, ein deutsches Frauenherz« zum Besten zu geben.

Nach dem deutsch-französischen Krieg von 1870/71 wurde in Duchtlingen ein Kriegerverein gegründet. Die Duchtlinger waren stramm kaisertreu, feierten den Kaisergeburtstag, auch den Bismarckgeburtstag und alle nationalen Feste, wie die Belfort-Feiern. Die Duchtlinger waren zeitweise so kaisertreu, dass es sogar zwei nationale Vereine in dem kleinen Dorf gab. Nach der Jahrhundertwende spaltete sich der Militärverein vom Kriegerverein ab, der ein eigenes Veranstaltungsprogramm hatte. Um 1912 waren Krieger- und Militärverein dann wieder zusammen.

In der Zeit der großen Kaiserseligkeit kam der Erste Weltkrieg ins Dorf Duchtlingen. Die Duchtlinger Schüler zeichneten 1916 sogar eine Kriegsanleihe, von der nichts übriggeblieben sein dürfte. Nach dem Krieg galt es, ein Kriegerdenkmal für die gefallenen Duchtlinger zu errichten, das 1921 eingeweiht wurde. Schon 1918 hatte der wohlhabende Bremer Kaufmann Hübener für seinen auf Duchtlinger Gemarkung 1916 mit einem Flugzeug tödlich abgestürzten Sohn ein eindrucksvolles Denkmal an der Straße nach Hilzingen errichten lassen. Es stellt den Ikarus dar, der der Sonne zu nahe kam, dessen wächserne Flügel daraufhin schmolzen und er deshalb abstürzte. Viele kamen damals dem Ikarus gleich der Sonne zu nahe und stürzten ab!

Die Gesellschaft nach dem Ersten Weltkrieg war eine andere als die davor. Sozialdemokraten hielten auf einmal Wahlversammlungen im Bauerndorf Duchtlingen ab. Vor dem Krieg gab es bei der Landtagswahl 1909 nur drei Stimmen für die Sozialdemokraten. Duchtlingen wählte immer die katholische Partei, das Zentrum. Das war auch nicht verwunderlich, denn die prägende Persönlichkeit im Dorf war Bürgermeister Karl Graf, der 29 Jahre der Gemeinde vorstand und als »extremer Zentrumsmann« galt – ein Paradebürgermeister muss das gewesen sein.

In Duchtlingen saßen die Bürgermeister immer lange auf ihrem Amtssessel. Nach dem Tod von Karl Graf regierte mit Rudolf Auer wieder ein Zentrumsmann auf dem Rathaus, der von 1924 an über alle Regimewechsel hinweg bis April 1946 im Amt blieb. Zwischendurch trat er vom Zentrum in die NSDAP über und blieb auch noch nach dem Zusammenbruch des Nazi-Reichs, zuletzt kommissarisch mit dem Einverständnis der französischen Militärregierung, im Amt. Sein Nachfolger Josef Schneble regierte von 1946 bis zur Eingemeindung 1969.

Ein Höhepunkt im Duchtlinger Gemeindeleben war die 1200-Jahrfeier am 17./18. Oktober 1964 mit großem Festbankett, Festgottesdienst und Ausstellungen. Jetzt, 50 Jahre später, kann der heutige Hilzinger Ortsteil sein 1250-jähriges Jubiläum feiern. Duchtlingen ist trotz der 1969 vollzogenen Eingemeindung nach Hilzingen eine lebendige Gemeinde mit langer Tradition und interessanter Geschichte geblieben.

800 Jahre Randegg – Ein nicht gehaltener Festvortrag zum Ortsjubiläum[1]

Von Wolfgang Kramer, Konstanz und Engen

Randegg hat die Ersterwähnung seiner zentralen Lage zu verdanken – und das überrascht! Ja, Randegg lag im Mittelalter zentral. Das ist eine Tatsache, die die heutigen Menschen doch sehr verwundert. Denn Randegg lag im Mittelalter an einer wichtigen Straße. Es war eine sogenannte »Königstraße«, die von Ulm über Oberschwaben und Stockach nach Schaffhausen führte. Später rollten auf dieser Trasse schwere Frachtwagen mit vielen Gütern, vor allem Salz und Getreide, was die Schweizer immer brauchen konnten. Durch Randegg galoppierten Postreiter mit eiliger Post und später fuhren Postkutschen ins zu allen Zeiten bedeutende Schaffhausen.

Noch weit bis ins 19. Jahrhundert hinein hatte Randegg dieser Straße viel zu verdanken: die Ansiedlung von Gewerbebetrieben, Handel und Wandel und die Etablierung von überörtlichen Einrichtungen wie Poststation und Zollamt. Randegg lag nicht aus der Welt, sondern an einer wichtigen alten Verkehrsachse. Die früher stattlichen Gasthäuser Adler und Krone an der Durchgangstraße und das Gebäude des früheren Zollamts erinnern noch an diese wichtige verkehrspolitische Rolle, die Randegg einst spielte.

Um diese bedeutende Straße zu sichern, brauchte es in den unsicheren Zeiten des Mittelalters eine Burg, die, erhaben und weit ins Land blickend, oberhalb der Straße heute noch steht. Man kann sich leicht vorstellen, dass man von dort einen möglichen Gegner schon in der Ferne erblicken konnte.

Was war zuerst da, die Straße, die Burg oder das Dorf? Die Beantwortung der Frage ist müßig. Burg, Dorf und Burgherren heißen gleich, nämlich Randegg. Das älteste schriftliche Zeugnis des Namens findet sich in einer Urkunde des großen Bodenseeklosters Salem von 1214. Auf dem Hoftag des deutschen Königs Friedrich II., den er 1214 in Ulm abgehalten hatte, schenkte Graf Hugo von Montfort einige Güter und Rechte im Linzgau an das Kloster Salem. Unser Randegg taucht gleich zwei Mal in der Urkunde auf. Zum einen weil diese Güter einst Heinrich von Randegg als Lehen des Montforter Grafen inne hatte, und dann erkannten Heinrich von Randegg und seine Kinder diese Schenkung an. Diese Anerkennung beurkundete der Montforter Graf an der »öffentlichen Straße vor dem Schloss Randegg«.

Die Burg, das heutige Schloss Randegg lag an einer öffentlichen Straße. Wichtige Rechtsgeschäfte wurden im Mittelalter immer auf einem öffentlichen Platz getätigt. Öffentlichkeit war und ist eine Voraussetzung für ein ordentliches Rechtswesen. Die Erwähnung der »öffentlichen Straße« ist ein Hinweis darauf, dass dies eine be-

1 Wegen diverser äußerer Umstände konnte der Vortrag am 4. Juli 2014 beim Festakt im Festzelt nicht gehalten werden.

deutende Straße war, die viel befahren und von wichtigen Leuten benutzt wurde, eben eine »Königstraße«.

Der Standort der Burg war gut gewählt, denn ein solches befestigtes Haus mit dicken Mauern und Türmen sollte auch dem Schutz dieser Straße dienen, damit sie in unruhigen Zeiten sicher benutzt werden konnte. Wir können davon ausgehen, dass zuerst die Straße da war und dann die Burg gebaut wurde.

Doch stand die Burg schon, bevor es das Dorf Randegg gab? Auf unseren Jubiläumsort Randegg selbst gibt es in der Urkunde nicht den geringsten Hinweis. Die Forschung geht davon aus, dass Randegg längere Zeit nur aus der Burg und einem zugehörigen Wirtschaftshof bestand. Einen solchen finden wir bei jeder bedeutenden Burg im Hegau, er diente zur Versorgung der Burgbewohner. Dieser Randegger Burghof lag unweit der Burg beim Fröschenbach. Dort gibt es die Flurbezeichnungen »Hofstadt« und »Kellersgarten«, die Hinweise auf einen solchen Hof sind.

Das Dorf Randegg ist aus einer Rodungssiedlung des Mittelalters entstanden. Es entwickelte sich entlang der jetzigen Hauptstraße und um eine Kapelle herum, aus der erst im 17. Jahrhundert eine Pfarrkirche wurde. Randegg ist somit im Vergleich zu benachbarten Orten im Hegau mit einer (alemannischen) »-ingen«-Endung ein junges Dorf. Doch Randegg war immer ein besonderes Dorf unter den Hegaudörfern, auch wenn die meisten einige Jahrhunderte mehr auf dem Buckel haben: Randegg holte auf.

Es gibt mehrere Orte mit dem Namen Randegg. Der Randegger Heimatforscher Otto Denzel hat vier Burgen mit dem Namen Randegg ausfindig gemacht: Unsere Burg Randegg, dann eine solche in dem »verpartnerten« Randegg in Niederösterreich, eine Burg Randeck bei Kelheim an der Donau in Bayern und die Burg Randeck bei Kirchheim unter Teck in Württemberg. Zudem stieß er auf ein Geschlecht »Randeck« im Elsass, das im 14. und 15. Jahrhundert bei Straßburg agierte.

Warum die vielen Burgen mit dem Namen Randegg? Der Heimatforscher, Chorleiter und Lehrer Denzel ruhte nicht, bis er eine Erklärung fand, woher der Name Randegg kommen könnte. Nach seiner Meinung soll Randegg vom keltischen Wort »rantheag« herrühren, was, nach Denzel, so viel wie »Hügelhaus« heißt. Und in der Tat gibt es zwei keltische Wörter, die man hier anführen könnte: Ratin = Burghügel und Tegos = Haus.

Das Geschlecht, das in unserem »Hügelhaus« wohnte und sich nach ihm nannte, war eines der vielen Rittergeschlechter im Hegau und wahrlich nicht das geringste. Es baute sich im Hegau eine Herrschaft auf, die von Gailingen bis Hilzingen reichte, doch es hatte auch Besitzungen in der Nordschweiz und auf der Baar. Unter den Randeggern finden wir einen Bischof von Konstanz, Burkhard II. (1462–1466). Er war ein bedeutender in der langen Reihe der Konstanzer Bischöfe. Ein tüchtiger Mann, der während seiner kurzen Amtszeit versuchte, die Finanzen des Bistums wieder in Ordnung zu bringen, die Klöster des Bistums zu reformieren und im Konflikt zwischen den Eidgenossen und Österreich im Thurgau zu vermitteln.

Ein hohes weltliches Amt hatte Heinrich von Randegg in Schaffhausen inne. Er war im 14. Jahrhundert österreichischer Landvogt in Schaffhausen (bis 1406), einer

Stadt, die damals an Österreich verpfändet war. Denn die Familie von Randegg hatte 1330 die österreichische Vogtei über Schaffhausen erhalten. Angehörige eines Zweigs der Randegger wohnten in Schaffhausen und waren Bürger der Stadt. Sie wohnten repräsentativ im stattlichen Haus »zum Ritter« unweit des dortigen Rathauses.

Die Randegger Ortsherren waren in der Gefolgschaft der Habsburger zu finden, dann brachten es manche der Herren von Randegg in hohe Ämter. Man findet sie als Räte in österreichischen Diensten und in vielen anderen Funktionen. Die Randegger gehörten zu den Rittern im Hegau und zu den Mitbegründern der Gesellschaft vom Georgenschild. Das war ein Zusammenschluss der Hegauadeligen, mit dem sie von der Zentrale in Radolfzell aus ihre Besitzungen im Hegau im Zusammenwirken zu verwalten suchten.

Randegg war vor allem das Schloss, wo wichtige und gelehrte Leute wohnten. Die Gelehrtheit des Hans von Schellenberg, der in der zweiten Hälfte des 16. Jahrhunderts auf Schloss Randegg lebte, war so legendär, dass er sogar den Beinamen »der Gelehrte« bekam. Ich muss als in Gottmadingen Aufgewachsener bekennen, dass ich leider keinen Gottmadinger Adeligen oder Bürgerlichen kenne, der jemals den Beinamen »der Gelehrte« trug.

Nach dem Aussterben des vornehmen Geschlechts der Herren von Randegg zogen andere mehr und manchmal auch weniger vornehme Herren und Frauen im Schloss Randegg auf: die Herren Am Stad, die Frauen von Reinach, die Späth von Zwiefalten, die Grandmonts, die de Fins, die Hornsteins, die Deurings. Selbst die ehrwürdigen Augustinerchorherren vom Kloster Beuron hatten Herrschaft, Schloss und Dorf Randegg mal besessen – manche länger, viele eher kürzer. Zwei Randegger Juden, Joel und Michael Levi Neumann, machten dann in den 1820er Jahren dem feudalen Treiben im Schloss zu Randegg ein Ende, kauften die Grundherrschaft Randegg und verkauften den größten Teil der zum Schloss gehörenden Ländereien an ihre Glaubensbrüder, aber auch an christliche Bauern.

Gewiss, Randegg war zuallererst das Schloss, aber auch ein Dorf, deshalb wollen wir nun vom Schloss herabsteigen und ins Dorf hinabgehen. Die Lage an der wichtigen Straße machte das Dorf bekannt und wichtig. Als mit dem Deutschen Zollverein im 19. Jahrhundert ein Zollamt eingerichtet werden musste, wurde es in Randegg eingerichtet, nicht in Gottmadingen und auch nicht in Singen. Randegg zählte um 1850 mehr Einwohner als Gottmadingen, es war größer als Rielasingen und als Worblingen. In Randegg wurde, wenn auch nur für wenige Jahre, eine Posthalterei eingerichtet, die von Singen hierher zog, dann aber wieder wegen der Beschwerden der Singener nach Singen ging. Obwohl um 1900 in Gottmadingen Johann Georg Fahr I. schon fleißig Landmaschinen produzierte und die Sonnen-Brauerei, später Bilger-Brauerei, und die Sternen-Brauerei ihr Bier sogar mit der Eisenbahn in die Schweiz und sonst wohin versandten, gab es in Gottmadingen keinen Arzt. Als sich ein solcher dort niederlassen wollte, schrieb ihm der Gottmadinger Bürgermeister, es sei hier noch kein Bedürfnis nach einem Arzt vorhanden, weil es einen solchen, nämlich Dr. Rothschild, in Randegg gäbe. Randegg hatte damals überörtliche Funktionen, von denen die Gottmadinger nur träumen konnten.

Doch dann stagnierte Randegg. Die Juden, die ab 1862 endlich den Christen gleichgestellt worden waren, erkannten ihre Chancen, die ihnen ihre Bildung und ihr Gewerbefleiß ermöglichten und zogen von Randegg fort. Sie zogen in badische Städte und ins ferne Amerika. Randegg war eine der vier Hegau-Gemeinden mit einem großen jüdischen Bevölkerungsanteil. Die knapp 300 Jahre, in denen die Israeliten, wie sie in der Geschichte meist genannt wurden, bis zu 40 % der Randegger Einwohnerschaft ausmachten, haben das ursprünglich katholische Randegg geprägt und es bleibt von ihnen geprägt bis heute, obwohl viele der Juden längst weggezogen und ausgewandert sind. Die letzten von ihnen wurden von den Nazis vertrieben und einige sind auch ermordet wurden. Der leere, neu gestaltete Synagogenplatz wird und muss ständige Mahnung dafür bleiben, was Intoleranz und Unmenschlichkeit bewirken.

Keines der vier jüdischen Hegaudörfer ist aber auch in seiner Mitte baulich noch heute so geprägt von den Häusern seiner ehemaligen jüdischen Mitbewohner wie Randegg. Wer im Unterdorf auf der Otto-Dix-Straße um die Kurve fährt, erblickt die Straße hinauf Häuser, die in keinem anderen Hegaudorf zu finden sind: stattliche städtische Gebäude, die einstige Wohlhabenheit zeigen, von Weltgewandtheit und Weltoffenheit zeugen. Sie stehen im harten Kontrast zu den einfachen traditionellen Hegauer Eindachbauernhäusern des Unterdorfs. Diese einmalige jüdische Bausubstanz zu pflegen und zu erhalten ist und bleibt eine Aufgabe nicht nur für die jetzigen Hausbesitzer, sondern auch für die Verantwortlichen in der Gemeinde und im Landkreis.

Randegg ist vielschichtig, vielschichtiger als viele Gemeinden im Hegau. Obwohl Randegg erst 1663 eine eigene Pfarrei wurde, hatte es doch eine überörtliche christlich-religiöse Bedeutung. Randegg war mit seiner Ottilienwallfahrt für Jahrhunderte das Ziel zahlloser Menschen und vieler Prozessionen und Bittgänge – nicht nur für Augenkranke, die die hl. Ottilie anriefen. Schon im 14. Jahrhundert gibt es Hinweise auf eine Ottilien-Verehrung. Im neuen Randegger Buch hat Dr. Franz Hofmann zusammengestellt, wer alles nach Randegg kam, um vor dem Reliquiar der hl. Ottilie zu beten und Hilfe von ihr zu erbitten. Das Wallfahrtswesen und die Volksfrömmigkeit blühten im Zuge der katholischen Gegenreformation im 17. und 18. Jahrhundert stark auf. Vom Jahre 1737 gibt es eine Zusammenstellung der hiesigen Wallfahrten, welche die Intensität des Wallfahrtswesens deutlich macht.

Ein Auszug: Am Fest des hl. Markus (25. April) besuchten die Randegger in einer Prozession die Pfarrkirche in Gailingen. Am Freitag vor Pfingsten kamen die Pfarreien von Gailingen und Gottmadingen in Prozessionen zur Ottilienkirche nach Randegg. An Johannes und Paulus (26. Juni) kamen Pfarrprozessionen aus Gailingen, Worblingen, Arlen und Rielasingen zur hiesigen Dreifaltigkeitskirche, die im 19. Jahrhundert aufgelassen wurde. In Randegg gab es zu jener Zeit drei Gotteshäuser: die Pfarrkirche, die Dreifaltigkeitskirche, die ungefähr bei der heutigen Ottilienquelle stand, und die Kapelle im Schloss. Am Fest der hl. Maria Magdalena (22. Juli) kamen die Hilzinger in die Ottilienkirche und in die Dreifaltigkeitskirche. Am Afratag (7. August) gingen die Randegger in einer Prozession von der Ottilienkirche zur

Schlosskapelle oder nach Ebringen in die Afrakapelle. Am Fest des Erzengels Michael (29. September) wanderten sie betend nach Gailingen, ebenso am Tag des hl. Dionysius (9. Oktober).

Der Höhepunkt des Randegger Wallfahrtswesen mit den meisten Besuchern war jedoch das Fest der hl. Ottilie am 13. Dezember. Es sollen an diesem Tag viele Gläubige auch aus größerer Entfernung, aus dem Schwäbischen und aus der Schweiz nach Randegg gepilgert sein. Ende des 18. Jahrhunderts wurde das Ottilienfest auf den zweiten Sonntag im Oktober verlegt, damit die Feierlichkeiten nicht mehr vom kalten Dezemberwetter beeinträchtigt wurden. Es kamen viele Menschen nach Randegg, denn bei einer solchen Wallfahrt ging häufig das ganze Dorf mit, alles was gehen konnte, marschierte mit. Deshalb war das Wallfahrtswesen auch ein wichtiger Wirtschaftsfaktor. Die Wallfahrer wollten verköstigt werden, wollten Andenken einkaufen und ja, auch das gehört dazu, wollten sich vergnügen. Wallfahrt war Freizeit in einer agrarischen Gesellschaft, wo es kein Ende der Arbeit und keinen Beginn des Nichtstuns gab.

Man stelle sich das Randegg im 18. Jahrhundert einmal bildlich vor. Da kommen Prozessionen aus vielen Orten des Hegau mit tiefgläubig katholischen Menschen an diesen wichtigen religiösen Ort. Sie treffen auf Menschen, die hiesigen Juden, die ganz andere Traditionen und Bräuche pflegen. Die durch ihren Handel weit im Land herumkommen und zum Sabbat immer nach Randegg zurückkehren. Auf der Straße fahren schwer beladene Fuhrwerke aus dem Württembergischen mit evangelischen Fuhrleuten in die Schweiz. Im Schloss wohnen Adelige, die zumindest einen Hauch von französisch-höfischer, feudaler Lebensart zelebrieren. Auf der Straße reisen strenge Handelsleute aus Schaffhausen, Reformierte, überzeugte Anhänger Ulrich Zwinglis, zu Geschäften in die Handelsmetropolen, nach Augsburg, Nürnberg oder Frankfurt. Kann man sich ein bunteres Leben vorstellen?

Welche Auswirkungen haben diese vielen gewollten und ungewollten Begegnungen unterschiedlichster Menschen? Welches Dorf im Hegau hatte mehr Kontakte nach draußen in die große, weite Welt? Das Klosterdorf Hilzingen etwa? Das abgelegene Städtchen Tengen? Oder Rielasingen, wo niemand hinkam? Gab und gibt es deshalb so viele Künstler und besondere Menschen in Randegg, die Otto Schuler gefunden und im neuen Randegger Buch zusammengestellt hat?

Und wie kamen die Randegger mit den Nachbarn aus? Wie wurden die Randegger von ihnen gesehen? Die Schweizer hatten die Randegger so gerne, dass sie mehrfach im 15. Jahrhundert in kriegerischer Absicht in den Ort einfielen – raubend und plündernd? Im 17. Jahrhundert, während des 30-jährigen Kriegs hätten die Schaffhauser dem bankrotten Randegger Orts- und Schlossherrn Späth von Zwiefalten das Dorf Randegg liebend gern abgekauft. Sie hatten auch schon eine gehörige Anzahlung geleistet. Wenn das gelungen wäre, dann wäre Randegg heute eine Schaffhauser Kantonsgemeinde, die ihre 800-Jahrfeier mit dem schalen Schaffhauser Falkenbier feiern müsste. Die unvereinbaren konfessionellen Unterschiede haben den Kauf damals verhindert: Dort die reformierte Stadt, hier das katholische Dorf, das konnte man nicht zusammenbringen.

Mit den Gottmadingern, so habe ich in den vielen Sitzungen des Redaktionsausschusses erfahren, hätten die Randegger lange Zeit kein Verhältnis gehabt. Erst als die vielen Randegger Männer zu Fahr in die Fabrik gegangen wären, hätte sich das verändert und das Verhältnis sei besser geworden. Doch Fahr gibt es ja nicht mehr, wie sieht es heute mit dem Verhältnis aus? Und mit Bietingen? Das seien ihre Lieblingsfeinde unter den Nachbarn gewesen. Noch in den 1960er Jahren habe es handfeste Auseinandersetzungen mit den »Bötingern« gegeben, wie diese hier verhöhnt wurden, die sogar gerichtlich gesühnt werden mussten.

Ja, es seien die Gailinger, mit denen die Randegger am besten ausgekommen wären. Die langen Zeiten unter den gleichen Herrschaften, der Besuch der gemeinsamen Kirche in Gailingen, das gemeinsame Feiern des Gottesdienstes und das Zusammenleben mit jüdischen Menschen ließen zwischen den beiden Gemeinden ein besonderes, auskömmliches Verhältnis entstehen.

Beim Bau der Eisenbahn wurde ein großer Bogen um Randegg gemacht, obwohl sich die Randegger um einen Bahnanschluss bemühten. Dann war der Bau der direkten Straße von Gottmadingen nach Bietingen kurz vor 1900 ein weiterer Schlag für die Randegger. Diese Straße, die alte B 34, verkürzte den Weg nach Schaffhausen erheblich und grub der alten Straße über Dörflingen den Verkehr ab. Damit geriet Randegg in den Verkehrschatten und verlor an Bedeutung.

Welchen Stellwert hat heute Randegg im Hegau? Es steht auf fast jedem Tisch in Form einer Flasche Mineralwasser von der Randegger Ottilienquelle. Die Hegauer Menschen kommen nicht mehr als Wallfahrer nach Randegg zur hl. Ottilie, das Randegger Wasser kommt zu ihnen. Randegg ist in aller Munde – im übertragenen und im wörtlichen Sinne. Und dann übernimmt seit ein paar Jahren – sicherlich unbewusst – die »Experimentelle« einen Auftrag aus der Geschichte: Sie macht Randegg wieder zu einem Ort der Begegnung, zu einem Ort des Austauschs und des Dialogs, wie damals in der Vormoderne entlang der alten Straße. Diese Ausstellung macht Randegg zu einem Ort der Kunst und der Künstler und Kunstliebhaber, wo man sich trifft und austauscht.

Wo ist das – so weit ins Land ausstrahlend – in einem anderen Hegaudorf der Fall?

Buchbesprechungen

Hans-Dieter Kuhn: Die Plansprachen Volapük und Esperanto in Konstanz. Geschichte und lokale Ereignisse. Hegau-Bibliothek Band 145. Hartung-Gorre Verlag, Konstanz 2010, 132 Seiten

Kommt die Rede auf Volapük, sorgt diese eigenwillige, ja für heutige Ohren eher unfreiwillig komische Wortschöpfung im Allgemeinen für eine gewisse Heiterkeit. Dabei ist das 1879/80 von dem Prälaten und Litzelstetter Pfarrer Johann Martin Schleyer (1831–1912) ersonnene Volapük von einiger Bedeutung als erste systematische Plansprache überhaupt und Wegbereiter der heute viel bekannteren Plansprache Esperanto. Gleichwohl ist das Volapük – »vola« von »world« und »pük« von »speak«, also »Weltsprache« – bereits zu Beginn des 20. Jahrhunderts, noch zu Lebzeiten Schleyers, nahezu ganz in Vergessenheit geraten.

Die »Volapükans« hatten sich in Scharen vom Volapük ab- und dem 1887 von dem polnischen Arzt Ludwig Lazarus Zamenhof (1859–1917) entwickelten Esperanto zugewandt. Das Esperanto war nicht nur in Wortschatz und Grammatik viel einfacher aufgebaut und damit viel leichter zu erlernen. Auch hatte es vom Volapük schon bald mehrere konkurrierende Versionen gegeben, während Schleyer vehement die Oberhoheit über »seine« Sprache für sich beanspruchte. Dagegen hatte Zamenhof auf jegliches Autorenrecht an Esperanto verzichtet, es von Beginn an ganz »der Welt« zur Verfügung gestellt und war für Veränderungen und Verbesserungen offen.

Dennoch schaffte es auch das Esperanto bis heute nicht, zur erhofften völkerverbindenden Weltsprache zu werden. Die »Esperantisten« sind ein eher elitärer Kreis geblieben, aber immerhin gibt es auf der ganzen Welt noch Esperanto-Gruppen – während die »Volapükans« bis auf exotische Ausnahmen fast ganz ausgestorben sind. Auch in Konstanz gibt es eine Esperanto-Gruppe, die der Ausgangspunkt dafür war, dass Hans-Dieter Kuhn dieses Buch vorgelegt hat.

Konstanz war hinsichtlich der beiden Plansprachen kein beliebiger Ort wie andere, denn hier hatte Schleyer das Volapük erfunden, hier war ab 1885 sein »Volapük-Zentralbüro« und hier ist er auch gestorben. Gerade hier gab es ab 1886 einen äußerst lebendigen »Volapükaklub«, der 1890 ca. 300 Mitglieder hatte, aber wohl bereits 1905 nicht mehr bestand. Etwa zur selben Zeit kam in Konstanz das Esperanto auf, 1927 wurde in Kreuzlingen die – wieder sehr lebendige – »Gesellschaft Konstanzer und Kreuzlinger Esperantisten« gegründet, als deren Nachfolger sich die Konstanzer Esperanto-Gruppe sehen darf.

Hans-Dieter Kuhn hat nun die Aufgabe übernommen, die Geschichte der Plansprachen Volapük und Esperanto in Konstanz nachzuzeichnen. Von Hause aus Finanzbeamter, hat sich Kuhn mittlerweile ganz der Regionalgeschichte verschrieben, und mit derselben Akribie und Gründlichkeit, die sein früherer Beruf erforderte, ging er dieses Buchprojekt an. Zuerst gibt er einen Überblick über Plansprachen-Vorläufer, über das Volapük und das Esperanto, ihren jeweiligen grammatikalischen Aufbau, ihre Geschichte und Entwicklung (S. 7–25). Dann folgt eine umfassende Darstellung des Volapük in Konstanz (S. 26–59), zugleich – da Schleyer hier lebte und wirkte – eine Geschichte des Volapük und seiner Geschichte überhaupt, von seinen Anfängen bis zu Schleyers Tod und darüber hinaus. Dieses Thema hat Kuhn in anderer Form auch im Jahrbuch HEGAU 67/2010 beschrieben.

Das Kapitel zu den »Esperanto-Aktivitäten in und um Konstanz« (S. 60–121) ist dagegen spezieller gehalten und widmet sich ganz der lokalen Entwicklung des Esperanto, die natürlich dennoch stellvertretend für die Entwicklung dieser Sprache auch andernorts stehen mag. In aller wünschenswerten Ausführlichkeit und untermauert durch vielfältige Dokumente, Zeitungsartikel und einschlägige Literatur stellt Kuhn die Geschichte des Esperanto in und um Konstanz dar: das Aufkommen zu Beginn des 20. Jahrhunderts, der Neubeginn nach dem Ersten und wieder nach dem Zweiten Weltkrieg bis hin zur jüngeren Vergangenheit und zur aktuellen Konstanzer Esperanto-Gruppe, deren Mitglied Kuhn ist. Eine Chronologie (S. 122–124) und eine vollständige Literaturliste (S. 128–132) runden das Buch ab.

Zu den »Plansprachen Volapük und Esperanto in Konstanz« liegt damit eine umfassende Bearbeitung vor, die keine Wünsche offen lässt und zudem – das ist ja nicht selbstverständlich – gut zu lesen ist. Wer sich für das Thema interessiert, für den ist die Lektüre des Buches Pflicht. Zwar ist der Rezensent eher skeptisch, ob sich das Esperanto jemals als Weltsprache etablieren wird, doch soll diese Rezension mit denselben Worten enden, mit denen auch Hans-Dieter Kuhn sein Buch beschließt: »Vivu Esperanto!«

Franz Hofmann

Uwe Frank, Michael Losse, Ralf Schrage, in Zusammenarbeit mit Ilga Koch: Burgen, Schlösser, Adelssitze und Befestigungen am nördlichen Bodensee. Michael Imhof Verlag, Band 1.1, Petersberg 2012, 176 Seiten, Band 1.2, Petersberg 2013, 128 Seiten

Der »Nellenburger Kreis« beginnt seine Schriftenreihe mit diesen beiden Bänden im Oktav-Format. Band 1.1 umfasst den westlichen Teil des Bodenseekreises von Sipplingen bis Uhldingen-Mühlhofen und erstreckt sich ins Hinterland bis Salem und Heiligenberg. In Band 1.2 wird der mittlere Teil des Bodenseekreises von Meersburg über Friedrichshafen bis Meckenbeuren behandelt. Im Vorspann von Band 1.1 findet der Leser kurze Abrisse über Geschichte und Burgenkunde. Dann folgen in alphabetischer Folge nach Orten gegliedert prägnante Einzelbeschreibungen der Objekte. Mehrseitige Quellen- und Literaturangaben, ein Abbildungsverzeichnis und eine Übersichtskarte schließen das Werk ab. In Band 1.2 wird die inhaltliche Ordnung von Band 1.1 fortgesetzt. Dieser Band endet mit einem Exkurs über Burgen und Burgställe im Deggenhauser Tal. Einige der darin vorgestellten zehn Objekte wurden erst kürzlich von Mitgliedern des »Nellenburger Kreises« entdeckt, andere waren bislang in der Literatur noch nicht beschrieben. Beide Bände sind reich bebildert mit Fotos, Grundrissplänen und Lageskizzen. Insbesondere die gelungenen Fotos veranschaulichen die Darstellung vieler Objekte. Jeweils am Schluss der Beschreibungen wird auf die Zugänglichkeit, mögliche Besichtigung und, wo vorhanden, auch auf Gastronomie hingewiesen.

Aufgenommen haben die Autoren alle Objekte, die sich, aus welchem Grunde auch immer, in die im Buchtitel vorgegebenen Kategorien einordnen lassen. So sind Kirchen beschrieben, deren landläufiger Wehrcharakter in dieser Publikation verneint wird, wie die Kirchen in Betenbrunn oder Frickingen. Ferner sind Kirchen und Gehöfte aufgenommen, die auf ehemaligen Burghügeln, wenn auch nur vermuteten, stehen, wie z. B. die Kirche von Baitenhausen oder das Hofgut Bürgberg bei Markdorf.

Interessenten für Ringwälle und andere künstliche Bodenverformungen kommen mit den beiden Büchern ebenfalls auf ihre Kosten. Das Besondere an dieser Reihe ist, dass außer den spektakulären und ohnehin schon oft beschriebenen Burg- und Schlossobjekten ein starkes Augenmerk auf die unauffälligen, ja z. T. weitgehend unbekannten und auch neu entdeckten Burgstellen gelegt wird. Intensive Feldbegehungen und Archivarbeiten waren Voraussetzung für die Erforschung dieser Bodendenkmäler. So sind bereits durch starke Erosion und unsensible Bodenbearbeitung viele ehemalige Burgstellen bis zur Unkenntlichkeit entstellt. Zum leichteren Auffinden vieler zumeist im Wald versteckt liegenden Objekte wäre allerdings die Angabe von Koordinaten (Gauß-Krüger oder GPS) hilfreich, denn das ungeübte Auge erkennt nicht sofort eine Aufschüttung bzw. eine Mulde als den Platz einer abgegangenen Burg. Vorbild für die Aufnahme und Darstellung der Bodendenkmäler und Burgen waren u. a. Hans-Wilhelm Heines Dissertation »Studien zu Wehranlagen zwischen junger Donau und westlichem Bodensee« von 1978 und Alois Schneiders Forschungen in »Burgen und Befestigungsanlagen des Mittelalters im Bodenseekreis« von 1989.

Obwohl bereits von Günter Schmitt ein dreibändiges Werk über Burgen und Schlösser rings um den Bodensee vorliegt – worin das Hinterland nicht erfasst ist –, sind die Bände des »Nellenburger Kreises« weder überzählige Repetitionen noch Konkurrenzschriften, sondern willkommene Ergänzungen und Erweiterungen zu diesem Thema.

Diese beiden Bände sind ein guter Anfang, das weitläufige Gebiet um den Bodensee, den Hegau und die Landkreise entlang dem Hochrhein den an Burgen Interessierten näherzubringen. Für die Mitglieder des Hegau-Geschichtsvereins dürften die noch zu schreibenden Bände über den Landkreis Konstanz von besonderem Interesse sein. Bleiben wir gespannt!

Hans-Dieter Kuhn

Waltraud Liebl und Siegmund Koptzki: Die Gans ist noch nicht gebraten. Ein Lesebuch zum Konstanzer Konzil. Gmeiner-Verlag, Meßkirch 2014, 523 Seiten

Das musste ja ein Erfolg werden: Alles passt zusammen, was nur zusammenpassen kann. Eine Flut von Büchern wurde zur 600-jährigen Wiederkehr des Konzilsbeginns in die festlich gestimmte Konzilsstadt geschwemmt, die vier lange Jahre dieses »Weltereignis des Mittelalters« feiern möchte. Der geschichtsbewusste Konstanzer Bürger will sich über das Ereignis informieren und kauft deshalb ein Buch über das Konzil. Unter den vielen Konzilsbüchern sticht ein richtiges »Lesebuch zum Konstanzer Konzil, wie es es bisher noch nicht gegeben hat«, heraus, so lautet es in etwas holprigem Meßkircher Deutsch auf dem Rückumschlag des Gmeiner-Verlags, der immer schon wusste, was sich gut verkaufen lässt. Mit den beiden Herausgebern hat der Verlag ins Schwarze getroffen. Die Dreifaltigkeitskirche war voll bei der Buchvorstellung. Alle, die etwas auf sich und ihre Bildung hielten, erschienen und erwiesen dem Buch und den beiden Herausgebern die Ehre: Dr. Waltraud Liebl-Kopitzki, die Amtsleiterin bei der Stadt Konstanz für Schulen, Bildung und Wissenschaft, und Sigmund Kopitzki, der zwar nicht der offizielle, aber der gefühlte Cheffeuilletonist des Leitmediums der Bodenseeregion, des »Südkurier«, ist.

Ja, die beiden haben vieles zusammengetragen, was in den letzten sechs Jahrhunderten über Hus, Konstanz und das Konzil geschrieben wurde: natürlich von den derzeit vielzitierten Ulrich Richental und Oswald von Wolkenstein, Martin Luther, dem Meßkircher Abraham a Sancta Clara, über Gustav Schwab, Conrad Ferdinand Meyer, Rainer Maria Rilke, Pavel Kohout über viele unbekanntere Schriftsteller und Dichter bis zu den regional unverzichtbaren und allgegenwärtigen Bruno Epple und Arnold Stadler. (Hat Martin Walser etwa nicht über das Konzil geschrieben?) Viele haben über das Konzil geschrieben, in Chroniken, Tagebüchern, Aufsätzen und Essays, in Briefen, in Lyrik und Prosa. Die Zusammenstellung der zahlreichen Fundsachen war sicherlich eine Fleißarbeit, aber ein solche, die dem Leser Freude bereitet. Besonderes Vergnügen machen die kompetent geschriebenen Einführungen zu den einzelnen Artikeln in diesem Lesebuch. Beim Lesen dieser Einstiege meint man gelegentlich den Feuilletonredakteur zu hören. Bei den Texten handelt es sich um Lesestücke von Schriftstellern und nicht um exakt erforschte historische Abhandlungen von Historikern. Da gibt es kleine und mittelgroße Unrichtigkeiten, wo man den Korrekturreflex unterdrücken muss, und es gibt Wiederholungen, weil sich eben viele über Hus und sein Schicksal, über die Papstwahl und natürlich über die Imperia ausgelassen haben. Richental gab die Vorlage, aber was soll es! Auch die beiden Herausgeber schlachteten Richental aus und illustrierten damit ihr Buch. Wer sich über das Konzil anhand von Geschriebenem aus vielen Federn informieren und vor allem unterhalten will, der liegt bei diesem Buch richtig.

Wolfgang Kramer

Rainer Brüning, Laetitia Brasseur-Wild: Menschen im Krieg 1914–1918 am Oberrhein. Katalog zur gleichnamigen Ausstellung. Kohlhammer Stuttgart 2014, 315 Seiten; Tobias Engelsing: Die Grenze im Krieg. Der Erste Weltkrieg am Bodensee. Konstanzer Museumsjournal. Konstanz 2014, 368 Seiten

Die Medien sind voll mit Darstellungen des Ersten Weltkriegs anlässlich der 100-jährigen Wiederkehr des Kriegsausbruchs 1914. Kein Museum, kein Archiv, das nicht ein Buch herausgebracht, eine Ausstellung zusammengestellt hat, was diesen »Großen Krieg«, wie ihn die Franzosen bezeichnen, zum Inhalt hat. Für die Deutschen war der Erste Weltkrieg aus der Wahrnehmung fast verschwunden und überlagert von den Schrecknissen und Ergebnissen des noch desaströseren Zweiten Weltkriegs. Nun, mit dem 100-jährigen Gedenkjahr, rückt diese »Urkatastrophe« des 20. Jahrhunderts wieder in den Blickpunkt.

Hier sollen Begleitbände zu zwei Ausstellungen besprochen werden. »Menschen im Krieg« heißt eine Ausstellung des Generallandesarchivs Karlsruhe und des Département-Archivs von Colmar, die Einblicke in viele Facetten dieses Kriegs am Oberrhein bietet. Das Besondere an dieser Ausstellung ist die Darstellung der Kriegszeit im Elsass, das erst 1871 zum neuen Deutschen Reich kam und dessen Bürger nun gegen die Franzosen kämpfen mussten, also gegen jene, zu denen sie bis dahin gehört hatten. Was empfanden die 220 000 Elsässer, die eingezogen wurden, in diesem Krieg? Die Deutschen trauten den Elsässern nicht, sie zogen mitten im Krieg die aus Elsässern bestehenden deutschen Einheiten von der Westfront ab und setzten sie an der Ostfront ein. Das ist die eine Besonderheit in Buch und Ausstellung. Die andere ist die Konzeption: Nicht der Krieg »von oben« wird hier dargestellt, sondern ganz konsequent wie in vielen modernen Konzeptionen der historischen Ausstellungen wird hier der Krieg »von unten« gezeigt. Wie erlebten die Menschen, bekannte und berühmte, unbekannte und einfache Elsässer und Badener diesen Krieg?

Französische und deutsche Archivare und Historiker haben zusammengearbeitet, und es ist interessant zu beobachten, wie sie den Krieg hundert Jahre danach, zwar immer um Objektivität bemüht, doch aus ihrer »nationalen« Sichtweise beschreiben. Man hat das Gefühl, dass die Deutschen etwas distanzierter und vor allem kritischer an die Materie herangehen als ihre Kollegen von der anderen Seite des Rheins. Diese vielfach gelobte Ausstellung ist übrigens von Mitte Juni bis Ende August 2015 im Landratsamt Konstanz zu sehen.

Auch beim Buch zur Ausstellung »Grenze im Krieg« steht der Mensch im Vordergrund. Die Ausstellung im Richentalsaal im Konstanzer Kulturzentrum am Münster war wieder mit einer großen Fülle von Erinnerungsstücken an den Krieg im bekannten holzbetonten, geschreinerten Pragmadesign-Outfit versehen, wie es die Mannschaft des Rosgartenmuseums bei Ausstellungen immer gerne macht. Bei den vielen Uniformen und wichtigen und nebensächlichen Alltagsgegenständen aus dem militärischen und zivilen Kriegsalltag kann gelegentlich der Blick auf das Ganze und auf die Zeit verloren gehen. Das ist aber beim Buch zur Ausstellung ganz anders, hier hat auch die Crème der Konstanzer neuzeitlichen Historiografen mitgeschrieben: vom Stadtarchivar bis zum Museumsdirektor. Das Buch kann die Zeit wesentlich besser darstellen als die Ausstellung. Man fragt sich, warum es dieser und anderer Ausstellungen über den Krieg eigentlich bedarf? Nur weil sich der Ausstellungsbesucher am Authentischen laben will?

»Konstanzer Museumsjournal 2014« heißt dieser Katalog zur Ausstellung, der wesentlich mehr ist als ein solcher. Wer in dem Buch liest, der kommt davon nicht mehr so schnell los. In acht Kapiteln auf über 350 Seiten wird ein so umfassendes Bild von der Kriegszeit in Konstanz geboten, dass es einem manchmal fast den Atem nimmt. Wie in jenem Kapitel über den Meersburger Soldaten Eduard Sigel, der unbekümmert in seinen Briefen nach Hause von Exekutionen von Honoratioren eines elsässischen Dorfes berichtet und eine gemeinsame Weihnachtsfeier von deutschen und französischen Soldaten am 25. Dezember 1914 über die Schützengräben hinweg als »Unfug« bezeichnet. Spannend die Schilderung des Schicksals der vielen Gestrandeten und Ausgesperrten an der Grenze kurz vor und kurz nach dem Kriegsausbruch. Thurgauer Zeitungen, die zugegeben nicht zu den Edeljournalen der Schweiz gehörten, nahmen vor dem 1. August ganz eindeutig Partei für die Deutschen und Österreicher und berichteten dann kurz danach von Gerüchten über nächtliche Hinrichtungen von Spionen in Konstanz. Wie schnell hatte sich das vertraute jahrhundertelange Hinüber-und Herüber doch in Luft aufgelöst! Konstanz hatte eine wichtige Rolle als Stadt des Austausches von Verwundeten zwischen den Kriegsparteien übernommen und litt gleichzeitig unter der Grenzschließung, weil der Stadt das Thurgauer Hinterland weggebrochen war.

In dem Buch werden in den Hauptkapiteln die verschiedenen Aspekte des »Kriegsalltags« beleuchtet – vom Kriegsausbruch, über die Situation an der Grenze, die Lage von Künstlern und Pazifisten bis zur Revolution/Restauration und der Erinnerung/Verklärung des Kriegsgeschehens in Form von Gefallenendenkmalen in den 1920er und 1930er Jahren. In den einzelnen Hauptkapiteln wird eine Vielzahl von Personen vorgestellt und über deren Rolle und Schicksal in dieser zweiten Dekade des 20. Jahrhunderts erzählt. Auch hier wird Geschichte an Personen festgemacht. Gerade diese »Kurzbiografien« sind ungemein spannend und höchst informativ und dabei gut lesbar und zudem reichlich bebildert. Das großformatige, aufwändig ausgestattete und gut gestaltete Buch ist ein Glücksfall für die Historiografie der Stadt Konstanz und der Region. Wer sich über den Ersten Weltkrieg am Bodensee informieren will, kommt an diesem Buch nicht vorbei.

Wolfgang Kramer

»Ich will als ein ganzer Mann und wahrhaft Deutscher zurückkehren, mit reinem Gewissen.« – Die Kriegstagebücher des Nathan Wolf aus den Jahren 1914 bis 1917. Ausgewählt und kommentiert von Anne Overlack mit einem Vorwort von Aleida Assmann. Hegau-Bibliothek Band 162. Moos 2014, 119 Seiten

Warum gibt es von Teilnehmern des Ersten Weltkriegs recht viele Tagebuchaufzeichnungen über die Kriegserlebnisse und vom Zweiten Weltkrieg so wenige? Der jüdische Arzt aus Wangen am Untersee, Dr. Nathan Wolf, hat wie viele Soldaten des Ersten Weltkriegs ein Kriegstagebuch geschrieben, das er wie andere auch, erst später, wahrscheinlich nach dem Krieg, auf der Basis von Briefen in die Heimat und anderen Aufzeichnungen verfasst hat. Nathan Wolf war als Militärarzt sowohl an der Westfront als auch im Osten und sogar an der Front im Sinai auf der Seite der verbündeten Türken eingesetzt. Doch gerade diese interessante letzte Zeit fehlt in den Tagebüchern ebenso wie der zweite Band, der schon 1944 nicht mehr vorhanden gewesen sein muss. Für Wolf hatte dieses Kriegstagebuch einen so hohen Wert, dass er es sogar in sein Handgepäck packte, mit dem er 1939 in die Schweiz floh.

Der jüdische Militärarzt musste schon in den ersten Kriegstagen noch im August in Müllheim/Baden im Lazarett die verwundeten Soldaten operieren: »Ich operiere ununterbrochen seit heute Nacht 3, ganz entsetzliche Schüsse; das Gewöhnlichste ist eine Fraktur der Arme und Beine, Wirbelsäule-, Magen- und Lungenschüsse [...] Viele lasse ich liegen, weil sie nicht in der Operation bleiben, fast ausgeblutet, vor allem viele Offiziere.« Da erlebte ein Arzt das Grauen des Kriegs hautnah mit, näher geht es nicht, doch nur vier Tage später schrieb er in sein Tagebuch: »Trotz aller Vorzüge und der großen Gunst, deren ich mich hier erfreue, brennt doch in mir das Verlagen, ins Feld hinauszuziehen, zu Pferd und die Schlacht mitzumachen.« Ja, gewiss, Nathan Wolf war ein Patriot. Diese Passage und die Berichte machen aber deutlich, in welcher unfassbaren, für uns heute unbegreiflichen Gefühls- und Gedankenwelt die Deutschen und sicherlich auch die Franzosen damals lebten – egal ob Christ oder Jude. Wie predigte laut Wolf der Feldgeistliche am 20. August 1914: »Tue jeder seine volle Pflicht!« Die Bearbeiterin Anne Overlack hat auch Passagen herausgesucht, die einen Arzt zeigen »noch ohne erkennbare innere Skrupel. Darum sage ich jeden Tag meinen Leuten, dass ihr Leben nichts gelte, dass nur das Vaterland gelte.« Liest man die Schilderungen von der Front und aus dem Schützengraben, dann gefriert einem beim Lesen fast das Blut in den Adern ob der Schrecknisse und des Schlachtenwahnsinns, dazu im harten Kontrast die Fotos mit den in Pose gestellten deutschen Offizieren – natürlich mit der Zigarette in der Hand.

Der Bearbeiterin muss man für ihre intensive Arbeit um dieses Tagebuch von Nathan Wolf danken. Es ist ihr sehr gut gelungen, diese authentische Quelle über den Ersten Weltkrieg so zu bearbeiten und behutsam zu kommentieren, dass man meint, unmittelbar dabei zu sein. Hervorragend auch die Ausstattung des Buches, die sich abhebt von dem nüchternen Äußeren der vielen Bücher, die derzeit über diesen Krieg erscheinen.

Wolfgang Kramer

Eva Eberwein, Monika Leister: Lichtwerke. Mia Hesse geb. Bernoulli als Photographin. Versuch einer Nahaufnahme. Mit einem Vorwort von Alois Prinz. Hegau-Bibliothek Band 159. Gaienhofen 2014, 238 Seiten

Ein stattliches Buch hat die rührige Eigentümerin des Hermann-Hesse-Hauses in Gaienhofen, Eva Eberwein, über eine früherer Bewohnerin eben dieses Hauses vorgelegt. Sie und die Kunsthistorikerin Monika Leister haben ein Buch über Mia Hesse, die erste Frau von Hermann Hesse, verfasst, die sich als frühe Fotografin emanzipiert hat. »Es ist das Schicksal von Frauen berühmter Männer, dass ihr Leben nur im Hinblick auf ihren Partner gesehen wird und sie schlimmstenfalls als Anhängsel wahrgenommen werden.« Das schreibt der Hesse-Biograf Alois Prinz in seinem knappen Vorwort. Eva Eberwein hat einen Kreis von Frauen um sich geschart, der sich die Erforschung des Lebens und Wirkens von Mia Hesse vorgenommen hat. Herausgekommen ist erstaunlich Vieles und vor allem Lesenswertes.

Mia Bernoulli (geb. 1868) wurde in eine kinderreiche Familie des Basler Stadtadels hineingeboren, der den berühmten »Basler Daig« ausmacht. Mit Verlaub darf man da die Autorinnen auf S. 21 ergänzen: Das Wort »Daig« mag auf das althochdeutsche Wort für Wehranlage mit Mauern und Gräben zurückgehen, wo die Oberschicht entlang der alten Stadtmauer in Basel gewohnt hat, in erster Linie jedoch bezeichnet es das vielfach verflochtene, klebrige, teigig zähe Miteinander einer elitären Schicht in der Stadt Basel. In der konservativen Schweiz kann Mia Bernoulli vor 1900 noch lange nicht studieren, eine Berufsausbildung ist für Töchter dieses Standes nicht vorgesehen. Trotzdem wollen Mia und ihre jüngste Schwester Tuccia (eigentlich Mathilde) das Fotografieren erlernen, also »Bilder zu machen, ohne zu malen und zeichnen«. Umfassend und anschaulich werden das gesellschaftliche Umfeld und das Gedeihen der Fotografie und des fotografischen Gewerbes in Basel in jener Zeit beschrieben. Mia erlernt das Fotografieren in München und Hamburg, Tuccia geht dazu noch nach Berlin. In Basel machen die beiden Schwestern gemeinsam ein Atelier auf, Mia spezialisiert sich auf die Portrait- und die Kunstfotografie. Wunderbar zu lesen ist die Schilderung des Ateliers und der Arbeit in Basel.

1903 tritt der neun Jahre jüngere Hermann Hesse ins Leben von Mia. Hermann und Mia ziehen bald ins damalige 300-Seelen-Dorf Gaienhofen auf der hinterwäldlerischen Höri. Sie fotografiert auch auf der Höri, es sind Aufnahmen aus einem fast archaischen, weil vormodernen Dorf: Bauern bei der Arbeit, Kinder beim Baden. Im neuerbauten Hesse-Haus im modernen Lebensreformstil bekommt die Großbürgertocher Mia ein kleines Zimmerchen, das lediglich mit einer Andeutung eines Fotoateliers versehen ist. Der Meisterdichter wohnt einen Stock höher und mit Blick auf den See – ganz anders. Mias Leben verdüstert sich zwischen Aufzucht der drei Kinder, Haushalt, Garten und der Tristesse des Bauernkaffs Gaienhofen. Die Abbildung 157 zeigt das Ehepaar Hesse um 1910. Er schmiegt sich an seine Frau und schaut in die Kamera, sie wirkt resigniert, fast derb und bäuerlich. Die Ehe wird 1923 geschieden. Das Kapitel 10 »Die Zeit nach Gaienhofen« ist den Autorinnen zu kurz geraten. Schade, man erfährt fast nichts aus dem späteren Leben der Ex-Hesse-Ehefrau, warum eigentlich? Selbst ihr Sterbedatum ist nicht vermerkt. Sie stirbt 1963 in Bern. Trotz dieses leicht vermeidbaren Mankos ist es ein faszinierendes, reichlich bebildertes und informatives Buch, das einen wunderbaren Einblick gibt in das Leben einer außergewöhnlichen Frau.

Wolfgang Kramer

Vereinsnachrichten

Protokoll der 58. Mitgliederversammlung des Hegau-Geschichtsvereins am Samstag, dem 8. März 2014, in der Stadthalle Singen

I. Mitgliederversammlung

1. Begrüßung durch den Präsidenten

Der Präsident des Hegau-Geschichtsvereins (HGV), Wilderich Graf von und zu Bodman, heißt zu Beginn der 58. Mitgliederversammlung alle Anwesenden herzlich willkommen und begrüßt insbesondere Oberbürgermeister Bernd Häusler als Vertreter der Stadt Singen. Er dankt der Stadt für die vielfältige Unterstützung des HGV. Anschließend gedenken der Präsident und die Anwesenden durch Erheben von ihren Plätzen der seit der letzten Hauptversammlung verstorbenen Mitglieder: Elisabeth Bandel, Konstanz; Anneliese Bölle, Singen; Gabriele Eisele, Konstanz; Johann Forster, Stockach; Dr. Herbert Güss, Singen; Richard Haidlauf, Hohenfeld-Kalkofen; Anette Herzberger-Samland, Öhningen; Hedwig Hubenschmid, Singen; Augusta Ockenfeld, Singen; Ingeborg Oßwald-Lüttin, Hilzingen; Max Ruh, Schaffhausen (Nachruf in diesem Jahrbuch); Werner Sterk, Singen; Benno Thurner, Empfingen; Hermann Timm, Rielasingen-Worblingen.

2. Grußwort von Oberbürgermeister Bernd Häusler

Im Anschluss daran wendet sich der Singener Oberbürgermeister Bernd Häusler mit einem Grußwort an die Anwesenden. Er verweist auf die traditionelle Rolle der Stadt Singen auf dem Gebiet der modernen Kunst und der Gegenwartskunst und auf die zahlreichen Kulturinstitutionen: vom städtischen Kunstmuseum bis zum Hegau-Museum, von der »Färbe« über die »Gems« bis zu den zahlreichen privaten Galerien und jetzt auch das neue Museum MAC. Besonders hebt er die Institutionen und Vereine auf dem Gebiet der Geschichte hervor: vom Stadtarchiv bis zur Hegau-Bibliothek, vom Info-Zentrum auf dem Hohentwiel bis zum HGV, der vor allem das kulturelle Angebot der Stadt bereichert und deshalb von der Stadt Singen seit vielen Jahrzehnten unterstützt wird. Konkret nennt OB Häusler vor allem die vom HGV herausgegebene CD mit Quellen zum Ersten Weltkrieg in der Reihe »Regionalgeschichte in der Schule«, die die Stadt Singen mit 3000 € unterstützt hat. Dem HGV wünscht er weiterhin einen guten Zuspruch und eine ertragreiche Arbeit.

3. Geschäftsbericht des 1. Vorsitzenden

Der Themenschwerpunkt des HGV 2013, »Adel und Herrschaft«, hat viel Interesse bei den Mitgliedern und darüber hinaus geweckt. Es gab insgesamt 58 Veranstaltungen in den beiden Halbjahresprogrammen zu diesem Themenschwerpunkt, aber auch über die Geschichte des Hegau insgesamt: Vorträge, Führungen, Besichtigungen und Exkursionen, wie es die Mitglieder gewohnt sind. Der Bogen war wieder weit gespannt, von der Archäologie über mehr kunstgeschichtliche Themen und Veranstaltungen bis zu solchen der Neuzeit und der neuesten Geschichte, Burgenkundliches und solche zum Thema Kulturlandschaft. Ein Geschichtsverein muss vieles bieten, das ganze Spektrum der Geschichte aufarbeiten und darstellen.

Das Vereinsjahr begann am 16. Februar 2013 mit dem famosen Vortrag von Dr. Fredy Meyer über die Nellenburger (abgedruckt im Jahrbuch 2013), ein gutes Beispiel für die Verknüpfung von Programm und Jahrbuch, die wir immer anstreben. Die Vortragsreihe wurde fortgesetzt mit einem Vortrag von Sebastian Hausendorf über Radolfzell im »Dritten Reich«, von verschiedenen Archäologen über Flachsverarbeitung in der Jungsteinzeit, über die Glockenbecherleute und Schnurkeramiker ebenfalls in der Jungsteinzeit. Ein besonderes Ereignis war die Führung durch Schloss Marbach, das heute als exklusives Tagungszentrum fungiert, wo der Konstanzer Historiker Helmut Fidler über das Adelsgeschlecht derer von Ulm sprach (ebenfalls abgedruckt im Jahrbuch 2013). Das erste Halbjahresprogramm schloss harmonisch ab mit einem süffigen Vortrag von Achim Fenner über den historischen Weinbau im Hegau.

Dazwischen gab es Exkursionen in den oberen Linzgau und über den 1. Mai fuhr der HGV mit Holger Starzmann zwei Tage zu »Bürger und Edelmann« nach Oberschwaben. Ein besonderes Ereignis war an einem heißen Juniabend der Aufmarsch der »Gälfiäßler« in Radolfzell, wo sie 901 Jahre badische Geschichte auf besondere Art boten. Thomas Schaad führte durch Singen und zeigte den Wandel vom Dorf zur Stadt. Überaus stark besucht war der Informationsnachmittag im April im Schloss Immendingen, dessen dicke Mauern wegen der vielen Besucher fast zu bersten drohten.

Viel Adel gab es bei der Führung von Dr. Franz Hofmann zu den Epitaphien in der Weiterdinger Kirche, bei der Führung durch Schloss Freudental mit Sibylle Probst-Lunitz und Karin Lindner, beim Spaziergang durch den herbstlichen Schlosspark und die Ruine Altbodman mit Graf Bodman, bei der Busexkursion ins Fürstenbergische, wo nicht nur das Fürstenschloss in Donaueschingen besucht, sondern sogar von Ferne leibhaftig der Fürst in seinen Gemächern erblickt werden konnte. In besonderer Erinnerung bleiben der Vortrag von Reinhild Kappes über die Herrschaft Singen im 16. Jahrhundert, die Führung von Hildegard Bibby über königliche Geldnöte und Geldgeber in Konstanz und vor allem die Vorstellung des Jahrbuchs 2013 im November: In Schloss Weiterdingen erlebten die zahlreichen Anwesenden ein Konzert mit Werken Robert von Hornsteins und den Vortrag von Dr Friedemann Kawohl über Hornsteins Verhältnis zu seinem Komponisten-Kollegen Richard Wagner. Dies ist nur ein kleiner unvollständiger Auszug aus dem Jahresprogramm, es fehlen beispielsweise die Burgenführungen des sehr aktiven Burgenforscher-Trios des Nellenburger Kreises im HGV, Uwe Frank, Rudolf Martin und Ralf Schrage.

Das Jahrbuch HEGAU 2013 stand natürlich auch ganz im Zeichen des Adels. Die bisherige Resonanz war durchweg positiv. Das inhaltsreiche Jahrbuch ist ein wichtiger Beweggrund für viele, dem Verein beizutreten und ihm über Jahrzehnte die Treue zu halten. Der Redaktions- und Programmausschuss hat die Themenschwerpunkte für die kommenden Jahre festgelegt: 2014 Kriege, Krisen, Friedenszeiten im Hegau; 2015 Kirche und Religion; 2016 Kunst- und Künstlerlandschaft Hegau. Der 1. Vorsitzende dankte allen, die am Programm und am Jahrbuch mitgewirkt haben: den Autoren, den Referenten, den Führern, den Exkursions-Leitern. Nur dank ihres Einsatzes kann der HGV jedes Jahr ein solch vielfältiges Programm den Mitgliedern offerieren, um das er von anderen Geschichtsvereinen beneidet wird. Mit 50–60 Veranstaltungen pro Jahr steht der HGV, soweit wir das beobachten können, an der Spitze der Geschichtsvereine im Land.

Das neue Programm für das 1. Halbjahr 2014 wurde mit der Einladung zur Mitgliederversammlung versandt. Hingewiesen sei auf ein paar wenige Veranstaltungen: Zum Tag der Archive bietet sich die Möglichkeit, einen Blick in das Stadtarchiv Tengen und die Geschichte der Stadt und ihrer Ortsteile zu werfen. Dr. Hans Konrad Peyer wird über die Postgeschichte von Schaffhausen, das auch die postalische Zentrale des ganzen Hegau war, referieren. Mit einem ganz anderen Thema wird sich Dr. Arnulf Moser in seinem Vortrag beschäftigen: mit dem Erbgesundheitsgesetz und Zwangssterilisationen im Kreis Konstanz 1933–1945, in dem er auch auf personelle Kontinuitäten in den Gesundheitsämtern hinweisen wird. Hildegard Bibby wird ihre neue CD mit Quellen zum Ersten Weltkrieg vorstellen, und zwar im Musiksaal des Hegau-Gymnasiums. Der 1. Vorsitzende wird dabei in einem Vortrag versuchen, die Zuhörer und die Verantwortlichen der Schule zu überzeugen, das Langemarck-Gemälde des Hilzinger Malers Hans Lochmann im Musiksaal dieser Schule dauerhaft zu zeigen; Hans Lochmann war kein Nazi-Maler. Anlässlich des Informationsnachmittags werden wir zu Gast in Möggingen sein, wo neben der Gruft auch die Vogelwarte besichtigt werden kann. Eine ganze Reihe von Veranstaltungen ist bereits ausgebucht. Der Vorstand wünscht den Mitgliedern hierbei interessante Stunden bei der Beschäftigung mit der Hegau-Geschichte.

In der Reihe »Hegau-Bibliothek« sind 2013 folgende Bände erschienen: Alfred Gschlecht: Die wechselvolle Geschichte des Dorfes Watterdingen (Band 156). Es ist das Lebenswerk dieses seit vielen Jahrzehnten äußerst rührigen Heimatforschers, zu dem man ihm nur gratulieren kann. Eva Eberwein und Monika Leister: Lichtwerke – Mia Hesse geb. Bernoulli als Fotografin, Versuch einer Nahaufnahme (Band 159). Reinhold Gitter: 150 Jahre Hochrheinbahn – Die Strecke zwischen Aach und Biber (Band 160). Dieter Britz, Roland Kessinger, Reinhold Gitter, Herbert Zahn und Klaus-Michael Peter: 150 Jahre Hochrheinbahn Singen-Hegau (Band 161). Diese beiden Bände sind zum 150-jährigen Jubiläum dieses wichtigen Bahnabschnitts erschienen.

Kurz vor der Mitgliederversammlung konnte der HGV das Buch von Dieter Möhrle mit dem Titel »Der Flecken Eigeltingen samt Probsthof im Spiegel ihrer Flurnamen« vorstellen. Es erscheint als Band 9 der Reihe »Hegau-Flurnamen«. Dieses Buch ist aber weit mehr als nur ein Flurnamenbuch, sondern schon eine Art Ortsgeschichte, die auf Flurnamen basiert und für jedermann mit Gewinn lesbar ist. Man lernt die alten Zustände, Abhängigkeiten, Begriffe und bekommt somit einen Blick in die Zeit vor 1800.

Auch die Reihe »Kunstschätze« geht weiter. Wir hoffen, noch dieses Jahr den Band »Kunstschätze des Historismus im Kreis Konstanz« herausbringen zu können. Spendenzusagen des Landkreises und des Regierungspräsidiums Freiburg sind kürzlich eingegangen. Dr. Losse konnte schon einen Teil seiner Texte abliefern. Derzeit werden die Erfassungen für das HGV-Projekt zur Erfassung der Epitaphien bearbeitet, die letzten Erfassungen sollten in nächster Zeit abgegeben werden. Alles dies soll auch in einen Band der Reihe »Kunstschätze« münden, den der HGV 2015 herausgeben will – mehr dazu unter TOP 8.

Nachdem der 1. Vorsitzende bei Mitgliederversammlungen schon mehrfach auf die Gefahren hingewiesen hatte, die seiner Meinung nach der Kulturlandschaft Hegau drohen, hat sich der Beirat des HGV auf seiner letzten Sitzung im Januar auf Schloss Freudental grundsätzlich damit auseinander gesetzt, besonders mit der Frage: Darf sich ein Geschichtsverein über sein eigentliches Arbeitsfeld hinaus, nämlich der Erforschung, Darstellung und Vermittlung der Geschichte, auch zu solchen Themen, die aber unser Forschungsfeld, den Hegau, betreffen, äußern? In der Satzung des HGV heißt es unter § 2 Abs. 2: »Ferner will er [der HGV] die Belange der Natur- und des Denkmalschutzes, der Volks- und Heimatkunde sowie der Familienforschung pflegen und fördern und so die Heimatverbundenheit stärken.«

Es ging in dieser Sitzung um diese sogenannten sekundären Vereinsziele, angesichts der Veränderungen, welche die Kulturlandschaft des Hegau schon durchgemacht hat und noch durchmachen muss. Nach längerer, jedoch recht einmütiger Diskussion kam der Beirat zu der Meinung, dass der HGV sich äußern sollte, wenn auch mit Augenmaß und Ziel. Denn es gebe zu wenige Stimmen, die sich für den Erhalt des Erscheinungsbildes des Hegau einsetzen. Die

Umweltverbände sind zu sehr mit ihrem Engagement für die Energiewende beschäftigt und mit ihren Forderungen nach alternativen und standortnahen Energiearten, dass sie sich nicht für die Erhaltung des Erscheinungsbildes dieser Landschaft einsetzen können und wollen. Der Vorstand und Beirat des HGV kann sich Windräder mit bis zu 200 m Höhe auf dem Bodanrück bei Liggeringen, auf dem Rauhenberg bei Gailingen, auf dem Kirnberg bei Steißlingen oder gar auf der Homburg nicht vorstellen. Die Kulturlandschaft Hegau, von der immer so viel gesprochen wird, habe hier keinen Anwalt. Der HGV will hier für sie Anwalt sein und seine Stimme erheben, wenn die Landschaft als Ganzes bedroht ist.

Selbstverständlich ist auch der HGV für die Energiewende, aber nur dort sollen Windräder und große Biogasanlagen errichtet werden, wo sie sinnvoll sind und nicht an exponierten Stellen in einer kleinräumigen Kulturlandschaft. Der Beirat hat sich ausdrücklich dafür ausgesprochen, dass der HGV sich nicht zu jeder Biogasanlage äußern soll, sondern nur dann, wenn die Landschaft als Ganzes in ihrem Erscheinungsbild beeinträchtigt ist.

Ein Beitritt zum HGV lohnt sich immer noch oder jetzt erst recht. Dieser Meinung waren 34 neue Mitglieder, die letztes Jahr dem Verein beigetreten sind. Wir heißen die neuen Mitglieder im Verein herzlich Willkommen und freuen uns auf die Begegnung mit ihnen und wünschen ihnen viel Freude bei der Beschäftigung mit der Geschichte des Hegau. Am 31. Dezember 2013 hatte der HGV 1052 Mitglieder, hinzu kommen 73 Tauschpartner und elf Abonnenten der Zeitschrift HEGAU, das macht genau 1136, das sind sieben weniger als Ende 2012. Der HGV muss sich anstrengen, um den Abwärtstrend, dem leider alle Geschichtsvereine unterliegen, stoppen zu können. Der Vorstand bittet alle Mitglieder herzlich, für den HGV zu werben. Im Jahr 2014 sind schon wieder eine ganze Reihe von Beitritten verbuchen.

Auch im Jahr 2013 hat der HGV die Geschichtspreisträger der Abiturklassen an allen Gymnasien im Kreis Konstanz mit einem Buchpreis und einer kostenlosen Mitgliedschaft im HGV bedacht. Die Preisträger sind: Andreas Bär, Radolfzell (Hohentwiel-Gewerbeschule, Technische Oberschule Singen); Moritz Nicolas Demmer, Singen (Hegau-Gymnasium Singen); Luca Dietrich, Triboltingen/Thurgau (Ellenrieder Gymnasium Konstanz); Miriam Erne, Allensbach (Wessenberg-Schule Konstanz, Wirtschaftsgymnasium); Marisa Kowalski, Konstanz (Alexander-von-Humboldt-Gymnasium Konstanz); Roman Martin, Gottmadingen (Friedrich-Wöhler-Gymnasium Singen); Almir Mehmedovic, Stockach (Nellenburg-Gymnasium Stockach); Felicia Poensgen, Radolfzell (Friedrich-Hecker-Gymnasium Radolfzell); Lucie Schwörer, Konstanz-Dettingen (Geschwister-Scholl-Schule Konstanz); Franziska Straden, Steckborn/Thurgau (Heinrich-Suso-Gymnasium Konstanz); Stephanie Restle, Gailingen (Hohentwiel-Gewerbeschule, Technisches Gymnasium Singen); Lisa Rudolph, Konstanz (Volkshochschule Konstanz-Singen, Berufliches Abendgymnasium); Nora Vetter, Singen (Robert Gerwig Schule Singen).

Abschließend dankt der 1. Vorsitzende den Mitgliedern, die durch die rege Teilnahme an den Veranstaltungen, aktives Mittun und mit großem Interesse den Verein unterstützt haben; Katharina Scheufele und Christine Stotz von der HGV-Geschäftsstelle, für ihre Arbeit, ihre Ideen und vor allem ihr Organisationstalent; den Spendern, Förderern und Sponsoren, auf die der HGV nicht verzichten kann; der Stadt Singen für die vielfältige Unterstützung des Vereins und schließlich den Mitgliedern des Redaktions- und Programmausschusses, des Beirats und des Vorstands für ihre engagierte und immer ideenreiche Mitarbeit in den Gremien des Vereins.

4. Kassenbericht des Schatzmeisters

Die Einnahmen für das Kalenderjahr 2013 setzten sich folgendermaßen zusammen: Mitgliedsbeiträge 28842,41 €; Spenden von Personen 1210,61 €; Zuschuss des Regierungspräsidiums für das Jahrbuch HEGAU 2500,00 €; Erlöse aus Buchverkäufen 8072,90 €; Erlöse aus Exkursionen 14 148,83 €; Erlöse aus Vorträgen und sonstigen Veranstaltungen 2364,54 €; Zinserträge 91,29 €. Die Gesamteinnahmen 2013 betrugen damit 57 230,58 €. Die Ausgaben im Kalenderjahr 2013 betrugen: Herstellungsaufwand für das Jahrbuch HEGAU 2013 insgesamt 24 041,73 €; Kauf von Büchern 908,25 €; Aufwand für Exkursionen 12 056,56 €; allgemeine Bürokosten 165,31 €; Software 562,00 €; Postgebühren und Frachten 3550,17 €; Versicherungen 495,93 €; Zinsen und Bankgebühren Deutschland 221,94 €; Zinsen und Bankgebühren Schweiz 45,09 €; Versammlungen und sonstige Veranstaltungen 2845,45 €; Internet-Auftritt 873,90 €; Mitgliedsbeiträge für das Internationale Bodenseeschifffahrtsmuseum, den Gesamtverein der Deutschen Geschichts- und Altertumsvereine und den Landesverein Badische Heimat 142,00 €; Zuschüsse für den Druck der Dissertation von Reinhard Brosig und die Publikationen zum Thema 150 Jahre Bahn und zur Bodensee-Fischerei 1050,00 €; Abgaben an die Künstlersozialkasse (KSK), zu denen der HGV verpflichtet ist, auch für zurückliegende Jahre 3759,26 €. Die Gesamtausgaben 2013 betrugen damit 50 717,59 €. Der HGV hat damit 2013 einen Jahresüberschuss von 6512,99 € erzielt.

Der Kassenbestand zum 31. Dezember 2013: Barkasse 219,07 €; Sparkasse Singen-Radolfzell Girokonto 13 192,63 €; Sparkasse Singen-Radolfzell Festgeld 60 503,02 €; Postbank Karlsruhe Girokonto 2141,99 € (das Konto wird aus wirtschaftlichen Gründen 2014 geschlossen); Schaffhauser Kantonalbank 1875,67 €; Forderungen 410,24 €. Der Verein ist damit weiterhin wirtschaftlich gesund und steht auf einer soliden finanziellen Basis. Eine hohe Zahl von Mitgliedern ist für die langfristige Vereinsarbeit wichtig, der jährliche Mitgliedsbeitrag wird zur Herstellung des Jahrbuchs HEGAU verwendet. Die Herausgabe des nächsten Jahrbuchs sowie die anderen Aktivitäten sind damit gesichert.

5. Bericht der Kassenprüfer

Der 1. Vorsitzende dankt Schatzmeister Bernd Eisenhardt für den vorzüglichen Kassenbericht und die solide Kassenführung. Die Kassenprüfung 2013 wurde durch Hans-Dieter Kuhn und Roland Frank vorgenommen. Herr Kuhn referiert die Ergebnisse: Buchführung und Belegwesen des HGV sind geordnet. Der Jahresabschluss zum 31. Dezember 2013 vermittelt ein den tatsächlichen Verhältnissen entsprechendes Bild der finanziellen Lage des HGV. Der HGV steht wirtschaftlich auf solidem Boden. Der Mitgliederversammlung wird empfohlen, den Jahresabschluss 2013 festzustellen und hierfür dem Schatzmeister und dem Vorstand Entlastung zu erteilen.

6. Aussprache über TOP 3–5

Hierzu gibt es keine Wortmeldungen.

7. Entlastung des Vorstands

OB Bernd Häusler beantragt die Entlastung des Schatzmeisters und des übrigen Vorstands, die per Handzeichen ohne Gegenstimme – bei Enthaltung der Vorstandsmitglieder – erteilt wird.

8. Stand des Projekts zur Erfassung und Inventarisierung von Grabdenkmalen

Der Schriftführer erläutert den Stand des Mitgliederprojekts des HGV zur Erfassung von Grabdenkmalen im Kreis Konstanz. Fast alle Erfasserinnen und Erfasser haben ihre ausgefüllten Erfassungsbögen abgegeben, die meisten digital, einige handschriftlich. Die vor Ort angefertigten Fotos der Objekte sind fast alle von guter bis sehr guter Qualität, so dass das Wesentliche dokumentiert ist. Es fehlen jetzt nur noch einzelne Orte, aber die zuständigen Erfasserinnen und Erfasser haben signalisiert, dass mit einer baldigen Abgabe gerechnet werden kann. Die eigentliche Erfassung aller vor 1950 entstandenen Epitaphien und Grabsteine im Kreis Konstanz ist damit so gut wie abgeschlossen. Insgesamt haben bis jetzt 35 Erfasserinnen und Erfasser ihre Bögen abgegeben. Dafür sei ihnen ganz herzlich gedankt.

Erfasst und fotografiert wurden bisher ca. 830 Objekte, am Ende werden es wohl fast 1000 Objekte sein, das ist doch einiges mehr als erwartet. Die größten »Brocken« waren der Konstanzer Hauptfriedhof, dort haben Uwe Brüggmann 156 und Hans-Dieter Kuhn 105 Objekte erfasst. Dann der Mennoniten-Friedhof in Hilzingen-Storzeln mit 71 Steinen, wo Aileen Becker echte Grundlagenarbeit geleistet hat. An vierter Stelle kommt der Stockacher Loreto-Friedhof mit 49 Objekten, den Hartmut Rathke erfasst hat. Aber es kommt natürlich nicht nur auf die Quantität an. An manchen älteren Epitaphien – gerne mit langer und komplizierter lateinischer Inschrift, wie etwa in Möggingen, in Bodman, Horn, Weiterdingen oder auf der Reichenau – kann man sich schon mal fast die Zähne ausbeißen. Aber die Ergebnisse können sich alle sehen lassen.

Und wie geht es jetzt weiter? Es wurden diverse Ordner angelegt mit allen Erfassungsbögen und farbigen Fotoausdrucken in A 4-Größe. Diese Ordner stehen künftig im Kreisarchiv der Forschung und allen Interessierten zur Verfügung. Zum Abschluss soll ein Buch erscheinen, in der Aufmachung und im Umfang wie die »Kunstschätze«-Bücher und das »Kleindenkmale«-Buch. Geplant ist eine Abschlussveranstaltung des Epitaphien-Projekts mit Vorstellung des Buches im Herbst 2015.

9. Der Arbeitskreis Naturlandschaft

Die Leiterin des AK Naturlandschaft, Claudia Rodat, verlässt den Kreis Konstanz und zieht nach Freiburg. Sie gibt einen Rückblick auf die Themenschwerpunkte und Veranstaltungen des AK seit seiner Gründung 2009.

10. Kurzberichte aus den Arbeitskreisen

Die Vorsitzenden der Arbeitskreise des HGV stellen ihre 2013 durchgeführten und für 2014 geplanten Veranstaltungen und Projekte vor: Dr. Yvonne Istas für den AK Landeskunde/Landesgeschichte, Ralf Schrage für den Nellenburger Kreis. Entschuldigt sind Dr. Fredy Meyer, Leiter des AK Hegau, und Thomas Schaad, Leiter des AK Denkmalpflege.

11. Mitteilungen und Anträge, Verschiedenes

Der 1. Vorsitzende stellt die Herren Kuhn und Frank als Kassenprüfer für das Jahr 2014 zur Wahl, der die Mitgliederversammlung einstimmig – bei Enthaltung der beiden Betroffenen – zustimmt. Nachdem keine weiteren Wortmeldungen erfolgen, dankt der 1. Vorsitzende den Anwesenden und schließt die Mitgliederversammlung.

II. Öffentlicher Vortrag für Gäste und Mitglieder

Der Präsident des HGV, Wilderich Graf von und zu Bodman, begrüßt zu Beginn des öffentlichen Teils der Versammlung die Anwesenden. Der Direktor des Museums zu Allerheiligen in Schaffhausen, Dr. h.c. Peter Jezler, referiert in einem informationsreichen Lichtbilder-Vortrag über »Die spätmittelalterlichen Turniere in oberdeutschen Städten – Kampfsport, Hoffest und Abgrenzung des Adels«. Der Vortrag widmet sich den verschiedenen Kampfdisziplinen sowie den Bestandteilen, dem Ablauf und der gesellschaftlichen Funktion von Turnieren. Sein Fazit: Turniere grenzten den Altadel gegenüber den Neuadeligen und Bürgern ab und dienten als Ort zur Lösung von Konflikten und auch als Heiratsmarkt.

Dr. Franz Hofmann (Schriftführer)

Nachrufe

Max Ruh, Schaffhausen (27.6.1938, † 4.12.2013)*

Am 4. Dezember 2013 verstarb unerwartet unser ehemaliger Beirat Max Ruh, ein unermüdlicher Forscher und Sammler, dem der Hegau-Geschichtsverein sehr viel zu verdanken hat. Fast gehörte er zum Stadtbild in Schaffhausen, der Mann mit der Mappe, wie er zügigen Schritts unterwegs war. Entweder führte ihn sein Weg in die Archive, die Stadtbibliothek, ins Museum oder an die Vordergasse zur Redaktion der »Schaffhauser Nachrichten«, wo er meistens die Produkte seines Forschens ablieferte.

Die Eile kam deshalb, weil er ständig unter Zeitdruck arbeitete, den er sich meist selbst auferlegte, selbst nach seiner Pensionierung 2003. Gegen 400 Aufsätze hat er uns überliefert, insgesamt weit über 2000 Druckseiten. Für das Hegau-Jahrbuch hat er immerhin zehn Aufsätze verfasst. Ihn interessierten weniger die großen Linien der Geschichte, obwohl er auch diese beherrschte, es waren viel mehr die einzelnen Schicksale von Unternehmen, Personen oder Vereinen, die ihn faszinierten. Sein Blick über die Grenze schuf ihm Kontakte zu zahlreichen Archiven und Forschern im Ausland. Früh erkannte er, dass Lokalgeschichte nicht alleine aufgrund der jeweiligen lokalen Archive erforscht werden kann. Deshalb war es für ihn selbstverständlich, für seine Forschungen nach Singen, Konstanz, Ulm, Stuttgart und Karlsruhe zu reisen. Es entstanden, mit wenigen Ausnahmen, keine großen Abhandlungen. Er galt deshalb als Meister der Kleinkunst mit solidem historischem Wissen, als stilsicher und quellentreu. Seine Schwerpunkte waren die Industriegeschichte, insbesondere der Georg Fischer AG, die Geschichte der Presse, des Kartenspiels und der Musik.

Doch seine Interessen gingen viel weiter. Er war nicht nur leidenschaftlicher Vergangenheitsforscher, sondern auch begeisterter Sammler. Er besaß rund 100 Zeitungen aus aller Welt, die vor 1850 gedruckt worden waren. Das älteste Exemplar ist eine Ausgabe der Pariser Wochenzeitung »Gazette de France«, die 1639 erschien. Es war sein Wunsch, die Zeitungen des 17. Jahrhunderts auszuwerten und einen Aufsatz über die Vorgänge im Hegau zur Zeit des 30-jährigen Kriegs zu verfassen. Daneben sammelte Max Ruh alte Spielkarten, von denen er gegen 500 Sets besaß. Auf dieses doch sehr eigenartige Sammelgebiet kam er mit der Erforschung der Geschichte der Spielkartenfabrik Müller in Neuhausen. Dank seiner Hilfe konnte das historische Archiv dieser Firma, das in die erste Hälfte des 19. Jahrhunderts zurückreicht, dem Stadtarchiv übergeben werden. Die Karten selbst, die Druckstöcke und vieles mehr gelangten ins Museum Allerheiligen. Max Ruh hat viel dazu beigetragen, dass das Museum der Stadt Schaffhausen heute über eine der größten Spielkartensammlungen der Welt verfügt. Für seine großen Verdienste ernannte ihn deshalb der Museumsverein 2013 zum Ehrenmitglied.

Mit der Erforschung der Schaffhauser Musikgeschichte stieß er auf den deutschen Komponisten Conradin Kreutzer (1780–1849), der kurze Zeit Direktor des Musik-Collegiums in Schaffhausen war. Auf den großen Antiquitätenmessen, aber auch in zahlreichen Antiquariaten stöberte er unermüdlich nach Quellen zu diesem Musiker. Zahlreiche Briefe von ihm fand und erwarb er so. Gleichsam per Zufall stieß er bei einer Auktion in Berlin auf eine Partitur Kreutzers, die 1834 in Wien entstandene »Missa Solemnis« galt damals als verschollen. Sie war dem König von Sachsen gewidmet, aber zu Lebzeiten des Komponisten wohl nie aufgeführt worden. Dank Max Ruh konnte die Uraufführung der Messe genau 150 Jahre nach dem Tod des Komponisten 1999 in der Kirche von Neuhausen am Rheinfall stattfinden.

In seinem Beruf, den er mit Leidenschaft an der Sekundarschule Gega während 38 Jahren ausübte, galt er als humorvoller und milder Lehrer und Kollege. Von 1978 bis 1997 leitete er im Nebenamt die kantonale Lehrerweiterbildung. Er spannte die Fäden zur Wirtschaft und war mit verantwortlich für die ausgezeichneten Kurse, die den Lehrern vertieften Einblick in die Schaffhauser Wirtschaft gaben. Anlässlich der 1998 in Schaffhausen abgehaltenen Schweizer Lehrerfortbildungskurse schuf er für die über 3000 teilnehmenden Lehrkräfte ein viel beachtetes Rahmenprogramm, das landesweit gewürdigt wurde.

Auch die Kirche hat ihm viel zu verdanken. Uneigennützig setzte er sich während vieler Jahre als Präsident der Kirchgemeinde und des Kirchenstands für diese ein. Mit seiner Tätigkeit als Lehrer an der Schweizerschule Santiago de Chile (1971–1975) erwachte seine Vorliebe für Südamerika. Er stellte ein Austauschprogramm für Schüler von Schweizer Mittelschulen auf die Beine, das jährlich zwei bis vier Schülern ermöglichte, die Schweizerschule Santiago de Chile zu besuchen und im Austausch einen chilenischen Jugendlichen bei sich zu Hause aufzunehmen. Viele Freunde und Bekannte konnte er für einen Besuch in Chile gewinnen. 2005 empfing er eine Lesergruppe der »Schaffhauser Nachrichten« am Flughafen von Santiago, die zu einer abenteuerlichen Reise nach Südamerika aufgebrochen war.

Projekte, Ziele und Träume hatte Max Ruh im Überfluss. Auf seinem Schreibtisch stapelten sich Bücher und Zeitungen. Er wollte weiterhin nach Chile und Argentinien reisen, um für sein großes Projekt zu recherchieren: die Auswanderungsgeschichte von Schweizern nach Chile im 19. Jahrhundert. »Mich interessieren vor allem die Einzelschicksale der Schweizer Auswanderungsfamilien und was aus ihnen geworden ist«, erzählte er gern. Es durfte nicht mehr sein. Wir verlieren mit Max Ruh einen feinfühligen und großartigen Freund und Forscher.

Peter Scheck

Alois Mattes, Singen (8.9.1922, † 27.8.2014)*

Am 17. Dezember 1955 gehörte Alois Mattes zu den Gründern des Hegau-Geschichtsvereins, war von 1957 bis 1967 dessen Schatzmeister und von 1976 bis zu seinem Tod ein aktiver Vereinsbeirat.

Am 8. September 1922 wurde der später als Kaufmann bei der Georg-Fischer AG beschäftigte Alois Mattes in Singen geboren. Früh interessierte er sich für die Geschichte seiner Heimatstadt, begann diese gründlich zu erforschen und entwickelte sich so allmählich zu einem stadthistorischen Experten. Vor allem Singens bauliche Entwicklung von der Mitte des 19. Jahrhunderts bis zum Ende des Zweiten Weltkriegs kannte keiner besser als er. Deshalb lag es nahe, ihn zu beauftragen, für den zweiten und dritten Band der großen Singener Stadtgeschichte zwei Beiträge mit dem Titel »Der Bau der neuen Stadt« zu verfassen.

Auch die Autoren des Buches »Singen, eine fotografische Zeitreise« wollten bei der Formulierung der ausführlichen Bildlegenden auf die profunden Detailkenntnisse des Stadthistorikers Alois Mattes nicht verzichten. In den »Singener Jahrbüchern« ist Alois Mattes mit mehreren Aufsätzen vertreten: »Singen – Vom Dorf zur Stadt« (1974), »Die Singener Zierbrunnen« (1984), »Kreuz, Centralhotel und Gambrinus – Aus der Geschichte alter Singener Gasthäuser« (1986) und »Der Storchenbrunnen und seine Odyssee« (1993/94).

Die älteren Leser des »Südkurier« erinnern sich gerne an die vielen heimatgeschichtlichen Artikel aus der Feder von Alois Mattes. Was er veröffentlichte, war immer das Ergebnis genauer Recherchen. Oberflächliche Spekulationen und falsche Behauptungen in Wort und Schrift riefen seinen Unmut hervor. Meist hat er diese schnell und überzeugend widerlegt. Der bei den Hegauer Regional- und Lokalhistorikern hoch geschätzte Singener Stadtgeschichtsforscher Alois Mattes wird bei allen, die ihn kannten, in guter, dankbarer Erinnerung bleiben.

Franz Götz

Reihe »Hegau-Bibliothek«

Viele, vor allem ältere Publikationen der Reihe sind bereits vergriffen. Informationen zu Preisen oder zu Möglichkeiten des Erwerbs sind bei der Geschäftsstelle des Hegau-Geschichtsvereins, Hohgarten 2, 78224 Singen (Hohentwiel), Telefon (07731) 85-239, zu erhalten.

Bd. 1–127 siehe HEGAU 59/2002, S. 315–319. Die vollständige Liste der Reihe »Hegau-Bibliothek« ist auch auf der Homepage unter www.hegau-geschichtsverein.de zu finden.

Bd. 128 Wolfgang Kramer, Michael Greuter (Hg. im Auftrag des Hegau-Geschichtsvereins): Kunstschätze im Kreis Konstanz. 256 S., 2006, 2. Auflage 2007, 3. überarbeitete Auflage 2008

Bd. 129 Reinhild Kappes (Hg. im Auftrag der Stadt Singen): »Ze Uberlingen am Ryete« 1256–2006, 750 Jahre Überlingen am Ried. 180 S., 2006

Bd. 130 Burkhard Helpap (Hg.): Der Gesundheitsverbund Hegau-Bodensee-Hochrhein-Kliniken. Eine Konsequenz aus den Gesundheitsreformen in Deutschland. 192 S., 2006

Bd. 131 Roland Kessinger, Klaus-Michael Peter (Hg.): »Als wenn die Hölle offen wär'« – Der Hegauer Aufstand und die Kriegskassenraube 1796. 224 S., 2006

Bd. 132 Poppele-Zunft Singen (Hg.): 50 Jahre Poppele-Narrenspiegel – 50 Jahre Stadtgeschichte 1957–2007. 256 S. incl. CD, 2007

Bd. 133 Kulturverein Hegne (Hg.): Hegne – einst und heute. Redaktion: Bernhard Adler, 100 S., 2007

Bd. 134 Fredy Meyer: Du stellst meine Füße auf weiten Raum (Ps. 31,9) – Jakobswege zwischen Neckar und Bodensee. 230 S., 2007

Bd. 135 Wolfgang Kramer (Hg. im Auftrag der Gemeinde Mühlingen): Mühlingen – Eine gemeinsame Ortsgeschichte der Madachdörfer Gallmannsweil, Mainwangen, Mühlingen, Schwackenreute und Zoznegg. 432 S., 2007

Bd. 136 Christof Stadler, Max Ruh (Hg.): 75 Jahre Schulhaus Gelbhausgarten mit Beiträgen zur Schul- und Stadtgeschichte Schaffhausen. 112 S., 2008

Bd. 137 Stefan Egenhofer, Wolfgang Kramer, Richard Welschinger (Hg. im Auftrag der Arbeitsgemeinschaft Allensbach): Allensbach – Die Geschichte der Gemeinde von den Anfängen bis heute. 424 S., 2010

Bd. 138 Wolfgang Kramer, Franz Hofmann (Hg. im Auftrag des Hegau-Geschichtsvereins): Kunstschätze in Konstanz, Kreuzlingen und Umgebung. 160 S., 2009

Bd. 139 Hans-Peter Jehle: 50 Jahre Narrenvereinigung Hegau-Bodensee. 340 S., 2009

Bd. 140 Klaus-Michael Peter, Reinhild Kappes, Gunnar Bamberg: Stadthalle Singen – Das Jahrhundertwerk. 128 S., 2008

Bd. 141 Martina Blaschka: Kleindenkmale im Kreis Konstanz. 160 S., 2009

Bd. 142 Elmar Zohren, Wolfgang Homburger, Peter Lutz: Naturerlebnis Bodensee-Hegau. Hg. v. Schwarzwaldverein e.V. Freiburg. 224 S., 2009

Bd. 143 Kurt Schmid: Zizenhausen – die jüngste Gemeinde in der Landgrafschaft Nellenburg. 373 S., 2011

Bd. 144 Fredy Meyer: Der Erfinder Karl Friedrich Gegauf – Seine Familie und sein Lebenswerk Bernina. 36 S., 2010

Bd. 145 Hans-Dieter Kuhn: Die Plansprachen Volapük und Esperanto in Konstanz. 132 S., 2010

Bd. 146 Stadt Radolfzell/Ortschaftsverwaltung Möggingen (Hg.): Möggingen am Mindelsee – Eine Dorfchronik. 300 S., 2010

Bd. 147 Jürgen Hald, Wolfgang Kramer (Hg. im Auftrag des Hegau-Geschichtsvereins): Archäologische Schätze im Kreis Konstanz. 256 S., 2011

Bd. 148 Michael Greuter: Bodensee und Hegau – einst und jetzt. Eine fotografische Zeitreise. 96 S., 2010
Bd. 149 Reinhard Brosig: Engen in der frühen Neuzeit. Bevölkerung und Gesellschaft. Eine Untersuchung der Bevölkerungs-, Berufs- und Vermögensstruktur von 1600–1800. 448 S., 2012
Bd. 150 Reinhild Kappes: Joseph Victor von Scheffel – Einblicke in ein vielschichtiges Leben. 112 S., 2011
Bd. 151 Achim Fenner, Monika Leister: Ein Maler für Radolfzell: Albert Fierz (1863–1913). 123 S., 2011
Bd. 152 800 Jahre Randegg. Hg. v. Kulturausschuss Randegg. 228 S., 2014
Bd. 153 Sebastian Hausendorf: »Eine böse Mißwirtschaft«. Radolfzell 1933–1935. 220 S., 2012
Bd. 154 Franz Hofmann: Geheimnisvolle Heidenhöhlen. 48 S., 2012
Bd. 155 Jakobus Kaffanke OSB, Frieder Kammerer, Fredy Meyer: Alte Burg und Ort der Stille. 1000 Jahre Ramsberg im Linzgau. 250 S., 2012
Bd. 156 Alfred Gschlecht: Die wechselvolle Geschichte des Dorfes Watterdingen. 316 S., 2013
Bd. 157 Wolfgang Kramer, Hans-Joachim Schuster, Hg. im Auftrag der Gemeinde Eigeltingen: 764–2014 Eigeltingen in Vergangenheit und Gegenwart. 420 S., 2014
Bd. 158 100 Jahre »Die Vegetation des Untersees (Bodensee)« von Eugen Baum – Vergleich mit aktuellen Studien der Arbeitsgruppe Bodenseeufer (AGBU), zugleich Band 66 der Mitteilungen der Thurgauischen Naturforschenden Gesellschaft. 257 S., 2012
Bd. 159 Eva Eberwein, Monika Leister: Lichtwerke – Mia Hesse geb. Bernoulli als Photographin. Versuch einer Nahaufnahme. 238 S., 2014
Bd. 160 Reinhold Gitter: 150 Jahre Hochrheinbahn – Die Strecke zwischen Aach und Biber. 112 S., 2013
Bd. 161 Dieter Britz, Roland Kessinger, Reinhold Gitter, Herbert Zahn und Klaus-Michael Peter: 150 Jahre Hochrheinbahn – Singen-Hegau. 128 S., 2013
Bd. 162 »Ich will als ein ganzer Mann und wahrhaft Deutscher zurückkehren, mit reinem Gewissen.« – Die Kriegstagebücher des Nathan Wolf aus den Jahren 1914 bis 1917. Bearb. und hg. von Anne Overlack. 119 S., 2014
Bd. 163 Inga Pohlmann (Hrsg.): »In meiner Lage wühlt sich das ganze Leben auf« – Lebenserinnerungen des Singener Arztes Dr. Karl Huck (1880–1947) (erscheint im Frühjahr 2015)
Bd. 164 Reinhild Kappes: »Wir sind Weihnachten wieder zu Hause!« – Singen im Ersten Weltkrieg. Katalog zur gleichnamigen Ausstellung. 84 S., 2014
Bd. 165 Michael Greuter: Bildband über Singen (erscheint im Frühjahr 2015)

Reihe »Neue Medien«

1. 1000 Ansichten aus dem Hegau bis 1850. Datenbank-CD-Rom mit Miniatur-Abbildungen. Bearb. von Franz Hofmann. CD-Rom, 2005
2. Quellen zur Frühindustrialisierung im Hegau und am See. Bearb. von Hildegard Bibby. Regionalgeschichte in der Schule Vol. 1. CD-Rom, 2008
3. Quellen zur Nachkriegszeit 1945–48 im Hegau und am See. Bearb. von Hildegard Bibby. Regionalgeschichte in der Schule Vol. 2. CD-Rom, 2011
4. Quellen zum Ersten Weltkrieg 1914–1918 im Hegau und am See. Bearb. von Hildegard Bibby. Regionalgeschichte in der Schule Vol. 3. CD-Rom, 2014

Reihe »Hegau-Flurnamen«

Bd. IX Dieter Möhle: Der Flecken Eigeltingen samt Probsthof im Spiegel ihrer Flurnamen. Ein Beitrag zur Geschichte des Ortes Eigeltingen. 188 S., 2014

Vorstand

Präsident: Wilderich Graf von und zu Bodman, Schloss Bodman, 78351 Bodman-Ludwigshafen
1. Vorsitzender: Wolfgang Kramer, Kreisarchivar, Hermann-Löns-Straße 32, 78234 Engen*
2. Vorsitzende: Sibylle Probst-Lunitz, Historikerin, Hermann-Albrecht-Str. 6/1, 78315 Radolfzell*
Schatzmeister: Bernd Eisenhardt, Städt. Beamter, Rathenaustraße 12, 78224 Singen/Htwl.
Schriftführer: Dr. Franz Hofmann, Historiker, Kunsthistoriker, Taborweg 40, 78467 Konstanz*

Ehrenvorsitzender

Dr. Franz Götz, Kreisarchivar i.R., Oberdorfstraße 13, 78224 Singen/Htwl.

Beiräte

Hildegard Bibby, Historikerin, Jacob-Burckhardt-Straße 15, 78464 Konstanz*
Dr. Reinhard Brosig, Lehrer, Historiker, Mägdebergstraße 5a, 78224 Singen/Htwl.
Dr. Tobias Engelsing, Direktor der städtischen Museen, Rosgartenstraße 3, 78462 Konstanz
Achim Fenner, Stadtarchivar i.R., Stürzkreutstraße 32, 78315 Radolfzell
Dr. Christian H. Freitag, Lehrer, Schule Burg Hohenfels, 78355 Hohenfels
Ottokar Graf, Zollbeamter, Glockengasse 3, 78239 Rielasingen-Worblingen
Dr. Joachim J. Halbekann, Leiter des Stadtarchivs, Marktplatz 20, 73728 Esslingen/Neckar
Dr. Jürgen Hald, Kreisarchäologe, Am Schlossgarten 2, 78224 Singen/Htwl.*
Dr. Armin Heim, Museumsleiter, Sonnenhalde 1a, 88605 Meßkirch
Dr. Yvonne Istas, Museumsleiterin, Salmannsweilerstraße 1, 78333 Stockach
Reinhild Kappes, Leiterin des Stadtarchivs, Hegaustraße 33, 78224 Singen/Htwl.*
Dr. Roland Kessinger, Chemiker, Regionalhistoriker, Sommergasse 45/1, 69469 Weinheim
Peter Kessler, Bürgermeister, Gemeindeverwaltung Moos, 78345 Moos
PD Dr. Jürgen Klöckler, Leiter des Stadtarchivs, Benediktinerplatz 5, 78467 Konstanz*
Dr. Britta Leise, Historikerin, Amsler-Laffon-Straße 9, CH-8201 Schaffhausen
Dr. Michael Losse, Kunsthistoriker, Sandweg 10, 35037 Marburg
Franz Meckes, Landeskonservator a.D. für Bau- und Kunstdenkmalpflege am Landesamt für Denkmalpflege, Gütebohlweg 5, 78343 Gaienhofen
Dr. Fredy Meyer, Oberstudienrat a.D., Pestalozzistraße 7, 78333 Stockach-Wahlwies
Walter Möll, ehem. Geschäftsführer KT Singen, Schienerbergstraße 34, 78224 Singen/Htwl.
Hartmut Rathke, Oberstudienrat a.D., Richard-Wagner-Straße 11, 78333 Stockach
Claudia Rodat, Dipl.-Biologin, Gabelsbergerstraße 11, 78467 Konstanz
Albrecht Salewski, Dipl.-Bibliothekar i.R., Im Xander 9, 78224 Singen-Bohlingen
Thomas Schaad, Architekt, Bauforscher, Biesendorfer Straße 22, 78234 Engen-Biesendorf
Dr. Peter Scheck, Leiter des Stadtarchivs, Fronwagplatz 26, CH-8200 Schaffhausen*
Dr. Helmut Schlichtherle, Archäologe, Leiter Forschungsstelle Unterwasserarchäologie des Landesamts für Denkmalpflege, Fischersteig 9, 78343 Gaienhofen-Hemmenhofen
Prof. Manfred Schnopp, Direktor a.D. Staatliches Seminar für Schulpädagogik Rottweil, Am Kätzleberg 2, 78333 Stockach
Christof Stadler, Schulleiter, Historiker, Martinstraße 1, 78315 Radolfzell
Christa Stumpf-Boos, Dipl.-Verw.-Wiss., Ringstraße 17, 96117 Memmelsdorf
Werner Trapp, Historiker und Antiquar, Im Weinberg 15, 78464 Konstanz
Prof. Dr. Joachim Wahl, Anthropologe, Leiter Arbeitsstelle Osteologie des Landesamts für Denkmalpflege, Stromeyersdorfstraße 3, 78467 Konstanz
Benjamin Wieser, Leiter der Hegaubibliothek, Hauptstraße 50, 78315 Radolfzell

* Mitglied des Redaktions- und Programmausschusses